国家出版基金项目
NATIONAL PUBLICATION FOUNDATION

"十三五"国家重点
图书出版规划项目

晚清思想史
资料选编
1840—1911

第十卷

主编 郑大华 俞祖华

选编 刘 平 俞祖华 贾小叶

任 青 刘 纯 周 游

马守丽 朱映红 郑大华

岳麓书社·长沙

第十卷目录

3. 围绕三民主义的思想论战 / 1

引　言 / 1

·梁启超

开明专制论（存目）/ 2

驳某报之土地国有论（存目）/ 2

申论种族革命与政治革命之得失 / 2

答某报第四号对于本报之驳论 / 38

暴动与外国干涉 / 94

社会革命果为今日中国所必要乎 / 107

政闻社宣言书 / 130

·蒋智由

《政论》序 / 138

变法后中国立国之大政策论 / 140

·杨　度

《中国新报》叙 / 143

金铁主义说（存目）/ 147

《中国今世最宜之政体论》附识 / 147

致《新民丛报》记者 / 148

·《民报》

《民报》与《新民丛报》辨驳之纲领 / 151

· 胡汉民

《民报》之六大主义 / 153

斥《新民丛报》之谬妄 / 163

告非难民生主义者——驳《新民丛报》第十四号《社会主义论》（节选）/ 169

《中兴日报》发刊词 / 209

· 汪精卫

驳《新民丛报》最近之非革命论（节选）/ 211

驳革命可以召瓜分说 / 230

再驳《新民丛报》之政治革命论（存目）/ 241

驳革命可以生内乱说 / 241

申论革命决不致召瓜分之祸 / 252

革命可以杜绝瓜分之实据 / 276

· 朱执信

论社会革命当与政治革命并行 / 288

就论理学驳《新民丛报》论革命之谬 / 300

土地国有与财政：再驳《新民丛报》之非难土地国有政策 / 307

· 嗣　轩

《新民丛报》非种族革命论之驳议 / 340

· 汪东

正明夷《法国革命史论》/ 342

· 章太炎

驳康有为论革命书 / 352

中华民国解 / 362

排满平议 / 370

定复仇之是非 / 376

革命之道德 / 381

·孙中山

论惧革命召瓜分者乃不识时务者也 / 390

平实开口便错 / 393

·陶成章

规保皇党之欲为圣人英雄者 / 395

规平实 / 398

再规平实 / 400

3. 围绕三民主义的思想论战

引　言

　　早在同盟会成立之前，以孙中山为代表的革命党人就开始了与改良派的斗争。1903 年 5 月，章太炎写成《驳康有为论革命书》，批驳了康有为在《答南北美洲诸华商论中国只可行立宪不能行革命书》中散布的种种奇谈怪论。与此前后，孙中山也"大击保皇毒焰于各地"，先后发表《驳保皇报书》和《敬告同乡书》等重要文章，揭露康有为、梁启超保皇论的欺骗性。同盟会成立后，以孙中山为代表的革命党人，更加意气风发地围绕同盟会的三民主义纲领，与以康有为、梁启超为代表的改良派展开了一场大的论战。1905 年 11 月出版的《民报》创刊号，除孙中山的《发刊词》正面阐发了同盟会的三民主义纲领外，其余的文章大多从不同角度对改良派所散布的保皇论进行了批判。接着，1906 年 4 月出版的《民报》第 3 号以"号外"的形式发表《〈民报〉与〈新民丛报〉辨驳之纲领》一文，将革命派与改良派的分歧归纳为十二个问题，即：一、《民报》主共和，《新民丛报》主专制；二、《民报》望国民以民权立宪，《新民丛报》望政府以开明专制；三、《民报》以政府恶劣，故望国民之革命，《新民丛报》以国民恶劣，故望政府以专制；四、《民报》望国民以民权立宪，故鼓吹教育与革命，以求达其目的，《新民丛报》望政府以开明专制，不知如何方副其希望；五、《民报》主张政治革命，同时主张种族革命，《新民丛报》主张政府开明专制，同时主张政治革命；六、《民报》以为国民革命自颠覆专制而观则为政治革命，自驱除异族而观则为种族革命，《新民丛报》以为种族革命与政治革命不能相容；七、《民报》以为政治革命必须实力，《新民丛报》以为政治革命只须要求；八、《民报》以为革命事业专主实力，不取要求，《新民丛报》以为要求不遂，继以惩警；九、《新民丛报》以为惩警之法在不纳租税与暗杀，《民报》以为不纳租税与暗杀不过革命实力之一端，革命须有全副事业；十、《新民丛报》诋毁革命而鼓吹虚无党，《民报》以为凡虚无党皆以革命为宗旨，非仅以刺客为事；十一、《民报》以为革命所以求共和，《新民丛报》以为革命反以得专制；十二、《民报》鉴于世界前途，知社会问题必须解决，故提倡社会主义，《新民丛报》以为社会主义不过煽动乞丐流民之具。该文还郑重宣布："本报以为中国存亡诚一大问题，然使如《新民丛报》所云，则可以立亡中国。故自第四期以下，分类辨驳，期与我国民解决此大问题。"于是，从第 4 期起，《民报》发表了大量批驳改良派的文章，双方论战由是全面展开。《民报》和《新民丛报》是双方论战的主要阵地，同时双方散布在海内外各地的报刊，如南洋的《中兴日报》和《南洋总汇报》、檀香山的《民生日报》（后改为《自由新报》）和《新中国报》、旧金山的《大同报》和《文兴报》、香港的《中国日报》和《商报》等，也纷纷投入了战斗；论战的主要地点有国外的东京、横滨、新加坡、檀香山、旧金山、温哥华、仰光和国内的上海、广州及香港。论战主要围绕孙中山的三民主义而展开。这场围绕孙中山的三民主义而展开的革命派和改良派的论战，是继维新变法以后中国近代史上发生的又一次思想解放运动，它为辛亥革命做了必要的思想准备和干部准备，其历史意义不可低估。

梁启超

开明专制论（存目）

（《新民丛报》第七十三、七十四、七十五、七十七号，1906 年 1 月 25 日，2 月 8、23 日，3 月 25 日，署名"饮冰"）

驳某报之土地国有论（存目）

（《饮冰室合集》文集之十八）

申论种族革命与政治革命之得失

吾于所著《开明专制论》第八章，曾极言种族革命与政治革命之非同物，亦几详且尽矣；乃今覆诵陈君天华遗书，益有所感触而不能已于言者，用更述所怀以质诸我国民。

吾与陈君相识不过一年，晤谭不过两次，然当时已敬其为人，非于其今之既死而始借其言以为重也；但君既以一死欲易天下，则后死者益崇拜之而思竟其志，亦义所宜然。吾以为当世诸君子中，或有多数焉，其交陈君也，视吾久且稔，而其知陈君也，不若吾真且深。吾请言吾所欲言可乎？

陈君曰："鄙人以救国为前提，苟可以达其目的者，其行事不必与鄙人合也。"（此文所谓行事，必非徒指自湛一事，殆指一般行事而言。）则君之意，苟与彼同目的者，正不必与彼同手段，其言甚明；若虽与彼同手段，而不与彼同目的者，其必非君之所许，此意又在言外也。然则君之手段安在？其言曰："革命之中，有置重于民族主义者，有置重于政治问题者，鄙人所主张固重政治而轻民族。"是其于政治革命与种族革命两义之中，认政治革命为可以达救国目的之手段，而不认种族革命为可以达救国目的之手段，章章明甚，虽谓政治革命为君唯一之手段焉可也。虽然，君又言曰："鄙人之排满也，非如倡复仇论者所云云，仍为政治问题也。"是其既认政治革命为可以达救国目的之手段，而复认种族革命为可以达政治革命目的之手段，于是吾得命政治革命为君之本来手段，亦曰第一手段，亦曰直接手段；得命种族革命为君之补助手段，亦曰第二手段，亦曰间接手段。然则君有两手段乎？曰："否否，其手段仍唯一也。"盖君认种族革命为可以补助政治革命，而间接以达救国之目的，故取之。然则苟有他道焉，可以补助政治革命，而间接以达救国之目的者，则君亦必取之，无可疑也。又使君一旦幡然而觉种族革命不足以补助政治革命，甚或与救国之目的不相容，则亦必幡然弃之，无可疑也。盖君之意，以为此目的万不许牺牲。若夫手段，则听各人自由焉：选择其适此目的者，而牺牲其不适此目的者。故苟别有他道焉，足以救国，则君虽并其政治革命之本来手段而牺牲之，亦所不辞；而种族革命之补助手段，更无论也。故曰："苟可以达其目的者，其行事不必与鄙人合也。"

是故当知苟以复仇为前提者，是先与君之目的相戾，万不许其引君之言以为重，故复仇论可置勿道。

既以救国为目的而别择所当用之手段，然则君所采之手段，适耶？不适耶？吾得断言曰：适也。盖君以政治革命为唯一之手段，而以将来大势推之，苟能有政治革命，则实足以救今后之中国；苟非有政治革命，则不能救今后之中国，故曰适也。试以论理法演之，则先定一大前提，而以两小前提生出两断案。其式如下：

大前提　凡可以达救国之目的者，皆吾辈所当以为手段者也。

小前提　（一）而政治革命，实可以达救国之目的者也。

　　　　（二）而非政治革命，更无道焉可以达救国之目的者也。

断案　（一）故政治革命，吾辈所当以为手段者也。

　　　（二）故舍政治革命以外，吾辈无可以为手段者也。

此两论式皆如铜墙铁壁，颠扑不破，无论何人，不能相难者也。今使易其小前提，而云"种族革命，实可达救国之目的者也"，随生出断案云"故种族革命，吾辈所当以为手段者也"；或为第二之小前提云"非种族革命，更无道焉可以达救国之目的者也"，随生出断案云"故舍种族革命以外，吾辈无可以为手段者也"。如此则两小前提皆不正确，而两断案亦随而不正确。何以故？设有难者曰："种族革命而得如秦始皇、隋炀帝者以执政，或得如齐东昏、陈后主者以执政，遂可以达救国之目的乎？必不能也。"则第一之小前提遂破也。又有难者曰："即微种族革命，而今之满洲政府，忽以至诚行立宪，以更新为度，其可以达救国之目的乎？必能也。"则第二之小前提亦破也。准是以谈，苟以复仇为前提，则无可言者；苟以救国为前提，则无论从何方面观之，而种族革命总不能为本来手段、为直接手段。苟不含有政治的观念，则直谓之无意识之革命焉可也，而政治革命则不尔尔。故吾以为政治革命，不徒当以为手段，而且当以为第二之目的。盖政治革命之一观念，与救国之一观念，既连属为一体而不可分也。

吾所云种族革命不能为本来手段、直接手段，在陈君则明已承认也，即凡持种族革命论者，当亦不可不承认，何也？苟不承认，必须将吾前所举两设难下正当之答辩，苟不能得正当之答辩，遂终归于承认也。既承认矣，则次所当研究者，在种族革命能否为补助手段、间接手段之一问题。申言之，则以政治革命为前提，而问种族革命能否为政治革命之手段是也。此问题则陈君之所见与鄙人之所见大有异同，今推陈君之意，复以论理法演之，则如下：

大前提　凡可以达政治革命之目的者，吾辈所当以为手段者也。

小前提　（一）而种族革命，实可以达政治革命之目的者也。

（二）而舍种族革命以外，更无他道焉可以达政治革命之目的者也。

断案　（一）故种族革命，吾辈所当以为手段者也。

（二）故舍种族革命以外，吾辈无当以为手段者也。

欲知此两断案之正确与否，则当先审两小前提之正确与否，今请细检之：

第一，种族革命实可以达政治革命之目的者也。

欲知此小前提正确与否，不可不先取政治革命与种族革命之两概念而确定之：

（一）政治革命者，革专制而成立宪之谓也。无论为君主立宪，为共和立宪，皆谓之政治革命。苟不能得立宪，无论其朝廷及政府之基础、生若何变动，而或因仍君主专制、或变为共和专制，皆不得谓之政治革命。

（二）种族革命者，民间以武力而颠覆异族的中央政府之谓也。盖苟非诉于武力，而欲得种族上之政权嬗代，则必其现掌政权者，三揖三让以致诸我然后可，然此必无之事也。（陈君之意似冀其有此，此俟下方别辨之。）故非用武力，不能得种族革命，明也；而其武力苟未足以颠覆中央政府，则不成其为革命，又无待言。

此两概念者，又无论何人不得不承认者也。既承认矣，则"人民以武力颠覆中央政府"之一概念与"变专制为立宪"之一概念，果有何种之关系，是不可不以严密之归纳论理法说明之：

立宪有两种：一曰君主立宪，二曰共和立宪。苟得其一，皆可命曰政治革命。则试先取"人民以武力颠覆中央政府"之一概念与"君主立宪"之一概念，而求其因果之关系。君主立宪，必以先有君主为前提，而革命前之旧君主既灭，则所谓君主者，其必革命后之新君主也。革命后以何因缘而得有新君主，则吾中国二千年来历史上之成例，不可枚举。一言蔽之，则陈君所谓"同时并起，势均力敌，莫肯相下，非群雄尽灭，一雄独存，而生民之祸终不得息。以数私人之竞争，而流无数国民之血，若是，则亡中国者，革命之人也"（撷述君所著《中国革命史》第□章第三节中之语）。可谓尽抉其弊矣。信如是也，则"立宪"二字，将来能至与否未可期；而"君主"二字，当下已先受其毒也。信如是也，则无论彼欲为君主之人未必诚有将来立宪之志愿，即使诚有之，窃恐志愿未偿，而中国已先亡也。若是乎，人民以武力颠覆中央政府，其与君主立宪制无一毫因果之关系，此吾所敢断言，而当亦凡持种族革命论之所同认也。故此问题殆不必辨，而所余者，惟有共和立宪制之一途。

人民以武力颠覆中央政府，其与共和立宪制有无正当之因果关系，此其现象甚复杂，非可以一言决也。吾于所著《开明专制论》第八章，剖析既略尽，今更补其所未及：

欲决此论，又不可不先取共和立宪之概念而确定之，吾示其界说有二：

（一）共和立宪制，其根本精神，不可不采卢梭之国民总意说。盖一切立法行政，苟非原本于国民总意，不足为纯粹的共和也。

（二）共和立宪制，其统治形式，不可不采孟德斯鸠之三权分立论。盖非三权分立，遂不免于一机关之专制也。

以上二端，精神形式，结合为一，遂成一共和立宪之概念。此概念谅为言共和立宪者所能承认也。既承认矣，则吾将论此概念之能实现与否及其能行于种族革命后之中国与否。

第一，卢梭之国民总意说。

此说万不能实现者也。夫所谓国民总意者，当由何术而求得之乎？用代议制度耶？决不可。今世各国行代议制度者，非谓以被选举人代表选举人之意见也，故代议士之意见，与选举代议士之人之意见，常未必相同。然则以代议士之意即为国民总意，不可也。故欲求总意，则举凡立法行政，皆不可不付诸直接投票，卢梭亦以为必如瑞士乃可谓之真共和，亦以此也。虽然，瑞士蕞尔国也，而内部复析为联邦之本位者二十二。夫是以能行直接投票，顾犹不能常行。若在他稍大之国，能行之乎？必不能矣。故国民总意之难实现者一也。复次，即行直接投票，又必须极公平而自由。万一于有形无形间，有威逼之者，或愚弄之者，使其不得为本意之投票，则所谓总意者，缪以千里矣。故国民总意之难实现者二也。复次，即直接为公平自由之投票矣，遂能真得总意乎？"总"之云者，论理学上之全称命题也，必举国中无一人不同此意，然后可；苟有一人焉，仍不得冒"总"之名也。而试问横尽虚空，竖尽来劫，曾有一国焉，其国民悉同一意见，而无一人之或歧异者乎？必不能也。不能，则所谓"总"者，仍不过多数与少数之比例，多数而命之曰"总"，论理学上所决不许也。故国民总意之终不能实现者三也。于是乎所谓国民总意说，不得不弃甲曳兵，设遁词焉，而变为国民多数说。

则又诘之曰："所贵乎国民多数者何为乎？"彼必曰："多数之所在，即国利民福之所在也。"虽然，此前提果正确乎？吾以为多数之所在，时或为国利民福之所在，而决不能谓必为国利民福之所在。集一小学校数百学童而询之曰："若好弄乎？若好学乎？"而使之以自由意志投票，吾知其好弄者必占大多数也。而以多数之故，谓好弄即为学校之利、学童之福焉，决不得也。盖国家自身，别有一伟大目的焉，高立于各人民零碎目的之上，而断不能谓取此零碎目的捆为一团。即与此伟大目的同物，尤不能谓零碎目的之多数，即与此伟大目的同物也。故国民总意，微论其不能实现；即实现矣，而未必遂可为政治之鹄。若夫国民多数，固可以实现，然遂以为政治之鹄，则其于理论上基础之微弱，抑视总意说更不逮也。质而言之，则谓多数所在即国利民福之所在者，不过属于抽象的观念，而多数果足为政治之鹄与否，更当就其国民自身之程度以求之，非可漫然下简单的断案也。

然而共和政治，舍多数说外，固无复可以立足之余地，则吾请让一步，姑承认焉，曰多数者恒近于国利民福者也。虽然，吾于此不得不补一前提焉，曰所谓多数者，必以自由意志之多数为断。苟非自由意志之多数，非真多数也。此前提当亦为读者所同认也。则试调诸历史，见夫国民多数之意志，有时方在此点，乃不移时而忽转其方向，尽趋于正反对之彼点者，则两者皆其自由意志乎？抑皆非其自由意志乎？抑一自由而一不自由乎？以例证之，如法国大革命时，马拉丹顿、罗拔士比，宣告国王死刑，乃至并最初提倡革命、实行革命之狄郎的士党，取而尽屠之，而得巴黎市民大多数之同意。未几马拉被刺，丹顿及罗拔士比骈首就戮，而亦得巴黎市民大多数之同意。其果前后皆出于自由意志乎？何变化之速也！此无他焉，盖有从有形无形间丧其自由者也。所谓有形间丧其自由者，何也？一党派之势太鸱张，而其人复狞悍，中立者惮焉，不得不屈其本意以从之也。所谓无形间丧其自由者，何也？外界波谲云诡之现象，刺戟其感情，而本心热狂突奔，随之以放乎中流，而不复能自制也。夫自由意志云者，谓吾本心固有之灵明，足以烛照事理，而不为其所眩。吾本心固有之能力，足以宰制感觉，而不为其所夺，即吾先圣所谓良知良能者是也。眩焉夺焉，是既丧其自由也，内心为外感之奴隶也。于彼时也，吾所谓意志者，已不能复谓为吾之意志，及移时而外界之刺戟淡焉，而吾本心始恢复其自由，故前此之意志，与后此之意志，截然若不相蒙也。然又必外界之刺戟淡，而自由乃始得恢复耳。若外界之刺戟，转方向而生反动，则吾本心又可以随之而生反动，而复放乎中流，脱甲方面之奴籍，复入乙方面之奴籍，而所谓真自由者，不知何时而始得恢复。故波伦哈克氏谓以革命求共和者，恒累反动以反动，亦为此而已，此实人类心理学上必至之符也。由此观之，则欲求得自由意志之真多数，其难也如此。而当人心骚动甚嚣尘上之时，愈无术以得之，章章然也。彼持共和立宪论者，苟承认国民多数说以为前提也，则当种族革命后，果有何道以得自由意志之真多数，吾愿闻之。

犹有疑此理者乎？则去年东京学界罢学之现象，最足以相证明。（彼事件早已过去，吾非欲再提之以翘人之短，但其事之性质绝相类，以小例大，最可以为吾人前车之鉴，能惩前毖后，则此事件其亦于前途有影响也。）则试以留学生总会馆比政府，以留学生全体比国民，甚相肖也。其所争者，为文部省令问题。若以例国家，则政治上一问题也。总会馆上书公使，争论第九、第十条之利益范围，即法国革命前之改革也，而所争者不能满多数留学生之意，于是有联合会起，犹法人不满于政府之改革而起革命也。初时胁执行部干事，使为取消之决议，犹法人胁国王承认其宪法也。未几，总干事及其他执行部之人多逃焉，犹法王之逊荒也。联合会遂取总会馆而据之，以决意见、发布告，则革命大功告成，而立法、行政权皆归革命党掌握也。而纠察员则新共和政府之警察，敢死队则新共和政府之军队及司法官也。于彼时也，幸而所谓总干事者，能藏身远害，未尝为此巴黎市民所弋获。然固已侦骑四出矣，万一不幸，而如路易十六之遁英未出境，被国民遮留而返之，则遂变为断头台上之路易第十六，亦意中事也。盖彼时之国民，其计较是非利害之心，早置度外也。又幸而此新共和政府，无执行刑罚之权也；使其有之，则浃旬之间，八千人不屠其半，亦屠其三之一也！闻者疑吾言为过乎？苟亲当其境者，必能知其时之国民心理，实如是已。幸其无此权，故不生大反动；使其有之，则反动必起。而所屠余之半或三之二，又将起而屠昔之屠人者。法人所以赤巴黎全市，而梦乱亘十余年不定，盖以此也。在当时新共和政府之党人（即联合会），固自以为国民总意也（即留学生全体总意）。夫总意固决非尔。若其为多数，则较然不能掩也。吾闻诸当时学界中人曰，实非多数，仍少数耳。然彼云停课，则竟全体停课；云退学，则竟几于全体退学；云归国，则两旬之间，归国者遽逾二千。而其时组织维持会与之相抗者，会员乃仅得二十七人，就形式上论之，谓其非大多数焉不得也。夫彼其本无大多数之实，吾亦信之。顾何以竟能有大多数之形，则其原因甚复杂，由是以细察焉，实最有益之研究也。彼其发表公意之机关，未尝严肃整备。今日甲校集议，曰：全体退学；明日乙校集议，曰：全体退学。今日甲省集议，曰：全体归国；明日乙省集议，曰：全体归国。究之所谓全体云者，不过由主动者若干人强名之，并未尝为正式之投票，其果为全体之自由意志与否勿问也。其所以能得多数者一也。又其发表公意之方法，未尝公平自由。有欲为反对的演说者，则群起而哗之；有欲为反对的投票者，则示威而胁之。于是有怯懦焉而不敢与竞者，有顾全大局而不屑与较者，则自屈其本来之自由意志而姑从彼。其所以能得多数者二也。此皆所谓有形的干涉也，然犹不止此。其势力之最可怖者，则一般之人，为感情所刺戟，其良知不复能判断真理，其良能不复能裁制外感，冥冥之中全失其意志之自由，随波逐流，而入于洄淳之深渊，不自知其非，不自知其害也。夫不自知其非、不自知其害，犹可言也；乃感情刺激之既极，则至有明知其非、明知其害，而犹徇感情而不恤其他者，比比然矣。故其为说曰："一错便错到底。"曰："一错便大家错。"盖至是而不惜以感情枉真理焉矣。其此所以能得多数者三也。迨乎浪去波平，畴昔主动者，既不复能占势力以为有形的压制，而感情刺戟之相压于无形者，亦既消灭。夫如是而后层层之束缚解脱，而自由意志始再见天日焉。试在今日，任举一当时最激烈之留学生，叩以前事，度未有不爽然自悔，哑然失笑者。是可知其后此之意志为自由，而证前此之意志非自由矣。然幸而无反动耳，倘有反动，则他方面之层层束缚其所以相压者，亦一如其前。而所谓真自由者，未知何时而始得平和克复也。以上吾解释东京学界罢学时代之物界、心界两现象如此，闻者其肯承认否耶？若不承认，吾愿别闻其解释；苟承认也，则当思国民自由意志之真多数，诚不易觌；纯粹的共和政治，诚不易行。而当国家根本破坏摇动、人心骚扰甚嚣尘上之时，愈益无道以得之，章章明甚也。夫学界事件则其小焉者也；然学界中人，又一国中文明程度最高者也，而犹若此，其他则更何如矣！

若我国民能以武力颠覆现在之中央政府，而思建一共和新政府乎？则其现象当何如？吾欲得正当的解释，又不能不先立一前提。前提维何？曰：最初主动占优势之人，不过属于国民之一小部分，而其余大部分之人，不能与彼同意见是也。譬如将全国民意见，区为甲、乙、丙、丁等诸部分，其主动者，最多不过能占甲部分耳。其余乙、丙、丁等诸部分，虽乙部分意见，未必与丙、丁同；丙部分意见，未必与乙、丁同。要之，其对于甲部分之意见，亦各各不与彼相同，此自然之势也。于斯时也，甲部分之人既得政，则不能无所建设、无所更革。苟不尔，则不能谓之政治革命，而与共和之初意相悖也。既有施设、有更革，则与之异意见之人，必交起而与之相抗，又不可避之数也。吾所立前提之界说如此，若有不承认此前提者乎，其说必曰："以我之意见如此其高尚美妙，岂有他人而不同我？"虽然，此幻想也。去年学界之主动者，曷尝不自以其意见为高尚美妙，而真为高尚美妙与否，局中者宁能自知之？且即使真高尚美妙矣，而各人有各人之主观的判断，万不能以我所判断而强人也。即如近者自号革命党首领某氏，持土地国有主义，在鄙人固承认此主义为将来世界最高尚美妙之主义，然试问今之中国能行否乎？即吾信其能行，而谓他人皆能如吾所信乎？此如去年学界主张归国办学，吾安能不承认其为高尚美妙之主义，然能行与否，及能使人人同此主张与否，则终不能不听诸外界之裁择，非可以一部分人之意见例其他也。况乎寻常人之表同情于一主义也，恒非问其主义之是否高尚美妙，而先问其主义是否与我之利害相冲突。故凡一主义，苟有与某部分之人利害相冲突者，则某部分之人必起而反抗，此万不能逃避者也。而当夫初革旧政体建新政体时，其政策必与旧社会一大部分之人利害相冲突，此亦万不能逃避者也。信如是也，则吾所立前提既极正确，无论何人，殆不能不承认。

既承认矣，则新共和政府对于彼反抗者，将以何道处之，最不可不深长思也。其在君主立宪国，固不能无冲突无反抗，然当其未立宪以前，已经过若干年之开明专制时代，于其间既已能缓融此冲突而减低其程度，由开明专制以移于立宪，拾级而升，又不至助长此冲突而骤高其程度。其所以处之者既稍易矣，而使其立宪而如德国、日本，仍含有变相的开明专制之精神。政府不必定得国民多数之同意，乃能行其职权，则其所以处之者益更易。若种族革命后之共和立宪，则大不然。昨日犹专制，而今日已共和，如两船相接触，而绝无一楔子以介于其间，则其冲突之程度必极猛烈，显然易见。然既已名为共和，则不可不以国民总意为前提，否亦以国民多数为前提，苟蔑视多数焉，则已不能命之曰共和矣。而新政府之意见，又不过为国民一小部分之意见，而其他大部分皆与之反对，其必不能得多数，无待言也。于是新政府不能不运全力以求多数，盖非得多数，则所持意见万不能实行，而政府且一日不能存立，盖共和立宪之性质然也。如彼去年学界，必欲得所谓全体归国、多数归国者，然后可以拱卫其所主张，亦性质然也。然则何术而能得多数耶？则必或用直接、间接手段以干涉其发言权、投票权，或从种种方面弄小小伎俩，以刺戟其感情，使益涨于高度，迷其故常，而饮新政府之狂泉，于是乎渐得多数。夫用直接、间接手段以干涉，既已惹起一般之不平，而为新政府之隐患；弄小伎俩以刺戟其感情，始焉未尝不见小效，而感情既奔于极度，则又非复新政府所能裁抑。如跅弛之马，既已奔逸，宁复衔勒之所得驭，是又为新政府之隐患。而况乎所谓渐得多数者，亦不过多数云尔。无论如何，总不能得全体，必仍有最小之部分焉，有强毅之意志，而抵死不肯屈从，而其人又必为旧社会中之有力者也。如去年联合会势力披靡全学界之时，而犹有维持会之二十七人，此亦自然必至之符也。于彼时也，新政府之人，若不能降伏此小部分之强毅者，则其地位终不能安，故不得不滥用其运手段所得之多数威力，而蹙彼反对者以不堪。此非好为之，而骑虎之形，固不得不尔也。蹙之既极，而反动起焉。彼新政府既伏有种种之隐患，故强毅之反抗者乘之，而遂蹶。无论迟早，终必有蹶之一日也。其既蹶也，则前此强毅之反抗者代之。代之者既蓄怨积怒，而加以前此一般被干涉者之不平，又加以刺戟于感情者，既为失其故常之热度。则其所以还施于前政府者，往往视前政府而尤甚，亦必至之势也。于是反动复反动，皆循此轨以行。速则数岁，迟则数十年，而未能宁息于彼时也。甲、乙、丙、丁诸部分之人，竞政权于中央，而他事皆不遑及。有武人拥兵于外，如该撒、拿破仑其人者，则俟猘猘群犬两毙俱伤之时，起而收渔人之利，以行共和专制。若无其人，则各地方当骚扰雕瘵之后，秩序已破，而复乘中央政府之无暇干涉，则群盗满山，磨牙吮血，举国中无一人能聊其生。若无外国乘之，则俟数年或十数年后，有刘邦、朱元璋起，复于君主专制。若有外国，则不俟该撒、拿破仑、刘邦、朱元璋之兴，已入而宰割之矣，于是乎其国遂亡。呜呼！言念及此，安得不股栗也！呜呼！读者试平心静气以察之，鄙人所言，其果合于论理否耶？如其不合也，愿读者有以教之；如其合也，则请公等于种族革命后建设共和立宪制之论，稍审慎焉，乃可以出诸口也。

问者曰："然则主动者，或具极高尚之人格，届时自审不能得多数也，则奉身而退，让诸他之多数者，其可以免此患乎？"应之曰："不然。"其事固不能行，即行矣，而其患亦不能免也。所谓其事不能行者，何也？夫所谓最初主动占优势之人，质言之，即革命党首领其人也。既排万险、历万难以颠覆中央政府，其本心岂非以旧政府可愤可嫉，故为民请命而颠覆之也。当其初成功也，旧政府之气焰，尚未遽绝，盖犹有余烬焉。故当时除革命军占最优势之外，其占次优势者，仍旧政府党人，而此外未有第三之势力焉能与之敌者。革命党若曰：吾既覆旧政府，而吾之责任毕矣。急流勇退，而一切善后，听诸国民，则起而代之者，必占次优势之旧政府党人也。其必释憾于革命党，而党员生命，供其牺牲焉，固意中事。不宁惟是，革命事业一切随而牺牲。然则前此之扰扰也，奚为也哉？故新政府初建，而革命党中人，必不能不出死力以自壅植其权力，势则然也。今让一步，而曰主动人奉身以退，而国权或仍可以不落旧政府党之手，然吾犹谓其患终不能免者，何也？盖让政权于他部分之人，而其不能得多数，亦与我同也。如甲部分让诸乙部分，而乙部分复有甲、丙、丁三部分与之立于反对之地位；让诸丙、丁部分亦然。故无论何部分，皆不惟不能得总意，并不能得多数，势使然也。吾闻诸粹于政学者之言曰："凡非在历史上有久发达而极强固之两大政党者，其国万不能有多数政治。"夫政党而必限以两者何也？必全国中政治之原动力仅划然中分为两中心点，然后有多数少数之可言。盖非甲多于乙，则乙多于甲。甲多于乙则甲为政，乙多于甲则乙为政。而非若党派纷歧之国，甲为政而乙、丙、丁等从而挠之；乙为政而甲、丙、丁等从而挠之也。故现在全世界中，以多数少数而进退执政之国，惟英美两国能行之而蒙其利，其他则皆利不足以偿害（德国、日本非以多少数进退执政者），皆此之由。夫一国政治动力集于两大政党，此决非可望诸未有政治思想、未有政治能力之国民。而秩序新破时，更愈不能望也。然则最初主动占优势之党派，虽复高蹈善让，而终不能免此危亡。此无他，共和立宪制，实不适于此等国家与此等时代，而非关在位之人之贤不肖何如也。

然则在历史上久困君主专制之国，一旦以武力颠覆中央政府，于彼时也，惟仍以专制行之，且视前此之专制，更加倍蓰焉，则国本其庶可定，所谓刑乱国用重典是也。而我国三千年间之历史，大率当鼎革之初，靡不严刑峻法以杜反侧，越再三传，人心已定，而始以仁政噢咻之，其理由皆坐是也。于彼时也，而欲慕共和之美名，行所谓国民总意的政治国民多数的政治，则虽有仲尼、墨翟之圣，而卒无以善其后也。夫既不能不仍用专制，且不能不用倍蓰之专制，则其去政治革命以救国之目的，不亦远乎？

第二，孟德斯鸠之三权分立说。

此说亦万不实现者也。此其理，近世学者固多言之。吾于所著《开明专制论》第七章，亦曾述之。然寻常学者之言其流弊也，不过谓机关轧轹而缺调和，谓施政牵制而欠圆活。夫此犹为民政基础已定之国言之耳，若新造时，则其弊犹不止此。盖危险有不可思议者焉，请言其故。凡一国家，必有其最高主权。最高主权者，唯一而不可分者也。今三权既分矣，所谓最高主权者，三机关靡一焉得占之。然则竟无最高主权乎？苟无之，斯不成国矣。既有国家之形，则必有之。然则三权分立之国，其最高主权安在？曰仍在国民之自身而已。于是不得不复返于国民总意之说。所谓国民总意，即最高主权也。总意既不能得，则国民多数，即最高主权也。于是多数之国民，对于立法、行政、司法之三机关，而皆可以行其总揽之权，何也？彼诸机关皆吾所命耳，一旦拂吾意焉，吾即可以易置之。盖其根本精神，应如是也。论者或责备去腊东京学界中人，谓总会馆之干事也、评议员也，皆彼等以自由意志用多数投票而公举者也。既举之矣，而不肯服从其意见，何也？吾以为此所谓责其不当责者也。夫谓吾既举之而即当服从之者，霍布士之说也，最高主权，移于他方也；若卢梭说，则最高主权，无论何时，而皆保存于国民之自身也。夫既已三权分立矣，则最高主权，非在国民自身而何在也？故吾昨日可以自由意志选举者，明日即可以自由意志而取消也。故如瑞士之制，随时得以国民五万人之同意，遂行全国普通投票，得多数取决，即可取国家根本法而变更之。盖共和制之真精神，实在是也。然此惟如瑞士者能行之耳。若夫在不惯民政而党派纷歧、阶级纷歧、省界纷歧种种方面利害互相冲突之国，则惟有日以此最高主权为投地之骨，群犬猖猖焉竞之；而彼三机关者，废置如奕〔弈〕棋，无一日焉得以自安已耳。盖随时拈一问题，可以为竞争之鹄，而国民复无判断真是非、真利害之能力，野心家利用而播弄之，略施小伎俩即可以刺戟其感情，而举国若狂。故所谓多数者，一月之间，恒三盈而三虚，彼恃多数之后援以执政权者，时时皆有朝不保暮之心，人人皆怀五日京兆之想，其复何国利民福之能务也？夫去年东京留学生总会馆之旧政府，其初意岂料以区区文部省令之问题，而遂致颠覆也。而竟以颠覆，盖千金之堤，溃于蚁穴，非人力之所能虑及也。夫留学生总会馆之政府，惟有义务而无权利，故人无所歆焉尔。若夫一国之政权，则无论文明国、野蛮国之人，皆所同欲也，而况在教育未兴、民德未淳之国，人人率皆先其私利而后国家之公益。今也倾轧他人而自代之也，既如此其易，夫安有不生心者乎？更櫽括言之，则三权分立之政治，即最高主权在国民之政治也。而最高主权在国民之政治，决非久困专制骤获自由之民所能运用而无弊也。准是以谈，则虽当革命后新建共和政府之时，幸免于循环反动以取灭亡，而此政体，终无术以持久，断断然矣。不持久奈何？其终必复返于专制（或返于共和专制，或返于君主专制）。然则其去政治革命以救国之目的，不亦远乎？

彼极端激烈派之不喜闻吾言者，必曰："子曷为频举法国之前事以相吓，彼美国非革命乎？而何以能行共和而晏然也？"呜呼！夫美国非我中国所能学也。彼其人民积数百年之自治习惯，远非我比。吾既已屡言之，然此或犹未足以使激烈派死心塌地，彼将曰："吾自军兴伊始，即畀权与民。兵权涨一度，民权亦涨一度。迨中央政府覆，而吾民之能自治，遂如美国也。"纵吾曰不能，而彼曰能之，此程度问题，各凭其人之主观判断，吾安从难焉。虽然，即让一步，而谓革命功成时，吾民之程度已如美国，抑犹当知吾中国之建设事业，非可如美国云也。论者曾读美国宪法乎？彼其中央政府之权限，不过募发军队、接派外交官、定关税、借国债、铸货币、管邮政、保护版权及专卖权、定入籍法破产法、管理海上裁判及甲省与乙省之诉讼等区区数端而已，其他一切政治，为宪法明文所未规定者，如教育、警察、农工商务乃至各省财政、各省普通立法等诸大政，皆属各省政府之权，未尝缘革命而有所变置者也。其变置者少，故其冲突也不甚。然犹各怀其私，莫能统一。盖自一七八三年军事定，直至一七八九年，始布宪法，举华盛顿为大统领。此六年间，各省暴动屡起，华盛顿为之端居窃叹，而惧前劳之无良果。此稍读美国史者所当能知也。于彼时也，幸而彼各省故有政府、有议会耳，不然，夫安见美之不为法也。而彼后此宪法，亦惟节缩中央政府权限，除荦荦数端外，一无所更革。其他政治，一如未革命以前，故大体无冲突，而麈乃相安，使其事事而干涉焉。夫又安见美之不为法也？论者如谓我中国革命后之中央政府可以无须有伟大之集权，而一切政治皆悉听人民之自由而无劳干涉也，则援美国为前例焉，犹之可也。然试问若此者，能为治乎？如其不能，则请毋望新大陆之梅以消我渴也。

至是而人民以武力颠覆中央政府，其与共和立宪制无一毫因果之关系，吾敢断言矣。夫其与君主立宪制无关系也既若彼，其与共和立宪制无关系也复若此，故吾得反其小前提曰：

种族革命，实不可以达政治革命之目的者也。

随而反其断案曰：

故种族革命，吾辈所不当以为手段者也。

若是乎，苟不以救国为前提，而以复仇为前提，置政治现象于不论不议之列，惟曰国可亡仇不可不复者，则种族革命，诚正当之手段也。若犹如陈君之教，以救国为前提乎，则种族革命者，不惟不可以为本来手段、直接手段，而并不可以为补助手段、间接手段，盖真当一刀两断，而屏除之于一切手段之外者也。世有真爱国之君子，其肯听吾言否也？

〔附言〕吾所论种族革命之不可，及共和立宪之不可，皆就政治方面以立言，不及其他。盖此问题不能解释，则其他问题虽尽解释，而论者之壁垒，犹不能自完也。顷见某报有"论支那立宪必先以革命"一文，驳反对革命论者之说，而举其两端，一曰怵杀人流血之惨，二曰惧列强之干预，而于革命后政治现象未言及焉。夫吾之此论，虽至今日而大畅厥旨，然前此固已略言之，屡见于《新民丛报》中，论者宜未必熟视无睹，而竟不一及，何也？得无兵法所谓避坚攻瑕耶？然一坚之不破，虽摧百瑕，亦无益也。

而况其所谓瑕者，亦未见其能破也。彼文本无可受驳难之价值，吾姑宽假之荣幸之而与一言可乎？其言杀人流血之不足怵也，曰："彼夫英吉利之三岛，与蕞尔弹丸之日本，世人艳之，谓为无血之革命。乃试一翻两国之立宪史，其杀人流血之数，殆不减于中国列朝一姓之鼎革，特其恐怖时期为稍短促耳。"呜呼！论者岂谓举国人皆无目耶？不然，何敢于为此欺人之言也！彼所谓英国之人杀人流血，殆指克林威尔一役。夫克林威尔之役，岂能谓于英之立宪无大影响，而断不可谓英之宪法，由此役发生，由此役成立也。盖英为不文宪法之国，其立宪之起于何代、成于何代，无有能确言之者。彼其颁布大宪章在一二一五年，当克林威尔前四百年也。若其完全成立，则有谓其实在一八三二年之议院法改正、选举法改正者（美人巴支士所著《政治学及比较宪法论》谓英国实当一八三二年后始有宪法），则当克林威尔后百五六十年也。然则纯以彼一役为英国立宪之原因，其足以服读史者之心乎？且即以彼一役论，曷尝有极大之杀人流血？彼役之最惨酷者，则对于爱尔兰及旧教徒之虐杀也，然与立宪无关也。若日本则西乡隆盛以军东指，胜安房以城迎降，东台一战，死伤者不过数百。其后西南之役，又与立宪纯然无关也。而论者乃谓其数不减于我列朝一姓之鼎革。夫我列朝之鼎革，其屠戮之数若何？今虽无确实之统计，而一役动逾数百千万，史上之陈迹，尚可略考而推算也。今论者为此言，苟其非自无目而于英国史、日本史及中国史未尝一读，必其欺举国人无目而谓其于英日史及中国史无一人能读者也。陈君之言曰："中国今日而革命也，革命之范围必力求其小，革命之期日必力促其短，否则亡中国者革命之人也。"此诚仁人君子之言。而谓杀人流血之不可以不怵也，而试问今日若行种族革命，其范围有术能求其小、其期日有术能促其短乎？若其不能，则亦如陈君所云亡中国而已。吾闻诸论者之言曰："军既兴，定一县则开一县之议会，以次定十八省，则全开十八省之议会。"信如是也，是其范围极广也。又曰："自军兴以迄功成，则全国民自治习惯已养成焉。"信如是也，是其期日极长也。使陈君之言而无丝毫价值也，则论者之政策，其或可行；使陈君之言而有价值也，则论者之政策，不外陈君所谓亡中国之政策而已。夫彼所以敢于立一"杀人流血不宜怵"之断案者，殆有两前提焉。其一，则曰：非杀人流血，不能立宪也；其二，则曰：杀人流血，于中国之前途无伤也。然其第一前提不衷于历史也既若彼，其第二前提不应于事实也复若此，亦适成为脆而易破之论理而已。其言列强干涉之不足惧也，亦有两前提焉。其一，则谓列强持均势主义，莫敢先发难。其言曰："一起而攫之，一必走而挠之，无宁两坐守之而尚可以少息也。"其二，则谓我实行革命，列强将畏我而不敢干涉。其言曰："列强之所以环瞰者，吾之不动如死，有以启之。一旦张耳目振手足，虽不必行动若壮夫，而彼觊觎之心，固已少息；欧族虽恃其威力，然未有不挠折于如荼如潮之民气者。"此两前提又果正确乎？则试先检其第二前提。其第二前提，童呆之言也。未尝一自审吾之力如何，又未一审人之力如何，惟喊杀之声连天，遂谓人之必将闻喊声而震慑也。夫威力而果挠于民气乎？义和团之民气，曷尝不如荼如潮，而列国联军之威力，曾挠折焉否也？论者必将曰："彼野蛮而我文明也。"问："彼野蛮而我何以能文明？"必将曰："彼由下等社会主动，我由学界或其他中等社会之人主动也。"则试问抵制美约，学界人主动矣，美国曾挠折焉否也？上海闹审罢市，学界人主动矣，英国曾挠折焉否也？东京罢学，学界人主动矣，日本曾挠折焉否也？夫吾非谓民气之必不可用也，而用之必与力相待。无力之气，虽时或偶收奇效，而万不可狃焉以自安也。力者何？强大之陆海军是已。苟有是物，则天下万国，可以唯余马首是瞻；若其无之，虽气可盖世，而遂不免于最后之灭亡。中国而欲绝人觊觎也，必其行动确然为一壮夫焉，斯可也，仅若壮夫，犹不足以威敌。而论者乃谓不必若壮夫，惟张耳目振手足而人已惮矣，其毋乃言之太易乎！将来之事未可知，而以最近电报，则美国人固派二万五千之陆军，以防我暴动，且彼明言所防者不仅在排外而尤在排满矣。彼反对革命者，谓列强必干涉，而主张革命者谓列强必不干涉，其果谁之言验而谁之言不验耶？夫民气犹火也，善用之可以克敌，不善用之亦可以自焚。暴动之起，主动者无论若何文明，而必不能谓各地方无闹教案杀西人之举，此事势之至易见者，而谓人之能无干涉乎？且就令无闹教之举，而以暴动之故，全国商业界大生影响，而谓人之能无干涉乎？必不然矣！呜呼！我国人虚憍之态，殆其天性矣。前者为顽固的虚憍，今也为浮动的虚憍。外形不同，而精神实乃一贯。日本人所笑为一知半解的国权论，其言虽刻薄，而固不得不谓之切中也。今日欲救中国，惟忍辱负重，厚蓄其力，以求逞于将来。而论者乃于毫无实力之国民，惟奖其虚憍之气以扬其沸，是得为善医国矣乎？是其第二说之不能自完也，则请复检其第一前提。其第一前提，所谓知其一而未知其二者也。夫自今以往，列强中无一国焉能独占利益于中国，无待言也。如英如日如美，皆不愿中国之瓜分，亦无待言也。虽然，列强固未尝不持机会均等主义，日眈眈焉觇一机会之至，而各伸其权力于一步。若中国民间而有暴动，是即予彼等以最良之机会也。则试为悬揣将来革命之趋势。（此段单言革命者，即指种族革命，非指政治革命也，勿误。）为中央革命乎？为地方革命乎？中央革命者，如法国然，仅起于巴黎取旧王室旧政府而颠覆之，不必以革命军糜烂四方也。然此恐非中国所能望，如是则必地方革命。地方革命，如其乍起旋灭，仅以现政府之力能削平之，则不必论；然此又必非言革命者之所望也。吾于是如其愿，谓革命军之力，足以蔓延数省，而现政府不能制之。于彼时也，则外国之态度如何？现政府之态度又如何？外国必频促现政府削平之，否则干涉。现政府初时必不许，及自审其不能制，则转而求外国之协助。外国则或俟现政府之请求然后干涉焉，或不俟其请求而先干涉焉，皆意中事也。于彼时也，又当视革命军之举动如何。革命军必求列国承认其为国际法上之内乱团体，固也。然无论何国，断未有孟浪焉以承认者也，其中必多有绝对不承认者，亦或有徘徊焉，观其将来之趋势，而始确定其承认或不承认者。但得一二国徘徊焉，已非有极才之外交家不能矣；然即有极才之外交家，亦仅能得其徘徊，不能得其承认。欲得其承认，必须有二种实力：（一）革命军之地位，确已视旧政府占优胜；（二）革命军确能保障其领土之平和，使外人生命财产，得十分安全，有再起暴动者，革命军顷刻即能镇压之。然此两种实力，固非易言也。苟彼此之地位，优劣久难决，则相持久而影响于商业者甚大，外国必欲其一仆而一存，此自然之理也。然欲仆革命军以存旧政府者，必多于欲仆旧政府以存革命军者，彼诚非有所偏爱偏憎，然挟旧政府以仆革命军，则其可以得利益之机会必甚多。彼自为计，宁出于此也。然犹必革命军于其领土内能确有保障平和之实力，乃久徘徊耳。若以有革命军之故，而致彼之生命财产蒙危险之影响，则其绝对的不承认，或始虽徘徊，而随即转方针为不承认，此一定之势也。而排满之心理，恒与排外之心理相连属。在最初革命主动者，固已难保其不含此性质，即曰吾能节制之，而影响所波动，必唤起各地方之排外热，此实不可逃之现象也。于彼时也，革命军以威力镇压之乎，恐遂以此失人心而生内讧；苟放任之，则此等现象将续续起，而欲求外国承认之希望遂绝，夫不承认则必干涉矣。又让一步，而谓革命军以极机敏之行动，能于外国未及干涉之前，以迅雷不掩耳之势遽仆中央政府；或中央革命与地方革命同时并行，如是则革命军既取旧中央政府而代之矣，则于斯时也，举全国十八省中无论何处有暴动而危及外国人之生命财产者，革命军皆不可不任其责，何也？使革命军与旧政府对立，则革命军所负责者，惟在其已略得之领土耳，此外则旧政府任之。若旧政府既亡，则革命军任责之范围逾广。盖权利与义务之关系，应如是也。而以仓猝新造之政策，能保各省之无骚动乎？有骚动而其力遂足以遍镇压之乎？必不能矣。不能，而欲各国认我为国际上一主格，此必不可得之数也。借曰：无骚动矣，有骚动而能镇压之矣，犹当视其新政府之基础如何，能无于政权攘夺之间生冲突乎。苟如吾前者所言，建共和政体而不能成立也，则不必问各地方之现象如何。即以中央政府之蜩唐〔螗〕沸羹，而亦足以召干涉。干涉则奈何？夫论者所谓"一起而攫之，一必走而挠之"，此义固吾所已承认者也。然则干涉之结果究奈何？曰：使革命军而久未能覆旧政府，则彼与旧政府提携，以联军代戡定之，而于事后取机会均等主义，各获莫大之报酬于旧政府云尔。使革命军而遽覆旧政府，而或不能镇压地方之骚扰，或不能调和中央之冲突，则彼亦将以联军入而再覆此新建之政府。于彼时也，新旧政府既皆灭绝，而举国中无一人有历史上之根柢可以承袭王统者，其间必有旧王统之亲支或远派，遁逃于外以求庇。于是联军乃拥戴之以作傀儡，此路易第十八之所以能再王法国也。而此傀儡之废置，自兹以往，一惟外国人之意，而中国遂永成埃及矣！信如是也，则革命军初意，本欲革满洲之王统，而满洲卒未得革，不过以固有之王统，易为傀儡之王统而已，则试问于中国前途，果为利为害？而言革命者亦何乐乎此也？夫论者所谓"一起而攫之，一必走而挠之"，以此证列国中无能用单独运动以行干涉者，则其说完矣。然须知列国尚有以共同利害关系之故，用共同运动以行干涉，此实将来不可逃避之现象也。故吾谓彼知其一未知其二也。要之，《兵法》曰："毋恃敌不来，恃我有以待之。"今日不言革命则已耳，苟言革命，万不能曰外国殆不干涉，而掩耳盗铃以自慰也（俗话所谓一心情愿）；必其自始焉曰：吾固预备外国干涉。彼从某方面干涉，吾之力可以从某方面拒之；彼用某手段干涉，吾之力得用某手段以胜之。不观法兰西乎？其大革命时，外国联军所以干涉之者何如？法人之力，能战联军而退之，仅足自支耳。不然，则不待拿破仑之兴，而已为波兰，未可知也。（美国独立时，其情形又稍不同。彼僻在新大陆，与欧洲列国关系甚浅，当时有势力于新陆者，惟英法两国。英其敌国也，而法则以妒英之故，反为美援也，故彼无干涉之患。而我中国今日情形，实同于法而不同于美，至易见也。故又未可援美以自慰也。）而所谓某方面某手段者，又必须有确实证据，将彼我之实力，统计而比较之，而确见其为如是，万不能以空谈及模糊影响之言以自欺也。今持革命论者，亦曾计及此而确有所自信乎？若有之，请语我来。若其未也，则不惧外国干涉之言，慎勿轻出诸口也！

以上所驳，吾欲求著者之答辩。若不能答辩，则请取消前说可也。但即能答辩此节，而于革命后不能建设共和立宪制之论，不能答辩焉，则种族革命说，即已从根柢处被破坏而不许存立也。

又顷见种族革命党在东京所设之机关报，大标六大主义：一曰颠覆现今之恶劣政府，二曰建设共和政体，三曰维持世界真正之平和，四曰土地国有，五曰主张中国、日本两国之国民的连合，六曰要求世界列国赞成中国之革新事业。吾见之而瞀惑，不知其所谓。其第一条颠覆现今恶劣政府，此含有政治革命的意味，虽用语不甚的确，犹可言也。其第二条建设共和政体，则吾此文及《开明专制论》第八章，已令彼之此主义无复立锥地。其第三条维持世界真正之平和，言之太早，请公等先维持我国之平和。待我国既自立，他国有疑我怀侵略世界之野心者，其时自表白焉，犹未为晚。其第四条土地国有，则公等若生于乌托邦，请实行之；若犹未能脱离现今地球上各国土，则请言之以自娱可也。其第五条主张中日两国国民的连合，可谓大奇。所谓连合者，属于交际的耶，则何国不当连合，岂惟日本？言日本，则日本以外之各国岂皆排斥乎？属于法律的耶，既命之曰两国国民，则何从连合？合日本于中国乎？是又谚所谓一心情愿也。合中国于日本乎？公等虽欲卖国与日本，恐四万万人未必许公等也！其第六条要求列国赞成中国革新事业，亦大奇。中国革新事业，中国之主权也，岂问人之赞成不赞成？夫要求云者，未可必得之辞也。如彼言外之意，万一列国不赞成，我遂不能革新乎？然则中国不已失独立之资格乎？噫嘻！吾知之矣。彼其意殆云要求列国承认我共和新政府也但不敢明言之，故易其词以自饰，而忘其用语之不正确也。其第五条则因偶结识日本之浮浪子数辈，沾沾自喜，恃以为奥援。此终不离乎媚外之劣根性也，而以此为政纲以号于天下，是明示人以举党中无一有常识之人耳！以吾读该报，除陈君天华之文以外，可直谓无一语非梦呓，不能多驳之以费笔墨，仅举其政纲与一国有识者共评之。

第二，舍种族革命之外，更无他道焉可以达政治革命之目的也。

此小前提正确与否，即吾之政论正确与否之所攸判也。夫种族革命不可以达政治革命之目的，既为绝对的而无所容疑，而使更无他道焉可以达之，是亦束手待亡而已。盖陈君于种族革命之能否间接以救国，亦未尝无疑焉，而觉舍此以外，无一而可，故不得不姑倡之以为尝试也。其言曰："我退则彼进，岂能望彼消释嫌疑，而甘心与我共事乎？"是其义也。某报之言亦曰："今乃欲以种类不同、血系不属、文化殊绝之二族，而强混淆之，使之为一同等之事业，其声气之隔膜，已不待言；而况乎此二族者，其阶级悬殊，又复若云泥之迥判，相猜相忌，已非一日，于此而欲求一推诚布公之改革，岂可得乎？"此其论亦含一面的真理，而驳解之颇不易易者也。吾所以驳解者则如下：

试请读者暂将复仇一念置诸度外，平心以观察现今之政局，其所以不能改革者，其原因专在种族上乎？抑种族以外尚有他原因乎？抑原因全在他，而与种族上毫无关系乎？就此以立三前提：其第一前提曰，徒以种族不同，故不能改革也；其第二前提曰，既以种族不同，复以他种障碍，故不能改革也；其第三前提曰，徒以他种障碍，故不能改革也。若第一前提正确，则仅为种族革命，而即可以改革。若第二前提正确，则一面既为种族革命，一面复取他障碍而排除之，而后可以改革。若第三前提正确，则仅排除他障碍，即不必为种族革命，而亦可以改革。此三前提孰为正确，非以严密的归纳研究法不能得之，然此归纳研究法，正未易施也。

欲从事研究，则不可不取改革之定义而先确定之。所谓改革者（即论者所谓开诚布公之改革），吾欲以立宪当之，次则开明专制亦可以当之。此谅为论者所肯承认也。即不承认开明专制，亦必承认立宪。故吾今就立宪以立言。

凡治论理学者，其所用归纳研究法有四，而最适用者，曰类同法（Method of Agreement），曰差异法（Method of Difference）。

今试以类同法求不能立宪之原因。类同法者，甲现象之显，而必有乙现象起于其前；或乙现象之显，而必有甲现象随乎其后，因知乙现象必为甲现象之原因也。如"甲乙丙"之后恒有"呷叱唡"，"甲乙丁"之后恒有"呷叱叮"，甲丙丁之后恒有"呷唡叮"，由是知"甲"必为"呷"之原因，"呷"必为"甲"之结果也。今请以"甲"代"种族不同"，以"呷"代"不能立宪"，而求诸百余年来各国之历史。法国当一七九一年以前，非"甲"也，而竟为"呷"；普国当一八四八年以前，非"甲"也，而竟为"呷"；日本当明治以前，非"甲"也，而竟为"呷"；乃至葡萄牙当一八二六年以前，西班牙当一八〇九年以前，奥大利当一八四九年以前，皆非"甲"也，而竟为"呷"。凡此皆无"甲"而能生"呷"，然则"甲"必非"呷"之原因，"呷"必非"甲"之结果明矣。申言之，则"种族不同"，必非"不能立宪"之原因，"不能立宪"必非"种族不同"之结果明矣。于是向他方面以求之，则见夫各国之不能立宪者，或其君主误解立宪，以为有损于己，或其人民大多数未知立宪之利而不肯要求，此两者皆其普通共有之现象也。故以类同法求之，知此两现象实为不能立宪之原因也。吾今以"己"代前者，以"戊"代后者，得断言曰："己"与"戊"即"呷"之原因也。然君主之误解，实由于一己之利害问题，若人民要求迫切，则君主必知不立宪而所损更甚，比较焉而误解自销。故人民要求，又为消释君主误解之原因。故不肯要求，实为不能立宪之最高原因。以代字表之，则"戊"即"呷"之最高原因也。

问者曰："甲"不能为"呷"之单独原因。固承认矣。虽然，英国之在印度，以"甲"故生"呷"；法国之在越南，以"甲"故生"呷"；日本之在台湾，以"甲"故生"呷"；今满洲之在中国，亦以"甲"故生"呷"。然则安知"呷"之非有诸种原因，而"甲"即为其一种乎？若是乎则非除"甲"而"呷"终不能除也。欲答此难，则当以差异法明之。差异法者，凡一现象恒合数部分之小现象而成。若其现象本有乙部分，忽将其除去，而续起之现象，即不见有甲部分。或其现象本无乙部分，忽将其增入，而续起之现象，即见有甲部分，因知乙必为甲之原因也。如本为"甲乙丙"故生

"呷叱呵"，及将"甲"除去，变为"乙丙"，则其续生者仅"叱呵"，而无复有"呷"；或本为"乙丙"，故生"叱呵"，及将"甲"增入，变为"甲乙丙"，则其续生者，遂为"呷叱呵"，而竟有"呷"。若是则可以断"甲"必为"呷"之原因，即不尔，亦为其原因之一部分也。今试除之以求其差异乎。我中国当元代，其本来现象为"甲乙丙"，其相属之现象为"呷叱呵"；至明则将"甲"除去，所余之现象为"乙丙"，而其相属之现象仍为"呷叱呵"，不闻其以无"甲"之故而遂无"呷"也。又试增之以求其差异乎。南非洲杜兰斯哇尔及阿兰治两国，其本来之现象为"乙丙"，其相属之现象为"叱呵"，及败于英，变为"甲乙丙"，而其相属之现象仍为"叱呵"（两国今皆己〔已〕有完全之宪法），不闻其以有"甲"之故而遂有"呷"也。由此观之，则可知"甲"必非"呷"之原因，且并非其原因之一部分也。反而求之，则见夫吾中国明代，以有"戊"之故，故虽无"甲"而犹有"呷"；南非两国以无"戊"之故，故虽有"甲"而能无"呷"，然则"戊"为"甲"之原因益明。

问者曰：元明之交之中国，则本有"戊"者也，南非二国则本无"戊"者也。若夫本有"戊"而并有"甲"之国，则仅除其"戊"，不除其"甲"，而"呷"之现象遂可除乎？质而言之，则如今者之印度、安南、台湾，乃至吾中国，若其人民大多数能要求立宪，则虽异族之君主不易位，而立宪可致乎？吾敢应之曰：可也。于何证之？于匈牙利证之。匈牙利之有"甲"而并有"戊"，盖数百年也。一旦将其"戊"除去，则虽"甲"未除而"呷"已灭，其所得结果，与本来无"甲"之国，毫无所异也。故苟使印度、安南之民智、民力、民德，而能如匈牙利乎？而人民大多数要求宪法，则英法终不能不以匈牙利待之，而况乎今日中国与满洲之关系，又绝非如印度与英、安南与法之关系也，且又不仅如匈牙利与奥大利之关系也。

由此言之，立宪之几，恒不在君主而在人民。但使其人民有立宪之智识，有立宪之能力，而发表其立宪之志愿，则无论为如何之君主，而遂必归宿于立宪。若如论者所谓开诚布公之改革乎，此岂惟难得诸异族君主，即欲得诸同族者，夫亦岂易易也。不然，试观古今中外历史，其绝无他动力而自发心以行开明专制者曾有几何人，而不由人民要求而钦定宪法者曾有几何国也。故曰：此别有他故焉，而非异族为政使之然也。

夫君主之所以不肯立宪者，大率由误解焉，以为立宪大不利于己也。若有人焉，为之委婉陈说，使知立宪于彼不惟无不利，而且有大利，则彼必将欣然焉以积极的观念而欲立宪，于是乎立宪之几动。又使于国外有种种的势力之压迫，于国内有种种的势力之澎胀，人民有所挟而求焉，使知不立宪，于彼不惟无所利，而且有大害，则彼必悚然焉以消极的观念而不得不立宪，于是乎立宪之局成。此无论何国皆然，而绝非以种族之异不异生差别者也。故谓立宪之原因，则君主之肯与不肯，固占一部分，然其肯与不肯，仍在人民之求与不求。故人民之求立宪，实能立宪之最高原因也。

亦间有君主虽肯而仍不能立宪者，则贵族实厄之。如某报论我国二百六十年来，实为贵族政治，推其意则曰：纵使满洲之君主肯立宪，而满洲之贵族亦不肯，又奈之何也？吾以为贵族政治有二大要素，而今之满洲人皆不具之。二大要素者何？一曰，贵族必有广大之"土地所有权"，世袭相续。二曰贵族之意见，常能压倒君主之意见，否亦左右君主之意见。试观古今中外历史，有不具此二要素，而史家名之为贵族政治者乎？而满洲人于事实上无此二者，故指为贵族政治，其断案实不正确也。（满洲人无广大之"土地所有权"，尽人能知，无待设证。若满洲多数人之意见，果能压倒君主之意见乎？论者或引一二事为证。谓如戊戌庚子之役，西后随满洲诸顽固党为转移，是实被压倒也。吾以为此证不正确也。若使西后之意见，与满洲多数人意见相反，而冲突之结果卒为满洲多数人所胜，斯可谓被压倒矣。而事实上确不然也。彼等苟非得西后之同意，万不能行其政策，事至易见也。）且论者所指摘，多顺、康、雍间事，久为陈迹，至今屡变而非复其旧。以今日论之，号称第二政府之天津，坐镇其间者，汉人耶？满人耶？而北京政府诸人，不几于皆为其傀儡耶？两江、两湖、两广之重镇，主之者，汉人耶？满人耶？乃至满洲本土之东三省，今抚而治之者，汉人耶？满人耶（汉军固不得谓之满人）？平心论之，谓今之政权，在满人掌握，而汉人不得与闻，决非衷于事实者也。夫谓彼汉人者，不过媚满洲之一人，乃得有此斯衷于事实矣。然即此可证权力之渊源，实在一人之君主，而非在多数之贵族矣。夫吾之所以语此现象者，凡以证明中国今日，实为君主专制政治，而非贵族专制政治云尔。吾之所以必为此证明者，以见中国今日，苟君主不欲立宪则已耳，君主诚欲之，则断非满洲人所能沮也。夫沮之者，固非无人矣，然其人岂必为满洲人？吾见夫今日汉人之沮立宪者，且多于满人，而其阻力亦大于满人也。由此观之，谓君主以其为君主之地位，而认立宪为不利于其身及其子孙，而因以不肯立宪焉，此诚有之；谓其以为满洲人之地位，而认立宪为不利于其族，而因以不肯立宪焉，则深文之言，非笃论也。即君主以外而有沮立宪之人，亦不过其人各自为其私人之地位，恐缘立宪而损其权力，是以沮之，而决非由种族之意见梗其间也。使其出于种族之意见也，则必凡汉人尽赞焉、凡满人尽梗焉然后可。然今者汉人中或赞或梗，满人中亦或赞或梗，吾是以知其赞也梗也，皆于种族上毫无关系者也。

〔附言〕吾前文以类同法、差异法研究不能立宪之原因，而解释此问题，谓不问君主之为异族、为同族，而专问人民之能要求、不能要求。其最后之结论，则谓人民果能要求，则虽异族之君主，而犹必可立宪也。然此特如论者之意，认满洲与我，确沟然为两民族，始纡曲而得此结论耳。但以严格论之，满洲与我，确不能谓为纯粹的异民族，此吾所主张也。顷见某报复有一文，题曰《民族的国民》，其言若甚辩。但以吾观之，则彼所列举之诸前提，皆足以证我断案之正确，而不足以证彼断案之正确。今撷述其说而疏通证明之。彼云："民族者，同气类者也（节其定义之要点）。所云气类，条件有六：一同血系，二同语言文字，三同住所，四同习惯，五同宗教，六同精神体质。此六者皆民族之要素也。"此前提根据于近世学者之说，吾乐承认之。惟据此前提以观察汉人与满人之相互关系，其第二项同语言文字，则满洲虽有其本来之语言文字，然今殆久废不用，成为一种之僵石。凡满人皆诵汉文、操汉语，其能满文满语者，百不得一。谓其非与我同语言文字不得也。夫凡异族之相灭，恒蹂躏其国语，如俄灭波兰，则禁波人用波语。奥大利之于匈牙利，初则官署及议会皆不得用匈语，直至去年，匈人所求于奥者，仍为军队上用匈语之一问题也。故如匈之与奥，斯可谓之异族。何也？其语言文字，划然不同；而匈人凡属政治方面，其国语皆受压迫也。若满洲则何有焉？其固有之语言文字，已不适用于其本族，而政治各方面，我国文国语，立于绝对的优胜之地位，更无论也。其第三项同住所，则满洲之本土，汉人入居者十而八九，而满人亦散居于北京及内地十八省，至今不能为绝对的区别，确指某地为满人所居也。其第四项同习惯，则一二小节，虽或未尽同，而语其大端，则满人大率皆同化于北省之人，其杂居外省者，亦大略同化于其省，事实之不可诬者也。（若举其小节之不同，则我国南省与北省，亦有不同者矣，吾以为满人习惯之异于我者，亦不过我南省与北省异之类耳。）其第五项同宗教，则现在汉人中大多数迷信"似而非的佛教"，满人亦然。现在汉人中少数利用"似而非的孔教"，满人亦然。是其极相吻合，更不待言。若夫其第六项，同精神体质，则汉满二者果同果异，此属于人种学者专门的研究，吾与论者皆不应奋下武断。但以外形论之，则满洲与我，实不见其有极相异之点，即有之亦其细已甚。以之与日本人与我之异点相较，其多寡之比例，较然可见，而欧美更无论矣。然则即云异族，亦极近系之异族，而同化之甚易易者也。其第一项同血系，则二者之果同果异，又属于历史学者专门的研究，吾与论者又皆不能奋下武断。爱新觉罗氏一家，其自有史以来，与我族殆无血系之相属，吾亦承认之。若其最初果有关系与否？则今未得证明，不能确断。（彼自述其神话时代之谱系，如天女鸟卵等诸说，此不过袭吾国前此谶纬之唾余，谓帝者无父，感天而生，如"天命玄鸟""履帝武敏歆"等之成说耳，凡中国历朝之君主莫不然，即各国神话亦莫不然，未可据为信史也。）就令此一家者，自始与我无丝毫之血系相属，然亦限于彼一家耳，不能以概论满洲全族。其他之满洲人，则自春秋时齐燕与山戎之交涉，秦时、王莽时、三国时，人民避难徙居辽沈者，其数至夥，历史上斑斑可考。（今限于本文之问题，不能备举以增支蔓，若有欲索吾立证者，吾可据历史以应。）然则谓凡一切满洲人，皆与我毫无血统之关系，吾断不能为绝对的承认也。一切之满洲人，既与我或有血统之关系，则爱新觉罗氏，或有或无，是终在未定之数也。就以上所辨，则论者谓民族之六大要素，满洲人之纯然同化于我者，既有四焉，其他之二，则彼此皆不能奋下武断，而以吾说较诸彼说，则吾说之正确的程度，比较的固优于彼说也。故以吾所主张，则谓以社会学者所下民族之定义以衡之，彼满洲人实已同化于汉人，而有构成一混同民族之资格者也。

复次，彼论文复揭所谓同化公例者凡四。第一例，以势力同等之诸民族，融化而成一新民族。第二例，多数征服者吸收少数被征服者而使之同化。第三例，少数征服者，以非常势力吸收多数被征服者而使之同化。第四例，少数征服者为多数被征服者所同化。此四公例者，亦吾所乐承认也。

而吾则以为满洲在中国，实如彼所举第四例之位置。故畴昔虽不能认为同族，而今后则实已有构成一混同民族之资格也。而论者必强指其为第三公例之位置，是不免枉事实而就臆见也。彼其所举证据分二种，每种复分二类。其第一种曰："欲不为我民族所同化。"就中第一类曰："保守其习惯。"杂引顺、康、雍、乾间各上谕以为证。第二类曰："发皇其所长。"则谓二百年来兵权悉萃于彼族，而我族无与焉，亦举顺、康、雍、乾间故实以为证。凡其所举者，亦吾所承认者也。虽然，此不过百余年前之事耳。若近百年来则何如？彼所云保守其习惯者，虽三令五申，而诲谆谆而听藐藐，今则并其固有之语言文字，莫或能解而他更无论矣。若夫兵权，则自洪杨一役以后，全移于湘淮人之手，而近今则一切实权，皆在第二政府之天津，又事实上之予人以共见者也。至其所举第二种，谓满洲欲迫我民族同化于彼者，其最重要莫如剃发一事，此亦吾所承认也。然此事抉去之甚易易，且挽近其机已大动，一旦效西风倡断发，则一纸之劳耳。故此事虽为我同化于彼之一徽识，而亦决不能久也。夫满洲自二百余年前，不能认之为与我同族，此公言也。（其血系及其精神体质相同与否，不能断言，而语言文字、住居、习惯、宗教皆不相同，故不得认为同族也。）其顺、康、雍、乾间诸雄主，不欲彼族之同化于我，亦其本心也。无奈循社会现象之公例，彼受同化作用之刺戟淘汰，遂终不得不被同化于我。（日本小野冢博士谓凡两民族相遇，其性格相近，而优劣之差少者，其同化作用速。其性格相异而优劣之差少者，其同化作用迟；其优劣之差远者，其同化作用速。论者引之，而谓满族与我，文野相殊，适合乎第三例，此语亦吾所承认者也。故吾谓今日满洲之位置，适如彼所举同化公例之第四种，盖亦谓此。而论者必谓其属于第三种，而引彼大酋所以思障其流者以为证，曾亦思此同化作用之大力，决非一二大酋所能障乎。故至今日而小野冢之言既毕验矣。）虽彼不欲之，而固无如何，而事实之章明较著者，则今既若是矣。然则就今日论，而必谓彼欲化我之可畏，必谓我欲化彼之不能，请论者平心思之，其果为适于事实、衷于论理矣乎？必不然矣。

夫论者固亦自知其说之不完，故于其下方又曰："其昔之所汲汲自保不欲同化于我者，已无复存。"又曰："凡此皆与嘉道以前成一反比例。"是论者亦认满洲为已同化于汉族，如彼所云同化公例之第四项矣。乃旋复支离其词，谓立宪说若行，则我民族遂永沉于同化之第三例。此真所谓强词夺理，不可以不痛辩也。今复取而纠之。论者谓："民族不同而同为国民者，其所争者莫大于政治上之势力，政治上之势力优者，则其民族之势力亦独优。"此前提亦吾所承认也。然此又适足以证吾说之正确，而不足以证彼说之正确也。彼之言曰："今者满洲欲巩固其民族，仍不外乎巩固其政治上之势力，由是而有立宪之说。"又曰："吾今试想像一至美至善之宪法曰，此宪法能使满汉平等相睦，自由之分配适均，同栖息于一国法之下，耦俱无猜。如是当亦一般志士所喜出望外也。虽然，吾敢下一断语曰，从此满族遂永立于征服者之地位，而同化之第三例，乃为我民族特设之位置也云云。"吾读至此，方急欲尽闻其言，听其有何等之说明，乃不料读至下方，则满纸仍复仇之说，而政治上之趋势，乃不复论及也。推彼所以致误之由，不外误认皇位与政治上势力同为一物。夫在非立宪之国，则皇位确与政治上势力同为一物，固也；若在立宪之国，则二者决非同物。如彼英国，其皇位全超然于政治势力以外，不必论矣。即如日本、普鲁士等国，其皇位虽亦为政治上一部分之势力所从出，而决不能谓舍皇位以外更无他之政治上势力。盖立宪与非立宪之区别，实在是也。皇位以外之势力何在？亦曰在国民之自身而已。国民立于指挥主动之地位者，其势力固极大；即国民立于监督补助之地位者，其势力抑亦不小。此凡立宪国之先例所明示也。夫即在非立宪之国，其君主固非能举一切政务而悉躬亲之，其政治上大部分势力，实仍在臣下之手。但国家机关之行动，无一定规律，而臣下之进退，又悉出于君主之任意，故一切政务，悉动于君主意志之下，而非动于国家根本法之下。故虽谓皇位与政治上势力同为一物，亦无不可。若夫在立宪国，即其行大权政治如日本者，固不得不依于宪法条规以行统治权。一切法律，皆须经议会协赞，即紧急敕令、独立命令，亦有一定之限制。然则此等国家，其一切政务，皆动于国法之下，而非动于君主意志之下，明甚。若其用人权，则国务大臣虽非纯由议会所得进退，然固不能甚拂舆论。（议院政治之立宪国，其内阁失议院多数者，必不得不退，而进而组织内阁者，惟限于议院多数党之首领。大权政治之立宪国，不得议院多数者，不必定退，即退矣，而亦不必限以多数党代之，故常有所谓"不党内阁"者之出现，此其所以为异也。然内阁太不满舆论，则君主亦不得不退之矣。以最近事证之，如日本于日俄和议后之桂内阁，其例之著明者也。）若国务大臣以外之一切官吏，则任用惩戒，皆循一定之法规以行，非特长官不能上下其手，即君主亦不能以喜怒为黜陟，明也。而司法权独立，君主不得任意蹂躏，益无待言矣。故吾谓苟不名为立宪则已，既名为立宪国，则皇位以外，必更有政治上势力存焉；而此势力之所存，则国民自身是也。吾之此前提，谅论者虽有巧辩，而必不能不承认也；既承认矣，则吾将复进于第二前提，曰：既为立宪国国民，同栖息于四民平等的法律之下，则无论何种方面之势力，皆得行正当之"自由竞争"。（自由竞争者，非谓竞其自由也，谓其竞争之力，能行于自由，而不受他力之干涉、束缚、压抑也。）而政治上势力，亦其一端也。此前提谅又论者所不能不承认也。既承认矣，则吾将复进于第三前提，曰：既行正当之"自由竞争"，则其能力独优者，其势力亦独优。故苟于立宪制度之下以异民族而同为一国民者，其政治能力高度之民族，则所占政治上势力，必能优于能力低度之民族者也。此前提谅又论者所不能不承认者也。既承认矣，而犹曰立宪之说，不外为满洲民族巩固其政治上势力，然则必须尚有第四前提焉，乃能达此断案。其第四前提云何？必当曰满族所固有之政治能力，实优于汉族，而两族行正当之自由竞争，满必优胜，汉必劣败也。而此第四前提果正确乎？论者若承认之，则本意欲自尊汉族者，其毋乃反蔑汉族乎？若不承认之，则其断案已属谬妄，而绝对的不能成立也。夫吾所主张，固认满洲为已同化于我民族，间有一二未同化者，而必终归于同化。故一旦立宪而行自由竞争，则惟有国民个人之竞争，而决无复两民族之竞争。论者所谓某族占优势者，其实不足以成问题也。若此问题依然存在乎，则两族之政治能力，孰优孰劣，较然易见。而两族之政治势力，孰优孰劣，亦较然易见矣。论者如谓必不能得满汉平等之宪法，则其事又当别论。若如彼所言，谓自由之分配适均，权利义务悉平等，同栖息于一国法之下矣，而犹谓我民族将来之位置，必永同于彼之第三同化公例，吾诚不知彼所据论理为何等也。夫彼言"满洲自入关以来，一切程度悉劣于我万倍而能久荣者，以独占政治上势力之故"，此语亦吾所大略承认者也。然诚能得正当之立宪政治，则已足救此弊而有余。何也？以正当之立宪政治，其政治上势力，未有能以一人或一机关独占之者也。故吾辈今日所当研究者：（一）现今君主肯立宪与否之问题，（二）所立宪法为何等宪法之问题，（三）吾辈当由何道能使彼立宪且得善良宪法之问题。若夫既肯立宪，且得善良宪法矣，而在此善良宪法之下，汉满两族，孰占优势，此则不成问题；即成矣而亦无研究之价值。何也？此固可以直觉的知识一言而决也。

右吾所述即论者宁不知之，知矣而复强为之辞，则不过为复仇之一感情所蔽，否则欲以此煽动一般人之复仇感情已耳。论者断断自辩，谓彼之排满，非狭隘的民族复仇主义。以吾观之，彼实始终未尝能脱此范围。故吾请彼还倡其复仇主义，无为牵入政治问题，作茧自缚也。

复次右吾所述，是辨满洲是否同化于我及能否同化于我之一问题也。吾所主张，则谓满洲与我，不能谓为纯粹的异民族也。论者若不能反驳吾说，则不得不承认吾所主张；若承认吾所主张，则论者所说，无论从何方面观之，皆不复能持之有故，言之成理，即能反驳矣，不承认吾所主张矣。如是则确认满洲为异民族，然即戴异族之君主，犹未尝不可以立宪。此则吾本论正文所主张，苟不能反驳焉，是犹不足以难我立宪说也。

夫既有梗焉者，其梗焉者又或为有力焉者，则甚足以荧君主之听，而立宪之希望，终不易达也。斯固然也，然此实各国普通之现象，不论其为异族政府、同族政府而皆有之，是不得缘附种族论，而谓以二族相猜相忌之故，故不能得立宪也，明矣。既将种族论剔出，则其所以对付此阻力者，亦采各国普通之手段焉可耳。夫使梗焉者出于贵族，则其对付之也颇难。盖贵族莫不有其特权，与其阶级相附丽，一旦立宪，则必取法律上四民平等之主义，于彼确大不利，故其反抗力甚强，而其意见既足以压倒君主或左右君主，故其反抗强，而抗其反抗，固不易也。若我中国今日情势，则全与彼异。举国人民，其在法律上，本已平等，无别享特权者；即如某报所举满洲人于公权私权上间有与汉人异者，然其细已甚，且屡经变迁而非复其旧，况其由特权所得之利益，或不足以偿其损害，彼中稍有识者，必出死力以争此特权，可断言也。即让一步，谓彼必争，然彼之力，曾不足以左右君主。君主苟欲之，彼虽争无益也。然则今后而于君主以外，犹有为宪法梗者乎，必其人自顾现在之权力地位，惧缘立宪而失之耳。若此辈者，苟有人焉，为之陈说，谓欲立宪，必经过若干年之开明专制时代。在此时代中，则立宪之影响不波及于公之权力地位，及夫宪法实施之时，而公且就木矣，何苦争其所不必争者以丛国民之怨也。又或虽至其时而公犹健在，公今者能提倡立宪，则他日公之地位及公之名誉，或更高于今日，而公必弃而不取，甚无谓也。如此则彼将或有悟，而幡然以改，是消阻力之一法也。又或彼终冥顽不灵，则吾所以待之者，尚有最后之相当的刑罚在，则虚无党之前例是也。夫彼之为梗者，上焉者为权力，下焉者为富贵耳。然若无生命，则一切权力富贵，皆无所丽，故此最后之手段，实足以寒作梗者之胆而有余也。

问者曰：吾子屡言宪法，万一彼所颁宪法，虚应故事，或更予吾汉人以不利，则奈之何？或颁矣而不实行，又奈之何？曰：是亦在吾要求而已。要求固未有不提出条件者，夫条件则岂不由我耶？不承诺条件，吾要求不撤回，既承诺条件而不实行，则次度之要求，固亦可以继起耳。

故夫吾之言立宪，非犹夫流俗人之言立宪也。流俗人之言立宪，则欲其动机发自君主，而国民为受动者。吾之言立宪，则欲其动机发自国民，而君主为受动者。流俗人之言立宪，则但求得一钦定宪法，而遂以自安，其宪法之内容若何，不及问也。吾之言立宪，虽不妨为钦定宪法，而发布之时，万不能如日本为单纯的钦定之形式（此事吾别有论），若其宪法之内容若何，则在所必争。故流俗人之言立宪，见夫朝廷派大臣出洋考察政治，则欣然色喜，谓中国立宪，将在此役。吾之言立宪，则认此等举动，与立宪前途，殆无关系。即有之，而殊不足以充吾辈之希望，或且反于吾辈之希望而所谓真正之立宪政治，非俟吾民之要求，不能得之。故流俗人之言立宪，欲今日言之，明日行焉。吾之言立宪，则以立宪为究竟目的，而此目的之达，期诸十年二十年以后。质而言之，则如流俗人所言，立宪不立宪之权操诸人，我惟祷祀以求而已。如吾所言，则立宪不立宪之权操诸我，我苟抱定此目的，终可操券而获也。

〔附言〕如近日派大臣出洋考察政治等事，吾固认其与立宪前途殆无关系。然如流俗人之见，则谓其小有关系，亦未始不可。盖君主之欲立宪，虽非能立宪之最高原因，然不得不谓为其原因之一部分也，然则此等举动之与立宪有关系与否，亦视其果出于君主欲立宪之意与否而已。若其非出于此意，则可谓为绝无关系；若其果出于此意，则可谓小有关系，然终不能谓大有关系。何也？苟非由人民要求，则此种关系，或不足充吾辈希望，或且反于吾辈希望也。（或不由要求，而竟能充吾辈希望，亦未可知。虽然，其权不由我，即能得之，亦偶得而已，非必得也。）若以人民要求为前提，则此种关系，及今已有之，固可喜也；即今尚无之，吾固可以随时唤起此关系，且令其关系更深切。故现在此等举动，其性质若何，吾以为毫不足轻重也。复次，若以人民要求为前提，则今日此等举动，或其不足充吾希望，吾可要求使获充；其或反于吾希望，吾可要求使毋反。吾悬一水平线以为衡，吾所知者，求适合此水平线而已。彼在水平线以下，无论何种现象，吾视之则五十步与百步耳。能知此义者，可与言立宪问题；不知此义者，未足与言立宪问题。

然则吾国今日所最要者，在使一国中大多数人知立宪、希望立宪，且相率以要求立宪。若果能尔尔乎，则彼英人在昔常有"权利请愿"之举，有"不出代议士不纳租税"之格言，真可谓唯一正当之手段，唯一正当之武器也。而俄人虚无党故事，抑亦济变之手段，最后之武器也。我国民诚能并用之乎，吾敢信政治革命之目的，终必有能达之一日也。

〔附言〕人民要求，苟得其法，则必能使政府降心相从。征诸各国前例，殆成铁案。即以吾国近数年事实征之，其趋势亦甚显著。如最近粤绅与粤督争路权一事，其最为明效大验者也。彼事件于种族问题，丝毫无涉，而徒以正当的要求，虽当道以炙手可热之势，遂不能不出其交让之精神，以图解结。此虽仅属小节，不涉全体，然举一反三，亦可知不必为种族革命，而可以得政治革命，明矣。其他如枝枝节节之利权回收，断断续续之内治改革，彼政府当道，固未尝不以舆论为虾，而自为其水母。凡此之类，不可枚举，此皆数年来之事实，较然不能掩也。盖今日之政府当道，其大部分皆脆薄之人，其小部分则欲治事而不知何涂之从而可也。故苟民间有正当之舆论，而盾以实力之要求者，吾信其最后之胜利，必有属矣。而人民不能自改良其舆论，不能自扶植其势力，徒怼政府，诟当道，宁有济耶？呜呼！

虽然，尚有附加之三义焉：一曰，其所要求者，必须提出条件。苟无条件，微论彼不知所以应；即应矣，仍恐其不正确也。二曰，其提出之条件，必须为彼所能行。若为彼所必不可行，则是宣战而非要求。以云要求，则等诸无效也。三曰，其济变之手段，最后之武器，不可滥用。用之必在要求而不见应之后，且所施者限于反抗此要求之人，不然，则刑罚不中，既使彼迷惑，而有罪者反不自知其罪也。此则吾于所著《开明专制论》第八章，既言之矣（参观本报第三号《开明专制论》及第二号《对于陈烈士蹈海之感叹》）。抱定此手段，而以此三义者整齐严肃之，吾谓未有不能济者也。故吾又得反其小前提曰：

舍种族革命以外，实有他道焉可以达政治革命之目的者也。
随而反其断案曰：

故舍种族革命以外，吾辈别有当以为手段者也。

吾昔于《开明专制论》第八章第一段之结论曾有两语云：欲行种族革命者，宜主专制而勿主共和；欲行政治革命者，宜以要求而勿以暴动。吾自以为此两语盛水不漏，无论何人，不能致难矣。而吾见某报之论复有曰："改革之权，操之于上，而下尽输其资产生命以为之陛楯，上复慨与以高爵厚禄以施之报酬，立宪是已。"夫解释立宪而下此概念，是足以服持立宪论者之心乎？凡欲辨难者，必不可不衷于论理，而论理必先确定其概念，而不可先以其所爱憎枉固有之定义。试观鄙人前后难种族革命说、难共和立宪说者，凡数万言，曾有一度焉曲解种族革命之定义，曲解共和立宪之定义者乎？苟不认此论理学上之公例，是亦不足以入辨林已耳。故吾略下君主立宪之概念曰："君主立宪者，君主应于人民之要求，而规定国家机关之行动及人民对于国家之权利义务者也。"其所规定，则君主与人民协定之，而所以得之者，则由君主应于人民之要求也。故规定为其结果，而要求为其原因也。读者谓吾所下之概念，视某报所下之概念何如？

然则暴动绝无影响于立宪乎？曰：亦有之。要求不得而继以暴动。君主惮暴动而遂应其要求是也。然此殆非正当之手段，盖徒耗其力也。以之与虚无手段相校，其不如虚无远矣。然以要求不得而暴动，则其暴动之目的，已非在种族革命矣。然则种族革命的暴动，绝无影响于政治革命乎？曰：亦有之。君主惮种族革命之屡兴，而厉行政治革命以销其焰是也。信如是也，则种族革命，适以助政治革命之成功也。质言之，则排满者适所以助立宪者（狭义的立宪）之成功也。使排满者如有甘牺牲其功业名誉以助与己反对之立宪党，使成功之心而出于暴动，则其可敬孰甚焉。信如是也，则其种族革命、共和立宪之主义，不得不中道抛弃矣。然此恐非言排满者所乐闻也。其所乐闻者，则投满人于荒服之外，而组织一卢梭的国家也。若此者，苟不能将吾之说，一一答辩，则钳而口焉可也。不然，我四万万人当以故杀祖国之罪科之。

抑陈君又言曰："鄙人之于革命，必出之以极迂拙之手段。……夫以鄙人之迂拙如此，或至无实行之期，亦不可知。然而举中国皆汉人也，使汉人皆认革命为必要，则或如瑞典那威之分离，以一纸书通过，而无须流血焉可也。故今日惟有使中等社会，皆知革命主义，渐普及下等社会。斯时也，一夫发难，万众响应，其于事何难焉？若多数犹未明此义而即实行，恐未足以救中国，而转以乱中国也。"盖君之言，深知现在革命之不可，而欲期诸极远之将来，其用心可谓良苦。然欲使社会之大多数，皆认排满为必要而实行之，此诚至难之事。何则？闻人言排满而乐听之者，比比皆是。若使其实行，则乐听者千人而不得一人也。其所举以刺激其感情而最有力者，无过顺、康、雍间事，然久已过去，成为陈迹，非复切肤之痛，复九世仇，岂能人人皆有此志？此犹不如政治论之之易动人也。故君自虑其无实行之期，良有由也。然又如君言，举中国皆汉人，故此手段虽极迂拙，犹非绝对的不可得达。虽然，君未计及实行之后，其效果何如也。盖君亦迷信共和论者之一人，而中国万不能行共和立宪制之理由，君所见尚未审也，夫宁知乎？虽多数明此义而复实行，而犹不足以救中国，转以乱中国乎？呜呼！安得起君于九原，而一上下其议论也！

若取君之语而略点窜之，曰：今日惟有使中等社会皆知政治革命主义，渐普及于下等社会，则其言斯无弊矣。夫使今日中国之多数人，皆知政治革命主义，而循吾所谓正当手段者以进行也。其现今在政界地位已高者，陈利害于君主；其次高者，陈利害于上宪及其僚，即其未入宦途者，或其父兄，或其朋友，苟有可以为陈利害者悉陈之，以浸润移其迷见，其效既可以极速。何也？今之在政界者，其毫无心肝之人固多数，然亦非无欲有所为而茫然不知所从事者，无人焉从而晓之，而徒责其误国，是未免近于不教而诛也。故此层工夫，万不可少，而非徒以此而足也，联多数焉。发表其政治的意见，提出条件，为正当之要求，如英人之权利请愿然。不应，则以租税或类于租税者为武器。不应，则以虚无为武器。行之十年，而谓其无效可睹，吾不信也。其视专鼓吹种族革命，如陈君所谓或终无实行之期者，其相去不亦远乎？

今之少年，饮排满共和之狂泉而失其本性，恶夫持君主立宪论者之与己异也，而并仇之，于是"革命"二字与"立宪"成为对待之名词，此真天下所未闻也。有与言现今政治得失宜兴宜革者，彼辄掉头曰："吾誓不为满洲政府上条陈。"叩以公欲何为，则曰："待吾放逐满人后，吾自能为之，今岂屑与彼喋喋也？"呜呼！此言误矣。公之放逐满洲，未有其期，而今之握政权者，日以公之权利界诸外人。权利之断送也，如水赴壑；权利之回复也，如戈返日。恐未及公放逐之期，而公之权利已尽矣。且即使公能放逐彼，而于放逐之前，使彼代公做一二分预备工夫，亦于公何损焉？而必矜此气节誓不与言何也？况乎公即能放逐彼，而建设此不适我国之共和政府，则所谓实行公之政策者，又终无期也。然则公毋乃坐视中国之亡而已。

呜呼！舆论之之所以可贵，贵其能监督政府而已。今也不然，舆论曰：吾惟绝对的不认此政府。若此政府尚在，吾不屑监督之。然吾所谓绝对的不认者，在彼曾不感丝毫之痛痒。而以吾不屑监督之故，彼反得放焉自恣，惟所欲为。问：所得效果维何？曰：不过为政府宽其责任而已。呜呼！国中而有此等舆论，为国之福乎？抑为国之祸乎？愿世之君子，平心察之。

他社会勿论，即以东京学界及国内各省学界，其人数殊不鲜，而虚声颇为政府所惮。以之建言，甚有力也。而数年以来，惟于铁路矿务及其他与外人交涉之事，有所抗争，而内治之根本，无一敢言者。夫内治根本不立，徒为枝叶之排外，终无所济，明也。谓学界诸君而不知此义耶，其不知者容或有人，而知之者总居多数。惟虽知矣，而不敢言。其不敢言者，畏政府耶？畏舆论耳。吾今请直抉其隐，盖有欲言及内治根本者，则舆论群起哗之曰：是立宪党也，是为满洲政府上条陈也，是欲做官之奴隶也。以故更无人敢提此议，即提矣而亦莫之应。故惟于交涉事件，补苴罅漏，宁舍本而图其末也。学界诸君一读之，谓鄙人此言，果能写出诸君之心理否耶？果能道尽现今舆论之真相否耶？而此等心理，此等舆论，其必不为国家之福，吾敢断言矣。

质而言之，则要求必能达政治革命之目的，且非要求万不能达政治革命之目的。是要求者，实政治革命之唯一手段也；而政治革命既为救国之唯一手段，以积叠的论理式推之，则可径曰：政治上正当之要求，实救国之唯一手段也。然则中国之能救与否，惟视人民之能为要求、肯为要求与否以为断。夫彼毫无政治智识、毫无政治能力者，不知要求为何物，不知当要求者为何事，固无冀焉矣。若其稍有政治智识者，又不务自养其政治能力，且间接以养成一般国民之政治能力，而惟醉梦于必不可致之事业，奔驰于有损无益之感情，语及正当之要求，反避之若浼焉；夫是以能要求、肯要求者，举国中竟无其人也。夫彼绝无智识、绝无能力者，不足责焉；若夫稍有智识者，且可以有能力者，而亦如是，则亡国之恶因，非此辈造之而谁造也？呜呼！无有真爱国者乎？其忍以方针之误，而甘为亡国之主动人也？

夫鄙人之为此言，诚非有所爱于满洲人也。若就感情方面论之，鄙人虽无似，抑亦一多血多泪之人也。每读《扬州十日记》《嘉定屠城纪略》，未尝不热血溢涌。故数年前主张排满论，虽师友督责日至，曾不肯自变其说。即至今日，而此种思想，蟠结胸中，每当酒酣耳热，犹时或间发而不能自制。苟使有道焉可以救国，而并可以复仇者，鄙人虽木石，宁能无歆焉？其奈此二者决不能相容，复仇则必出于暴动革命；暴动革命，则必继以不完全的共和；不完全的共和，则必至于亡国。故两者比较，吾宁含垢忍痛，而必不愿为亡祖国之罪人也。吾又见夫不必持复仇主义，而国民最高之目的，固非不能达也；吾又见夫苟持复仇主义，充之至于尽，则应仇者不止一满洲也。故吾谓复仇主义其可以已，而真爱国者，允宜节制感情，共向一最高之目的以进行也。诸君苟毋任感情，毋挟党见，平心以一听吾言，则真理其庶可出，而正当之手段，其庶可见也。

夫使诸君所执排满共和之手段，而果足以救国，则诸君坚持之宜矣，然于他人之执他手段而欲以救国者，犹当以其目的之相同而勿与为敌。然今者诸君之手段，万不能实行，即实行而不为国之福，反为国之祸。既若是矣，而犹恋而不舍焉，是终耗其力于无用之地也。不惟不舍而已，于人之执他手段以欲救国者，反从而排之，两相排而其力两相消，卒并归于无有而已。所耗者所消者非他，一国中有热血有智识之人之实力也。一国中有热血有智识者，能得几人？其人之实力，即一国之元气，而国所赖以不亡者也。今徒以此而消焉耗焉，夫安得不为国家前途恸哭也！

呜呼！吾书至此，而吾泪承睫，而泗横颐，吾几不复能终吾言矣！呜呼！我国中有热血有智识之人，其肯垂听耶？其终不肯垂听耶？夫吾非欲以辩服人而自以为快也，吾实见夫吾国之存亡绝续在此数年，而所以救之者，惟有一途而不容有二，故不惜哓音瘏口以冀多数之垂听也。夫舍己从人，人情所难，在素持排满共和论之诸君，读鄙人之此两文，而必有数日之不快，殆意中事也。则请诸君抒其宏议，用严正之论理法以赐答辩。夫鄙人岂敢竟自以为是？苟答辩而使鄙人心折者，鄙人必为最后之降伏，毋为各趋一途而使力之互相消也。若犹以鄙人之言为有一节可取也，则请诸君弃其前说，而共趋于此一途。夫弃其前说者，非服从鄙人之谓也，服从公理而已，服从诸君之良知而已！先哲不云乎：询于刍荛；又曰：狂夫之言，圣人择焉。择之权在我，而岂问言者之狂不狂也？凡人类之心理，其骤接一理也，初念时所见最真，盖即此所谓良知也；及转一念时，则私欲蔽之，往往得反对之判断；以后转念复转念，皆此两念交战，万起万落，如循环焉。而逮于究竟，能依其初念而行者，则为光明磊落之夫；卒依转念而行者，则为龌龊卑劣之子。诸君读鄙人此文，若其竟以为非也，则诲之可也。若觉其是焉，而复自虞度曰：吾畴昔所持论如彼，而今忽反之，惧人笑我，毋宁护前说焉，则吾愿诸君之万不可如是也。孔子曰："小人之过也必文。"孟子曰："古之君子，过则改之。今之君子，过则顺之。"岂徒顺之？又从为之辞。吾不自承认为过，则亦已耳。既承认矣，而文之而为之辞，是何其太不以君子自处也！鄙人性无他长，惟能不自护前短，一言一行之过，其不安于吾心者，必改之而后即安。而学识浅陋，道力微薄，尤悔丛脞，如扫落叶。故言论行事，往往不移时而反乎其前，师友所戒为流质，时论所诮为骑墙，皆谓是也。虽然，鄙人不能欺吾良知，是以及此。子王子曰："吾今日良知所见在此，则依吾今日良知以行。明日良知又有开悟，则依吾明日良知以行。"鄙人知服膺此义而已。即如排满共和论，以诸君平心察之，若谓倡此论者为有功也，则鄙人不能谓无微劳；若谓倡此论者为有罪也，则鄙人不得不负重戾。盖鄙人于数年前实此派中之一人，且其关系甚不薄也。鄙人宁不欲护其前说，其奈今所研究，确见其与救国之义不相容，吾将爱吾国耶？吾将爱吾前说耶？吾良知于此两者之间，必知所择矣。故决然舍旃而无复留恋也。夫诸君之取舍何如，亦质诸诸君之良知焉可耳。呜呼！陈君天华而不死也，吾信其将闻吾言而契之也。

吾之论于是终，吾更缀数言。吾此文固甚望当世有识者之诲之也。盖真理以辨而始明，况吾之浅识，岂敢谓所言之必当也。有赐教者，苟依正当之论理，则鄙人深愿更相攻错。而或于其根本大端，不能箴膏肓、起废疾，而惟摭拾一二词句间之讹缪以相诋諆，则考据家之碎义逃难耳。甚或为嬉笑怒骂之言，深文周纳以相责，则村妪之角口耳，酷吏之舞文耳，凡此皆无相与攻错之价值，则恕其不报焉可也。（《新民丛报》第七十六号，1906年3月9日，署名"饮冰"）

答某报第四号对于本报之驳论

昨言某报印派号外，发表与本报辩驳之纲领十二条。虽其词意之牵强者甚多，然以为彼既敢于强辩，则必能将本报重要之论点，难倒一二。殷殷然引领愿听，而不意见彼报第四号，乃使我大失望也。何也？彼文皆毛举细故，或枝蔓于论点之外。而本报所以难彼说者，于根本上无一能解答也。本报论文最要之点，曰：今日中国，万不能行共和立宪制。而所以下此断案者，曰：未有共和国民之资格。欲论共和国民资格之有无，则必先取"共和国民资格"之标准而确定之，然后按诸中国现象，视其与此标准相应或不相应，则其已有此资格与否，较然易见。共和国民之资格不一端，或非吾之学所能悉知，或非吾之文所能悉举。然吾櫽括言之，吾所认为最重要者，则曰："有能行议院政治之能力者，斯有可以为共和国民之资格。"此吾所命之标准也。论者如欲难吾说也，则于吾所命之标准，或承认或不承认，不可不先置一言。若肯承认之，则还按诸中国现象，指出其已与此标准相应之确据，夫如是斯吾之说破。若不肯承认之，则说明吾所命标准不正确之理由，夫如是斯吾之说亦破。若更能别命一标准，曰："如此如此，则可谓已有共和国民之资格者也，而中国现象实已如此如此者也。"夫如是斯吾之说益破。不幸而论者，所以相难者不尔尔。于吾所谓"凡国民有可以行议院政治之能力者，皆其有可以为共和国民之资格者也"之一前提，避而弗击。吾读其文至再三，其果承认此前提与否，渺不可见。而惟悍然下一断案曰："吾之意以为中国国民，必能有为共和国民之资格者也。"（能为与已能为自有别，下方别论之。）推其意，似不承认吾之此前提者也，而不能说明所以不承认之理由。噫！吾知之矣。论者殆极不欲承认，而无奈苦思力索，不得所以不承认之方法也。彼言中国国民有能为共和国民之资格，而于共和资格之概念及要件不能指出。噫！吾知之矣。论者殆极欲指出，而无奈于吾所指者之外，欲别指而不知所指也。于是不得不支离焉，遁而之他，毛举一二小节以混耳目。冀人之徒读驳论不读原文者，谓原文之所论，不过尔尔。而彼之欺遂得售，而不思天下之目，固非一手所得掩尽也。欲相辨难而用此等手段，本无复受反驳之价值。但鄙人固尝宣言，有赐教者，深愿更相攻错。今得彼文，亦所谓见似人者而喜，故略一解答之。

　　论者于吾所命"凡国民有可以行议院政治之能力者，即其有可以为共和国民之资格者也"之一前提，自言对之为驳论。乃读至终篇，不得其驳论之语，而惟曰："先问论者所下议院政治之解释，果正当乎？"云云。夫吾所下议院政治之解释，谓事实上总揽统治权者在议会也。观本报第三号第三十一、三十二叶，其文意甚明。吾见论者言吾之解释不正当，方欲急就教以闻其不正当之理由。不意读至终篇，亦无一言，而惟摭拾篇中"美国变为议会专制"一语，谓吾将政治论与法理论并为一谈。嘻！论者殆未读吾全文耶。吾固明言"美则宪法上不许为议院政治，而事实上固已为议院政治"（第三号第三十三叶），吾混言耶？毋亦论者强命吾为混言以入人罪也。在野蛮时代为狱吏，则此等手段可施矣，而乌可以入辨林？夫以吾之先就法理方面立论，后就政治方面立论，而遽谓其并为一谈也。则吾草此文，并未尝与读者约，谓吾专言法理学，或专言政治学也。吾所以先述美国国法之大概，次言其政治之趋势者，正以其国法所规定者如彼，而今者政治现象，已大反于其国法之精神，凡以证明共和政体与议院政治相属而不可离也。论者若能就政治方面而证明今日美国为非议院政治，则吾愿闻。若就法理方面而断断然辨美国为非民权专制政体，则谁谓美国之国法为民权专制者？论者谓我无敌而放矢，彼自当之矣。论者谓吾之评议院政治，不外抄袭穗积氏说。夫以吾学力之绵薄，岂能多自有所创见？其常用他人之说，不必自讳也。虽然，谓"不外抄袭"，则穗积原文与吾原文具在，可覆按矣。且即使果全属抄袭也，亦问其说之完否。不能以抄袭之故，遂一概抹煞也。吾之原文，以美、法、瑞士三国政治现象为证，而断言必有能行议院政治能力者，乃有可以为共和国民之资格。论者果承认吾说，而谓必有此能力乃有此资格耶？抑反对吾说，谓不必有此能力而已有此资格耶？盍一明言之以发吾蒙？盖既与我辨，则于吾所置前提，或可或否，不可不择其一。今取其最重要之点，囫囵瞒过，则是非与我辨也。其命题无取夫"驳《新民丛报》"云云也。

吾原文之解释此前提，先就美、法、瑞士之国法比较之，次述美法两国政治趋势，以证明共和政体所以必归于议院政治之理由，而论者于吾所言法国政治之现象，避而不论，而惟论美国。论美国又于吾之全段皆置之，而惟摘取一语，似此而欲使吾心折，岂不难哉？

吾谓今日中国国民，未有可以为共和国民之资格，论者一则曰："中国国民，必能有为共和国民之资格者也。"再则曰："我国民必能有民权立宪之能力者也。"其所谓必能有者，属现在乎？属将来乎？若属将来，则近的将来乎？抑远的将来乎？其文意不明了。惟其文有云："论者之意，以为中国国民，必不能有为共和国民之资格者也。"此又故入人罪以冀挑拨读者之恶感情，不可不察也。吾原文具在，读者试终篇，曾有此语意否耶？吾文屡言今日，夫抽象的"今日中国国民"与具体的"中国国民"，其不能混为一谈明矣。吾文谓今日我国民不能有此资格，吾文中之意，谓在近的将来，我国民不能有此资格，凡此皆就抽象的立论也。若具体的言中国国民，则吾曷尝谓其必不能有此资格，岂惟未尝言其必不能，而且言其必能也。吾之前言具在，可覆按也。吾固明言曰："既名之为人类，自有人类之普通性。既有其普通性，则必可以相学而能相肖。岂惟吾国民能为共和？凡属圆颅方趾者，未有不能为共和者也。"（第三号第四十叶）而论者所以驳我之言，一则曰："人类之所以灵于动物者，以其有模仿性也。"再则曰："苟其适合于人类之普通性，则将一锲而不能舍。"三则曰："共通之法理，不以国为域。"其全篇立论，大率类是。读者试两校之，彼之此语与吾之前语，有以异乎？直用人之所主张者以驳人之所主张者，此真千古所未闻也。吾之意以为凡人类皆有可为共和国民之资格，可有民权立宪之能力，非独中国。而现在已有之与否，则以演进之浅深为断。若今日中国国民，则吾信其未有者也。论者欲驳吾说，而删去"今日"二字，则又非与我辨矣。论者如欲难吾说以自申其说，则请于"今日"已有、"今日"未有两者，择取其一以立论。不然，是又无敌而放矢也。

　　夫论者虽未明言"今日"已有或"今日"未有，然推其全文之意，则不敢武断为"今日"已有明矣。故彼与我之争点，实不在现在而在将来。我所主张者，则谓在远的将来；彼所主张者，则谓在近的将来也。吾之说，谓共和资格必非可以一二十年之力养成之，且尤非可于内乱倥偬时养成之（见第三号第二十三四五叶及四十、四十一叶）。而论者未尝一致驳，且于吾所谓内乱时代不适于养成共和之义，讳而不言，何其规避若是？请还读原文之第二十三四五等叶，穷思极索，而更有所以相难也。夫吾之持论，谓一二十年内，我国民万不能遽养成共和资格。未养成而遽行之，必足召亡。若待数十年后养成焉而始为用，是犹待西江之水以救涸鲋，所希望未遂。而中国之亡，固已久矣。即所谓数十年后养成者，其养之也，亦必在开明专制时代或君主立宪时代。若非在此时代，则非惟数十年不能，即数百年亦不能也。此吾说之梗概也。

　　夫吾所以敢于立"今日中国国民未有能为共和国民资格"之一前提者，吾所谓共和国民资格，吾先示其标准也。若论者承认吾所示之标准与否，殊不明了，而又未尝自示一标准，此如甲乙相争。甲曰："此物有机体也。"乙曰："此物非有机体也。"而有机体之概念，尚未论定，则是非何从判？虽辨论累万言，皆无意识焉尔。故吾谓论者如欲与吾辨此问题，必须先承认吾所示之标准乃可。否则自示一标准，待吾承认之后乃可。而不幸论者之文，于此点全付阙如也。吾乃极力搜索之于彼文，见有曰："夫我国民既有此自由、平等、博爱之精神，而民权立宪，则本乎此精神之制度也。"又曰："我国民于公法之基础观念，未尝缺也。"又曰："此足以证我国民之有国家观念也。"然则，彼所谓共和国民之资格，殆即以［自］由、平等、博爱、公法观念、国家观念等为标准也。夫彼谓我国民既有此等等，吾固不能为绝对的承认，然比较的可以承认。然如彼说，谓有此等等，而遂可命之为共和国民之资格乎？此似是而非之言也。法国者，自由、平等、博爱论之大本营也。论者即极诹我民，谓其富于自由、平等、博爱之精神，恐亦无以逾十八世纪之法国。而十八世纪之法国国民，即吾所认为无共和资格者也。即今日之法国国民，吾犹认为无共和资格者也。吾所根据之理由，具见前论。论者何不一驳之？论者而认法国国民为共和资格之标准也。谓我国革命后所建设之共和政治，能如法国大革命后之共和政治而已足也，则吾敢断言曰："论者殆日以诅中国速亡为事者也。"而不然者，则微论我国今日此等精神萎弱已甚，即使极发达，而断不能遂据此以为有共和资格之证也。若夫所谓公法观念、国家观念，则国之所以立耳。若并此而无之，则将仅为社会的结集，而不能形成国家，虽然，不能谓有此等观念，即有共和资格也。泰西历史上国家，何国之民不有此等观念？而何以优美之共和政体，至十八世纪而始实现也？即今世国家，亦何国之民不有此等观念？而何以除美国、瑞士外，不闻更有可为模范之共和国也？彼法国及中美、南美诸国，于此等观念，论者宁能谓其无之？而谓其有共和资格，虽论者或强词承认，恐不能言之成理也。盖公法观念，自国家初成立时，而即有之。善固法，恶亦不可谓非法。此观念之有无，不足为国民程度之试验器甚明。国家观念之强弱，则全视乎国家外部之相接厉者如何。列国对立，则此观念自强。此观念之强，其于促内部整理之进步，固大有影响。然不能谓有此观念，而整理内部之术遂臻圆满也。以上所述，吾绎论者之文意，而假定彼所举三言为彼所示共和资格之标准。而此标准，则吾绝对的不肯承认者也。论者若曰："此非吾所示之标准也。"则吾愿别闻之。

论者又摭拾吾原文论革命后建设共和政治之困难一段，而复诮我为不知国法学与政治学之区别。其言曰："夫既为立法论矣，乃以政治上之观察判断之，是混法理论与事实为一谈也。"噫！异哉。言立法论者，乃不许从政治上观察判断。微论者，吾安得闻此前古未闻之奇论也。夫立法之政策，原属政治学部门，盖立法之学与成法之学异。为立法论者，未有不合法理、政治两方面研究者也。岂惟政治？凡属社会现象（如经济现象等），皆其研究之范围矣。如论者言，则不知国法学、政治学之区别者，岂惟鄙人？凡各国古今之立法家皆然矣。如论者言，则立法者不过一钞胥之业，取外国法搬字过纸而已足。苟有他及者，遂不免如论者所谓非马非驴之类矣。吾为中国前途共和宪法着想，见其若立甲种之共和宪法，则政治趋势不胜其敝也若彼；若立乙种之共和宪法，则政治趋势不胜其敝也又若此。而因以断言共和宪法之不适用于我国今日，而为我国立法家所不可采。此正言立法者所最当论及，且不可不论及者也。若夫语具体的共和宪法之性质若何，则属于纯粹法理论，而非政治学部门中之立法论矣。论者谓吾不知二者之区别，其果谁知之而谁不知之耶？论者一篇之中，频以此语相诮，然由前段所辨之说观之，则吾并无此言，而论者强代吾言以故入吾罪。就此段所辨之说观之，则论者与吾之说孰得孰失，稍治政法学者，当能为公正的批判也。

夫此皆属枝蔓之论，不过因论者无理之挑拨，不得不应敌耳。顾本论之要点，则吾谓中国今日无论采何种之共和立宪制，而皆不能善其后。吾所根据者，皆有绝大之理由。论者欲难吾说，而不能取吾所举之理由破之，而惟漫然下一断案曰："夫中国即使模仿美国宪制，三权分立，而以议会为总揽机关，固亦能举行民权政治之实。"彼之所以答吾说者，仅此卅五字，而于所以能举行此实之理由，无一语之证明，是足成为辨论之文矣乎？夫既云以议会为总揽机关，是即瑞士制、法国制所演出之议院政治也，是论者于吾前者议院政治之说，不承认而承认也。如是则于吾之第二前提，所谓"今日中国国民未有能行议院政治之能力者"，或承认或不承认，二者不可不择一。而论者又避而不击。舍此三十五字外，不能复著一字，则又何也？吾则谓中国今日若以议会为总揽机关必不能举行民权政治之实，吾最强之论据，则曰："必政党发达圆满，然后议会可以为总揽机关而无弊。"所谓政党发达圆满者，则以小野冢氏所举七条件（第二号第三十四叶）为标准。而中国现时之程度，吾认为与此七条件不相应者也。论者如欲难吾说，则当曰："以议会为总揽机关之国，无须有完全发达之政党。"否则曰："政党不必如小野冢氏所举七条件，而亦得称为完全。"否则曰："中国现时程度，既已具备此七条件而无遗。"此三说者，苟论者能有一说证明其理由，则吾之说立破。而不然者，无取复哓哓为也。

论者言模仿美国宪制，论者亦曾知美国宪制由来之历史乎？当一千六百二十年，英国清教徒中之康格黎基纯派四十一人（或言六十一人），去其母国而西渡，以适新大陆之马沙诸些省，于航海船中，即共结所谓移住契约（Plantativ〔o〕n Covenants）者，同舟人悉署名，然后登岸。此契约之目的，在相约为政治上之团结，保其善良之秩序。据之以作法律、选官吏，宣誓各各服从之。盖此契约实带宪法的性质，故学者或认之为成文宪法之嚆矢云。其后来者日众，而每加入一员，必使之向此契约而宣誓服从。由此观之，盎格鲁撒逊人之初殖于美国，实取卢梭所谓民约建国说而实行之，其共和宪制导源之远若是。而彼最初所以能实行者，其第一条件：由盎格鲁撒逊人种固有自治之特性；第二条件：由清教徒高尚纯洁之宗教观念；第三条件：由仅有极少数之团体员；第四条件：由利害关系同一而无冲突。此四条件一不具，则其能达此目的与否焉，未可知也。夫以极少数之素能自治，而有纯洁之宗教观念且利害关系同一之人，共居一地，而为政治生活，夫是以能益发达其美性，而自治之习惯，愈纯粹而坚牢。美国共和宪制之源泉，皆自兹出。迨一六三八年，其中一部分人，由马沙诸些更移殖于康尼狄克，复发布所谓 Fundamental Orders of Connecticut 者，其所定政治之组织益详细，已确然成一宪法之形（一八七七年出版之北美合众国及各州之宪法集载其全文）。此后多数之殖民地，皆从英王得特许状（Charters）。其特许状，凡皆规定该殖民地之政治组织、行政组织，而大率由殖民所自决定，而已实行者，国王从而承认之耳。如一六六二年查理士第二所给与康尼狄克殖民之特许状，实全以彼公定之移住契约（即 Fundamental Orders）为基础，是其明证也。迨独立战争时代，而彼十三省者，固皆已莫不有此等特许状。其久者已行之百余年，近者亦数十岁，故一经脱母国而成联邦，采集各省固有之宪法（即移住契约及特许状），斟酌而损益之，一转移间耳。而中央政府干涉之程度，又极微弱。凡百殆皆悉仍其旧（参观本报第四号第二十五叶），故利害之冲突，无自而生。然后所谓合众国宪法者，始得适用以迄今日。夫当未有合众国宪法以前，其久行共和立宪制，能举自治之实，且富于政治上之经验，既若彼矣。及合众国宪法既发布以后，而母国最善良之政治习惯，即所谓两大政党之习惯者，复发生于其地，且其组织政党之术，视母国尤完整。至今有称美国政党为第二之政府者，盖英国犹时或有有力之第三党偶尔出现（如前世纪末之爱尔兰自治党及现今之社会党）。而美国则几舍利巴披力根、丹们奇勒两党外，更无复他小党出没之余地。又其一国政治上事业，中央政府与各省政府中分之，故其人之竞政权于中央也不甚烈。以此等种种理由，故能行共和政治而获今日之盛强。而此等种种理由，必非可漫然模仿之，尤非可以短期之岁月模仿之，章章明甚矣。彼西班牙旧属之中美、南美诸殖民地，固皆革命后而模仿美国之共和宪制者也。而其结果何如矣？盖其历史舍人民与军队之争斗外，无他可纪。就中如玻利非亚，自发布共和宪法以来，凡易大统领十四度。而十四人之大统领中，得善终者仅一人。余十三人，则惨杀者九而流亡以终者四也。自余他国，大概类是。吾固不敢谓我国民之程度，必如中美、南美诸国。顾吾不幸，而遍求我国民程度与北美合众国相同之点，而不可得。吾又不幸，而遍求北美合众国宪法发布以前之诸条件于我国中，欲举其一二类似者，而不可得也。吾是以不敢谓模仿美国宪制，而遂能举民权之实也。论者既主张此说，则何不将其理由指出一二，以间执我口耶？呜呼！论者最崇拜笕克彦氏，顾以吾间接闻诸笕氏之说，谓："英之宪法，自然发达者也。至于美，则其宪法由人为矣。而彼乃以发达圆满之人民组织为国而制为宪法，皆不能学者也。"（国法学讲义第一编第三章第一节）然则谓美之不能学，非余一人私言也，论者能难波仑哈克，盍一更难笕克彦也？

抑论者又言："立宪各国，各具其特有之精神，又各具共通之精神。所谓特有之精神，如英人对于巴力门之观念，日本人对于万世一系天皇之观念，皆其历史上所遗传之特别原因结果也。所谓共通之精神，如国家对于人民有权利义务，人民对于国家亦有权利义务。其国权之发动，非专注于唯一之机关，而人民有公法上之人格，有私法上之人格，凡此皆我国民所同具者也。我国民而为民权立宪也，固亦有特殊之精神，不必强学英、法、美也。非唯不能学，抑且不必学也。至其共通之精神，则立宪国所皆有者。而证诸历史，我国民固亦有之。……"（以下皆言我国固有立宪共通之精神，文繁不具引，参见附录原文。）吾读此语至数四，而不解其所谓。夫国民之有立宪的共通精神，此何劳论者与我哓哓耶？"立宪"二字，岂论者所能专有耶？吾固持君主立宪主义者，使吾不认有立宪的共通精神，吾安敢为此主张耶？论者絮絮数百言，毋亦又放无敌之矢而已。顾所最奇者，则于此一大段中，忽插入"我国为民权立宪，固亦有特殊精神"二语。吾方欲急闻其所谓特殊精神者何在，不料读至终篇，无一语之证明。而所举者，仍为共通精神。乃云："我国民较诸英、法、美，非有与无之区别，乃精与粗之区别。自无而有难，自粗而精易。"吾以为此言，实足以佐我说之成立，而不足以佐彼说之成立也。盖立宪共通精神，今日中国与彼所异者，精粗之问题也，即论者所谓程度问题也。共和特殊精神，今日中国与彼所异者（"今日"二字勿忽），有无之问题也，即论者所谓性质问题也。吾之所以解释者如是，论者又何以教我耶？

所尤奇者，前文方言："模仿美国宪制，以议会为总揽机关。"而此文又

言："不必强学英、法、美，非唯不能学，抑且不必学。"鄙人本不知中国
文法（此论者评我之语），不识"学"字与"模仿"字，其训诂有何区别？
不能学而能模仿，此种妙文，真费人索解也。论者谓："文成于一人之手，
而自相矛盾，斯乃可讥。"其何以自解于此文耶？吾此诘问，非袭论者之
故智，毛举细故也。盖此所关者，乃问题之主点。要之，论者之意，谓我
国若行共和宪制，宜学美国耶？宜不学美国耶？吾亦欲取论者之语以还赠
彼曰："吾将列举论者自相挑战之点，使自定一胜着，吾乃对于其胜着而下
驳论。"

夫吾谓我国民今日未有能为共和国民之资格，箴我国民也。彼谓我国民
今日已有共和国民之资格，谀我国民也。乐闻谀言而恶闻箴言，人之情也。
彼有觉于是，遂出其卑劣手段，角理不胜，乃转而挑拨人之恶感，故其所
布纲领十二条曰："《新民丛报》以国民为恶劣。"其意盖谓《新民丛报》侮
辱国民，惟我为能崇敬国民也。夫吾固自信非敢侮辱国民者，但吾言固批
国民之逆鳞，知非国民所乐闻也。虽然，古哲不云乎：苦言，药也；甘言，
疾也。愿我国民自审其病理之若何，则药与疾二者之间，必知所择矣。

以上皆本报第三号论文最重要之点也。（彼报自言所驳者在第三号，故
其于第四号，不能相驳者，暂勿问之。）读者试以我原论与彼驳论两两相
校，观彼所驳者，曾有一语中肯綮焉否也。

彼之驳我，分为两大段，谓我第二之论据曰："虽革命不能得共和也。"
谓我第一之论据曰："约法不足恃也。"读者试全绎吾文，则知吾于其间自有
轻重主助之别。吾文标题为今日中国万不能行共和立宪之理由。今日不能
行共和立宪，革命后愈益不能行共和立宪，是吾文之唯一之论据也。而因
彼有革命时约法之说，故并破之，实此论据之附属论据也。彼苟不能将吾
原本论据解驳，则虽能解驳附属论据，而其说固已不能自完，故吾原文曰：
"吾对于论者之说，固已连让十余步，乃达此最后之结论，使前所让者，有
一非如论者言，则不必达于最后之一问题。而论者之说，固既可以拉杂摧
烧之。即使前所让者，皆如论者言，苟不能解此最后之一问题，则论者之
说，犹当拉杂摧烧之也。"今论者于此最后一问题，支离躲闪，而要害处全
不能解驳。既已若此，然则前此诸附属问题，虽一一能解驳，而其说之不
立如故也，而况乎其并此而不能也。论者谓吾之诘难约法，非能就约法之

本体，一一指其利害得失，而因以我之所设种种假定，为不能于根本上着想，以我之连连让步，为进退失据。嘻！异矣。吾之连连让步，非吾之不能不让也。因吾文前半所列之诸问题，本属假定，使吾所置假定而为正确，则吾此一段之说立。使吾所置假定而不正确，则吾此一段之说不立。夫假定之正确不正确，其征验在将来，吾与论者皆不能下武断。使吾必坚主张吾之所假定，则殊不足以服论者之心。吾故如其意，谓虽取消吾之假定亦可也。于是乎有让步，此吾对于论者忠厚之意也。若语于实际，则虽假定之正确不正确，无从断言，而我说正确之程度，比较的强于彼说，甚章章也。然即使吾所置假定有一不正确者，则亦此一段之说不成立耳。即使吾所置假定悉不正确者，则亦前半之说悉不成立耳。然吾之说固非除假定问题外别无成立之理由，吾说最重之根据，则一曰：未有共和资格之国，万不能行共和立宪；二曰：今日中国国民，实未有共和资格；三曰：共和资格，非可以短期之岁月养成；四曰：革命军佟偬骚扰时代，必不适于养成共和资格。此四者，皆非凭假定以立论，而事实上有必至之符者也。吾虽全扫假定说，而吾说之得成立也犹若是。是得为进退失据矣乎？而论者于吾之此重要论据，无一焉能为正当之答辩，而徒毛举细故，吾诚不知其进退何据也。且论者谓吾诘难约法，非能就约法之本体指其得失，以是诮我为不能于根本上着想。夫论者所谓约法之法文，今尚未发表，吾何从就其本体而下评骘？但吾据彼报所标之六大主义，有所谓建设共和政府者，有所谓土地国有者，则其约法之条件，虽不可知，而其约法之精神，大约可以推定。吾因以极言共和立宪主义之约法万不可行，复顺言土地国有主义之约法万不可行。此正吾从根本上着想，而予论者以最难之返答也。而论者乃谓我"为此假定以侥幸其或然，何蒙稚若是"。论者试细读吾文，其果舍假定外无立足之余地耶？抑吾何尝侥幸其或然耶？吾固已如论者之意，一一取消我之假定，如剥春笋，以达于最后之决论矣。吾文具在，而论者乃反责以侥幸，何相诬之甚也！

彼论言，约法之能行根于国民心理，而引"合成意力说"以为之证，此殆彼最得意之点也。彼每以知学派知家法自诩，而其所主张之合成意力说，不外本于日本之筧克彦博士。故非引筧氏之说，不足以破之。今请以论者所言与筧氏所言相比较。筧氏曰："所谓合成者，非要约之合成，而心理之合成也。"（《国法学讲义》第一编第二章第一节第一款）笕氏说所以异于前此之契约说者以此，论者解合成意力而以约法，是先与笕氏说相戾也。欲言法，必合实质方面与作用方面观之，然后法之观念始完。故笕氏既言合成意力，而重以一言曰："必须有外部的组织。"且举其例云："如在校听讲，各有求静之心，然此虽与同校中人心理相合，而心理尚在内部，不得即谓为法。何也？设校中人有妨碍静谧者，同校莫得而强制之。时谓无法，盖法者全恃外部的组织也。如校中有校长舍监，而同校中人皆尊敬之、恐怖之，而后校中秩序，自无紊乱。此之谓法。"然则如笕氏之说，法也者，必借强制执行力为后援，而非仅如论者所谓欲问个人肯服从此法与否，当先问此法是否由个人心理所表现云云也。盖笕氏采卢梭之总意说，而以霍布士之权力说辅之。论者所言，则采其半而遗其半也。盖苟无外部组织，无强制执行，则各个人之意力，无从合成，纵偶合成，亦归幻散。故以秦汉间之挟书律，明太祖之大诰，虽残酷无人理，而不得谓之非法，盖其法文中所规定之条件，果为个人心理中所表现与否不可知。然心理所含者不一端，如恐怖心亦其一也。专抽象的利用其恐怖心，而以外部组织厉行之，则亦得命为规律的合成意力。反是，而如康德所倡之永世太平论（弭兵论），瑞士及海牙之万国平和会，英国之仲裁裁判协会，法皇拿破仑第三及俄今皇所倡平和会议，凡此皆世人所极表同情者，而不得谓之法。虽以前世纪世界二十六国在海牙所结之仲裁条约，犹不得谓之法。盖其约虽或为"有人格的国家"之心理所表现，而无立乎此诸人格之外部者，以组织而强制之。受裁判者，若不服从，则仍出于战争，盖国际无强制力使然也。吾初闻论者约法之说，以为彼之法字，不当作法律解，故未与辨析及此。今论者既引笕氏合成意力说，则所言者必为国法无疑。国法而以约为作用，是先已与法之性质大相反。盖约也者，得以自由意志结之，亦得以自由意志解之者也。人不愿与我约，将若之何？约矣而旋解弃之，又将若之何？论者如曰："吾所约之法，甚善而中于人心，民必愿就我约，且约矣而必不背。"是则又事实论，非法理论也。彼报第二号述某氏约法之说，从事实方面立言，吾故亦从事实方面难之。既不能答辨，则一转而遁入法理论，指其所谓约法者与国法为同一之意义。吾请以简单之语质之曰："国法者，事实上国家之意力也，超然于各分子之上，而国家固有独立之意力也。"（日本《法政新志》第十卷第四号第三五叶笕克彦著《论国家之性质》）公等革命发难伊始，此国家固有独立之意力，从何而来？恃约法而意力始发生，是约也者，其母也。而法也者，其母所生之子也。无约斯无法矣。而论者乃曰："使国民而背约法，则军政府可以强制。"夫约也者，本私法上之名辞，非公法上之名词。既彼此立于平等之地位，以互结契约，则本无可以行强制之道。而私法上相约者之一方，或不履行所约之义务。而他方有可以强迫使履行之权利者，则以其权利由法律所规定。而法律则有国家之权力在其后也，故强制之权利，实自国家来也。使权利未经国家法律规定以前，甲乙两人，以社会的分子之资格而共结一约，一旦乙不履行所约之义务，而甲欲强制之，其道何由？则惟诉于武力以决胜负耳，即舍决斗外无从解决也。此如两国互结条约，一国背约，而他国欲强制之，舍战争外无从解决也。军政府既与国民约法，不过如社会上个人与个人之契约耳，否亦国际上国与国之条约耳。而云国民背约，则军政府可以强制，试问可以强制之权利从何而来？故吾以为若就法理方面立论，则军政府既与人民约法，苟一方有背约者，则惟以膂力为最后之裁判耳。何也？此国际法上之法理，而非国法上之法理也。必中央政府确立，外部组织已完，然后有国法之可言。乃如论者之说，谓定甲县则与约法，定乙县又与约法，以此而冒笕氏之规律合成意力说。吾不期以法学家自命者，乃如是也。夫笕氏说本合卢、霍于一炉而冶之，如论者说已采卢而遗霍，然笕之评卢说也，谓其国民总意说为相乘的而非相加的。如论者言甲县又与乙县约，驯至十八省相约，则正相加的也，并卢氏之说而悖之也。论者所以笑人者曰："非驴非马之奇观。"论者自当之矣。夫苟专就事实上立论，曰："吾军政府有莫大之威力，能使人民恐怖。吾利用其恐怖心，无论制何种法律，皆得以无限之权行之。由此恐怖意力之合成，遂产国法。"如此则与笕氏说不缪矣。而贵头领约法之大义，则拉杂摧烧之矣。

　　然则论者即取消约法说，而易其词曰："吾军政府审国民心理之趋向，采其所表现者，而制为法，以军政府之权力使其服从。"此其说足以自完乎？曰："是未定之问题也。"笕氏又曰："舆论非法也。舆论为多数人类合成之意见，非社会心理之合成意力。意力与意见不同，若辨别不明，必有误认意见，而制为国法，欲其合于社会一般之心理难矣。"（同上）此以言夫真正之国民心理（笕氏多言社会心理，而论者称国民心理。今用论者之名称）不易见，而立法者之不可以冒昧也。吾谓凡国民心理之能形成为规律的合成意力者，必须其真正而成熟者也。何谓真正？何谓成熟？凡国民心理，必须其为自由发动者。若一时刺戟于感情，不可谓真。如法兰西大革命时代之狂醉于共和，其心理不可谓真。于何见之？于其共和政府成立后仅八年而复狂醉于帝政见之。不真随而不成熟，盖沉醉共和固非真，沉醉帝政亦非真。何也？皆不成熟也。故其宪法发布后不及百年，变更已累十次。【（一）一七九一年九月三日之宪法；（二）一七九三年六月廿四日之宪法；（三）一七九五年之宪法；（四）一七九九年之执政官政府宪法；（五）同年之帝政宪法；（六）一八一四年六月四日之宪法；（七）一八三〇年八月四日之宪法；（八）一八四八年十一月四日之宪法；（九）一八五二年一月十四日之第二次帝政宪法；（十）一八七〇年五月二十一日之宪法；（十一）一八七五年之宪法。】夫宪法者，一国之根本法，而合成意力之发表于具体的者也。而动摇若此，使一国投于战乱涡中，而日以萎悴。（法国当十七八世纪为全欧第一雄国，及十九世纪惟拿破仑时代有昙花一现之光荣，后此遂日即于弱，今殆已失第一等国之位置。数月前，摩洛哥问题谈判将破裂，德国报纸嘲之曰：法人欲与我德战乎？请先复帝政，乃议战争之准备可耳。）皆由所认为国民意力者，非真意力，即偶尔发动，而亦未成熟。而彼少数主动者，自以其主观的意见，而指为全体国民之合成意力，或以直接、间接手段，煽动胁迫国民，偶得多数，而指为全体国民之合成意力，而因据之以立法。而不知此意见也，非意力也。即为意力，亦其不真且不成熟者也。故不移时而复有他主动者，亦用此术，而自以其意见立法，或据别方面之不真且不成熟的意力以立法。夫是以法虽迭更，而累偏畸以偏畸，终无一焉实为国民合成意力者，而法不胜其敝也。而论者曰："约法者，革命之际，应于国民心理之必要而发生者也。"就令将"约"字删去，而所谓法者，吾恐其为论者一人之意见，而非笕氏所谓合成意力也。虽然，一人或多数人之意见，固不能径指为国民合成意力，而一人或多数人之意见，有时亦能与国民意力相吻合。然则其法果为应于国民心理之必要而发生与否，必当视其法之性质为何如。论者将来所约之法，今未尝发表一字，于此而欲论其为应于国民心理之必要与否，实不成问题也。而吾敢断言，彼将来所约之法，决非应于国民心理者。以吾虽未见其法，而据彼所标主义，有共和宪制、土地国有诸条，吾因以推定其法之性质，亦当如是。而吾确信含此种性质之法，决与今日我国民心理不相应，不过彼一私人之意见，而不得以冒合成意力之名也。此还可以笕氏之说正之。笕氏论学，最重"第一事实"（第一事实者，谓天下事实，有果必有因。由果推因，因复有因，推而上之，至于无穷，终必有所谓最高原因者。而此最高原因，则非吾人之智识所能及也，故只得以最高原因之下一级以为断而已。最高原因之下一级，即第二原因也，而亦即第一果也。故谓之第一事实。），而谓"国家之第一事实，即历史也。故国是之或保存、或改良，不能不以历史为根据"（同讲义第一编第一章第四节第二款第一项）。而吾国之历史何如？论者历举吾国历史上革命之心理（参观附录原文），而谓使我国民长葆此心理，则约法诚可废弃，是彼明认历史上心理不足以行彼之约法矣。及观其所以自解者，则曰："国民之心理，有变迁者也。畴昔吾国民，有国民思想矣，然专制之毒，足以摧抑之。有民族思想矣，然君臣之义，足以克灭之。今欲使国民心理发达变迁，则当葆其固有者，而去其沮遏者。"彼所谓畴昔有国民思想、民族思想者，彼未尝引事实以证明之，吾不能断言其确否。即使确矣，而既已为专制之毒所摧抑，为君臣之义所克灭，则被摧抑、被克灭者，今日之事实也。夫国民心理之不能无变迁，不待言也。政治家常当导国民心理，使变迁而进化不待言也。而其变迁，无论为自动、为他动，而要不可不假以若干之岁月。吾所以谓吾国民在远的将来有能为共和国民之资格者，以其心理之能变迁也。吾所以谓吾国民在今日或近的将来未有能为共和国民之资格者，以其心理变迁之不能速也。笕氏又曰："先知先觉，以其心理造成社会心理，使发达于一定程度，而制为至善之国法，非不可几及。虽然，由国家自为之则可，以外国之心理为标准则不可。"（同讲义结论）论者，殆以先知先觉自命，而谓此种心理，吾能造之也。（实则他人之汲汲焉思造此种心理也，已在十余年之前，论者不过其被造之一人耳。当他人造此心理时，论者方呫唔于八股，未可知也。他人之心理，或已几经变迁进化，而论者摭拾其弃置之唾余，嚣然以先知先觉自命，不亦重可哀也耶？）而由造以迄于成，所需之岁月几何？笕氏未尝明言（此不能明言者也，盖缘各国之程度而千差万别也），然其言曰："法国大革命时，以人民发达未及程度之故，卒无成效。"又曰："或谓俄败于日，亦将立宪，不知俄之人民程度，比之法国当时，犹未及也。"（同讲义第一编第三章第一节）夫以法之先知先觉造此思想，在十七八世纪之交；俄之先知先觉造此思想，在十九世纪初期，乃经百年之久，而笕氏犹谓其程度之未及。然则欲造成之，必非如论者所戴首领谓如改恶汽车为良汽车之易易，明矣。而论者乃谓："革命之时日，不必甚长。一方抉义，万里响应，而约法即应于其时国民之心理而发生。"信如是也，则笕氏之所以论俄法者，其皆谵语矣。嘻！为此论者，苟如鲁敏孙之在荒岛，无第二人与之交语，自言之而自听焉，斯可耳。而不谓以先知先觉自命者，其觉民之言，乃如是也。

复次，论者谓："使民族主义、国民主义而普遍于国民之心理也，则共和约法，乃应其必要而生者也。"（原文无"共和"二字，然吾推定其约法，必为共和约法，故僭下此二字，以供行文之便，当为论者所乐承认。）其所谓民族主义、国民主义者，吾不知其所下定义如何，以简单的推定之，则民族主义，谓排异族；国民主义，谓排专制也。诚如是也，则吾谓民族主义普遍与否，与共和绝无因果之关系。如明太祖、洪秀全，论者所崇拜为民族主义之伟人也。（吾则不许之。彼等皆一邱貉之民贼耳！其动机岂在为一族争气耶？为一人谋利益耳。）而其已然之事实，与共和立于正反对之地位也。既若彼矣，论者亦知之，乃曰："即使民族主义昌明，而国民主义尚未入于人心，则犹将知忠君而不知爱国。"夫爱国心者，国家之成立维持所最必要者也。仅明民族主义而犹不知爱国，则民族主义非徒与共和无关系，且与国家之成立维持无关系矣。然则民族主义所以能与爱国心相联属者，乃仅在依赖国民主义以为之媒介，则其与爱国心无原因结果之关系甚明。然使国民主义不依赖民族主义，而亦不能与爱国心相联属，则是此两主义者，为爱国心之合成原因。离之，则两皆非原因；合之，则两皆原因也。（如五雀六燕交而处，衡适平，仅雀不得为衡平之原因，仅燕亦不得为衡平之原因。而合之各置一轴，则皆原因也。是之谓合成原因。）而征诸古今万国已然之事实，则大不然。国民主义离民族主义而独立，固自能与爱国心相连属。然则民族主义与爱国心，绝无原因结果之关系益明。论者谓仅言民族者不知爱国，诚至言也。而爱国心者，与国家之成立维持，有原因结果之关系者也。仅言民族主义，而犹不知爱国，则民族主义，其非国家之成立维持所必要甚明。今以甲代两主义之和合，以乙代国民主义，以丙代民族主义，以丁代爱国，以戊代国家成立维持之必要，演其式如下：

（1）乙＋丙＝甲＝丁＝戊

（2）$\dfrac{甲}{丙}$＝乙＝丁＝戊

（3）$\dfrac{甲}{乙}$＝丙＝非丁＝非戊

此吾就论者之说推演之。而种族革命为国家成立之不必要，其明白如此。夫国民主义，则政治革命论之立脚点也。民族主义，则种族革命论之立脚点也。吾认国民主义为国家成立维持之必要，故主张政治革命论。吾认民族主义为国家成立维持之不必要，故排斥种族革命论。吾以为若从国家之成立维持一问题着想，则民族主义赘疣已耳。盖仅乙而已等于戊，不必俟其与丙相加而乃等于戊也。而论者必强主张两主义同时并行，必谓惟甲乃等于戊。夫丙之等于非戊（非丁等于非戊，丙既等于非丁，故即等于非戊也），论者所明言矣。乙之等于戊，又论者所不得不承认矣。然则何必以丙加乙使成甲，然后谓之等于戊耶？吾故曰赘疣也。论者如欲与我辨也，其毋以国民主义为护符。国民主义，吾与论者所共同主张，非论者所得专有也。如曰今日中国当言国民主义，而因以难我，是又无敌而放矢也。吾之所恶于论者，谓其以赘疣虱于其间也。

吾谓共和的国民心理，必非久惯专制之民，能以一二十年之岁月而养成。乃论者谓革命时日，不必甚长，而共和约法，已应于国民心理。吾始焉苦思力索，而不得其解。及细读彼文，见有云："去专制之苦，尝自由之乐，夷阶级之制，立平等之域，心理之感乎，速于置邮而传命也。"吾于是恍然焉，曰："论者所主张之理由，乃在此，然则论者日言共和，殆绝未知共和为何物而已。"共和之真精神，在自治秩序而富于公益心。（所以能行议院政治者，专恃此。）国民心理而能如是者，则共和不期成而自成，美国是也。或且无共和之名而有其实，英国是也。苟不能如是，而惟嚣嚣然求自由、求平等，是未形成国家以前原始社会之心理，而决不可谓为今世共和国民之心理也。（自由平等，固共和精神之一部分，然必与自治心、公益心相和合，乃成完全之共和心理。苟为离自治心、公益心而独立之自由平等，则正共和精神之反对也。）而乐自由、爱平等之心理，可以煽动力而骤致之；重秩序、尊公益之心理，非养之以岁月而万难成就。论者徒认彼为共和心理，无怪其心目中养养然，呼之欲出，谓其今日已大发达，而实行革命时愈益发达也。夫论者所谓今方滔滔汩汩而进行者，此乐自由、爱平等之心理也。若吾所谓重秩序、尊公益之心理，则非惟不见进行而已，且视前此更有退步焉。此事实之章章不容讳者也。故吾惟见夫彼方面之滔滔汩汩而进行也，而益以断其与共和之心理，适成反比例而万不能相容。勿论他人，即以论者证之，论者固自命为忠于共和主义之人也，而其所认为共和心理者，乃仅若是。是则论者之心理，先已不适于共和。而凡附和共和者，其心理亦若是则已耳。其今之闻共和而好之者，凡以谓共和能予我以自由平等也。然自由平等有其代价焉，彼勿问也。一旦际于实行共和时，而索其代价，则与彼之心理，遂大相拂戾矣。吾之所以谓共和约法万不能行者以此，论者其何以教之？

　　夫笕氏之合成意力说，采卢梭之总意说也。而既以霍布士之权力说补之，复以康德之责任说补之。其言曰："卢梭以人民总意为法源，此不刊之论也。其提倡自由平等说，功不在禹下。虽然，不有说以补之，流弊日滋，故言自由者抛却责任，言平等者昧于服从，规律力荡然，而人道或几乎息矣。故当参诸康德说，以责任心为之维持。"（同讲义第一编第一章第三节第一款）夫责任心，则吾之所谓自治观念、公益观念之所从出也。笕氏言合成意力，而冠以"规律的"之一语，盖以此也。论者袭用笕说，而袭其半而遗其半。昔晚唐西昆诗体盛行时，优人有扮演李义山者，衣褴缕以登场，他优问其衣胡败若是，答曰："吾为若辈挦扯殆尽。"一座粲然。呜呼！笕克彦何不幸而遇论者！遽变为鹑衣百结之玉溪生也。论者之规我也，曰："凡治学问者，不当以自己之理想，主张他人之术语。"其诋我也，曰："所主张之学派，大索而不可得。"又曰："生物学家发见一种蝇取草，谓之为动物则非，谓之为植物则非。论者之文，毋乃类是。"又曰："有非驴非马之奇观。"此种轻薄语，吾本不忍以加诸彼，惟彼之挦扯笕氏学说而东涂西抹，则彼之所言者，彼实当之耳。今覆述前文，而特指论者所说与笕说矛盾者如下：

　　一笕氏谓合成意力非要约的，而论者指约法为合成意力。

　　一笕氏谓意见与意力异，而论者并为一谈。

　　一笕氏重第一事实，而论者蔑视历史。

一笕氏言不可以外国之心理为标准，而论者所以为标准者，实外国心理，非本国心理。

一笕氏兼采卢梭之总意说，康德之责任说，与霍布士之权力说，故自成己说；论者将权力说、责任说全行抹却，所以非驴非马。

一笕氏规律的合成意力，论者将"规律的"一语删去，所以为蝇取草。

一笕氏言卢梭之总意说为相乘的，而论者所言约法，乃相加的，并卢氏说而不类，故曰："其所主张之学派，大索而不可得。"

一笕氏之合成意力，指事实上国家之意思；论者之合成意力，指理想上个人之感情。故曰："以自己之理想，主张他人之术语。"

嘻！论者欲与吾言法理耶？吾不幸，而未得厕法政速成科之末席，安敢比足下？夫吾固自知吾之不谙法理，故吾于第三、第四号本报，皆从事实方面观察立论。而论者乃对于并速成未就学之人，而哓哓然搬弄其甚深微妙之法理论，何也？吾请直言论者之隐衷，可乎？吾之事实论，驳无可驳者也；而法理论，则是丹非素，入主出奴，虽历千岁而可以无定论。此如我国汉宋学者，所谓增一桩公案而已。论者欲吾反驳其法理论，而彼遂不忧词竭。吾今请明告论者，吾自初之与排满共和论宣战也，以事实论，非以法理论也。即间涉法理，亦附庸也，非正文也。论者如不能于事实上解决，则即将速成讲义录全文誊出以入贵报，犹无当也。而吾亦决不予返答。何也？诸博士之讲义，岂吾之浅学所能诘难？而论者既非与我辨，则吾亦何为哓哓也？

虽然，论者好言法理，抑亦知法理学之不可离事实乎？他人之说，或不足以瘴足下，请复举足下所崇拜之笕博士所言。博士曰："凡研究一种学问，必就理论、事实两方面观察之，然后得精确之知识。"又曰："由正当之意思，而后可求精确之知识。反是即为物蔽。物蔽之原因有二：曰迷信，曰独断。"（同讲义绪论第一章）此以言夫一般学问也，即法学亦何独不然？足下之蔽，正在以迷信行独断，故于事实之不与吾空想相应者，奋然抹煞之。掩耳盗铃，自欺欺人，自谓得计，而不知与学问之道相去益远耳。此吾之所以忠告于足下也。吾知足下必不容吾忠告，则吾愿承学之士，以足下为鉴而勿效之。

且吾以论者崇拜笕氏之故，请更一述其说，以为箴言。［笕］氏之论卢梭也。谓："其说之所以昌者，由当法兰西专制恣盛之秋，人民不平，达于极点。忽以绝妙之文章，抒极新之理想，既已深中人心矣。而尤妙者，在抛却当时之道理心说、辨别心说，而移入于感情以立言。彼十七、八世纪之交，思想幼稚，群苦辨理之难于精确，而独信所谓感情者。接一事物，惟凭直觉的认识，不为归纳的研究。其欢迎之，不亦宜乎？而法国遂缘此而成血世界矣。"（同讲义第一编第一章第三节第一款）呜呼！此言不啻为今日之中国言之也。论者固非能有极妙之文章，亦非能有极新之理想。而我国今日思想界之程度，未尝有研究的精神，而惟凭感情之一瞥，则真与卢梭时代之法国同也。故排满的感情论，最易煽动一般年少气盛之人，而骤占势力于社会。虽然，论者当知，此非由所持学说之有价值也，亦非由辨才之足以入人也。感情论之性质，其投合于此种社会应然也。抑尤当知，专以感情论投合社会，非社会之福，而社会之祸也。法国其前车也，不知其为社会之祸而轻投合焉，则及其既知而当改之。若明知其为社会之祸而故投合焉，则其心可诛也。论者之所以驳吾之非革命论者，其无一毫价值，既具如前述矣。而彼尚有一卑劣手段焉，指波仑哈克学说为吾说唯一之根据，而因以驳倒波氏学说为即驳倒吾说。夫吾说舍波氏说外，尚有他根据与否，读吾原文者，自能知之。论者安得以一手掩天下目也？抑吾固言，学说者，千古之最难论定者也。是丹非素，入主出奴，自昔然矣。论者若欲与波氏争法学之帜，则请还与波氏上下其议论。吾无为波氏作辩护人之义务也。虽然，波氏之主权论，吾固未尝为绝对的承认，故吾于癸卯年本报，曾绍介其法理论，今兹转录，则从而删之，而惟采其近于事实论者，吾之意固有在矣。况波氏亦非绝对的排斥共和政体者，惟言因习惯而得共和政体者常安，因革命而得共和政体者常危耳。而其最重要之理由，则谓数百年卵翼于专制政体之人民，既乏自治之习惯，又不识团体之公益也。盖共和政体之为良为恶，不能以具体的论定之，而惟当以抽象的研究之。波氏所述，取法国革命时代之现象以为证，抽象论也。而吾论今日中国不能行共和立宪之理由，亦抽象论也。论者难波氏说，取吾所征引者，全行抹煞，一字不驳，而惟取吾所不征引之主权论驳之，抄袭美浓部达吉之说，絮絮数千言，则何不改其题曰"驳波仑哈克国家论"？而题为"驳《新民丛报》"胡为也？

　　吾固无为波氏作辩护人之义务，然论者所述之机关说，抑非能全难倒波氏说也。国家有诸机关，而更有最高机关焉以立于诸机关之上。此最高机关，其在君主立宪国，当然属于君主；其在共和立宪国，当然属于国民。故国民全体为一国最高机关，实一般共和国共通之原则也。然近世之共和国有三种：一曰国民直接的共和国；二曰代议制度的共和国；三曰直接、代议参用的共和国。（美浓部达吉《国法学》第一二一叶）其在第一、第三种国，国民全体直为最高机关，不辨自明。其在第二种，则以议会为最高机关，似属例外。不知此原则虽缘代议制度而变其形，不缘代议制度而丧其实也。如论者所述拉攀氏说，谓以法学上之观念言之，国会不得谓为国民之代表，此则耶陵尼及美浓部既已力辟之。盖如拉氏说，则国家但求有此机关而已足，不必更问此机关之何自成立。其专由君主敕命议员所组织者，与专由人民选举议员所组织者，应无差别。而古代敕任枢密顾问参与立法之国，可视与今世民选议院之国为同物。而君主所有解散议会权与夫议员任期之一定，在法律上可云无意义。而当议员任期终结及议会被解散时，国家之立宪制度，可谓之中止，而一时复返于专制之形矣。（《国家学会》杂志第二百号美浓部论文《議會ノ國法上ノ性質二關スルー新說》）凡此皆足以难倒拉氏之说而有余。使如论者所谓"国会非国民代表而超然于利害关系之外"，则虽以解君主立宪国之国会，犹不能得其真相；若以解共和立宪国之国会，则此种国家，在法学上可命之为寡人专制国，而不得复谓之共和矣。然则拉氏说不足取既已甚明，若夫耶氏说，以国民全体为作成机关，以国会为被作成机关，其从法学方面说明国民与国会之关系，可谓博深切明。虽然，耶氏尚有说焉，谓此种之作成、被作成机关，与纯粹的作成、被作成机关有异。纯粹的作成、被作成机关，如中世德意志之选举侯，以选举皇帝为职。选举侯即作成机关，皇帝其被作成机关也。选举既终，皇帝全与选举侯相离而立其上，此纯粹的作成机关之原则也。若夫立宪国国民之与国会，其关系则与此异。国民非徒以作成行为而已足也，而常与其所选举之代议士为继续的结合关系，故耶氏亦名国民为原始机关，名国会为代表机关，被作成的代表机关与作成的原始机关，其利害关系决非超然相离甚明。而耶氏之论原始代表两机关之性质，引君主国之有摄政为例。摄政非君主，而摄政之意思，法律上认为君主之意思。议会为国民所作成，而议会之意思，法律上认为国民之意思。谓君主与国民，皆原始机关，而摄政与国会，则彼原始机关之代表机关也。（以上述耶陵尼说，皆据《国家学会》杂志第二百号美浓论文。）据此说，则当选举终结后、议会开会中，国民恰如民法上之"无能力者"，而议会则无能力者之"法定代理人"也。虽然，耶氏此说，所以说明代议制度议会之性质（无论君主国、共和国，凡行代议制度者，其议会性质，皆得以此说明之），而非以说明共和国国民之地位。盖共和国决非徒有代议制度之一种，而尚有直接制度与直接代议制度参用之二种也。论者引用耶氏说，而不明其所谓原始机关、代表机关之关系，认国民之作成行为，与德意志选举侯之作成行为相等，已大非耶氏之意。且耶氏就议会论议会，而论者乃剽窃其说以推论一般共和国国民之地位，其相去不愈远耶？夫如耶氏说，则即在行代议制度之共和国，所谓国民如民法上之无能力人，而国会如法定代理人者，亦不过当选举终结后为然耳。若夫当议员满任，或议会被解散而新选举未成立之时，则其原始能力，即已直显，此又至易见者也。故美浓部氏曰："民主的共和国者，国民全体，有为国家最高机关之地位。国民全体之意思，为国家统治权之源泉也。"（《国法学》百二十叶）今论者全忘却此语，徒窃其作成、被作成的半面议论，而谓国民全体之利益冲突，其影响不波及于所作成之机关，是得为知法理矣乎？夫民主国既以最高机关在国民为其原则（即代议的民主国，亦不能离此原则），则国民全体之程度，能否当于最高机关而完其责任，是即此种国家存立维持之第一大问题也。所谓完其责任者不一端，而必先求机关内部之统一，毋使以冲突而内溃。苟内部自溃焉，则先已失其为一机关之资格。（机关者，一体而不可分析者也。）而对外之行动能适宜与否，更无论矣。最高机关在君主之国，其对外行动，与彼最高机关在国民之国，孰优孰劣，虽不能以具体的论断之，惟语其机关自身内部之统一，则此以一人为一机关，彼合多数为一机关，统一之难易，则有间矣！故曰："因于习惯而得共和政体者常安，因于革命而得共和政体者常危。"盖因习惯而得之者，则其国民程度发达圆满，有自治秩序而富于公益心。一旦组织为最高机关，则无论国民全体直接而行统治权，或议会代表而行统治权，而机关自身先无内讧鱼烂之忧，然后可以语于对外行动。若因革命而得之者，则国民前此并未尝当于一机关之任。虽使之组织一补助机关，犹虑不胜。（所以虽君主立宪制犹必经过开明专制之一阶级，然后能至。）一旦而跃立于最高机关之地位，安见其可？机关自身之要素先自不具，他更何论矣！夫使为一补助机关而不胜其任，则腐坏者仅在此机关耳。而尚有他机关调和补救之，恶结果不遽影响于全局，而可以除〔徐〕图改良。若为最高机关，则一国命脉所系也。最高机关腐坏而国随之。法国及中美、南美诸国，所以祸乱相寻、元气斫丧者，皆坐是也。此吾所以虽不采波氏之君主主体说，而于其调和利害冲突之义，则甚佩之也。论者所抄袭之半面的美浓部机关说，能复有他种遁词以难我否耶？

夫既以国民全体为最高机关，其在实行合议制度之共和国，此机关于法律上有万能力无论矣！即在行代议制度之共和国，其政治上之趋势，所谓被作成之代表机关，亦往往仰此原始的最高机关之鼻息，又势之不可避者也。英人布黎士之美国政治论，谓："美之各邦，其立法部之议员，非常软弱。往往有一新问题之起，两党派中人，各各有其或赞或否者（如禁酒问题、妇人选举权问题等，甲党中有赞者否者，乙党中亦有赞者否者也。故政党之用几穷），则惟求人民之直接干涉为最后之判决，以自卸其责任。此直接立法之事所以日多也。"夫美国之议院政治，所以能运用圆活者，全恃此两大政党组织之得宜，及遇此等问题，而政党之长技失其效用，遂不得不还求解决于国民自身。而布氏论其弊曰："若此法屡行，则大损议会之权威及责任，人民将视议会为可有可无之物。而彼人民者，不徒无学识之人居大多数而已。而又以人数太巨之故，不能聚集一地以相讨论。其所直接判决者，未必衷于真利害，流弊不可胜穷，深为美国政界前途惧之。"吾以为布氏所论，可谓博深切明。而美国顾未尝大受其敝者，则以彼之党派组织，本极完密。而此等歧于党派以外之问题，固非屡起，不至常失两大政党之效用。而中央政府（即联邦政府及议会）之权限，本缩至极小，故联邦立法部所讨论之问题，益鲜有歧于党派外者，而复加以其人民尊秩序、重公益之习惯，养之已熟。故虽遇此等事件，委诸原始的最高机关之判决，不至缘是而生大冲突、酿大祸乱。若乃历史上不具此原素之国民，其政党既绝不统一，无论何种问题，固皆足以起冲突。而其国家之组织，又非如美国于联邦之下复有各邦，一切洪纤问题，悉集于中央议会。而其人民复非有尊秩序、重公益之习惯，任以一睚眦之争，而可以酿杀人流血之惨祸。

而其人民学识程度，足以供判断力之用者，又远出美国下，而其人数又远过于美国。而其交通机关之便利，又劣于美国万万倍。于此而欲以国民全体为最高机关，果有术以能完机关之责任乎？即以国民所作成之代表者为最高机关，而作成者此国民也，被作成者亦此国民也。以数千年未尝一度作此机关之国民，而骤以最高机关委之，果有术以能完机关之责任乎？论者于吾所谓共和国以国民为最高机关之说而有以相难也，则吾愿闻之。若无以相难也，则吾所征引哈氏之说，卒无见其能破也。

论者又曰："使国会而为被作成机关，则必能顾其作成机关之国民全体之利益。"论者此段，全从法理方面立论。法理学上，果有何等之说明，以证其必能？吾苦难解之。若就事实上征诸各国，则法国革命山岳党最占多数时代，其国会固被作成机关也。吾不知其所顾者，果国民全体之利益焉否也？西班牙之有国会垂百年，固被作成机关也。吾不知其所顾者，果国民全体之利益焉否也？奥大利之有国会亦五十余年，固被作成机关也。吾不知其所顾者，果国民全体之利益焉否也？中美、南美诸国，无不有国会，其国会皆被作成机关也。吾不知其所顾者，果国民全体之利益焉否也？北美合众国之国会，当论者所认为被作成机关之最美者也。以近今其对于托辣斯之态度，吾不知其所顾者，果全国民之利益焉否也？机关之性质，可以类似者比例论之。市会议员，亦可谓市之被作成机关也。而英之伦敦市会，易瓦斯为电灯之问题，十年不通过。美之费尔特费市会，改良水道之问题，亦历年不通过。吾不知其所顾者，果市民全体之利益焉否也。故吾以为此非能有必至之符，而总以构成机关分子之各员责任心、公益心之强弱为断。而吾中国今日之人民，据之以构成机关，吾认其责任心、公益心未能圆满者也。又即使有责任心、公益心，则其欲顾国民全体之利益，差可期耳。而必能为国民全体谋利益与否，尚属于别问题。如普国会当普奥战争前，大反对俾士麦扩张军备之政策。自谓顾国民利益，其果为国民利益焉否也？阿根廷国会，当六十年前，大欢迎外资输入之政策。自谓顾国民利益，其果为国民利益焉否也？然则此又非能有必至之符，而总以构成机关分子之各员政治知识之多寡为断。而吾中国今日之人民，据之以构成机关，吾认其政治智识太过幼稚者也。论者徒漫然下一武断曰：必能必能。吾愿论者将其所以必能之理由，一为我说明之。

　　论者谓："革命之际，流弊或所不免，然但当思患豫防。力求所以免之者，不当以革命之有流弊而至于不敢革命也。"此其言尚属平心之论，吾乐受之。虽然，当视其流弊之可避不可避以为断。若政治革命论，则其流弊有可避之道者也。若种族革命论，则其流弊无可避之道者也。何也？论者所主张之种族革命与共和政体相缘而不可分，而共和政体与吾所列举之诸流弊相缘而不可分也。论者而犹有丝毫为国家前途计利害之心乎，其必不妄争意气而当思所以处之也。

　　至论者有驳吾所持开明专制论之点，吾固先与论者约。谓请俟全文出版，乃赐教言。不幸而论者不守此约，故吾仍自守其约，不复详为置辨。读者欲知吾论据，则亦俟全文出版可也。虽然，彼既振振有辞，则吾亦不能不先为简单的说明。吾所论我国民对于现政府所当行者，本有两大方针：一曰劝告，二曰要求。其言具在本报第四号，可覆按也。所劝告者在开明专制，而所要〔求〕者在立宪。所要求者在立宪，其理由不待解释而自明。而所劝告者则曷为在开明专制？吾既确信共和立宪之万不能行，行之则必至于亡国。而又信君主立宪之未能遽行，行之则弊余于利，而徒读〔渎〕宪政之神圣。然则为今日计，舍开明专制外，更有何涂之从？夫以吾所忖度，则君主立宪制，非十年乃至二十年以后，不能实行。即如论者之说，主张革命而行共和，共和利弊之一问题，姑置勿论；而革命事业，亦岂其旦夕可致？或迟至十年乃至二十年，未可知也。然则当此欲立宪而未能立宪、欲革命而未能革命之时，一国之主权尚须行动否？如须行动也，则政府之现象，无论如何，而必出于专制。此事实之不可争者也。夫固有之事实，则既若是矣！然则开明不开明之问题，安得不发生于今日？夫全部分之开明，固莫善矣。即不能，而有一部分之开明（即行开明专制政治之数端），而其影响于我中国前途者，固已甚大。吾之所以主张之者，盖以此也。吾知读吾文者，见吾所命之题，而不能无骇焉，曰："子曷为教政府以专制？"曾不思专制者，现在之事实也，非吾之所能教，亦非吾之所能不教也。政府不以吾之无开明专制论而不专制，则亦非以吾之有开明专制论而始专制甚明。即如论者极力排斥开明专制，而当论者之理想的共和政府尚未成立以前，而现政府安能不专制？专制等也。而开明不开明之间，其直接影响于国民进步者，固有择矣。然则政府之肯开明与不肯开明，虽属于别问题，而劝告之以开明，则为凡有言责者所应履行之义务，无可疑矣！非独以君主立宪为究竟主义如鄙人者，当履行之，即以革命共和为究竟主义如论者者，亦当履行之也。何也？究竟主义之贯彻在将来，而此乃目前之事实问题也。若曰：吾利用现政府之野蛮，而后覆亡之易为力。此则殊非君子之用心。吾奉劝论者，宜勿如是。吾奉劝普天下爱国君子，无论持何主义者，皆宜勿如是。且今当外患日侵间不容发之时，而我尚未能建设新政府。一国之生命财产犹托于现政府之手。现政府而改良一分，则吾受一分之利。现政府而加劣一分，则吾受一分之害。故以利害问题衡之，而曰吾利用现政府之野蛮，此愚之又愚者也。且即使持极端的暴动革命主义，而现政府开明一分，则教育普及一分。而无论持何种主义，以欲沁入于国民心理者，其易为力也亦加一分。国民稍惯于规律制裁的生活，则虽如论者所持之约法说，届时而实行之也亦较易。而国家对外之实力稍增，将来虽有内乱，而受干涉不至甚剧。即受干涉，而抵抗之力亦厚于今日。然则现政府之开明专制，何一不足以供论者将来之材料。岂谓政府开明之后，而尚不如今日之可以驰骋耶？故即为论者之偏枯单一的主义计，而曰吾利用现政府之野蛮，此愚之又愚者也。吾故曰劝告现政府之开明专制，实今日独一无二之法门也。吾之所以为开明专制论者以此，愿普天下爱国君子，平心察之。

夫开明专制，非不美之名词也。笕克彦曰："开明专制，以发达人民为目的者也。"又曰："开明专制，与立宪同一状况，而为立宪所由之阶级也。"又曰："开明的专制，一立宪制度皆已实行，但未公布宪法耳。"由此观之，特患专制者之不能开明耳。而开明专制，岂可诋耶？当未能立宪、未能革命以前今日之中国，舍开明专制以外，更有何者为国家所当有事耶？愿普天下爱国君子，平心察之。

该报第三号引笕氏此说，并述其言，中国汉唐时代，曾经过开明专制，遂以为中国今日可以行共和立宪之据。今论者此文亦引证此言以为重，然则论者固不能绝对的排斥开明专制。不过谓此为中国前此所已行者，而非今日所当行者云尔。愿以吾间接所闻诸笕氏者，谓："凡国家如欲立宪，必当经过开明专制。若中国汉唐时代，固亦可谓开明专制。然其后复归于完全专制。故中国今日如欲立宪，必当再经过开明专制。"笕氏之言如此，论者徒剿窃其发起语句，屏弃其结构语句，破碎诞妄，一至此极，纵可以欺外人，其能掩尽同校中数百人之耳耶？如必因汉唐时代之曾经开明，遂谓今日可以行共和宪制。然则何不更曰，唐虞时代之政体已具有共和模范，中国今日，并不须创订共和宪制耶？何不更曰，欧洲十字军以后之文明，皆由我中国输往，中国今日，竟不必以输入他国文明为事耶？嘻！适见其强词而不能自完已耳。

论者又难吾之要求说，而以国民无实力为言。夫要求必须与国民实力相待，无待言也。然实力必须养之而后成。吾以为养之之途，分两方面：开明专制其一也，政治革命思想之普及其二也。夫言要求，固须实力。即言排满，亦岂不须实力？今日持要求论者，固得以无实力而谓其不成立，今日持排满论者，亦得以无实力而谓其不成立，不成立等耳。然则今日无论持何主义者，皆只能从预备实力处下工夫。此当为论者所承认也。（若不承认，则是无意识而已。）而试问预备排满之实力，则舍种族革命思想之普及，更有何道乎？此又当为论者所绝对的承认也。种族革命思想可以使之普及，而谓政治革命思想不可以使之普及乎？论者诘我何所挟以要求，吾亦将诘论者何所挟以革命。（凡此单称革命者，皆种族革命之省文也。）论者若曰：吾将来必有所挟以革命，则吾亦曰吾将来必有所挟以要求矣。夫国民意力，为世界上莫强之实力，善其用焉，靡坚不破。以之行政治革命可也，以之行种族革命亦可也。国民意力，固自由发动，而有指导焉而为之助者，则其发动也更易而更显，且能合成。论者诮吾无实力，而问论者何以有实力？无亦曰：吾将指导国民意力，使趋于种族革命之一点。是即吾之实力云尔。诚如是也，则论者所谓实力，其舍国民意力外无他物也。然则论者问吾要求论之实力，吾亦答以国民意力而已。论者若谓国民意力无从使之趋于政治革命之一点，则吾亦可谓国民意力无从使之趋于种族革命之一点。要之两者皆非也。凡属人类，皆有感情与辨理心两者，我国民亦何独不然？若从感情方面而煽动之，以压倒其辨理心，则虽举国人而皆趋于种族革命一途可也。若从辨理心方面而浚发之，以节制其感情，则虽举国人而皆趋于政治革命一途亦可也。而一国中其有中流以上之学识，而以言责自任者，则于此枢机之转捩，皆与有力焉。质言之，则自认以指导社会为天职者，即其对于指导方针之或得宜或失宜，而不可不负其责者也。更质言之，则一国之或兴或亡，此辈皆当科其功罪者也。夫今后之中国，其当指导社会之大任者，当自有当世贤豪在，若鄙人则安敢望此。虽然，夫既以言责自居矣，且自审今日之地位，舍言责无以报效国家矣。故自今以往，所言者必求为有责任之言。即不能使国家由我而兴，而决不忍使国家由我而亡。夫吾岂不能鼓吹革命共和主义，以涨彼方面之实力。顾吾所信者，谓彼方面实力涨至极度之时，即我国家灭亡之时也。吾故不惟不鼓吹之，且尽吾力所能及，以摧坏彼方面之实力，而增进此方面之实力。吾固知彼方面之人，仇我必甚。顾吾为践我之天职，吾安能已也？论者如欲问政治革命之实力安在乎？举国大多数之国民，其顽旧焉而本无政治革命思想者，至能发动其政治革命思想，其热狂焉而沉醉于种族革命思想者，至能折归于政治革命思想，此其时矣！此其时矣！论者若问以何道而能得此，则非吾独力所能为焉，而还求诸国民之自身。亦如论者之排满，非独力所能为焉，而还求诸国民之自身也。

以上所论，谓政治革命与种族革命，其现在实力之不足也同，其将来实力之可以养成也同。而吾所谓当养成者，在此不在彼也。虽然，同为可以养成，而养成之难易，则又有差焉。吾主张将来之政治革命（吾所下政治革命之定义，谓革君主专制而为君主立宪也。第四号详言之），同时主张今日之行开明专制，开明专制行得一分，则国民实力增得一分。持种族革命论者，既未能立刻推倒现政府，则其不能不暂受治于现政府专制之下也，亦实与我同。而彼利用其野蛮，不愿其开明，政府愈野蛮，而国民实力愈萎缩。此其难易之差一也。吾主张政治革命论，非浚发国民之辨理心不可。而国民辨理心既发达，则无论治学治事，皆从实际上着想，条理自趋于致密，而能为国中养成多数实行之才。彼主张种族革命论，非挑拨国民之感情不可。国民奔于极端之感情，则本心固有之灵明，往往为所蒙蔽。求学者或厌伏案而日言运动，治事者不审条理而辄盲进，小有成就而愈益其嚣张，小有挫折而遂至于喑丧。其究极也，只为国中养成多数空论之辈。此其难易之差二也。不宁惟是，彼以感情煽人，则只能收拾狂奔于感情者流。我以辨理心动人，则并能获有辨理心者之相助。凡狂奔于感情者，多无实力，而有辨理心者，其实力必富。以固有之成分为基础，其势已优于彼。复因此成分而扩张滋长焉。此其难易之差三也。夫此则就建设以前言之也。若夫建设以后，则吾之政治革命论以君主立宪为究竟，彼之种族革命论以共和立宪为究竟。君主立宪，其所养人民之实力，但求其能为监督补助机关而完其责，斯已足矣。共和立宪，其所养人民实力，非能为指挥主动机关而完其责，则不得谓成功。此就程度之浅深相较，其难易之差四也。君主立宪则所以构成此监督机关者，可以制限选举行之。共和立宪则所以构成此主动机关者，不可不以普通选举行之。此就程度之广狭相较，其难易之差五也。夫浅深之一问题，吾既与论者辨之明矣，若夫广狭之一问题，则前此犹未及言，吾今试更一诘论者。论者岂谓吾中国创共和宪制，无须行普通选举耶？天下有不行普通选举，而得谓之共和之国耶？既必行普通选举矣，而谓中国在近的将来能行之耶？论者每好引日本近年来民权发达之速以为证。曾亦思日本之行开明专制也二十余年，其实施宪法以迄今日又十余年，而至今犹不能不行制限选举。而谓中国革命时日不必甚长，而经过此不甚长之时日，遂可以行普通选举之民权宪制也。非梦呓而安得有此言也。就此诸点观察之，则彼此之在今日，虽皆同为做养成实力的工夫，然养成政治革命之实力，其视养成种族革命之实力，难易相去，固不可以道里计矣。故吾党之所谓实力，至已养成确可以有要求之资格之时，而彼党之所谓实力，尚虚悬而无薄，可断言也。

虽然，此不过比较的言之耳。种族革命之实力，固非绝对的不能养成，亦吾所信也。苟非养成种族革命之实力而不足以救国者，则安能以其难而舍之？吾之所以不主张从彼方面养实力者，其理由全不在难易问题，徒以养彼实力，徒取亡国故耳。若论者无他种之说明，而徒以现在无实力之故，谓我所持要求说不得成立乎，则以无实力者笑无实力者，所谓不自见其睫也。

抑论者更有一奇语焉，谓我“不汲汲养成民力，而惟望其要求”。夫论者安知我之不汲汲养成民力者，吾将来于他方面之若何养之？今不必以语论者，即本报之劝告专制政府以开明，及鼓吹人民之政治革命思想，即吾所认为养成民力之一种法门也。论者其悟耶否耶？若其谓“我国民对于满洲政府义不当要求”，则狭隘的复仇主义，吾所不能容喙也。

惟论者自谓养成国民实力，则吾诚不知其所以养成者操何术矣。若徒刺激其感情耶，则所养者感情也，非实力也。以感情与实力为同一物，千古所未闻也。而论者之所以自文者，则曰：“普遍之之法，教育与革命。教育者，于革命之前、革命之时、革命之后，皆一日不可缺者也。"如论者言，革命之后，中央政府已确立，其能施教育不俟论，若夫革命之前，吾不知其从何处得有教育机关也。其教育尚须学校耶？抑专凭书报之鼓吹而已足耶？若须学校，则校中所教育为何科目耶？尚有普通专门诸学科否耶？抑专为革命的政治谈耶？夫不为政治谈，则革命之心理，何从普遍？若为政治谈，则论者亦知政治谈与教育之性质最不相容耶（大学不在此例）？夫专为政治谈，则天下固无此学校。即有他学科，而以政治谈常参入之，则学童亦必徒喜此大言壮语之政治谈，于他学科，不屑厝意。而学校卒破坏不得成立。他种之政治谈犹且不可，况论者所高标者，又自由平等主义也。自由倡则学校之规则一切不守，平等倡则师长之教训一切不行。夫三年前上海某学校，其最显著之前车。而此外诸学校，其覆辙相寻者，亦不知几许矣。论者岂其未闻之？故吾于论者所谓革命前之教育，百思不得其解也。夫彼所恃以为教育之具者，既与教育之性质成反比例矣，况乎教育行政机关，决非革命以前之革命党所能干与也。而何从使公等之主义借教育之助长力，而普遍于全国民之心理也。然则公之所谓教育者，殆不过以每月一期之贵报为独一无二之机关耳。更进焉，则以一二之山膏的日报（《山海经》言山膏之草，善詈人），为补助机关耳。信如是也，则吾请正告公等曰：此等之教育事业，于养感情则有之；若云养实力，是欲适燕而南其辕也。

呜呼！读者诸君，其勿以论者兼言种族革命、政治革命，而误以其所持主义为圆满；勿以吾之言政治革命、排种族革命，而误以我所持主义为薄弱也。论者既语及教育，故吾益得就教育上以解决此问题。吾以为一日不行开明专制，一日不行政治革命，则教育一日不普及，而人民一日不能得共和之程度。论者谓种族革命不实行，则政治革命之目的终不可达。而岂知政治革命不实行，则无论何等主义之目的皆终不可达耶？何也？不先利用国家之强制力，以实行一切行政法规，则教育断无普及之理。大多数之人民，其眼光无从射及国家。虽以一部分人抵抗政府，而哀号者自哀号，嬉笑者自嬉笑耳。就令一时能激动其感情，为电光一瞥之破坏，而以未受教育之人民，蜂屯蚁聚，向未识规律制裁为何物，而欲以一二豪杰之力拔诸九渊之下，而骤登诸九天之上，靡论其人未必豪杰也，即使豪杰，其力几何？而曰吾能破坏之，能建设之，直欺人自欺之言耳。论者而不知教育之为急也，则吾靡从与言。夫既知之矣，则尤当知开明专制与教育相倚，政治革命与教育相倚。经此两阶级后，则虽民族主义缘兹普及焉可也，虽共和资格缘兹养成焉可也。而不然者，则岂惟共和资格不能养成，即民族主义亦安从普遍也？夫论者知有政治革命，其视单一之复仇论，既有进步，吾深嘉焉。而独怪其所谓政治革命者，实行之时期，必俟诸种族革命凯旋之后而汲汲焉。反对今日之开明专制，反对今日之政治革命，吾诚不知其所据之理论为何等也。

夫论者以人民无要求政府之能力，而因劝以颠覆政府，其脑想之误谬真不可纪极。夫要求政府之能力，尚且不有，而颠覆政府之能力，更何自来？盖此两种主义，皆无非以武力为唯一之声援，而要求政府所需之武力，其分量极少。颠覆政府所需之武力，其分量无限也。论者其能平心静气，以细察此中相比较相关系之性质否耶？

吾答论者之说，既略尽矣，吾更附一言：吾决非与论者争意气，欲胜之以为武也。吾实见此问题为今日最大之问题，言之本不厌其详。而我国民辨理心，非皆能完全发达者，则似是而非之论，恒足以摇动其定识。而我国民对于国家、对于政府之方针，及今不定，则岁月一去而不可留，一部分人之聪明才力消耗于无用之地而不可复。故吾虽犯刚愎排挤之嫌款〔疑〕，而有所不敢避也。若彼报此后复有所言，而不脱此次之窠臼者，则吾虽不复与校焉可也。

又以上所答，皆就大端论之。其有论者毛举细故以诋我、无关问题之宏旨者，及其自发论之错谬，而非辨难之要点者，本更不必齿及。今纵笔所至，顺解答之、纠正之。

一论者谓我既排斥国家器械说，何以复主张十七八世纪幸福说一派之干涉论，而引斯宾塞之对于器械说、干涉论两皆排斥以为证。吾以为干涉论，决非十七八世纪学者所能专有。十七八世纪之学者，亦非皆主张干涉论。若卢梭、孟德斯鸠等，皆对于当时普王腓力特列、法相哥巴等之开明专制政策而生反动，故于政治上排专制而主张共和，于经济上排保护贸易而主张自由贸易。岂得谓持幸福说者，即持干涉论者耶？夫边沁之言，最大多数最大幸福，可谓幸福说之巨子矣。而其言曰："政府者，有害之物也。然以不得已之故而存之。"是又大反对干涉论也。盖十七八世纪之学者，虽同以人民个人之幸福为标准，而其言所以致此幸福之方法，则大异。有谓由政府干涉之力可以致之者，霍布士一派是也。有谓由人民自由之力可以致之者，卢梭一派是也。而斯宾塞则并两派而箴之者也。论者毫不知各派之内容，而惟耳食焉。知十七八世纪之交，有所谓器械说、幸福说、干涉说者同时并存，乃混为一谈，不自知其谬误，而反以诋人。倘所谓仰天自唾适污其面者非耶？吾对于今后中国之政策，实主张干涉论，而不取斯宾塞说。吾所主干涉之程度，则小野冢氏《论国家之目的》第三款个人心身之发达是也。而所以达此目的者，将来以君主立宪行之。今暂未能立宪，则以开明专制行之。故吾虽主干涉论，而不妨于排斥国家器械说。如曰主张干涉即不当排斥器械者，则今世学者，宜莫敢或齿及助长行政矣。何也？今世学者，固无复一人表同情于器械说也。论者谓："惟其视国家为器械，故谓得以人力谋其进步发达，此幸福说之所由来也。"吾闻笕博士之说，曰："国家者，基于自然必至之关系，借人为而发达者也。"此说在论者固已征引之，乃今之为说，则谓以人力谋进步发达，惟视国家为器械乃得行之，而因以器械说、幸福说为相缘而不可离。然则笕博士亦应不许其排斥器械说矣。岂惟鄙人？故鄙人之取彼舍此，绝不足为鄙人之玷。若论者日日言国民合成意力，而复崇拜彼"以汽车机器喻国家"之人。（即彼所谓孙先生其人者是也。此乃彼在东京富士见楼演说之词，全文登于该报第某号，正极端的国家器械说，而于合成意力说最反对者也。）斯乃可异耳。

一论者谓我既采国家主权说，曷为又言国家为客体，而引我《开明专制论》第四章之一语以相诘，但论者未见吾之注耶？吾固明言认国家为客体，似与近世学者所示国家之概念相戾，然但就专制言专制耳云云（第三号第五十叶）。夫吾第四章之彼文，乃言管子、商君等一派之观念也。管商等非认国家为客体耶？此何足以难我？夫我既已恐读者之误解文意，而赘以注矣，论者何不细心读之？

一论者以我引波仑哈克学说之故，遂谓我主张国民客体说，而我实不尔尔。古人赋诗，固有断章取义者，岂其守一先生之说，而他说遂不敢征引耶？况吾所译述波氏说，半皆事实论（其法理论与事实论相缘者，间不得不并引之）。而吾所据之以推言中国革命共和之前途者，亦半皆事实论。夫吾第四章所言，既专就管商言管商，且特注明之矣。第八章所言，于波氏原著第二编第一部第一章之说，未尝一引。论者何所据而指我为主张国家客体说、国民客体说耶？若论者之既采国家主权说，而复言国家与人民结契约，斯乃可异耳。

一论者又谓我主要求开明专制，又曰："立宪后之开明专制，无所谓要求，立宪前之开明专制，不能要求。昔有要求立宪，今有要求开明专制，皆笑柄也。"嘻！天下有明目张胆，故入人罪至于若此者乎？吾于《开明专制论》第八章，有"欲为政治革命者，宜以要求而勿以暴动"二语。吾于第四号《申论种族革命与政治革命之得失》篇中，下政治革命之定义云："政治革命者，革专制而为立宪之谓也。"此其语具载前号，文意甚明，可以覆观。要求专属于政治革命，而政治革命则革专制也。则吾所谓要求，当然不属于开明专制，又何待言论者遍读吾原文，能指出一处有"要求开明专制"六字连属成文者乎？抑有论开明专制时，而语中含有云当要求之意者乎？夫吾第八章之末语，又明云："夫此固又别问题非本论所宜及也。"读者曾见彼语否？呜呼！吾观论者，抑何其与《酷吏传》中人物相肖也。

一彼报所布纲领末一条谓彼报鉴于世界前途，知社会问题必须解决，故提倡社会主义。我报以为社会主义，不过煽动乞丐流氓之具，云云。此亦不可以不辨。吾认社会主义为高尚纯洁之主义，且主张开明专制中及政治革命后之立法事业，当参以国家社会主义的精神，以豫销将来社会革命之祸。若夫社会主义中之极端的土地国有主义，吾所不取。今日以社会革命提倡国民，吾认为不必要。野心家欲以极端的社会革命主义与政治革命、种族革命同时并行，吾认其为煽动乞丐流氓之具。盖辨理的社会主义与感情的社会革命决非同物。非必由人民暴动举行社会革命，乃可以达社会主义之目的，此吾所主张也。此当别著文论之，如彼报纲领之所布，直是诬我。

一吾对于论者所最感谢者，则其于吾所译穗积氏论中一字之误，而赐纠正是也。夫此一字诚误，岂敢自讳。然幸而吾于彼一段尚有数百言之注，注中解释其原文之意，与论者所以诲我者，尚无大相剌谬之处。虽然，论者斥我为不识日本字、不知中国文法，则我固直受之不欲辨矣。

以上吾答彼之说已完，更将彼失败之点列为一表如下：

一我所主张而彼不能难者。

一、有行议院政治之能力者，乃有为共和国民之资格。（此为吾论文之大前提，彼之承认与不承认不明了辨驳之基础已失。）

二、今日中国国民未有能为共和国民之资格。（此为吾论文之断案，彼于吾所举证据一毫不能返答。）

三、共和立宪制调和利益冲突甚难。（彼所驳颇有力，而吾反驳之力更强于彼。）

四、今日中国当以开明专制为立宪之豫备。（彼所驳者，观察点全误。）

五、当以政治革命（即立宪）为究竟主义。（彼所驳似甚有力，然细按之，无一毫价值。）

六、中国不能学美国共和制。（彼所答不明了。）

七、中国不能学法国共和制。（彼不答。）

一我所难彼而彼不能答者。

一、约法之不可行。（彼所答毫不衷于事实，且前此就事实方面立论，今就法理方面立论，支离穷遁，益增其丑。）

二、革命军同时并起不必皆同主义。（彼不答。）

三、革命时实行土地国有主义足以亡国。（彼未答。）

四、革命时代不能增长人民能力。（彼不答。）

五、革命中短期之岁月不能养成共和资格。（彼惟武断曰能，而不能举其理由，即所举亦不成理由。）

六、彼首领以机器汽车喻国家，可笑。（彼不答。）

七、问其发布何种类之共和宪法。（彼不答。）

一彼所主张而不能说明其理由者。

一、中国模仿美国宪制能举行民权政治之实。（何故能之？不闻说明。）

二、中国国民必能有共和国民之资格。（其为今日已能抑何时始能，语意不明，所以能有此资格者，不闻说明。）

三、革命之前、革命之时行教育。（以何者为教育机关，教育如何行法，不闻说明。）

四、畴昔吾国民有国民思想、民族思想。（不能举其证据。）

五、民族主义普遍，则共和的约法应于国民心理。（民族主义与共和政治有何等因果关系，不闻说明。）

六、中国有特殊之共和立宪精神。（其条件虽一端不能指出，所举者仍立宪之共通精神，然亦不确。）

七、人民对于政府当求力足以制之，而制之之术舍革命军末由。（人民之力并要求政府而不足，彼所认也。而偏有力足以起革命军，其理由未闻说明。）

八、国会为被作成机关，必能顾国民全体之利益。（何故必能？不闻说明。）

一彼所难我为无敌而放矢者。

一、波伦哈克之主权论。（我并未采用，彼无端抄录讲义与波氏宣战。）

二、美国之法非共和专制。（我明以法律上、事实上分言，彼乃断断辨美国之非共和专制政体。）

三、中国将来能有为共和国民之资格。（吾文处处有"今日"二字，彼删去而论将来之能不能。）

四、要求开明专制。（吾并无此说，不知彼所指为何语。）

五、满洲人与其死党反对革命不足畏。（吾全文并未尝就此方面立论，吾引曾胡前事为例，谓不应以种族革命与社会革命同时并行。苟同时并行，则虽有表同情于甲主义者，亦将反对其乙主义。如洪杨以种族革命与宗教革命同时并行，曾胡非徒反对其种族革命，且反对其宗教革命也。而论者不驳此说，其所驳者，全在吾原文之外。）

六、不汲汲养成民力。（何以见我不以养成民力为主？）

七、国家客体说。（吾以为管子、商君认国家客体，何以见我必与管商同意见？）

八、立宪国共通之精神。（彼问我敢谓我国民无此共通精神否？夫我主张君主立宪，苟不信我国民有立宪共通之精神，何从主张之？若彼言我国民有共和之特殊精神，乃一件指不出，则真可笑耳。）

一彼以我之所主张难我所主张者。

一、人类有普通性能互相模仿。（全袭我说以难我。）

一彼所主张全属门外汉语者。

一、但能爱自由、乐平等，即谓之有共和精神。（自治力、公益心一方面全然抛却）。

二、有民权然后能革命。（民权者，国民权利之谓也。民权乃革命之结果，必非革命之原因。论者文中屡有此语，外行已极。）

三、立法论不许以政治上观察判断。（前古未闻此奇语。）

四、谓干涉论与幸福说同学派。（混霍布士与卢梭为一团。）

一彼所主张为自相挑战者。

一、一面主张合成意力说，一面主张约法。（合成意力为公法的性质、国法的性质，约法为私法的性质、国际法的性质，不能相容。）

二、既主张合成意力说，复崇拜以机器汽车喻国家之说。

三、既谓国家借人为而发达，复言惟视国家为器械，乃得以人力谋其进步发达。

四、既谓中国当模仿美国宪制，复谓中国不必学英、法、美。

一彼以自己之理想主张他人之术语者，及引人之语而遗其半者。

一、袭耶陵尼机关说，而不知原始机关、代表机关之性质。

二、袭美浓部机关说，而不知共和立宪国以国民为最高机关。

三、袭笕氏合成意力说，而不知其兼采霍氏权力说，乃至谓约法为合成意力。

四、袭笕氏合成意力说，而不知其兼采康氏责任说，乃至认自由平等为共和唯一之精神。

五、袭卢梭总意说，而不知其为相乘的，非相加的，乃至言甲县与乙县约法。

六、袭笕氏言中国汉唐时代已行开明专制，而忘其言此后复返于野蛮专制。

以上不过略举彼失败之点耳，犹未能尽。将吾全文与彼原文合读之，则禹鼎铸奸，无复遁形矣。（附录原文）

◎驳《新民丛报》最近之非革命论

顷见《新民丛报》第四年第三号《开明专制论》第八章，论开明专制适用于今日之中国。其第一论纲云：中国今日万不能行共和立宪制之理由。其发端数语曰：

"中国今日固号称专制君主国也，于此而欲易以共和立宪制，则必先以革命。然革命决非能得共和，而反以得专制。"（第八章第十一页）

嗟夫！论者亦中国之一人也，而乃为是言，是乌可以无辨？

方吾之为此驳论也，下笔时心滋不悦。盖论者吾仇也，非私仇，乃公仇也。与吾仇笔墨相见，非余所欲也。然吾之为驳论也，非第欲以折论者，将以质诸天下之人而决其是非也。故论者虽吾仇，姑强抑吾怒，平其心以立于相对辨论之域。

于是当定驳论之范围，原著有云：

"请先将波伦哈克学说及此数纸中狂夫之言，一一遵论理、据历史、推现象，以赐答辨。"（四十六页）

又曰：

"答辨本章，固所欢迎。若欲驳开明专制论者，则请俟全文出版，乃赐教言，否则恐枉笔墨也。"（同上页）

吾今乃即以此为驳论之范围。先辨波伦哈克之说，所以破革命不能得共和反以得专制之妄也。次驳论者之非革命论，所以破中国革命不能得共和反以得专制之妄也。为本论之主点。

中有对于论者之开明专制论加以驳议。盖论者既盛言"今日中国国民非有可以为共和国民之资格"，则必以开明专制望之今日之政府。故吾不能已于言，固知全文尚未出版，然苟使论者见之，庶不至于枉费笔墨也。此为本论之从点。

最后乃对于论者理论上不完全之点及其作茧自缚之苦处，稍加纠正。俾今后之毋易其言也，此非本论之必要，故为附论。

其他在驳论之范围外者，则概不齿及，举二例以言之。

（一）论者有云："某报（此指本报）凡发刊两号，而其文殆无不自相矛盾。如此文（此指本报第一号所载《论中国宜改创共和政体》）与前述某氏之说（此指本报第二号所载《民族的国民》论中所述孙君之言），即其极矛盾者也。"（四十四页）

夫文成于一人之手而自相矛盾，此可讥者也。文成于二人之手而意见不同，此不能以为矛盾也。此二论文一为思黄之作，一为吾之作，吾与思黄之所见不必尽同，此不能咎为党见纷歧也。使当决议时代则定于一而入于实行，使当讨论时代则人各得自由以发其思。今宣示于报章者，为决议乎？为讨论乎？矛盾之消何无因也。故吾今为驳论，亦第就论者与吾相论难之处，为之辨诘。然使吾说果足以破论者之根据，则论者更无以难思黄也。

（二）论者有诋諆民生主义之语，当别有专论者，不在此驳论之范围。

以上皆定驳论之范围，今以次入于本论。

第一，关于波伦哈克学说之评论。

论者言革命不能得共和反以得专制，其唯一之论据，在波氏学说之一片段。然则论者所以"由美洲来而梦俄罗斯者"（此论者自述语，见《新民丛报》），皆波氏为之主动也。原著辞繁不杀，而其所深恃笃信者，只波氏之说而已。然则谓波氏之说，为论者脑海之主宰，亦不为过。苟破波氏之说，则所谓"革命决非能得共和而反以得专制"者，其根据可谓全破，而论者亦将无他说以非难革命也。

凡对于他人之说而下驳论者，与其寻其枝叶，不如叩其根据。即如波氏之说，穷革命之流弊，可谓备矣。吾若绍介他学说以与之对抗，则亦能历数革命之良果。如佛兰西法学者仙治罗氏所著《宪法要领》，即为纯粹之革命论者也。而政治学者，亦谓国家至不能以改良政策达其目的时，则当以革命为例外手段。是故革命者，应于国家活动之必要而生者也。由是则历史上所示革命之良果，革命家当思循而则之。而革命之恶果，当思鉴而避之。撷其良果以鼓吹革命，与撷其恶果以非议革命，均无当也。故吾辨波氏之说，不与辨革命之流弊，而与辨非难革命之根据。

波氏立说之根据，论者曾译其一二语云：

"共和国者，于人民之上别无独立之国权者也。故调和各种利害之责任，不得不还求之于人民自己之中。"（十一页）

此实波氏立说之根据也。彼以为共和国之人民利益竞争，舍自己之外，更无他人能调和之。使其自力不能调和，则必破坏纷扰，而不得不复归于专制。故曰："因于革命而得共和政体者，往往酿成民主专制。"其所以得为此结论者，根据使然也。

今所最宜辨明者，则波氏之根据果正当否？欲下判断，当先研究波氏所云"共和国者，于人民之上别无独立之国权"，其意义若何。此当参考波氏所著《国家论》，方能得其完义者也。

　　波氏之国家论，以君主为国家统治之主体，而以领土及臣民为国家统治之客体。其原著第二编论专制君主政体，略谓专制君主政体之本质，在以国家之人格归属于君主之一身。故路易十四世尝云："朕即国家。"即此义也。然从政治上之侧面而观，则当以腓力特列大王之言补之。王曰："朕乃国家之从仆。"盖国家乃为集合体而存故也。（第一部第一章第一节）其第二节论立宪君主政体，略谓立宪君主政体，以国家之人格归属于君主之一身，与专制君主政体无所异。故其归结之语曰："国家之人格，不外于君主之国法上之人格。"是故波氏者，乃以君主与国家同一视之者也，而土地人民则以为国家统治之客体（第二编第二部）。人民各为利益而相竞争，君主则立于利害关系之外，而超乎其上以判断之。故能以平衡的正义调和社会各种利害关系之冲突。若夫共和政体，则人民之集合体与国家自体为同一，而人民相与之关系错综分歧。欲人民自能调和此等利害关系之抵触，必不得也。故共和政治较之奉戴超然于利害关系以外之君主者，遥为困难，因之而陷国家于不断之革命。至于不能贯彻共和政体之目的者，不一而足（第一部第一章第二节）。此波氏对于国民主权国家所下之论评也。而其谓由革命以得共和政体者，将复归于专制，亦不外于此标准求之。是故总括波氏之大旨，以为国家之目的，在以平衡的正义调和社会利害关系之冲突。君主在利害关系之外，故足以调和。人民则自为利害关系人，未有能调和者也。然问君主何以能在利害关系之外，则谓君主之人格，即国家之人格，而人民乃国家统治之客体故也。君主与人民之关系为主体与客体之关系，故能超乎其外、立乎其上而判断之也。然则波氏之根据，乃在以君主为国家，而以人民为国家统治之客体也。

　　以上述波氏之学说，以下就于其学说而下论评。

　　自来关于国家之性质学说颇繁，大别为二：（一）国家客体说；（二）国家人格说。国家客体说复有二别：（一）德国学者济惕尔（Seydel）所倡者，以领土及臣民为国家。谓君主之于国家，犹人之于所有物也。故君主为权利之主体，而国家为其客体。（二）即波伦哈克所倡者，以领土及臣民为国家之客体，而君主即为国家。二说虽稍异，然其以君主为统治权之主体，而国家为客体，则相同也。国家人格说，则其观念全与上二说相反。以国家为人格者，自为统治权之主体也。关于二说之优劣，余虽不文，窃欲绍介一二学者之说，暨闻诸师友者以告天下。

国家客体说，自欧洲中世家长国之思想而生者也。中世时代封建制度盛行，以领土及臣民为君主之所有物，处分抛弃、赠与继传，一惟其意。洎乎近世，此种观念久已变迁，而一二学者犹欲维持之，彼济氏、波氏即其人也。然久为学者所不容，攻击唾弃，如矢之集。其最中的者，则为左之诸点：

（一）波氏认君主为国家，此最不能明国家之性质者也。国家之性质，非如分子说所谓国家如器械然，由个人所制造；亦非如有机体说所谓国家如生物然，能自然而成长。盖既有自然必至之关系，亦复借人为而发达。详言之，则人类苟欲自由活动，必不可一日无国家；而国家之所以生，由于个人之有规律的意力。翕各个人之规律的意力，萃而为合成意力。此合成意力固以个人之意力为其分子，而自独立存在者也。彼分意者固有人格，而总意亦有人格。前者曰单纯人格，后者曰合成人格。国家即合成人格者也。故国家自有意力，非借他力而存。民权国之国会，君权国之君主，乃发动国家意力之最高总揽机关耳，非即国家也。

（二）苟认君主为国家，则君主死亡，不得不谓为国家灭亡，然此固波氏所不承者也。彼之言曰：君主虽死亡，然由于君位继承法，新君主即继其位，是故为自然人之君主虽有死亡，而为国家之君主则亘久不变。以新君主非新得人格，乃继续前君主之人格故也。虽然，为斯言者，正陷于论理学之循环论法者也。夫前君主所定之君位继承法，何以于其死后犹有效力耶？不能明其所以然，则不能主张前后君主之同一人格。而猥曰新君主之得与前君主有同一之人格者，乃依于前君主所定之君位继承法故。是非以问答问者耶？况君位继承法非规定前后君主之同一人格，乃规定继承君位者之范围及其顺序耳。

（三）波氏以国民为统治之客体，亦谬见也。国民之全体及其个人，皆非统治权之目的物。盖国民非奴隶，乃人格者，为权利义务之主体。其服从统治权乃义务之主体，非统治权之目的物，明其也。在民权国国民全体为国家之最高总揽机关，其非统治权之客体，固不待言。即在君权国而既认国民为国家之构成分子，则固为人格者，非如物之为人之所有权之目的物，亦不待言也。

　　综上而言，则波氏之认君主为国家，而以人民为统治之客体，其谬灼然矣。如是，则其谓人民无君主则不能调和竞争者，其根据已破。如是，则其谓革命之后，人民各为利益而相冲突无以调和卒返于专制者，其根据亦已破。盖如国家人格说所言，则君主不过国家之总揽机关，构成此机关之人，各国异其制。在法国、美国，则国法学上、政治学上皆以国会为国家之总揽机关。在英国，则国法学上以君主为国家之总揽机关，而政治学上以国会为国家之总揽机关。在普国，则国法学上、政治学上皆以君主为国家之总揽机关。如是，则人民之利益冲突，国家之机关当调和之，以谋其发达。盖国家之机关，常超然于利害关系之外，故能得平衡的正义。若君主，则不过某国构成某机关之人耳；无君主，则人民利益不能调和之说，已失其立足地也。在以国会为总揽机关之国，其选举被选举为国会之议员者，固国民也。然既以议员构成国会，则国会对于国民，乃以国家机关之资格，而非以构成分子之资格。至于国会为国民之代表与否，则学者尚有歧说。如德国学者耶陵尼（Jellinek，当世之公法学大家）之说，则以国民全体为作成机关，而国会为被作成者，故为其代表机关。那攀（Raband，亦德国之公法学大家）之说，则曰国会为人民之代表云者，非法学上之观念，乃政治学上之观念而已。夫此二说，皆非波氏所能折驳者也。使国会而非国民之代表者，则其在利害关系之外，不待言也。使国会而为被作成机关，则必能顾其作成机关之国民全体之利益，而不偏徇其一部分之利益。如是，则正足以调和人民之利益竞争也。故波氏之说，所能诘难者，惟古代议会观念耳。古代之议会议员各代表其选举人，各代表其选举区，各谋其部分之利益，而遗全体于不顾，故利益之冲突常起。而波氏之言乃中矣。然今日之议会观念与昔相反，议员虽由各选举区中举出，而决非其区之代表人。此至普通之法理，当亦论者所已知也。然则波氏谓舍君主而外，更无能调和人民利益冲突之人，其立足地又已破也。

　　波氏之学说，法学的方面也，故吾亦自法学的方面以为辨。论者而犹有言，则亦宜定驳论之范围，更讨论之。

　　第二，对于论者非革命论之驳议。

　　论者非议革命，有事实论，有法理论。其法理论无他言，惟波伦哈克之学说而已，已辨之于前。论者而无以难也，则可谓全北。至其事实论，则絮絮数千言，要皆对于本报第二号《民族的国民》篇中所述孙君之说而致辨诘，兹逐段驳之于下。

抑吾于为驳论之前有当言者，吾之目的在得民权立宪政体，此或非论者所欲闻也。然观论者有云："以开明专制为立宪制之豫备。"（原著第十一页）然则论者最终之目的，亦在于立宪也。然则民权立宪非论者所欲闻，而立宪则固论者所怀望者也。顾以吾策之，则以为今日之中国不革命决不能立宪。此有二理由：

一曰，不为政治革命者，则不能立宪。此其理由，本报第三号《希望满洲立宪者盍听诸》一篇，已详言之。世界各国，无论民权立宪政体、君权立宪政体（不曰君主、民主者，以君民皆非国家之主体也），要其所以能立宪之故，莫不由于革命者。革命者，谓于其政体上生一大变动也。使不能于政体上生大变动，则虽杀人如邱、流血成河，其进行时可云革命，而其结果不可云革命。以其于政体上无变革故也。反之，能于政体上生变革者，则为革命。然有国于此，所以能由君权专制政体，变而为民权立宪政体，或变而为君权立宪政体者，何也？非其君能自变革，乃民权发达之结果使之然也。民权发达而实行革命，因所遇之敌不同而结果有异。前文已胪举历史以为证。故吾之意以为欲得立宪，必民权发达，有革命之能力，然后乃得达其目的也。

二曰，不为种族革命者，则不能立宪。此其理由，于本报次号赓续《希望满洲立宪者盍听诸》篇中详之，今提其要结。世界各国有以一民族构成一国家者，有以数民族构成一国家者。以一民族成一国家，其民族之观念与国家之观念能相融洽，故于政治之运用无所窒碍。使以数民族成一国家，则当察其能相安同化与否。果其相安同化，则亦能式好无尤，如其否也，则各民族位置不同等，势力不均，利害相反，各顾其本族而不顾国家。如是，则惟一民族优胜，独占势力，而他族悉处于劣败之地位；专以压制为治，犹足苟求一日之安；欲以自由、博爱、平等之精神施之政治，必将格格而不能入矣。中国今日满汉不并立，人所同知者也，故非种族革命，必不能立宪。

据此二理由，则中国苟欲立宪，舍革命外更无他策。革命者，建立宪制之唯一手段也。知非革命无以立宪，则惟当奋起而实行革命。使所遇之敌而坚也，则虽艰难百折，终求达其目的。使所遇之敌而脆也，则事半而功倍。目的既定，不以敌之坚脆而殊其趋也。使怵于敌之坚而越趄退伏，以为不如希冀有开明专制之一日之为愈，斯则大逆不道，而中国之罪人也。至于革命之际，流弊或所不免。然但当思患豫防，力求所以免之者，不当以革命之有流弊，而至于不敢革命也。且天下岂惟革命乃有流弊？世界一日未至于至善之域，则无事不有流弊。世之言曰："两害相权取其轻，两利相权取其重。"此就比较上言之也。若自根本上言，则革命者，建立宪制之唯一手段也。立宪者，当望之国民，不当望之君主；当望之本族，不当望之异族故也。而革命之后，必为民权立宪。何也？其时已无异族政府，只有一般国民故也。

以上为主张革命之根据，以下为对于论者之非革命而下驳议。

本报第一号《民族的国民》篇中所述孙先生之言，乃约举其要点。其宏纲巨旨，当别为专书，非本论所能详也。兹惟对于论者所辨诘者，一一驳之。

论者第一之论据，以为约法不足恃也。然论者之诘难约法也，非能就约法之本体，一一指其利害得失也。第曰，苟无其人，虽有约法，亦不足恃而已。故一则曰：首难革命者，其果能有此优美高尚之人格乎？二则曰：彼革命者，能皆有此优美高尚之人格乎？三则曰：他之革命军，能同此宗旨乎？四则曰：人民果能安之乎？絮絮数千言，进退数十步。噫，可哀矣！驳他人之议论，不能于其根本上着想，而为此假定以侥幸其或然，何蒙稚若是也！夫论者能假定为无其人，吾亦能反证为有其人。此论者之所虑及也，乃曰：使无其人则我据胜着，使有其人则我让步也。故其为论也，乃进退失据若此。今吾将一扫假定之说，而于国民心理上论约法之能行，论者其谛听之。夫中国历史上，革命军之蜂起屡矣。彼发难者，语其公心，则曰诛无道，拯民于水火也；语其私心，其志之大者，则如黥布之言曰：吾欲为帝，其志之小者，则如陈婴之母，曰：事成犹得封侯也。彼反抗革命军者，语其公心，则曰忠君卫社稷也；语其私心，则曰立功名以博取人间富若贵也。夫使我国民而长葆此心理，则约法诚可废弃。虽然，国民之心理有变迁者也。畴昔吾国民有国民思想矣，然专制之毒足以摧抑之；有民族思想矣，然君臣之义足以克灭之。今欲使国民心理发达变迁，则当葆其固有者而去其沮遏者。去沮遏之道，在声专制君主政体之穷凶极恶。吾民备受苦痛，徒以为君臣之义无所逃于天地之间，故隐忍安之。今辞而辟之，必霍然惊觉也。而国民思想、民族思想则我民族之所固有者，道在发挥光大之而已。使民族主义、国民主义而大昌明也，则约法者，乃应于国民心理之必要，而不能不发生者也。今言其理，法之为物，自表面上观之，则意力之强者耳。换言之，则有强制力者耳。然问法何以于诸意力中而为最强，何以有强制力，则当知法之发生，非存于具文，而存于人之心理。心理有二：一曰个人心理，二曰社会心理。社会心理，个人心理所合成者也，根于社会心理所生之意力曰合成意力，强于其分意力，以其乃以团体之资格对于其分子故也。而此合成意力，即法之本质也。然则欲问个人肯服从于法与否，当先问此法是否由个人心理所表现。如其然也，则法乃应于其必要而生者也。故曰，使民族主义、国民主义而普遍于国民之心理也，则约法乃应于其必要而生者也。而普遍之之法，则如前文所言，教育与革命。教育者，于革命之前、革命之时、革命之后，皆一日不可缺者也。至于革命，则有豫备时代，有实行时代。在豫备时代，所以浚发其心理，而使生爱情者，仍不外乎教育。若在实行时代，去专制之苦，尝自由之乐，夷阶级之制，立平等之域，国民主义、民族主义昔存于理想，今现于实际，心理之感乎，速于置邮而传命也。故辨论此问题最主要之点，在民族主义、国民主义果为人之心所安与否。而如以上所述，则非空想，乃实想也。至于虑反抗者之为梗，则又论据之最薄弱者也。论者文中举洪杨曾胡之事以为例，今即就此例而辨明之。洪杨之始起也，犹是帝制自为之思想。而其所揭以号天下者，则为民族主义，一时从之而靡者，职是故也。而方其攻城略地，俘虏满洲官吏，命之降，有不为屈者，晓之以大义，则曰：彼虽异族，吾既委贽而为之臣，义当死之。当时授命者，最纯洁之心理皆如此也。此吾所谓种族思想，为君臣之义所克灭者也。彼曾胡者亦即此辈中之一人，彼岂不尝读王船山之书，而服膺于黄太冲之言论。然彼以为事君不敢有贰心，故当为之尽力，此在民族主义未昌明之日，无怪其然。且即使民族主义昌明而国民主义尚未入于人心，则彼犹将知忠君而不知爱国。如此二主义而昌明也，则曾胡之在今日，吾可决其为革命军中之一人也。若夫怀蓄私心，思屠同种，以博富贵者，则羌无足虑。何也？天下有为义而死者，有为名而死者，至于为利而死者盖鲜。盖利莫大于生命，苟其死之，则利益之主体已无所属故也。故好利者流，其好官爵不如好货财，好货财不如好妻子，好妻子不如好性命。岂死亡之不足恤，而富贵之是图，有远虑者所不为也。此非有力之反对派明矣。是故吾之意，以为国民主义、民族主义而大昌明，则反对革命者只满洲人与其死党，不足以当一碎。然则革命之时日不必甚长。一方扶义，九州响应，合谋分举，指顾而定。即使不然，终不以此而馁却也。（至于谓革命可以召瓜分者，尤似是而非之言，以论者文中未言及此，故不辨。他日当更为专论论之。）而欲决革命之成功与否，当决民族主义、国民主义之昌明与否。然推过去、察现在、审将来，民族主义、国民主义之必昌明，既班班如上所述，则革命者，应于国民心理之必要者也；则约法者，革命之际应于国民心理之必要而发生者也。

论者第二之论据以为即使革命亦不能得共和也。原著有云：

"凡国民有可以行议院政治之能力者，即其有可以为共和国民之资格者也。"（三十三页）

"今日中国国民未有可以行议院政治之能力者也。"（三十八页）

"故今日中国国民非有可以为共和国民之资格者也。今日中国政治非可采用共和立宪制者也。"（同上页）

今对之为驳论，先问论者所下议院政治之解释果正当乎？原著有云：

"综美、法、瑞三国，其异点虽有多端，而有一大同者焉，曰议院政治（政权全在议院，谓之议院政治）是也。"（三十二页）

"然则仿纯粹之美国制，以宪法限定行政首长之职权。其宪法无明文者，一切不得专擅。如是则大统领势将变为立法部之奴隶。……于斯时也，苟立法部与行政部生冲突，则国事将无一能办。何也？无立乎其上以调和之判断之者也。故虽以美国之老〔志〕于共和，而迄今已不得不变议会专制。"（三十一页）

"纯粹之美国制，若为国家永远计，固万不可采。以其戾于主权不可分之原理也。"（同上页）

如论者所言，则议会政治者，政权全在议会之谓。故其结果遂为议会专制。此一论据也。三权分立之制，戾于主权不可分之原理。此二论据也。

更证诸论者之论变相之开明专制有云：

"政权之欲趋于一，如水之就下然，其性则然也。或执行机关压伏监督机关，或监督机关压伏执行机关。而遂不免于变相之开明专制。"（第九页）

证以此语，论者之论据益显然矣。虽然，凡治学问者，不当以自己之理想主张他人之术语，不独法学为然也。吾于法学毫无所闻知，故下笔时殊赧言法学，然每观论者之伸纸摇笔，汩汩而来，未尝不惊其胆之巨。虽然，论者若利用法学以为行文之壁垒，如妇人女子之于其首饰焉，则吾虽孤陋寡闻，亦不得已当起而纠正之。盖论者怀抱成见，而以法学自文，揭其所文饰者而去之，则论者之真相乃见也。

论者举君权立宪政体、民权立宪政体，皆谓之变相之开明专制。虽以共和制如美国，亦谓之议会专制。且自法理上以立言。此巨谬极戾者也。论者知直接机关之特质乎，不立于他机关之命令权之下。关于其作用之内容，全然独立之谓也。（此德国耶陵尼氏所下之定义。他学者虽有异点，然谓直接机关为独立不羁，则皆无疑义也。）是故一国之内有二以上之直接机关时，则机关与机关立于相关系之地位，而非立于压伏之地位。如是，一机关以外尚有他之不可犯之机关，其异于专制者此也。使如论者所谓"政权全在议会"，又曰"议会专制"，是非以民权立宪政体与民权专制政体同一视之耶？夫自政治论以言，则国权诚有畸重于一机关者，如论者所译穗积氏《立宪制下之三大政治》，即为此说者也。然彼自政治的方面以言，故不害为一家之说。而论者乃自法理的方面以言，不知自法理论以言，则立宪国必不容有专制，不能强词附会者也。原著有云：

"既解兵柄、颁宪法，则虽旧年政府之首领复被举为行政首长，而亦必须行动于新宪法权限之内。不然，则违宪也，大逆不道也。而此新宪法者，无论采美国、采法国、采瑞士，而其议院政治皆足以苦行政首长。……然则其所定宪法，广行政部之权限，认议会为补助机关耶，则大反共和之精神。"（三十八页）

此其立论纯自立法上言，乃宪法上之立法论也。夫既为立法论矣，乃以政治上之观察判断之，是混法理论与事实论为一谈也。无他，不知国法学与政治学之区别而已。通观全篇，其论美、法、瑞三国政体之异同，则用宪法上之解释论。就中国前途之共和宪法着想，则用宪法上之立法论。然又忽参以一大段政治论，又参以一大段非法理论，亦非政治论之奇谈，使读者如在五里雾中，百怪杂遝毕现，亦可谓恶剧矣。敢告论者，须知国法学与政治学之区别。不然，徒枉费笔墨耳。

至于论者谓纯粹之美国制，戾于主权不可分之原理，此则语有所本，不如上之离奇。然亦非确论也。美国宪制采三权分立主义。三权分立之说盛于孟德斯鸠，孟氏而后学者多左右祖。然自法理论以言，则三权分立之说实为完全无缺。学者虽有讥为损国家之统一者，然耶陵尼氏近著（*Das Recht des Modernen Staates*）有云："国家之意思固须单一，然国家之意思非必依于唯一之机关而发动，虽二以上之机关，可共同而发动国家之意思也。"笕克彦氏《法学通论》亦曰："孟氏非欲损国家之统一者，以为三权分立而互相监督制限，则其结果足以防专制而使国家之统一。"故以孟氏之说，为法律上国家人格之分离者，误也。而自政治论以言，则国家之作用不可不统一。故孟氏之说，终当有以补其缺点。卢梭之说，则谓政府、国会、裁判所皆为独立机关，而国会立乎二者之上而统摄之。君士丹之说，则谓国会、裁判所、政府皆独立，而君主则立于三者之间而调和之。近今各国则此权或归之君主，或归之国会也。

要之，论者之评判议院政治，不外抄袭穗积氏《立宪制下之三大政治》一篇。然使为纯粹的抄袭，则犹不害为一种之政论。而论者乃杂以法理论焉，此其所有非驴非马之奇观也。

夫中国即使模仿美国宪制三权分立，而以议会为总揽机关，固亦能举行民权政治之实。故上之所争，都非要点。吾之持论与论者绝异之处，乃在"中国国民非有可以为共和国民之资格"一语也。吾之意以为中国国民必能有为共和国民之资格者也，故望以民权立宪。论者之意以为中国国民必不能有为共和国民之资格者也，由是而非难革命，由是而望政府以开明专制。夫论者之主张开明专制也，吾前数年固已料其必然。盖保皇党日日盛言国民能力不足以革命，而偏苦苦望中国以立宪。于是章君炳麟辟之曰："夫谓国民不可革命而独可立宪者，何也？岂有立宪之世，一人圣明于上，而天下皆生番野蛮者哉？"此其说实足塞彼辈之喙，而令其穷无复之。故论者为自完其说计，不得不主张开明专制，其当然之结果也。虽然，学者之论开明专制，本有广狭二义。语其广义，则专制之善良者，悉谓之开明专制。

日本笕克彦氏所谓中国汉、唐盛时，亦得谓之开明专制时代也。语其狭义，则必政权生大变动之后，权力散漫，于是有以立宪为目的，而以开明专制为达此目的之手段者，德国那特硁氏所谓近世擅制政治，如法兰西拿破仑第一时代是也。由其前者，意义宽泛。由其后者，则发生于政权变动之后，思黄所谓革命之后，先以开明专制者也。吾与思黄所见稍异，今姑不辨，而于论者之主张开明专制，则绝对排斥者也。盖论者以为今日之中国，万不可革命，则其以开明专制望之今日之政府，章明无疑者也。然论者须知行开明专制者，必有二条件：第一，则其人必须有非常英杰之才；第二，则其人必须为众所推戴，如法之拿破仑第一，普之腓力特列第二，是其例也。日本所以能行开明专制者，则以其天皇为万世一系之故。今日之政府能具此二条件之一乎？盈廷老髦，弥缝苟且，求保一日之富贵。而种族之间，轧轹愈甚。铁良、良弼辈奋修军政，布警察，汲汲于巩固专制政府，以力追俄罗斯。而奕劻领袖政务，荣庆把持学务，其政策犹是康雍以来之政策，形式虽稍变，而精神如故也。此时正满洲人瞿然惊觉之时，惕惕然虑纲纪废弛，广揽权力以求固位。而千百汉奸方且挟其所学，归而助之。吾敢决言曰：循是以往，不出十年，中国必如俄罗斯，专制政体益进化、益巩固矣。（此自其对内言之也。若其对外，能有俄罗斯之强力否，又别为一问题。）而论者犹吁之以开明专制。嘻！不必辨理，试抚衷自问，良心其汝容乎？而猥曰："经开明专制后十年，乃开议院，可不至有此。"（三十七页）夫谓政府之开明专制则十年效见，而国民之自动则数十年数百年而犹未有成绩。则又何说也？专制之利，国家机关之行动能自由、能迅速，此人所知也。然世界各国，其自由民宁伏尸流血以求易专制为立宪者，岂太愚耶？诚以专制则治人者为恶可以自由，而立宪则不能为恶也。夫道德之异于法律者，在有强制力与否。今勖专制者曰："汝不可为恶。"此道德上语也。彼竟为恶，将奈之何？若夫立宪，则机关之行动依于法律，违法则无效。是虽欲为恶而不能也。夫为政者虽欲为恶而不能，则国家之安宁秩序可以长保。此立宪之精理所以优于专制万万也。诚欲得完善之专制，则必专制之人有善无恶始可。故亚氏目为理想的政体，理想者言非实想也。（理想与实想之别，论者当已知之，故不下解释。）若征之于事实，则人安能有善而无恶？况授以自由为恶之权，又从而望其不为恶乎？至于谓专制可以大行干涉政策，增进人民之幸福。此似采十七八世纪学者之幸福说。虽然，自学理之沿革上观之，则论者又将不免于错综颠倒之诮者也，夫论者而采幸福说乎，则须知幸福说之所由来。十七八世纪之学者，谓国家由人民所构成，以个人为单位，而国家不过个人之集合。所谓国家器械说也，唯其视国家为器械，故谓得以人力谋其进步发达，此幸福说之由来也。迨国家有机体说出而反对，以为凡有机体皆自然发达，不能以人力助长，故极排斥干涉政策。如斯宾塞尔之著书十九明此义，《干涉论》《将来之奴隶》诸篇，尤极言之。洎乎十九世纪之后半，则国家主权说（即上文所言国家人格说）发达之结果，能调和幸福说与法律说（其说谓国家第当以法律保护人民，而去其阻遏，不当干涉之，故名法律说。）而兼采之。而其根据则国家为自有人格，非如国家器械说，或以君主为主体，或以人民为主体也。其沿革之大要如此。论者既谩骂国家器械说（二十六页），则不宜自同于幸福说也。何也？其根据地已失故也。然谓论者采国家主权说乎？则又不然。证之原著有云：

"吾向下开明专制之定义曰：以所专制之客体的利益为标准，斯固然也。然所谓客体亦可柝〔析〕而为二，其一即法人之国家，其二则组成国家之诸分子。"（《开明专制论》第四章）

是明明国家客体说也，然则谓论者主张有机体说耶？文中固尝屡用之，然论者何以又采干涉政策？论者所主张之学派，吾读其文至六七遍，终大索而不可得也。无他，必其獭祭群书，于此一掬焉，于彼一撮焉，参伍错综，以成此文。生物学家发见一种蝇取草，谓之为动物则非，谓之为植物则又非。论者为文，毋乃类是，此固论者之自困，抑亦读者所深苦也。且论者既采国家客体说，而以为行开明专制者，当以客体的利益为标准矣。然使专制者不以客体的利益为意，且从而蹂躏之，而惟以自己之利益为标准，则将奈何？此非假定之辞，乃自然必至之结果也。何也？以无能制限之也。论者至此，并不能援波氏、穗积氏之说以自解。彼固主张国家当有宪法，既有宪法，则机关之行动一准于法。法于某种机关予以广大之权限，则其自由活动之范围乃得优裕耳。而论者之主张专制，则无宪法以定其范围。故穗积氏等之盛言大权政治，固与论者殊科也。如是则论者何以自解耶？且自被专制者以言，其憔悴无聊，尤不堪言。立宪之国民依于宪法有一定之权利、一定之义务，故意思得以自由发舒，而经营共同事业必奋。专制政治下之人民有服从的消极性，凡百放任，无所设施，干涉愈甚，能力愈缩，徒驱之使归于劣败之林而已。故吾就开明专制而下案语曰：开明专制者，待其人而后行；然欲得其人，非能自然必至，乃偶然之遭值而已。且治国者不徒恃有治人而兼恃有治法，开明专制有治人无治法者也。彼非无法，而法之力不足以限制之，则犹之无法也。故开明专制非适宜于今日之中国，尤非能望之今日之政府者也。此寥寥数行语，已足扼论者之吭，而尽撤其藩篱。论者苟无以难，则自此绝笔，而前稿则拉杂摧烧之可也。

论者以开明专制望之今日之政府，吾则以民权立宪望之今日之国民。论者之所望者，吾既辞而辟之矣。今更进而主张自说。其第一之论据，则以为国民之能力终远胜于政府之能力也。盖凡改革之际，当一面策进国民之能力，一面策进政府之能力。然其大部分终注重国民，以国民为国家之分子。分子良，则机关亦良。且未有分子不良，而机关能独良者也。但今日之政府，岂惟已绝无可望，直国民之仇雠而已。故吾惟绝对的期国民之策进其能力，若政府则所欲颠覆之目的物耳。况国民之能力，虽未纯粹，而与政府之能力相比较，固已优之万万。且以所处之地位而论，彼政府者，其对内政策犹是防家贼之手段；其对外政策，犹是利用列强之嫉妒心，以其为异族专制政府故也。其所处之地位，只能与国民为敌，不能与国民为助明矣。故吾不以改革之事望诸政府，而专望之国民。国民既能改革矣，则民权立宪当然之结果也。（所以不云共和立宪者，以共和一语，有广狭二义。其广义则贵族政治亦包含在内，故不用之。）其第二之论据，则以我国民必能有民权立宪之能力也。论者诋我国民无民权立宪之能力，以为英、法、美之民权养育至千数百年，我国民何能以十年、二十年之力追及之（节录二十五页大意）。信如是也，则我国民欲享民权，必当先历欧洲古代国家专制之状况，次历中世寺院专制之状况，而后乃能有近世民权发达之能力乎？是直颠言耳。一言以蔽之，则可谓不知人类心理之作用者也。人类所以灵于动物者，以其有模仿性也。故当锁国时代，无所感触，则安其习惯，数千年未之有改。迨乎与外界相接，其始如戴着色眼镜，觉所触者皆生恶感。其继则因比较而知长短。于是模仿作用乃行，而心理之变迁至速。然又当视其所模仿者为何如，苟其不适合于人类之普通性，而为某种人之特长，或其固有之惯习，则模仿之，或久而生厌；苟其适合于人类之普通性，则将一锲而不能舍。自由、平等、博爱三者，人类之普通性也。特其所禀受之量有多寡之殊而已。论者虽武断，敢谓我国民自有历史以来，绝无自由、博爱、平等之思想乎？但观贵族政治至战国而荡尽。我国民之精神宁可诬者？夫我国民既有此自由、平等、博爱之精神，而民权立宪，则本乎此精神之制度也。故此制度之精神，必适合于国民而决无虞其格格不入也。论者当知立宪各国各具其特有之精神，又各具共通之精神。所谓特有之精神，如英人对于巴力门之观念，日本人对于万世一系天皇之观念，皆其历史上所遗传之特别之原因结果也。所谓共通之精神，如国家对于人民有权利、有义务，人民对于国家亦有权利、有义务。其国权之发动，非专注于唯一之机关。而人民有公法上之人格，有私法上之人格，凡此皆立宪国所同具者也。我国民而为民权立宪也，固亦有特殊之精神，不必强学英、法、美也。非唯不能学，抑且不必学也。至其共通之精神，则立宪国所皆有者。而证诸历史，我国民固亦有之。较诸英、法、美，非有与无之区别，乃精与粗之区别耳。从而浚发之，模仿作用必捷，非诞言也。盖凡模仿者，自无而有则难，自粗而精则易。何也？此有而彼无，则未知二者之性质果相同否也。若此粗而彼精，则性质同矣。所不同者其程度耳，性质同则模仿易。今举例以言之。民法、商法，勒为法典，中国前此所无者也。然国之所以有民法、商法者，在维持私人之生活，而平均其权利也，此为人生所不可缺者。故中国关于民事、商事有繁富之惯习，有错综之单行法，不过其精密之程度较之欧西而有愧色耳。他日中国若制定民法、商法，则必当采各国共通之法理，衡本国特有之惯习，二者不能偏废者也。论者不能谓我国之民事、商事，与外国之惯习大殊，遂必不能采之以自益也。尤不能谓我国民惯习既与欧西大殊，遂谓我国民无享有民法、商法之能力也。何也？共通之法理，不以国为域者也。此举私法之例以言也。若举公法之例，则尤有说。公法者，关于国家之权力之发动之法也。中国自尧舜以来，已知国以民为本，三代之书，莫不勖王者以敬天，而又以为天意在于安民，王者当体天之意，求有以安其民者。不然，则降之大罚。故三代之际，对于王者之制裁力遥视后世为强，此中国道德法律之精神也。泰西公法学者，至今犹有维持国之元首对于神而负责任之说者，自其尊君的方面观之，则君权专制国国民之心理也；而自其保民的方面观之，则公法之精神也。且吾国之历史，易姓改号，覆辙相寻，故人民认君主为国家之观念，亦最薄弱。若枚举学说，则更仆未可终。要之，亡国与亡天下之别，其最著也。古以中国为天下，所谓亡天下即亡中国之谓，而所谓亡国即易朝之谓耳。且贵族政体至战国而尽废，故人民皆得发舒其能力，为国家而活动。由是以观我国民于公法之基础观念，未尝缺也。特其精密之程度较之欧西而有愧色耳。他日中国若制定宪法，则亦必采各国共通之法理，衡本国特有之历史。而各国共通之法理，其荦荦大者，即上所指立宪国共通之精神也。论者敢谓此种精神，乃我国民所必不能有耶？论者尝历举证据以实其言矣。曰今日之国民"非顽固之老辈，即一知半解之新进"（三十四页），又曰"试观去年东京罢学事件与上海罢市事件何如矣"（四十六页）。论者之侮视我国民如此其极，吾今不从举他例。即就上之二事而观，则知我国民心理之变迁，与模仿作用之进行，章章不可掩也。东京罢学事件，其理由、其办法，今已成陈迹，不复深论。要其揭示之主义，则曰有辱国体也。足此以证我国民之有国家观念也。上海罢市事件，在欲主张国际上之权利，而不知所以主张之方法。要之国际观念已生，国际观念本于国家观念者也。此又足以证我国民之有国家观念也。夫吾之意深不愿我国民之仅有浑括的国家观念而止，不待言也。然观其能由个人权利观念而进于国家权利观念，则知其必能由浑括的主张，而进于条理的主张也。夫能进于条理的主张，则我国民之能力大可恃矣。而当此模仿作用滔滔进行之际，去其阻力而予以佳境，则能力发舒，一日千里，目的之必达可决也。吾持是标准以观察种种方面，敢信我国民终有民权立宪之能力也。惟使如论者一派所主张，利用满洲政府，导以进化的专制，则真足以死国民方新之气，百喙不足以辞其责者也。

论者第三之论据，以为种族革命有专制、无共和也。原着〔著〕有云：

"公等欲言种族革命也，请昌言之，且实力预备之。公等既持复仇主义而曰：'国可亡，仇不可不复。'吾哀其志而壮其气也。虽然，切勿更言政治革命。夫政治革命者，革专制而为立宪云尔。君主立宪耶，则俟公等破秦灭项、絷彭醢韩之时，言之未晚。共和立宪耶，则请先将波伦哈克学说，及此数纸中狂夫之言，一一遵论理、据历史，推现象以赐答辨。"（四十六页）

其所主张者，以为政治革命与种族革命不能并行也。而其所以不能并行之故，未尝一言也。至于谓吾党欲主张君主立宪，则本报具在。稍通文者，皆能了解，不能强加以诬捏也。至于谓共和立宪之必不可得，则波氏学说为论者脑中唯一之主宰，而吾已辨之于前。所谓"此数纸中狂夫之言者"，亦已一一答辨。然皆关于革命论之辨诘，非关于种族革命论之辨诘也。论者既大书曰"欲为种族革命者，宜主专制而勿主共和"（四十八页），而其理由未一言也。故吾亦无从加以论难，则亦惟有等诸狂夫之痫语而已。然吾尚有一言者，则种族革命与政治革命皆中国今日所不可缺者也。今之政府，异族专制政府也。驱除异族，则不可不为种族革命；颠覆专制，则不可不为政治革命。徒驱除异族而已，则犹明之灭元，于政界不生变革也。若徒欲颠覆专制而已，则异族一日不去，专制政府终一日不倒。故种族革命与政治革命岂惟并行不悖，实则相依为命者也。本报同时提倡民族主义（国民主义）者以此，而所发挥说明者亦在此。

论者第四之论据，以为欲为政治革命者，宜以要求而勿以暴动。其理由云：

"如欲为政治革命也，则暂勿问今之高踞中央政府者为谁何，翼其左右者为谁何，吾友也，不加亲，吾仇也，不加怒。惟悬一政治之鹄焉。得此则止，不得勿休。有时对于（彼）几谏焉，如子之于其父母。有时对于彼督责焉，如父母之于子。然此犹言而已。若其实行，则对于彼而要索焉，如债权者之于债务者，不得则尽吾力所能及，加相当之惩罚，以使之警。此各国为政治革命者之成例也。然要索必当量彼所能以予我者，夫然后所要索为不虚，惩罚必当告以我索汝某事。夫既先语汝，而汝不我应，故惩汝以警汝及汝之侪辈，使今后毋复尔尔。夫然后所惩罚为有效。"（四十七页）

此其理由，尚言之详，非如驳种族革命之惟有谩骂也。虽然，细按之，则不通之论而已。夫要求者，有所挟而求之谓也。故凡言要求必有实力，要求之际，实力固已具矣，特未发现耳。要求而不获，则实力遂显。是故要求云者，其表面为请愿书，其背面则哀的美敦书也。论者所举三例，其第一例为子之几谏其父母，此乃乞求非要求也。何也？求而不遂，无可如何也。论者欲以政府为父母，而日日几谏之，则好自为伏，阙十年，庶几一当可耳。若夫第二例为父母之于子，第三例为债权者之于债务者，则有实力存于其间。父母对于未成年之子而有亲权，子不得父母之许可而有所为，能取消之。债权者对于债务者而有债权，请求而不履行，则有强制执行损害赔偿以随其后。是皆有强制力使然也。论者试思今日人民对于政府，力足以制之否？力不足以制而言要求，能有效乎？论者又言要索之而不得，"则尽吾力所能及，加以相当之惩罚"。然则论者之意，以为要求而不获，则继以惩罚也。吾不知所谓惩罚者，果何所指也，狙击之耶？论者所不谓然也。革命军耶？尤论者所排击也。无已，其不纳租税乎？此欧人所谓不出代议士不纳租税者也。然苟欲为此，犹非有实力不可。力不足以反抗而欲不纳税，徒重罪戾而不免于刑罚耳。然则论者所谓惩警者，果何所指耶？若夫各国政治革命之成例，则吾固闻之矣。法要求路易十六以改革而不应，则继之以大革命。美要求母国承认其独立而不应，则继之以七八年之血战，此其大者也。语其小者，则普鲁士柏林三月之变，日本覆幕之师，亦前例也。是故人民欲政府之顺其要求，必其力足以制政府始可。而制之之术，舍革命军固无他也。论者又言："要索必当量彼所能予我者。"夫吾力若不足以制彼，则予我与否，彼之自由也；吾力若足以制彼，则轻重予夺，我之自由也。彼政府之所以能专擅者，以其权力足以束缚人民也。人民苟不能脱其束缚，则其发言悬于政府之听否，无丝毫自主之权也。不汲汲养成民力，而惟望其要求，各国政治革命之成例，恐无此儿戏也。况我国民对于满洲政府，义不当要求。何也？彼为刀俎，我为鱼肉，二百六十年于兹矣。譬如絷豕于牢，乃对于操刀者摇尾乞怜。天下有此不自量者乎？然此种义理，非怀抱民族主义者不能喻。吾今唯对于论者所谓"要求"者，直驳之曰："'要求'者，有所挟而求也，汝何所挟而求？"又对于论者所谓"惩罚"者，直驳之曰："所谓'惩罚'，舍革命外尚有何术？"呜呼！图穷而匕首见。论者虽有苏张之辨，亦将不能以理胜也。

今以极简单之语结本论，曰："吾之目的，欲我民族的国民，创立民权立宪政体（普通谓之民主立宪政体）者也，故非政治革命、种族革命不能达其目的。（各国革命有至君主立宪而止者，而我国今日为异族专制，故必不能望君主立宪。）惟有民权乃能革命，惟革命乃能民权立宪。而我国民之能力，若葆有精进，则实足以举之，此本论之大旨也。"

吾驳论者之文，列举其主要之点而一一辨之。未尝有枝辞蔓语，论者而犹有言，亦宜就本论之主要而定驳论之范围。

◎**附　论**

　　开明专制为论者最近之政见，而其所见适与本报宗旨相反，故本报必不能已于言。然使论者之理论果能一贯，则可申驳论。不幸而其全篇自相矛盾，令人不知其学派之为何。譬如玻璃碎片，积叠成堆，其色或红或白，不能断定其全体为某种颜色；其形或方或圆，不能断定其全体为某种形状。虽欲驳之，乌从而驳之？今举一例以为证。

　　自来论国家者本有二派：一以国家为统治之主体（即国家人格说），一以国家为统治之客体（即国家客体说），正相反对。济惕尔氏以领土臣民为国家，而以君主为统治之主体，其为国家客体说不待言。波伦哈克以领土臣民为统治之客体，而以君主为国家。故谓国家无独立之人格，离君主则国家不复存在。是以学者亦指为国家客体说。论者既崇信波氏学说，以为非难革命之唯一根据，则其采国家客体说无疑，然观《国家原论》所下注语有云：

　　"国家本属于法人之种类，统治者则属于自然人之种类。法人可以历千百年而不死，自然人则为生理上所限制，无长生久视之理。若谓统治者之个人即国家，然则统治者死亡之时，国家之生命岂不随之而俱绝乎？是不通之论也。"观此，则论者又采国家人格说者也。既采国家人格说，则国家自为统治权之主体，而君主乃国家之机关。与波氏之说正相反。然则波氏立说之根据，已为论者所斥为"不通"。既斥为不通，则君主立乎人民之上，而调和竞争之说已失其立足地。论者何以又实为非难革命之唯一论据也耶？此真百思不得其解者，乃不料《开明专制论》第四章，又采国家客体说。原著有云：

　　"以所专制之客体的利益为标准。所谓客体亦可析而为二：其一即法人之国家，其二则组成国家之诸分子（人民）。"

　　然则论者以君主为主体，而以国家及人民为客体者也。与波氏之说不同，尤与国家人格说正相反。乃论者同时而主张三说，斯亦奇矣。使其果有折衷之论据，则亦常事。（二说相反，以第三之论据折衷之，学者所常有。）所最奇者，毫无一贯之理论，贸贸然呈此奇离之观。

　　论者殆又以今日之我与昔日之我挑战耶（此论者自述语，见《新民丛

报》)？夫论者昔主破坏，继主要求立宪，今主要求开明专制。（开明专制有
施于立宪之后者，如当拿破仑时代，非无宪法，而政治上固开明专制；有
施于立宪之前者，如腓力特列，是立宪后之开明专制，无所谓要求。立宪
前之开明专制，不能要求。昔有要求立宪，今有要求开明专制，皆笑柄
也。）可谓以今日之我与昔日之我挑战矣。至于一月之内，忽主国家客体
说，忽主国家人格说，是直同时以我挑战我耳。无他，今日读波氏之书而
好之，则袭取盈掬，明日读小野冢氏之书而好之，又袭取盈掬。不悟二氏
之学派，固不同也，则适成其为论者之著作而已。

夫论者方自相挑战，未决胜负。吾不知所驳也，不如姑待之，俟其有据
胜着者，乃对之而下驳论。故以后论者为文若复尔尔，则吾将列举其自相
挑战之点，使自定一胜着，吾乃对于其胜着而下驳论。

因不知学派而造自相挑战之结果，如上所述。又有不知学之分科而妄驳
他人之议论者，亦举一例以为证。

译穗积氏论说有云："议会虽累岁不开会，而于政治之进行无伤也。"

注云："议会累岁不开会，虽于政治之进行无伤，然彼宪法第四十一条
云，帝国议会每年开之，天皇不得违宪而不召集。故氏之言，不过极端言
之矣。"

夫日本君主总揽统治权，故议会虽累岁不开会，而于政治之进行无伤，
此政治之状态也。议会每年必开，此法律之规定也。穗积之言，为政治论。
论者之言，为法理论。以法理论否认政治论，直胡闹而已。（法律与政治之
关系，法律与政治之区别，法学与政治学之分科，论者盖未之知，故篇中
屡蹈此弊。试思彼宪法四十一条之规定，穗积氏岂未之知？而故为是言者，
徒以不涉及法理范围故耳。）

不知学之分派，其结果为自相挑战。而不知学之分科，则其结果为无敌
而放矢。在论者为徒劳，在读者为不幸。以后论者为文，若复尔尔，吾亦
惟语以宜知学之分科而已，不更为驳论也。

以上所陈无甚深义，非表扬论者之短，亦非欲为箴规，不过与之豫约。
以后为文若再蹈此愆谬，则无驳诘之价值也。

尚有宜注意者，则译东文时，亦当稍谨慎也。以吾所偶见者，则论者译
穗积氏《立宪制下ノ三大政治》一篇，因不知语尾之故，致令与原文反对。

举其一例如左，译文有云：

"议会不过为立法豫算之谘询府，其权力有一定之限制，以宪法之明文域之，其明文所列举之外，则借口于无反对之禁止，任意奔逸，而靡所闲，彼议会绝非有能据现在权限以扩张将来权限之自由也。"

所谓"任意奔逸而靡所闲"者，正与原文相反。原文有云：

"憲法ノ明文ヲ以テ議院ノ權域ノ限界トシ反對ノ禁止ナキヲ口實トシテ其明文列舉ノ外二奔逸スルコトヲ許サス固ヨリ議院ノ權限ヲ以テ自テ其權限ヲ擴張スルノ自由ヲ認メサルナリ"

如原文当译为"以宪法之明文为议院之权界，不许以无反对之禁止为口实，而奔逸于其明文列举之外，固不认以议院之权限而自扩张其权限之自由也"。如此乃为不失原意。今论者译为"任意奔逸而靡所闲"，是由于不知"许サス"之故也。"许サ"者，サ行四段活用将然格也。"ス"者，助动词之否定词也，本作ズ，略为ス。此日本文所习见者也。论者误译"不许"为"许"矣，此非细故也，实大反原文之意。原文谓议会不得奔逸于条文列举之外，此为限定议院之权力，大权政治则然也。论者译为"借口于无反对之禁止，任意奔逸而靡所闲"，则议院之权力毫无限制，却成议院政治矣。且即以文法而论，亦不连贯。上句云"以宪法之明文域之"，下句云"其明文所列举以外，则借口于无反对之禁止，任意奔逸而靡所闲"，成何文义耶？

噫！论者休矣，文法之不知，遑论其他。他日为文，若复如此，则真可谓无丝毫辨驳之价值也。

文甫脱稿，复见该报第四号《申论种族革命与政治革命之得失》。其根据所在，不外引申《开明专制论》，已一一驳之于前。惟其中有论种族革命与政治革命之关系，则于次号续《希望满洲立宪者盍听诸》中辨之，附识于此。

◎ **附　言**

此文付印方成，友人有以《戊戌政变信史》一小册见寄者。盖匿名印刷，无代价以分散于东京学界云。其全文则即某报第一号所载某氏演说，丑诋康先生及鄙人者也。彼虽匿名，而其出于谁氏之手，固已路人皆见。角理不胜，而专以攻击人身为事，其手段之卑劣，真不值一笑也。所尤奇者，彼自作一序，而云该演说之文，登于该报已数月，吾侪何以无一语辨明，不辨明则是默认也云云。嘻！吾之文字，虽无价值，何至与村犬争吠。彼党之机关报，其攻击人身之语，殆占全篇幅之泰半。苟一一辨之，即不爱惜吾文。独不畏暴殄纸墨耶？信如彼言，则彼党香港之机关报，曾谓吾最好食"埃士忌廉"，每日最少须食一桶。其报发印已经两年，吾至今未尝一辨。然则吾果有偌大之埃士忌廉食量矣，吾辈欲以言责自效于国家。国家大计，当言者何限？而安得有如许闲日月闲笔墨，学彼辈作村姬之角口耶？吾于彼辈所持主义，不得不痛下针砭者，诚以其主义之足以亡国耳。若夫彼辈个人之行谊，曾不屑一揭其隐，非惟义不应尔，抑亦不暇也。抑吾闻诸道路，人言藉藉，有谓新近现政府对于鄙人执何等态度。鄙人对于现政府执何等态度者，殊不知其语之何自而来，事之真伪不久自大白于天下。鄙人亦何必哓哓致辨？而此种谣诼之兴，乃在吾排共和论出现以后，则其为用卑劣手段，欲以减杀吾文之效力，迹据甚明，斯亦大可哀也已。呜呼！吾国今日当学绝道丧之余，人欲横流，无所不至。凡行一事，发一言，无所为而为之者，盖寡焉。故纷纷以小人之腹度君子之心，见他人之行一事发一言，则亦共相猜度其有所为而为。一若苟非为一己私利计，则不应有言、不应有行者，吾不怪乎此种谣诼之来，而深痛夫吾社会之善容此种谣诼耳。故吾于本文之末，更缀一言：凡前此对于鄙人作人身攻击者，吾既一字不辨。凡后此如有对于鄙人作人身攻击者，即使其丑诋视前十倍，吾亦一字不辨。吾之文例则然也。若夫信与不信，则听诸社会之自择，于吾何与焉？顾吾所欲求于社会者，则平心静气，以审吾言之价值何如。孔子曰："不以言举人，不以人废言。人自人，言自言，不相蒙也。"就使吾为圣贤为豪杰，苟吾言对于国家前途大计，无益而有害者，犹当割弃之。就使吾为凶恶为棍骗，苟吾言对于国家前途大计无害而有益者，犹当节取之。昔郑驷歂杀邓析而用其竹刑，苟社会能以邓析待我，吾固踌躇满志耳。（《新民丛报》第七十九号，1906 年 4 月 24 日，署名"饮冰"）

暴动与外国干涉

某报有《驳革命可以召瓜分说》一篇，其言若甚辩，而不知实自隐其缺点，以自欺而欺人也。故更一胪其利害，与普天下爱国君子共研究之。

某报胪举一般舆论之言革命可以召瓜分者，而区别为两种。甲种谓革命军起，即被干涉者；乙种谓革命有自取干涉之道者。其所驳者，于甲种独详，而于乙种甚略。其驳甲种之说，虽多饰词，然间尚言之成理；其驳乙种之说，则无以自解于此问题，而冀以囫囵瞒过者也。此种情实，本甚显浅，今以彼言之哓哓也，故一是正之。

暴动的革命所以自取干涉者（彼报原文只云革命，今冠以"暴动的"之一形容词者，如吾之政治革命论可谓之秩序的革命，彼等所持者正暴动的革命也）有二：一曰对外之乱暴，二曰内部之冲突。

对外乱暴之一问题，彼亦辩解之，而不能自完其说，其言曰：

……其所指为自取干涉之道者，谓革命家固以排满为目的，又兼有排外之目的。故革命之际，或蔑人国权，或侮人宗教，或加危险于外国人之生命财产，于是乃召外人之干涉。为此言者，若以施之义和拳，则诚验矣。……吾人所主张之革命，则反乎是。革命之目的，排满也，非排外也。……革命进行之际，自审交战团体在国际法上之地位，循战时法规惯例以行。我不自侮，其孰能侮之？谓革命军有自取干涉之道者，其太过虑也，抑犹有宜深论者。今日内地之暴动，往往不免排外的性质，此不能为讳者也。然此等暴动，可谓之自然的暴动，乃历史上酝酿而成者也。……洎乎近日，感外界之激刺，与生计之困难，其势尤不可一日居，此为历史上自然酿成，无待乎鼓吹者。此等自然的暴动，无益于国家，固亦吾人所深虑者也。以中国今日决不可不革命也如此，而自然的暴动之不绝也又如彼，故今日之急务，在就自然的暴动，而加以改良，使之进化，道在普及民族主义、国民主义，以唤醒国民之责任，使知负担文明之权利义务，为吾人之天职。于是定共同之目的，为秩序之革命，然后救国之目的，乃可以终达。……

其所以自辩解者，略如此。夫以该报记者之言革命，不含有排外的性质，吾亦能信之。虽然，诇诸吾国历史，凡一革命军之起，稍占势力，则必有多数之革命军与之响应。而诸革命军，必非能为一致的行动。此前事之章章不可掩者也。论者果敢断言暴动方起时，仅为一单独之革命军，而无他军与之迭兴乎？又敢断言他军迭兴者，必无一焉含排外之性质乎？夫自然的暴动，由历史上酝酿而成，至今日而其势尤浡浡。此既论者所能知之而自言之者矣。曾亦思历史上之遗传性，其势力最为伟大，而欲革之也，决非一朝一夕之效。论者谓就自然的暴动，而加以改良，使之进化，此事抑谈何容易耶？所谓改良进化者，不可不取国民心理洗涤而更新之。然欲洗涤更新国民之心理，必非口舌煽动、笔墨鼓吹所能为力，而必赖秩序之教育，故非教育机关整备而普及，则所谓改良进化者，终不能实现。而教育机关之整备普及，又必在政治革命实行以后；而革命前之煽动家，决无术以致此，至易见也。论者谓唤醒国民之责任，而岂知其所能唤醒者，仅在感情，而责任观念，决非简单之煽动口语所能唤醒耶？论者所希望，在秩序之革命，而不知苟非法治国国民，无论何事而必不能有秩序；况革命事业，其与秩序性质，最难相容。虽以素有秩序之民行之，其骚扰混杂，犹常出意计之外。若以素无秩序之民行之，其危险宁更可思议耶？论者如欲求秩序的革命也，则其预备工夫，不可不先谋所以养成有秩序之国民；而欲养成有秩序之国民，则必先求政治状态生一大改革。苟不注意于现在政治上之监督，而惟思煽动于下，吾敢断言曰：虽至海枯石烂，而秩序之革命，终无自发生也。不幸而论者所执之手段，乃正若是。故彼虽自号为秩序的革命，而吾敢断言其结果，仍与自然的暴动无以异也。比国硕儒普兰斯（现世刑法大家）曰："群众心理学，可分为二：一曰有机的群众，二曰无机的群众。无机的群众者，以互不相知之人，啸聚结合者是也。此种集合体，其拓都之程度，比于其么匿尤为劣下。当其雷同附和也，往往有非常之力，然其聚散难测。其激动爆发最易，以其有多数之故。其为恶也，较为善为尤勇，往往以细故末节，一变而为犯罪的群众。此等群众之特色，尤易使入其中者，骤变其秩序之性质，而发挥其野蛮之本体。"由此观之，突然啸聚之团体，其性质之危险也如是。而暴动事业，无论在何国，无论在何时，其必出于啸聚，必为无机的群众，至章章也。就令革命军主动之内部团体若干人，稍为有机的组织，而其他多数之景从者，固不能不出于啸聚。若夫响应于四方者，更无论矣。以十八省之大，苟并时云扰，合此大大多数之无机的群众，向于激动爆发以进行，其混乱状态之所极，谁能测之？而谓以一二人之力，能左右此大众，使一丝不紊，为规律的行动，此真书生之见，架空之理想也。夫天下最可用者莫如感情，最可畏者亦莫如感情。当感情之既发动也，如病狂者之骤生神力，其轨道之变幻，非寻常所能度；其势焰之凶猛，亦非寻常所能制。不见夫法国大革命乎？其最初提倡者，岂尝预为断头台上旬月断送二十万人之计画？而其结果竟如是者，盖已非复主动者之所能制也。又勿征诸远，即以去年日俄和议时日本国民之暴动事件论之，其最初提倡者，岂不以愤政府外交之失败，欲要求条约之停止画诺云尔，其绝不含有排外之性质，尽人所能知也。而其影响所波荡，乃至有欲向俄法之教会及居留民加强暴者（当时东京各报纸皆载其事），甚或以战祸之导线。由我中国，而欲迁怒于我留学生者（此当时传说云云，然骏河台之清国留学生会馆附近有警察注意保护，则事实也）。幸而日本警察力完密强固，而其暴动时日又甚短，故不生他变耳，否则竟以此酿出国际问题，而使日本外交增无量荆棘焉，未可知也。夫以日本人之久受教育，渐已具备法治国国民之资格者，及其一旦为感情之奴隶，犹能生出此种不思议之恶现象，而况乎我国之暴动的革命，其暴动所波靡之面积，百倍于彼。（一）其暴动所历之时日，百倍于彼。（二）其参加于暴动团体之人数，百倍于彼。（三）而一般人民所受之教育，所具之常识，与夫习于法治之程度，非我所能望其肩背也。（四）而革命军初起之时，倥偬于军事，注力于一隅，其警察机关之整备而普及，非我所能望其肩背也。（五）而我国民排外之思想，受诸数千年以来之遗传性，自平居无事时，已跃跃欲试。（六）而近来各国对于我之手段，实又使我蓄怨积怒而久思一雪。（七）而革命家所倡之民族主义、国民主义，以狭义言之，虽专对于满洲及君主以立言；以广义言之，则以凡外族外国为之界线，煽动之余，最易招无远虑者之误认。（八）以此诸原因，而谓当一方揭竿，万里响应之时，能定共同之目的，为秩序之革命，绝不诒外国以干涉之口实，苟非欺人，其必自欺而已！故论者无论运如何之广长舌以自掩饰，无论构如何圆满之理想以自慰藉，吾敢一言以指其妄，警其迷曰：其结果与自然的暴动无以异。公等既以自然的暴动为非国家之福而引为深虑，则鄙人所以对于公等所执之手段而引为深虑者，其理由可以思矣。

　　缘内部冲突而自取干涉者，彼报所讳而不言也。然吾前此固已略陈其利害（参观本报第四号第三十五六叶），今请究竟其说：

　　吾所以认暴动主义为足以亡中国而深怵之者，全以其破坏之后必不能建设；吾所以断其必不能建设者，以其所倡者为共和政体。而共和政体，则

吾绝对的认为不可行于今日之中国者也。共和政体为历史上之产物，必其人民具若干种之资格，乃能实行，而不然者，强欲效颦，徒增扰乱。此征诸法国及中美、南美诸共和国，覆辙相寻，皆历历可为殷鉴者。而吾中国今日之国民程度，决无以远优于彼等，加以我幅员之辽廓，各省之利害不相一致，故实行共和，视彼等尤为困难。（无论今代古代之共和政体，其所以能发生成立者，恒由小国。今美国虽为绝大的共和国，然实由四十余小国结合而成也。）夫百年前法国之惨剧，尽人所能知矣。至中美、南美诸国，如彼玻利菲亚，历代大统领十四人中，得善终者仅一人。如彼散得米哥，自一八六五年脱西班牙独立，迄今仅四十年，而大小革命凡五十余次。自余诸国，大抵当选举大统领时，辄杀人盈野，流血成河。盖每三年或四五年必起一度革命以为恒，凡此皆不适于共和而强行共和之所致也。我国若于暴动后贸贸然欲建设此政体，则由攘夺政权所生之惨剧，必至不可思议。若军人与人民之争也，劳动者与上流社会之争也，党与党之争也，省与省之争也，纠纷错杂，随时可以生出问题。而以未惯法治之国民当之，则讧争之结果，必诉于武力以求解决。大统领为一国最高政权所在，苟大统领以四年改选者，则每四年全国当起一次大革命；苟以三年或五年改选者，则每三年或五年当起一次大革命。不宁惟是，以我国幅员之辽廓，我之一省，足当人一国，故省之总督，其政权亦庞大，而可为争夺之媒。苟总督而由民选者，则每当改选之时，其省之起革命也亦如之。又不惟于大统领及总督改选时为然耳，即在平日，任一事件之发生，而皆可以促政权之更迭，酿全国之骚扰，抢抢攘攘，国无宁时。然此犹就既建设之后言之也。顾所最危险者，则当新破坏而未能建设之时，中央旧政府既倒，而新共和政府不能成立，或暂成立而旋起冲突；中央纷如乱麻，而各省新经兵燹之后，人民生计憔悴；加以乱机已动，人人以好乱为第二之天性，自然的暴动陆续起，而政府所有有限之军队，不能遍镇压此无垠之广土，于是秩序一破，不可回复，而外国之干涉乃起，其干涉之次第奈何？其始必有一二国焉，欲利用此机会，而独占非常之利益者，他国嫉之，谋所以相牵掣。相嫉相掣之结果，不得已而出于协商。协商奈何？则惟有拥旧王统以为傀儡，而共监督之。此则吾前此固已言之矣，曰：新旧政府既皆灭绝，而举国中无一人有历史上之根柢可以承袭王统者，其间必有旧王统之亲支或远派，遁逃于外以求庇，于是联军乃拥戴之以作傀儡。而此傀儡之废置，自兹以往，一惟外国人之意，而中国遂永成埃及矣。信如是也，则革命军初意，本欲革满洲之王统，而满洲卒未得革，不过以固有之王统，易为傀儡之王统而已。则试问于中国前途，果为利为害？而言革命者，亦何乐乎此也？（参观第四号第三十五六叶）呜呼！此非吾好为不祥之言以耸听也。吾逆揣破坏后不能建设之结果，其势殆非至此不止也。吾所谓暴动可以召干涉者，其着眼点全在此。吾一念及辄心悸焉，愿普天下爱国君子熟图之！

彼报又有云：

问者曰：今者外人相惊以中国人排外，遇有小警，辄调兵舰。如南昌教案，法调兵舰矣；广东因铁路事官民交讧，各国亦调兵舰矣。凡此岂非干涉之小现象乎？应之曰：此非干涉，乃防卫也。……盖国家于领域之内，不能自保，而使外人蒙其损害，则对之可以为匡正。……然使蒙急遽之危害，有缓不及事之虞，则可以用防卫之手段，用强力于他国领域内，此国际法所是认者也。然则使内地有变，而危险及于外人之生命财产，则外国派兵保护，以捍御灾难，不得谓之非理。然此与干涉不同也。

此就法理上立言，诚若无以为难。然各国政策，往往有利用法理、曲解法理以为护符者，此又不可不察也。试举最近事实证之，俄国当拳乱以后，驻兵满洲，此非论者所认为国际法上正当之防卫者耶？而何以撤兵之期，迁延复迁延，直以满洲为彼领土，必待日俄大战争告终以后，而此问题乃解决也。吾今试为一假定之说，当革命军之起也，主动者虽自宣言能守战时法规惯例，不至危及外国人之生命财产，恐外国人未能遽信也。于是竞借口于国际法上正当之防卫，各调兵于其所自认之势力范围内，如日俄之于满洲也，俄之于蒙古也，德之于山东也，法之于广西、云南也，其他甲国之于某省也，乙国之于某省也，莫不皆然。于斯时也，革命军不得而责之，何也？彼有法理以为之楯也。而当此旧政府既破坏，新政府未建设之时（或建设而未巩固之时），地方状态必极混杂，彼乃借口于此而布军政焉，甚或布民政焉，革命军不能禁也。即至旧政府既覆，军事粗定，而当秩序新破、国民思乱之时，无论如何，而各地之大小骚动，必时时爆发而不能绝。新政府若要求各国以撤兵，苟其国有狡焉之心者，则何患无辞。俄之前事，其成例也。于斯时也，新政府无论若何诘责，彼始终得以国际自卫权为词，而其势力遂永植而不可拔，非从事于战争，而不能解决。以云战也，则新政府初成立之余，乘雕敝之后，内部纷扰且未息，能有力以及此乎？既曰能之，而对一国尚惧不堪，脱有二三国以上，将如之何？是无异与联军战也。如是则一战而新政府可以覆亡，国家随之，则革命军为亡国之罪人也。若审其难而不战耶，则忍辱以终古，而国家一部分之主权丧失，是革命军亦亡国之罪人也。使吾之此假定而果见诸实事，则革命军亡国之罪，左冲右突，而无从解免也。然吾之此假定，犹必革命军自始至终毫无自取干涉之道，乃克致耳。若前此所论谓缘对外之乱暴或内部之冲突而生干涉者，苟有一于此，则并此假定之结果而不能望也。

论者又言，近世各国，惮于用兵，苟非关于国家大计，非兵力不足以维持者，不轻言动众。斯固然也。然谓中国大暴动之影响，与他国之国家大计，绝无相关，则浅之乎言之也。即以商务论，论者所指为单纯之原因，谓不足重轻者也。殊不知今后世界之大势，以经济上之竞争为第一大事，谓商务无关于国家大计者，妄也。论者乃胪最近统计，举某国人在中国者若干，某国人在中国者若干，而谓彼政府议会，断不肯为此等人营业之故，而遽动兵，此真小儿之言也！使彼我之关系，而仅在此区区每国千人或数千人之居留民而已，则外国人之势力侵入我国者，可谓之至微且弱。而我朝野上下，稍有识者，咸怵怵然忧外患之不易，其毋乃皆为杞人也。须知今日交通大开之天下，经济无国界，牵一发而全身动焉。使我中国以暴动之故，转战频年，则伦敦、纽约、横滨、柏林之银行，倒闭者不知凡几；而经济家所谓恐慌时代，可以遍于全球。（义和团之役，美国南部之棉花业大工厂四十余家，倒闭者八家，其余皆亏缺，此吾游美时美人频举以相告者。去年上海闹审罢市不过数日，而横滨金融界大恐慌，中国人商店坐此歇业者三家。此吾在横滨所目击者。此举其例证之小者，他可推矣。）各国对于此现象，无论或希望旧政府之速倒，或希望革命军之速灭，而要之不愿其相持而久不下，至易见也。若此两种希望皆不克达，则奋起焉以助其一而毙其一，亦意中事，而不能谓其必无。苟有此者，则其为助旧政府耶？为助革命军耶？又至易见也。就使如论者言，商务果无关于国家大计，然中国若有大暴动，则各国对于中国之形势，或将一变，此又不可不察也。

论者谓各国对中国之政策，以维持势力平均之故，近数年来，由瓜分主义一变而为开放门户、保全领土主义，而信他人之必莫吾毒。虽然，吾闻诸日本松本君平博士之言曰："保全支那云者，非列国之宪法也。前此瓜分之说，虽以日俄战争之结果而全失其势，然如燎原之火，虽猛威暂戢于一时，而一星之煽，或再爆发，谁能料之？"（立宪政友会会报第七五号第六叶）此其言可谓至言。夫瓜分之说，极盛于乙未至庚子六年之间。而庚子以后，日以失势。去年以来，更阒寂焉。其变化所以如是其速者，实由亚东形势之自身有变化使之然也。夫刻舟胶柱之不足以为政策，自古然矣。故各国政治家之对外也，其主观方面，虽有一定之方针，而又未尝不随客观方面之变迁而相与推移。举其一二之宣言，而认为不变之政策，去之远矣。夫自一八九八年美国首倡门户开放主义以来，欧洲诸大国，曷尝不皆报牍以表同情，而俄在满洲之经营自若也，德在山东之经营自若也。前此之不足恃既已若此，岂其后此而能信之？要之，今世界列强对中国之政策，分两大潮流：俄、德、法为侵略派，英、美、日为保全派。此形势起于十年以前，直至今日，未尝变也。而现在以保全派骤占优势，故侵略派之声迹，暂销匿于一时，而竟以为永戢焉，则其于诇邻之道，亦太不审矣。而论者乃谓俄方新败谋休养，法汲汲于平和，顾吾以事实证之，则俄虽失败于满洲方面，而于蒙古方面，且突进不休，未尝以新败而沮其计画也。法在安南，其所经营者着着进步，吾苦不能得其汲汲言平和之据也。独至德国，用心最险。自日俄和议以后，其对于我，一变前此之恫喝政策，而取怀柔政策。此则鉴于侵略派之气焰方衰，目前未可以得志，而惧空贾我国之怨，坐失应均之利，故忽然演出此回黄转绿之怪剧，所谓司马昭之心，路人共见也。而谓其侵略之野心，遂已灰槁焉，则决不可。盖德国今方忧人满，殖民事业之能发达与否，实其国家之生死问题。而彼以后进之国，环顾全球，无展其骥足之余地，故飞而择肉于东方。彼非好为此，而国势迫之，不得不然也。其此政策最后之成败不可知，而决不以目前之一挫而掷弃之，章章然矣。然则此侵略派之三国者，虽一时若暂戢其谋，而苟东方形势有变动，略予彼以可乘之机，则必将再爆发焉。若夫英、日、美者，其利害与彼三国相反，固尽人而知矣。然英、日新同盟协约，其对于中国而协定者，凡三大纲：曰保全领土，曰开放门户，曰机会均等。论者屡引保全开

放二语，指为各国对清之根本政策，而忘却机会均等一语，则又未足为善
觇邻也。（若非忘却，则必欲抹煞此语以自欺而欺读者矣。）夫彼所谓机会
者，其言甚概括，不知何所指。但既有保全领土一语，则其机会之性质，
必不属于领土之攫取，是亦吾所能信者。然此外之机会万端，则非所敢知
矣。而所谓机会者，虽有时可以彼我两利，然大率利彼而损我者为多，又
至易见也。夫如是则安得以有保全领土、开放门户之宣言而遂即安也？吾
意以为中国全国秩序破坏之日，即列强对清政策生一大变化之时。侵略派
之死灰必复燃，而保全派之机会亦随至。俄、法、德三国必借口于国际自
卫权，复演前此驻兵满洲之恶剧，英、日、美三国一方面对于我国之乱暴
而行自卫也，一方面对于彼等之侵略而行自卫也，自始焉不得不与彼等出
于同一之行动。若其终局之如何，则视彼两派势力之消长以为断。侵略派
占优胜耶，则中国或缘是召瓜分；保全派占优胜耶，则以列国协商解决此
问题，而协商之结果，则亦实行所谓机会均等之主义而已。夫使因中国之
暴动，而致俄、法、德三国之生心，则其影响于英、日、美之国家大计者，
不可谓不重。英美暂勿论，若日本则诚为其国家生死问题也。于彼时也，
彼若审形势之不易，确认革命军为足以间接助侵略派之势力，则及其未成
而干涉焉，亦意中事。即不然，则亦俟两派势力对抗，短兵几接之时，而
后一决。要之，无论何派胜负，而皆非为福于我国家而已。夫以今日大势
论之，侵略派之势力，谅终不能优胜于保全派。果尔，则当暴动后，列强
处置中国之政策，当未必出于瓜分，而殆出于协商。协商之结果奈何？则
亦袭义和拳善后之故智，拥护旧王统，以实收机会均等之效果而已。而况
乎新共和政府之万不能建设，更予彼以口实，而促其此举之实行也。然则
革命军舍为外国人作功狗之外，果无复一毫善状以裨国家也！

　　论者又历引英杜美菲前事，谓其动兵数十万，转战经年，糜帑杀人无
数，仅乃得志，以此证干涉之不易，而谓各国必不出此愚策，此又知其一
未知其二也。杜之陆军，以强闻于天下，而英之陆军，以弱闻于天下。英
人千里馈粮，而杜以主待客，劳逸之势，固已悬殊。英人初又有藐杜之心，
调兵不多，谓可一举歼旃。及其龃龉，乃图续调，一度再举，动需数月，
此成功之所以濡滞也。惟美亦然，美自距今十年前，犹鄙夷军国民主义不
屑，道其海陆军皆微微，不足齿于诸强。而征菲之役，骤然涉万里之重洋，

悬军深入，以图一逞，故亦不得不需以岁月也。若中国有暴动而召干涉，则其所处之形势，及其所遇之敌，与彼大异。中国若秩序破坏而不可恢复，则其影响最密切者，莫如日本。各国协商之结果，若出于联军干涉，则其首借重者亦为日本。义和拳之役，英国电日本请先出师，其已事也。而彼日本以半月之力，输送四十万大兵于中国，绰绰有余。此彼国军事家所熟道，而事实亦至易见者也。而日本陆军力之伟大，又我国人所共见，而亦各国所同认者也。故各国若无干涉之举则已，苟其有之，则仅一日本之力，已足以制我革命军之死命而有余。以一重军保护北京，则革命军不能动中央政府之毫末；以一重军扼武汉，则革命军无论猋突于何方，而皆为瓮中之鳖。未见其以干涉之故，而所生困难之结果，有如英之于杜、美之于菲者也。夫英之于杜、美之于菲，其目的在屋其社而裂其旗，故非至反侧全安，民政确立，不得谓成功焉。若其干涉中国内乱，则但摧破革命军之武力，市恩于旧政府，而其事毕矣。若其善后之处置，仍以傀儡之旧政府当之，干涉军不必自直接以当此困难之冲也，是日本对朝鲜之比例，而非英对杜、美对菲之比例也。

此为实行干涉之时言之也。若其不居干涉之名，而托于国际自卫权，驻兵于其所自认之势力范围内，为负嵎之势者，革命军方自束缚于所揭橥之文明的战时法规惯例，不敢过问。彼等不费丝毫之战斗力，而可以收莫大之丰获，此则尤为功人所欲祷祠于功狗者耳！

以上所论，皆谓革命军有自取干涉之道，而干涉乃生；各国协商之结果，而干涉乃成也。虽然，干涉之来，抑又非限于此场合也。彼报所驳甲种第七项，其目曰：“谓革命军起，政府之力，既不能平，则必求助于外国。外国出兵助平乱，因以受莫大之报酬。”而其驳之曰：

夫虏之为此谋，容或意料所及。然使其借兵于一国耶，则虏先犯各国之忌。各国虑破均势之局，将纷起而责问，是徒自困也。使其借兵于各国耶，则各国之兵，非虏之奴隶，非虏之雇佣，无故为之致死耶。

此其论，吾不必自驳之。吾观彼报动引外国人之言以为重，吾亦请引外国一名士之言，日本前自由党领袖伯爵板垣退助曰（杂志《大日本》第六卷第七號論文《東洋ノ平和ト清國ノ立憲制採用ヲ論ス》）：

清国若率今不变，则革命战争，终不免爆发于南部。革命一旦起，觉罗氏之朝廷，无暇复计永久之利害，徒欲脱目前之急难，必假俄力以自保其地位。于斯时也，日英之利害如何？日本则卅七八年战役之结果（即指日俄战役），全然没却，英国之东洋政策，亦蒙大打击，清国之保全于是破，东洋之平和于是乱，如此必非日英两国之所能堪也。故一旦有叛乱之兆，日英两国不可不先起而干涉之、镇定之。

此其言虽一人私言，然不可谓不中情实也。夫使如论者所希望英、日、美等平和之国，能表同情于革命军，认为内乱团体，而自守局外中立；及夫现政府之自审难支也，铤而走险，急何能择？势必将乞庇于他国，而平和派之各国既莫之应，则不得不转而求诸侵略派诸国。于彼时也，侵略派诸国，有不因利乘便，而思以豚蹄易篝车者乎？他国不可知，若俄罗斯向来惯用之卑劣的外交手段，其必喜而应之，殆无可疑矣。而其应之也，又不必出兵于各省以为之代剿也，但以一军戍畿辅，已足以市莫大之恩于政府，而攫莫大之报于将来。于彼时也，均势必破，而必非平和派之所欲，无待言矣。然如论者言，谓各国仅交起诘责，而政府适以自困云尔。则试问政府果惮于自困而遂中止此计画耶？亡之不图，困于何恤？则政府必将答彼曰：贵国欲保均势耶，请助我！我将予以机会均等之报酬。不然，我为救亡计，虽称臣称侄于他国，贵国勿怨也！如是则诘责者且无辞，何也？此生死问题，非简单之诘责所能了也。夫既不助之，又不能禁其不求助于他人，又不能禁他人之不彼助，而又不肯坐视助彼者之独占利益，以破均势，然则所以待之者如何？无已，则惟与助彼者宣战以摧其势耶。是诸强国中，或加盟于旧政府，或加盟于革命军，两两对抗，而酿出全地球空前绝后之大战争，则各国之兵，又岂其革命军之雇佣，岂其革命军之奴隶，乃无故而为之致死也？舍此一策以外，则欲保均势之局，惟有仍出于协商，而以联军共干涉之、镇定之，否则如板垣所云云，日英等国，出奇制胜，先自从事干涉，间接以杀侵略派之势而已。若是乎则即使革命军无自取干涉之道，而未敢谓干涉之必不来也！

而论者尚有言干涉不足畏之说，其言曰：

为外国者，设因欲保商务、欲得报酬之故，连万国之众，以来干涉，斯时为我国民者将如何？其必痛心疾首，人人致死，无所于疑也。则试约略计各国之兵数，庚子一役，为战地者，仅北京一隅耳，而联军之数，前后十万。今若言干涉，言瓜分，即以广东一隅而论，新安近英，香山近葡，彼非有兵万人，不能驻守，即减其数，亦当五千。以七十二县计，当三十余万；即减其数，为二十万，至少十万。而其他沿江沿海诸省当何如？至于西北诸省则又何如？计非数百万不能集事。而我国民数四万万。其起义也，在国内革命，而无端来外人之干涉，满奴不已，将为洋奴，自非肝脑涂地，谁能忍此者？我国亡种灭之时，即亦各国民穷财尽之时也。而问各国干涉之原因，则曰因欲得报酬、欲保傀儡之故。虽至愚者，亦有所疑而不信矣。且今勿谓我国民甚弱，而各国之兵力至强也，练兵不能征服国民军，历史所明示矣。普佛之战，佛练兵尽矣，甘必大起国民军，屡败普军，为毛奇所不及料，不敢出河南一步。古巴之革命也，金密士以数十人渡海，入古巴，振臂一呼，壮士云集，前后以四五万人，与西班牙兵二十万人，鏖战连年。而美西战事起，古巴遂独立。菲律宾之革命也，壮士十人，以杆枪六七枝，劫西班牙兵五百人营，夺其枪五百，扑战累岁。西兵驻防于菲者，凡二万人，无如何，卒赔款二百万。其后西政府失信，战事再兴。美西之役，美提督载阿圭拿度再入菲律宾，与美合兵，阿圭拿度以兵数千人，俘西班牙兵万数，卒立政府。其后美复失信，菲人以所获于西兵之枪万余，择其可用者六七千，以与美精兵七万战，数年始定。使凭借丰裕，则美非菲敌也。英杜之战，杜与阿连治合兵三四万人，英兵四十万，前后三年，乃罢兵。如上所述，以国民军与练兵角，皆以十当一，况中国人数非菲杜比，凭借宏厚，相去千万，外侮愈烈，众心愈坚。男儿死耳，不为不义屈干涉之论，吾人闻之而壮气，不因之而丧胆也。

壮哉言乎！吾读至此，亦欲为浮一大白。而惜乎其与情实全不相应也。彼谓练兵不能征服国民军，为历史所明示。而观其所示之历史，则除古巴、菲律宾之对西班牙外，无一为其适例者。夫西班牙之积弱，不足齿矣；而古巴、菲律宾之所以能驱除之，则犹以美国之助，而非徒恃独力所能为功也。自余诸役，则毛奇果尝征服甘必大否耶？美国果尝征服菲律宾否耶？英国果尝征服杜兰斯哇及阿连治否耶？夫国民军之力，诚不可侮，然以今世利用物质上之文明，以致战术之突飞进步，其间利器以及附属战事之各种机关，有非借国力而不能致其用者。故十九世纪下半期以降，虽有猛烈之国民军，而终不能与练兵为最后之决胜，虽属天地间不平之事，然亦势限之矣。我国凭借之厚，虽非菲杜等蕞尔国之所可望，然谓以器械不良、机关不备之揭竿斩木的兵队，与世界轰轰著名数强国之联军相角，而可以立于不败之地，则人言壮语，聊以自豪，何所不可；若彼以见诸实事，则中国乃我四万万同胞公共之国，非公等一二人之孤注，而岂容公等之一掷以为戏也！故论者苟能证言外国之必不干涉，则其说始差完耳；若谓干涉不足畏，则非欺人，必自欺也。虽然，使外国干涉之结果，而必出于瓜分，则非屋吾社而裂吾旗、反侧全安民政确立不能谓成功，信如是也。则我国亡种灭之时，即亦各国民穷财尽之时，吾亦信之。而岂知其政策决不尔尔，其或托于国际自卫权，而遣戍兵于势力范围内耶？则革命军方兢兢然于战时法规惯例之不暇，岂敢妄为挑衅，而致授彼以干涉之口实，彼安坐而布军政民政，不遗一镞，而收莫大之效果已耳？其或以协商之结果，而实行干涉耶，则但求摧灭革命军之武力而已足。革命军武力既摧灭以后，若何善后之处置，自有傀儡之旧政府，代当其冲，无劳彼为是攘攘也。而所谓摧灭革命军之武力者，则如吾前此所言，以一重军保护北京，则革命军不能动中央政府之毫末；以一重军扼武汉，则革命军无论豨突于何方，而皆为瓮中之鳖。彼专取守势，而不取攻势，其所损伤能几何？若军费一项，则又岂忧现政府之无以犒之也？故各国决非有所惮而至于不敢干涉，如论者所云云也。

夫革命军有自取干涉之道也既若彼，各国有不能不干涉之势也既若彼，而干涉无论从何种方面进行，皆足以败革命之事业，而危国家之地位也又若此。然则今日昌言起革命军者，其结果，小之则自取灭亡，大之则灭亡中国，无损于满洲人之毫末，而徒予外国人以莫大之机会，是亦不可以已乎？夫明知其可以生灭亡中国之结果，而犹悍然为之，则是叛国之逆夫也！明知其可以生自取灭亡之结果，而自取灭亡之后，又非能有益于国家也，而反以累国家，而犹贸然为之，则没而无名，谥为至愚，爱国君子，亦何忍出此！

呜呼！吾请掬一缕热诚以告普天下之爱国君子乎：今政府之所以待吾民者，与列强之所以待吾国者，稍有人心，受之能无愤慨？而绝非徒愤慨之所能了也，又非感情用事孤注一掷所能雪吾愤而偿吾愿也。利用此列强持均势主义之时，合全国民之力，从种种方面，用种种手段，以监督改良此政府，实坦坦平平之一大路，循之而未有不能至者也。苟至焉，则种族上之压制更何有？政治上之压制更何有？内既足以自立，则外人亦谁敢予侮焉？而不然者，溯必不可至之断港绝潢，造亿劫不复之疆因恶果，吾甚哀夫以光明俊伟之质，抑塞磊落之才，而误用其情，以为天下僇笑也！（《新民丛报》第八十二号，1906年7月6日，署名"饮冰"）

社会革命果为今日中国所必要乎

此问题含义甚复杂，非短篇单词所能尽也，此略述其所怀，若其详则异日商榷之。

中国今日若从事于立法事业，其应参用今世学者所倡社会主义之精神与否，别为一问题；中国今日之社会经济的组织，应为根本的革命与否，又别为一问题，此不可混也。今先解决第二问题，次乃附论第一问题。

吾以为中国今日有不必行社会革命之理由，有不可行社会革命之理由，有不能行社会革命之理由。

于本论之前，不可不先示革命之概念。凡事物之变迁有二种，一缓一急。其变化之程度缓慢，缘周遭之情状，而生活方向，渐趋于一新生面，其变迁时代，无太甚之损害及苦痛。如植物然，观乎其外，始终若一，而内部实时时变化，若此者谓之发达，亦谓之进化（Development or Evolution）。反之，其变化性极急剧，不与周遭之情状相应，旧制度秩序忽被破坏，社会之混乱苦痛缘之，若此者谓之革命（Revolution）。吾以为欧美今日之经济社会，殆陷于不能不革命之穷境，而中国之经济社会，则惟当稍加补苴之力，使循轨道以发达进化，而危险之革命手段，非所适用也。请言其理。

所谓中国不必行社会革命者何也？彼欧人之经济社会，所以积成今日之状态者，全由革命来也。而今之社会革命论，则前度革命之反动也。中国可以避前度之革命，是故不必为再度之革命。夫谓欧人今日经济社会之状态全由革命来者何也？欧洲当十七八世纪之交，其各国人之有土地所有权者，于法不过四万人，于英万九千人，于奥二万六千人，合今日耳曼诸邦，不过二万人，他国略称是。而当时全欧总民数，既在一万六千万人以上，于一万六千万人中，而为地主者不及二十万人。盖欧洲前此之农民，大半在隶农之地位，是其贫富之阶级，早随贵贱之阶级而同时悬绝矣。幸而彼之个人土地私有权，发达甚迟缓，未全脱前此部落土地所有权之时代（英国自一七六〇至一八三三年凡七十余年间，有所谓"共有地"者渐次改为私有地，其地凡七百万英亩，一英亩约当我四亩六分余也），故贫民稍得以此为养。农业以外，则手工业亦颇发达。其习惯有所谓工业组合者，约如我国各工业之有联行。政府之对于农业、工业，皆制为种种法律以保护干涉之，故虽不能有突飞之进步，然亦相安而致有秩序。此欧洲旧社会组织之大略也。及斯密亚丹兴，大攻击政府干涉主义，而以自由竞争为楬橥，谓社会如水然，任其自竞，则供求相剂，而自底于平。此论既出，披靡一世，各国政府亦渐为所动，前此为过度之干涉者，一反而为过度之放任，其骤变之影响，既已剧矣。同时而占士·瓦特，发明蒸汽（一七六九年），未几李察又缘之以发明纺绩器，于是斯密与瓦特之二杰，相提携以蹴踏旧社会，如双龙搅海，而工业革命（The Industrial Revolution）之时代以届。前此人类注其筋力之全部以从事制作，虽或间附以牛马力等，然利用自然力之器械，殆可谓绝无。及汽机发明，其普通者视人力加十二倍，或乃加数百倍至千倍，则试譣其影响于社会之组织者何如，生产之方法，划然为一新纪元。以一人而能产前此十二人乃至数百千人之所产，则其所产者之价值必骤廉，前此业手工者，势不能与之竞，而必至于歇业。前此执一艺者，所得之利益，自全归于其手，偶值其物价腾，则所得随而益丰，但恃十指之劳，苟勤俭以将之，虽窭人可以致中产，故于工业界绝无所谓阶级者存。及机器既兴，无数技能之民，骤失其业，不得不自投于有机器之公司以求糊口，而机器所用之劳力，与旧社会所用之劳力又绝异。前此十年学一技者，至是而悉不为用，而妇女及未成年者，其轻便适用，或反过于壮夫，而壮夫愈以失业。前此工人自制一物，售之而自得其值，今则分业之度益进。与其谓之分业，毋宁谓之合力。每一物之成，必经若干人之手，欲指某物为某人所制，渺不可得。而工人之外，复有供给其资本与器具者，又须得若干之报酬。故欲求公平之分配，终不可期，不得已而采最简单之方法，行赁银制度。即出资本者，雇用若干之职工，每人每日，给以庸钱若干，而制成一器，所得之赢，悉归雇主。而雇者与被雇者之间，即资本家与劳动者之间，划然成两阶级而不可逾越，此实旧社会之人所未梦见也。夫物质界之新现象既已若是矣，使思想界而非有新学说以为之援，则其激变尚不至如是其甚。前此在工业组合制度之下，其物价或以习惯或以法律羁束之，若有一人忽贬价以图垄断，则立将摈于同行而不能自存，于其物之品质亦然，大率一律，而竞争之余地甚狭。及机器一兴，生产额忽过前此数倍，非低廉其价值，改良其品质，则将无消售之途。适有自由竞争之学说出而为援，前此之习惯法律，一切摧弃，无所复用。制造家惟日孜孜，重机器以机器，加改良以改良，其势滔滔，继续无限，以迄今日；一般公众，缘此而得价廉质良之物，而社会富量，亦日以增殖，其功德固不在禹下。然欲制价廉质良之物以投社会之好，彼无资本者与有资本者竞，则无资本者必败；小资本者与大资本者竞，则小资本者必败；次大资本者与更大资本者竞，则次大资本者必败。展转相竞，如斗鹑然，群鹑皆毙，一鹑独存。当其毙也，则感莫大之苦痛，牺牲无量数之资本，牺牲无量数人之劳力，然后乃造成今日所谓富者之一阶级。（大资本与小资本竞而小资本全致亏耗，故曰牺牲无量数之资本。无资本者虽有技能不能自存，此牺牲劳力者一；当小资本与大资本竞时，各雇用劳力者，及小资本失败，而所雇用之劳力者，随而失业，此牺牲劳力者二。故曰牺牲无量数人之劳力。）呜呼！一将功成万骨枯，今日欧洲之经济社会当之矣。然军事上一将功成以后，处乎其下者犹得有休养生息之时；经济上一将功成以后，处乎其下者乃永沉九渊而不能以自拔。此富族专制之祸，所以烈于洪水猛兽，而社会革命论所以不能不昌也。而推其根原，则实由前此工业组织之变迁，不以进化的而以革命的，如暴风疾雨之骤至，应之者手忙脚乱，不知所措，任其自然，遂至偏毗于一方而不可收拾。而所谓应之失措者，其一在政府方面，其一在人民方面。其在政府方面者，则放任太过，虽有应干涉之点而不干涉也；其在人民方面者，多数人民，不能察风潮之趋向而别循新方面以求生活也。美国经济学大家伊里（R. T. Eey）曰："使当工业革命将至之前，工人有识见高迈者，能合多数工人为一团，置机器，应时势而一新其制造法，是即地方之组合也，即一种之协立制造会社（Cooperative Factory）也。果尔，则工业组织之过渡，可以圆滑而推移，而后此之骚扰革命可以免。惜乎见不及此，墨守其故，终至此等利器，仅为少数野心家所利用，驯致今日积重难返之势，可叹也。"（*Outlines of Economics* 第一编第四章）其意盖谓使今日劳动者阶级，当时能知此义，则可以自跻于资本家之列，而奇赢所获，不至垄断于少数也，此诚一种之探源论也。虽然，吾以为当时欧洲之多数人民，即见果及此，而于贫富悬隔之潮流，所能挽救者终无几也。何也？彼贫富悬隔之现象，自工业革命前而既植其基，及工业革命以后，则其基益巩固，而其程度益显著云耳。盖当瓦特与斯密之未出世，而全欧之土地，本已在少数人之手，全欧之资本，自然亦在少数人之手。其余大多数人，业农者大率带隶农之性质，所获差足以自赡耳。其业工商者，赖其技能，以糊其口，虽能独立，而富量终微。逮夫机器兴，竞争盛，欲结合资本以从事，则其所结合资本中之多量，必为旧有资本者所占；其余多数中产以下者，虽悉数结合，而犹不足以敌彼什之一。故彼工业革命之结果，非自革命后而富者始富、贫者始贫，实则革命前之富者愈以富，革命前之贫者终以贫也。我国现时之经济社会组织，与欧洲工业革命前之组织则既有异，中产之家多，而特别豪富之家少。其所以能致此良现象者，原因盖有数端。一曰无贵族制度。欧洲各国，皆有贵族，其贵族大率有封地。少数之贵族，即地主也，而多数之齐民，率皆无立锥焉。生产之三要素，其一已归少数人之独占矣。（经济学者言生产三要素，一曰土地，二曰资本，三曰劳力。）故贵族即兼为富族，势则然也。中国则自秦以来，贵族即已消灭，此后虽死灰偶烬，而终不能长存。及至本朝，根株愈益净尽，虽以亲王之贵，亦有岁俸而无食邑。白屋公卿，习以为常，蓬荜寒酸，转瞬可登八座，堂皇阁老，归田即伍齐民。坐此之故，举国无阶级之可言。而富力之兼并亦因以不剧也。二曰行平均相续法。欧洲各国旧俗，大率行长子相续。自法兰西大革命后，虽力矫此弊，而至今迄未尽除。夫长子相续，则其财产永聚而不分，母财厚而所孳生之赢愈巨，其于一国总殖之增加，固甚有效，然偏枯太甚，不免有兄为天子、弟为匹夫之患，一国富力永聚于少数人之手，此其敝也。我国则自汉以来，已行平均相续法（此事余别有考据），祖父所有财产，子孙得而均沾之。其敝也，母财碎散，不以供生产，而徒以供消费，谚所谓"人无三代富"，职此之由。盖拥万金之资者，有子五人，人得二千，其子复有子五人，苟无所增殖而复均之其子，则人余四百矣。非长袖则不足以善舞。我国富民之难世其家者，非徒膏粱纨裤之不善保泰，抑亦制度使然矣。虽然，缘此之故，生产方面，虽日蹙促，而分配方面，则甚均匀，而极贫极富之阶级，无自而生，此又利害之相倚者也。三曰赋税极轻。欧洲诸国，前此受贵族、教会重重压制，供亿烦苛，朘削无艺，侯伯、僧侣不负纳税之义务，而一切负担，全委诸齐氓。及屡经宗教革命、政治革命、积弊方除，而产业革命已同时并起，无复贫民苏生之余地矣。中国则既无贵族、教会梗于其间，取于民者惟一国家，而古昔圣哲，夙以薄赋为教，历代帝王，稍自爱者，咸凛然于古训而莫敢犯，蠲租减税，代有所闻，逮本朝行一条鞭制，而所取益薄。当厘金未兴以前，民之无田者，终身可不赋一铢于政府，劳力所入，自享有其全部。夫富量由贮蓄而生，此经济学之通义也；而所贮蓄者又必为所消费之余额，又经济家之通义也。然则必所入能有余于所出，而后治产之事乃有可言。欧洲十八世纪以前之社会，齐氓一岁所入，而政府、贵族、教会，朘其泰半，所余者仅赡事畜，盖云幸矣。中国则勤动所获，能自有之，以俭辅勤，积数年便可致中产。故贮蓄之美风，在泰西则学者广为论著以发明，政府多设机关以劝厉，而其效卒不大，观中国则人人能之，若天性然，亦其制度有以致之也。勤俭贮蓄之人愈多，则中产之家亦愈多，此又因果所必至也。凡此皆所以说明我国现在经济社会之组织，与欧洲工业革命前之经济社会组织，有绝异之点。而我本来无极贫极富之两阶级存，其理由皆坐是也。虽然，我国今后不能不采用机器以从事生产，势使然也。既采用机器以从事生产，则必须结合大资本，而小资本必被侵蚀，而经济社会组织不得不缘此而一变，又势使然也。然则欧人工业革命所生之恶结果（即酿出今日社会革命之恶因），我其可以免乎？曰：虽不能尽免，而决不至如彼其甚也。盖欧人今日之社会革命论，全由现今经济社会组织不完善而来；而欧人现今经济社会组织之不完善，又由工业革命前之经济社会组织不完善而来，我国现今经济社会之组织，虽未可云完善，然以比诸工业革命前之欧洲，则固优于彼。故今后生产问题，虽有进化，而分配问题，乃可循此进化之轨以行，而两度之革命，殆皆可以不起也。（欧人前此之工业革命可谓之生产的革命，今后之社会革命，可谓之分配的革命。）请言其理：夫生产之方法变，非大资本则不能博赢，而大资本必非独力所能任也，于是乎股份公司（株式会社）起。此欧人经过之陈迹，而我国将来亦不能不效之者也。然欧人之招股而创此等公司也，其应募而为股东者，则旧日少数之豪族也；中国今日招股而创此等公司也，其应募而为股东者，则现在多数之中产家也。此其发脚点之差异，而将来分配之均不均，其几即兆于是也。夫欧人岂必其乐以股东之权利尽让诸豪族，使如伊里所言，合工人以组织一协立制造会社者，岂其无一人能见及此，而无如其前此社会之组织，本已分贫富二途，贫者虽相结合，然犹以千百之僬侥国人与一二之龙伯国人抗，蔑有济矣。故昔日之富者，因工业革命而愈富，昔日之贫者，因工业革命而愈贫。（虽间有工业革命后由贫而富、由富而贫者，然例外也。）何也？非大资本不能获奇赢，而公司则大资本所在也。有股份于公司者则日以富，无股份于公司者则日以贫，公司股份为少数人所占，则多数人遂不得不食贫以终古也。而中国情形则有异于是。试以最近之事实证之。粤汉铁路招股二千万，今已满额，而其最大股东不过占二十五万乃至三十万耳，其数又不过一二人，其占十股以下者乃最大多数（每股五元）。盖公司全股四百万份，而其为股东者百余万人。此我国前此经济社会分配均善之表征，亦即我国将来经济社会分配均善之朕兆也。诚使得贤才以任之，复有完密之法律以维持之，杜绝当事者之舞弊，防制野心家之投机，则公司愈发达，获利愈丰，而股东所受者亦愈多。股东之人数既繁，大股少而小股多，则分配不期均而自均。将来风气大开，人人知非资本结合不足以获利，举国中产以下之家，悉举其所贮蓄以投于公司，生产方法大变而进于前，分配方法仍可以率循而无大轶于旧。则我国经济界之前途，真可以安辔循轨，为发达的、进化的，而非为革命的矣。夫今者欧美人见贫富阶级悬绝之莫救也，以是有倡为以公司代工人贮蓄，将其庸钱之一部分代贮焉，积以为公司之股本，他日公司获利，彼得分沾，则劳动者兼为资本家，而鸿沟或可以渐图消灭。然在积重难返之欧美，此等补苴，不能为效也。而我国则此事出于天然，不劳人力。盖工业革新以后，而受庸钱之人，半皆兼有资本家之资格，此殆可以今日之现象而测知之者也。（其不能举一切劳动者而悉有某公司之股份，此无待言。然举国无一贫人，则虽行极端社会主义之后，犹将难之。但使不贫者居大多数，即经济社会绝好之现象矣。）此无他故焉，现今之经济社会组织，其于分配一方面，已比较的完善，而远非泰西旧社会所及。由现今社会以孕育将来社会，其危险之程度自不大故也。而无识者妄引欧人经过之恶现象以相怵，是乃所谓杞人之忧也。然又非徒恃现在经济社会组织之差完善而遂以自安也。彼欧人所以致今日之恶现象者，其一固由彼旧社会所孕育，其二亦由彼政府误用学理放任而助长之。今我既具此天然之美质，复鉴彼百余年来之流弊，熟察其受病之源，博征其救治之法，采其可用者先事而施焉（其条理详下方），则亦可以消患于未然，而覆辙之轨，吾知免矣。所谓不必行社会革命者，此也。

所谓中国不可行社会革命者何也？社会革命论，以分配之趋均为期，质言之，则抑资本家之专横，谋劳动者之利益也。此在欧美，诚医群之圣药，而施诸今日之中国，恐利不足以偿其病也。吾以为策中国今日经济界之前途，当以奖厉资本家为第一义，而以保护劳动者为第二义。请言其理：夫今日东西列强，所以以支那问题为全世界第一大问题者何也？凡以国际的经济竞争之所攸决云尔。经济学公例，租与庸厚则其赢薄，租与庸薄则其赢厚。（土地所得曰租，劳力所得曰庸，资本所得曰赢。此严译《原富》所命名也。日人译之曰地代，曰劳银，曰利润。）故拥资本者常以懋迁于租庸两薄之地为利，不得则亦求其一薄者。欧人自工业革命以来，日以过富为患，母财岁进，而业场不增。其在欧土，土地之租与劳力之庸，皆日涨日甚，资本家不能用之求赢，乃一转而趋于美洲、澳洲诸新地。此新地者，其土地率未经利用，租可以薄，而人口甚希，庸不能轻，于是招募华工以充之，则租庸两薄而赢倍蓰矣。乃不数十年，而美澳诸地昔为旧陆尾闾者，今其自身且以资本过剩为患。一方面堵截旧陆之资本，使不得侵入新陆以求赢，而旧陆之资本家病；一方面其自身过剩之资本，不能求赢于本土，而新陆之资本家亦病。日本以后起锐进，十年之间，资本八九倍于其前，国中租庸，日涨月腾，而日本之资本家亦病，于是相与旁皇却顾，临睨全球，现今租庸两薄之地，无如中国，故挟资本以求赢，其最良之市场亦莫如中国。世界各国，咸以支那问题为唯一之大问题者，皆此之由。我国民于斯时也，苟能结合资本，假泰西文明利器（机器），利用我固有之薄租薄庸以求赢，则国富可以骤进，十年以往，天下莫御矣。而不然者，以现在资本之微微不振，星星不团，不能从事于大事业，而东西各国，为经济公例所驱迫，挟其过剩之资本以临我，如洪水之滔天，如猛兽之出柙，其将何以御之？夫空言之不能敌实事也久矣，两年以来，利权回收之论，洋溢于国中，争路争矿，言多于鲫，然曾未见一路之能自筑，一矿之能自开。而日人南满洲铁道会社，已以百兆之雄资，伏东省而餍其脑，而各处枝路，尚往往假资于外人，而各国制造品之滔滔汩汩以输入，尽夺吾民之旧业者，又庸耳俗目所未尝察也。夫自生产方法革新以后，惟资本家为能食文明之利，而非资本家则反蒙文明之害，此当世侈谈民生主义者所能知也。曾亦思自今以往，我中国若无大资本家出现，则将有他国之大资本家入而代之，而彼大资本家既占势力以后，则凡无资本者或有资本而不大者，只能宛转瘐死于其脚下，而永无复苏生之一日。彼欧美今日之劳动者，其欲见天日，犹如此其艰也，但使他国资本势力充满于我国中之时，即我四万万同胞为马牛以终古之日。其时，举国中谁复为贫，谁复为富，惟有于中国经济界分两大阶级焉：一曰食文明之利者，其人为外国人；一曰蒙文明之害者，其人为中国人而已。于彼时也，则真不可不合全国以倡社会革命矣。虽然，晚矣，无及矣，此非吾故为危言以悚听也。夫宁不见今日全国经济界稍带活气者，惟有洋场，而洋场之中国人，则皆馂外商之余也。月晕知风，础润知雨，而况乎风雨之已来袭者耶！我中国今日欲解决此至危极险之问题，惟有奖厉资本家，使举其所贮蓄者，结合焉，而采百余年来西人所发明之新生产方法以从事于生产，国家则珍惜而保护之，使其事业可以发达以与外抗，使他之资本家闻其风，羡其利，而相率以图结集，从各方面以抵当外竞之潮流，庶或有济。虽作始数年间，稍牺牲他部分人之利益，然为国家计，所不辞也。今乃无故自惊，睡魇梦呓，倡此与国家全体利害相反之社会革命论，以排斥资本家为务，浸假而国民信从其教，日煽惑劳动者以要求减少时间，要求增加庸率，不则同盟罢工以挟之，资本家蒙此损失，不复能与他国之同业竞，而因以倒毙，他之资本家，益复惩羹吹齑，裹足不前，坐听外国资本势力，骎骎然淹没我全国之市场，欲抵抗已失其时，而无复扎寨之余地。全国人民，乃不得不帖服于异族鞭棰之下以糊其口，则今之持社会革命论者，其亡国之罪，真上通于天矣。此非吾故苛其词，实则居今日而倡此不适于国家生存之社会革命论，其结果必至如是也。要之，吾对于经济问题之意见，可以简单数语宣示之，曰：今日中国所急当研究者，乃生产问题，非分配问题也。何则？生产问题者，国际竞争问题也；分配问题者，国内竞争问题也。生产问题能解决与否，则国家之存亡系焉。生产问题不解决，则后此将无复分配问题容我解决也。由此言之，则虽目前以解决生产问题故，致使全国富量落于少数人之手，贻分配问题之隐祸于将来，而急则治标，犹将舍彼而趋此，而况乎其可毋虑是也。孔子与门人立，拱而尚右，二三子亦皆尚右；孔子曰："二三子之嗜学也，我则有姊之丧故也。"夫欧美人之倡社会革命，乃应于时势不得不然，是姊丧尚右之类也。今吾国情形与彼立于正反对之地位，闻其一二学说，乃吠影吠声以随逐之，虽崇拜欧风，亦何必至于此极耶？夫无丧而学人尚右，不过为笑，固匪害于实事；若病异症而妄尝人药，则自厌其寿耳。今之倡社会革命论者，盖此类也，所谓不可行社会革命者，此也。

　　所谓中国不能行社会革命者何也？欲为社会革命，非体段圆满，则不能收其功；而圆满之社会革命，虽以欧美现在之程度，更历百年后，犹未必能行之，而现在之中国更无论也。今排满家之言社会革命者，以土地国有为唯一之楬橥。不知土地国有者，社会革命中之一条件，而非其全体也。各国社会主义者流，屡提出土地国有之议案，不过以此为进行之着手，而非谓舍此无余事也，如今排满家所倡社会革命者之言，谓欧美所以不能解决社会问题者，因为未能解决土地问题，一若但解决土地问题，则社会问题即全部解决者然。是由未识社会主义之为何物也（其详别于下方驳之）。近世最圆满之社会革命论，其最大宗旨不外举生产机关而归诸国有。土地之所以必须为国有者，以其为重要生产机关之一也。然土地之外，尚有其重要之生产机关焉，即资本是也。而推原欧美现社会分配不均之根由，两者相衡，则资本又为其主动，盖自生产方法一变以后，无资本者万不能与有资本者竞，小资本者万不能与大资本者竞，此资本直接之势力，无待言矣。若语其间接之势力，则地价、地租之所以腾涨者何自乎？亦都会发达之结果而已。都会之所以发达者何自乎？亦资本膨胀之结果而已。彼欧洲当工业革命以前，土地为少数人所占有者已久，然社会问题不发生于彼时而发生于今日者，土地之利用不广，虽拥之犹石田也。及资本之所殖益进，则土地之价值随而益腾，地主所以能占势力于生产界者，食资本之赐也。（如某氏演说称："英国大地主威斯敏士打公爵有封地在伦敦西偏，后来因扩张伦敦城，把那地统圈进去，他一家的地租占伦敦地租四分之一，富与国家相等。"须知伦敦城何以扩张，由资本膨胀故；伦敦地租何以腾涨，资本膨胀故。若无工业革命后之资本膨涨，则今日之威斯敏士打，亦无从有敌国之富也。其他同类之现象，皆可以此说明之。）又况彼资本家常能以贱价买收未发达之土地，而自以资本之力发达之以两收其利，是又以资本之力支配土地也。（美国人占士比儿，于二十年前，买收汶天拿省、华盛顿省诸土地，而自筑大北铁路以贯之。彼时此等土地，皆印度红夷出没之所，殆不值一钱；今则其最闹之市，地价骎骎追纽约、芝加高矣。近今泰西资本家，率无不用此术。）要之欲解决社会问题者，当以解决资本问题为第一义，以解决土地问题为第二义。且土地问题，虽谓为资本问题之附属焉可也。若工场，若道具（机器），其性质亦与土地近，皆资本之附属也。质而言之，则必举一切之生产机关而悉为国有，然后可称为圆满之社会革命；若其一部分为国有，而他之大部分仍为私有，则社会革命之目的终不能达也。然则圆满之社会革命论，其新社会之经济组织何如？以简单之语说明之，亦曰：国家自为地主自为资本家，而国民皆为劳动者而已。即一切生产事业，皆由国家独占，而国民不得以此为竞也。夫同为劳动者也，何以于现在则苦之，于革命后则甘之？诚以如现在经济社会之组织，彼劳动所得之结果，地主攫其若干焉，资本家攫其若干焉，而劳动者所得，乃不及什之一，若革命以后，劳动之结果，虽割其一部分以与国家，而所自得之一部分，其分量必有以逾于今日，且国家所割取我之一部分，亦还为社会用，实则还为我用而已。如此则分配极均，而世界将底于大同。此社会革命论之真精神，而吾昔所谓认此主义为将来世界最高尚美妙之主义者（见本年本报第四号），良以此也。而试问今日之中国，能行此焉否也？其在欧美之难此主义者，有自由竞争绝而进化将滞之问题，有因技能而异报酬或平均报酬孰为适当之问题，有报酬平等将遏绝劳动动机之问题，有分配职业应由强制抑由自择之问题，其他此类之问题尚夥，不缕述。凡此诸问题，皆欧美学者所未尽解决，而即此主义难实行之一原因也。今中国且勿语此，惟有一最浅易最简单之问题，曰：既行社会革命建设社会的国家，则必以国家为一公司，且为独一无二之公司，此公司之性质，则取全国人之衣食住，乃至所执职业，一切干涉之而负其责任。就令如彼报所言，我国人民程度已十分发达，而此等政府，果适于存在否乎？足以任此之人才有之乎？有之，能保其无滥用职权专制以为民病乎？能之，而可以持久而无弊乎？此问题，绝无待高尚之学理以为证，虽五尺之童能辨之。论者如必谓中国今日能建设此等政府也，则强词夺理，吾安从复与之言。若知其不能，则社会革命论，直自今取消焉可也。夫论者固明知社会革命之不能实行也，于是卤莽灭裂，盗取其主义之一节以为旗帜，冀以欺天下之无识者。庸讵知凡一学说之立，必有其一贯之精神，盗取一节，未或能于其精神有当也。彼排满家之社会革命论，自孙文倡也，某报第十号，载有孙文演说，殆可为其论据之中心，今得痛驳之以为中国不能行社会革命之左证。

◎**附：驳孙文演说中关于社会革命论者**

原文："我们这回革命，不但要做国民的国家，而且要做社会的国家，这决是欧美所不能及的。欧美为甚不能解决社会问题，因为没有解决土地问题。大凡文明进步，地价日涨……英国大地主威斯敏士打公爵有封地在伦敦西偏，后来因扩张伦敦城，把那地统圈进去，他一家的地租，占伦敦地租四分之一，富与国家相等。贫富不均，竟到这等地步。"

驳曰：欧美所以不能解决社会问题者，因为没有解决资本问题。资本问题不能解决，则虽解决土地问题，而其结果与现社会相校，不过五十步之与百步耳。文明进步，地价日涨，固也；然地价所以日涨，实资本膨胀使然。质言之，则文明进步者，资本进步之谓也。能以资本、土地一切归诸国有，则可以圆满解决此问题而无遗憾，近世欧美学者所持社会主义是也。若其未能，但使一国之资本，在多数人之手，而不为少数人所垄断，则此问题亦可以解决几分。吾所希望之中国将来社会是也。若如孙文说，则并一分而不能解决也。（详下）

原文："中国现在资本家还没有出世，所以几千年地价，从来没有加增，这是与各国不同的。但是革命之后，却不能照前一样。比方现在香港、上海地价，比内地高至数百倍，因为文明发达，交通便利，故此涨到这样。假如他日全国改良，那地价一定是跟着文明日日涨高的，到那时候，以前值一万银子的地，必涨至数十万、数百万。上海五十年前黄浦滩边的地，本无甚价值，近来竟加至每亩百数十万元，这就是最显的证据了。就这样看来，将来富者日富，贫者日贫，十年之后，社会问题便一天紧似一天了。"

驳曰：此所述情形是也，而其下文所言救治之法则非也。又彼举地价之涨以为将来富者日富、贫者日贫之表征，乃举其果而遗其因，知其偏而不知其全也。盖地价之涨，乃资本膨胀之结果而非其原因，而资本家但使拥有若干之债券株式，就令无尺寸之地或所有之地永不涨价，而犹不害其日富也。孙文误认土地涨价为致富之惟一原因，故立论往往而谬也，此俟下段详驳之。但如所述，香港、上海地价，比内地高数百倍，孙文亦知其何为而有此现象乎？痛哉！此外国资本之结果也。黄浦滩地，每放〔亩〕值百数十万元，然除税关及招商局两片地外，更无尺寸为我国人所有权矣（其或我国人所有而挂洋牌者则不可知），孙文其知之否耶？孙文亦知中国没有资本家出现，故地价没有加增，然则地价之加增，由资本家之出现，其理甚明。使资本家永不出现，则地价其永不加增矣。而曰革命之后却不能照前同样，吾不知彼革命之后所以致地价之涨者，其道何由？吾但知资本家之一名词，孙文所最嫌恶也，恶其富之日以富，而使他部分之贫日以贫也。如是则必压抑资本家使不起，然后民生主义之目的乃克达，如是则以彼前说论之，吾果不知革命后之地价何由而涨也。吾则谓今日乃经济上国际竞争你死我活一大关头，我若无大资本家起，则他国之资本家将相率蚕食我市场，而使我无以自存。夫所谓蚕食我市场者，非必其买收我土地，建工场于我国中而始能然也。昔日本越后，有煤油矿，所出颇丰，美国斯坦达会社者，世所称煤油大王也，欲夺其业，乃拚着五百万美金之亏衄，贬价而与之竞，越后矿卒不支，降于斯坦达而受其支配矣。使越后矿之力，能拚着亏衄一千万美金以与之竞，又安见斯坦达之不反降于彼也。吾以为今后中国经济上之国际竞争，其浴血淋漓之象，必当若是矣。现在各国制造品之输入我国者，滔滔若注巨壑，徒以我地广人众，虽十倍其分量，犹能容受，而我国又未尝自制造以相抵制，故各国各占一方面以为尾闾，而未至短兵相搏之时。一旦我国睡狮忽起，改变生产方法以堵其进途，彼时各国资本家，必有瞠目相视，攘袂竞起，挟其托辣斯巨灵之掌，以与我殊死战者。我国如能闯过此难关，乃可以自立于世界。以我之租庸两薄，求赢较易，复鼓吹人民爱国心以助之，则凯歌之奏，固亦非难。而其第一义所最急者，则有大资本以为之盾也。不此之务，而惟资本家独占利益是惧，鳃鳃然思所以遏抑之，其结果也，能遏抑国内之资本家使不起，不能遏抑国外之资本家使不来。无贫无富，同即憔悴；丈寻之潢，龙虾争沫；彼时噬脐，嗟何及矣。夫印度人民，至今岂尝有社会问题劳其解决者，而其生计现象何如矣？孙文欲印度我乎？吾之经济政策以奖厉保护资本家并力外竞为主，而其余皆为辅。苟持论反于吾之政策者，吾必认为国贼，竭吾力所及以申讨伐，虽殉之以身，亦所不辞。

原文："解决的方法，社会学者（按此语误，岂有倡民生主义之人，而不知 Socialism 与 Sociology 之分耶，抑笔记者之陋也），兄弟所最信的，是定地价的法。比方地主有价值一千元，可定价为一千，或多至二千。就算那地将来因交通发达，价涨至一万，地主应得二千，已属有益无损。赢利八千，当归国家。这于国计民生，皆有大益。少数富人把持垄断的弊窦，自然永绝。这是最简便易行之法。欧美各国，地价已涨至极点，就算要定地价，苦于没有标准，故此难行。至于地价未涨的地方，恰存急行此法，所以德国在胶州、荷兰在爪哇，已有实效。中国内地文明，没有进步，地价没有增长，倘若仿行起来，一定容易。兄弟刚才所说，社会革命，在外国难，在中国易，就是为此。行了这法之后，文明越进，国家越富，一切财政问题，断不至难办。现今苛捐，尽数蠲除，物价也渐便宜了，人民也渐富足了。把几千年捐输的弊政，永远断绝，漫说中国从前所没有，就欧美日本，虽说富强，究竟人民负担租税，未免太重。中国行了社会革命之后，私人永远不用纳税，但收地租一项，已成地球上最富的国。这社会的国家，决非他国所能及，这社会革命的事业，定为文明各国将来所取法的了。"

驳曰：嘻嘻！是即孙文新发明之社会革命的政策耶！吾反覆十百遍而不解其所谓。请一一诘之。不知孙文所谓定地价的法，将于定地价后而犹准买卖乎，抑不准买卖也？彼既自言为土地国有主义，则此问殆可无庸发，不过费索解已耳。姑舍是，则不知政府于定地价时随即买收之乎，抑定地价后迟之又久然后买收之乎？若于定地价时随即买收之，既买收后即当不复许买卖。夫物之不可交换者，即无价格之可言，此经济学之通义也。土地既非卖品，则初时以一千收入者，得强名为值一千，以二千收入者，得强名为值二千耳，而何从有将来涨至一万、赢利八千以归国家之说也？若迟之又久然后买收之，则何必豫为定价？其所以豫为定价者，恐此地于未买收以前，因买卖频繁而价涨，而将来买收之费将多也。殊不知既定价之后，则买卖必立时止截，如甲有地定价二千，因交通发达，而乙以四千购诸甲，及政府从乙手买收时，则仍给原定价二千耳，如是则谁肯为乙者，故定价后迟之又久然后买收者，谓以财政所暂不逮而姑为先后，斯可耳。若既定价后，则土地立失其有价值之性质，而断无复涨价至一万、赢利八千以归国家之理，又可断言也。如是则国家欲缘此而于财政上得一时之大宗收入，万无是理。而惟有责效于将来，将来之效如何，则国家自以地主之资格，征地代（租）于其民，即彼所谓但收地租一项已成地球最富之国是也。然收租之率，将依买收时之价值而勒定之乎？抑比例交通发达之程度随时而消长之乎？如勒定之，则有昔沃土而后为荒村，昔瘠壤而后为闹市者，亘古不变，安得谓平？此于国计民生，两无利益，殆非必彼之所取也。如随时而消长之，则将以何为消长之标准耶？吾为彼计，厥有二法。一曰国家自估价者。如此地当买收时，值价一千，其地主岁收租一百，今估量交通发达之后，此地应值价一万，则国家岁收租一千，此一法也。然官吏能无舞弊以厉民否耶？民能服官吏所估之价与否耶？夫现在各国之收地租，大率以地价为标准，如日本所谓土地台帐法是也。政府略勘定全国之地价，第其高下，而据置之以收租，经若干年，地价既涨，则改正而增收之，所谓地价修正案是也。然必有交换然后有价格，有价格然后可据之为收租之标准，而民无异言。若土地国有后，无复价格之可言，则除估价之外，实无他术，而民之能服与否，则正乃一问题也。二曰参用竞卖法。国家悬一地以召租，欲租者各出价，价高得焉，此亦一法也。此法最公，民无异言。然豪强兼并，必缘兹而益甚，且其他诸弊，尚有不可胜穷者。要之，无论用何法，谓国家缘此得莫大之岁入，可以为财政开一新纪元，则诚有之，若绳以社会主义所谓均少数利益于多数之本旨，则风马牛不相及也。何也？必有资本者乃能向国家租地，其无资本者无立锥如故也；又必有大资本者，乃能租得广大之面积与良好之地段，而小资本者则惟局蹐于硗确之一隅也。诚如是也，则富者愈富、贫者愈贫之趋势，何尝因土地国有而能免也？抑孙文昔尝与我言矣，曰："今之耕者，率贡其所获之半于租主而未有已，农之所以困也。土地国有后，必能耕者而后授以田，直纳若干之租于国，而无复有一层地主从中胲削之，则农民可以大苏。"（此吾与足下在精养轩所辨论者，莫赖也。）此于前两法之外别为一法者也。此法颇有合于古者井田之意，且与社会主义之本旨不谬，吾所深许。虽然，此以施诸农民则可矣，顾孙文能率一国之民而尽农乎？且一人所租地之面积，有限制乎？无限制乎？其所租地之位置，由政府指定乎？由租者请愿乎？如所租之面积有限制也，则有欲开牧场者，有欲开工厂者，所需地必较农为广，限之，是无异夺其业耳。且岂必工与牧为然，即同一农也，而躬耕者与用机器者，其一人所能耕之面积则回绝，其限以躬耕所能耕者为标准乎？将以机器所能耕者为标准乎？如以躬耕为标准，则无异国家禁用机器；如以用机为标准，则国家安得此广土？如躬耕者与用机者各异其标准，则国家何厚于有机器者，而苛于无机器者也？是限制之法终不可行也。如无限制也，则谁不欲多租者，国家又安从而给之？是无限制之法亦终不可行也。要之，若欲行井田之意，薄其租以听民之自名田，则无论有限无限而皆不可行。何也？即使小其限至人租一亩，而将来人口加增之结果，终非此永古不增之地面所能给也。复次，如所租之位置由政府指定也，则业农牧者欲租田野，业工商者欲租都市，政府宁能反其所欲而授之？若位置由租者请愿也，则人人欲得一廛于黄浦滩，政府将何以给其欲也？是又两者皆不可行也。此段所论利病，乃以吾昔日所闻于孙文者而反诘之，若孙文不承认其曾有此言，或今日已变其政策，则吾言皆为无效。要之，仅言土地国有而不言资本国有，则其所生出之政策，不出两途：其一则吾前所举示之二法也，其二则吾所述孙文畴昔语我之一法也。使孙文能于此二者之外，别有其途，则请有以语我来。而不然者，由后之说，则四冲八撞，无论何方面皆不可以实行；由前之说，则是国家营利之目的，而于社会主义风马牛不相及也。

单税论（即孙文所谓一切苛捐尽数蠲除，但收地租一项也）之主唱者，为显理·佐治，其所著《进步与贫困》一书之结论，曾极言之。后之论者，认为财政学上一种学说而已，若以解决社会问题，则未之许也。盖社会革命家所以主张土地国有者，以凡一切生产机关皆当国有，而土地为生产机关之一云尔，惟一切生产机关皆国有，国家为唯一之地主，唯一之资本家，而全国民供其劳力，然后分配之均，乃可得言。而不然者，生产三要素，其土地国家掌之，其资本少数富者持之，其劳力多数贫者供之，及夫合三成物，得价而售，其售所获，当以几分酬土地之一要素而归诸国家，当以几分酬资本之一要素而归诸彼少数者，当以几分酬劳力之一要素而归诸此多数者，此其界限甚难分析（实无从分析）。其究也，仍不能不采现社会所行之地代（即租）制度，与赁银（即庸）制度。不过现行之地代，少数地主垄断之，土地国有后之地代，唯一之国家垄断之，其位置虽移，其性质无别也。而资本家实居间以握其大权，盖纳地代而得使用国家之土地者，资本家也；给赁银而得左右贫民之运命者，亦资本家也。夫欧美现社会所以杌陧不可终日者，曰惟资本家专横故。使徒解决土地问题而不解决资本问题，则其有以愈于今日之现象者几何也。且社会主义之目的，在救自由竞争之敝而已，生产机关皆归国家，然后私人剧烈之竞争可不行，若国家仅垄断其一机关，而以他之重要机关仍委诸私人，国家乃享前此此机关主人所享之利，是不啻国家自以私人之资格，插足于竞争场里，而与其民猎一围也，是亦欲止沸而益以薪已耳。是故以土地国有为行单税之手段，而谓为财政上一良法也，是则成问题。（能行与否，应行与否，又当别论。）若以简单之土地国有论，而谓可以矫正现在之经济社会组织，免富者愈富、贫者愈贫之恶果也，是则不成问题也。夫有朝衣朝冠而不袜不履者，则行路之人莫不笑之。孙文之民生主义，正此类也。孙文乎！苟欲言民生主义者，再伏案数年，其可也。

孙文又谓，欧美各国，地价已涨至极点，就算要定地价，苦于没有标准，故此难行，而因以证明社会革命在外国难，在中国易，就是为此。此真可谓奇谬之谈。谓欧美地价涨至极点，孙文能为保险公司保其不再涨乎？吾见伦敦、巴黎、柏林、纽约、芝加高之地价，方月异而岁不同也。且谓价已涨者则无标准，价未涨者则有标准，是何道理？吾国现在之地价，则涨于秦、汉、唐、宋时多多矣。吾粤新宁香山之地价，则涨于二十年前多多矣。若因其涨而谓其无标准，则我国亦何从觅标准耶？若我国有标准，则欧美各国果以何理由而无标准？吾以为欲求正当之标准，亦曰时价而已。我国有我国之时价，欧美有欧美之时价，吾苦不解其难易之有何差别也。若曰我国以价贱故，故买收之所费少而易，欧美以价高故，故买收之所费巨而难，则何不思欧美国富之比例，与吾相去几何也。要之，孙文所以言中国行社会革命易于欧美者，实不外前此与吾言"大乱之后人民离散，田荒不治，举而夺之"之说，此足下己亥七月间与吾在住吉亭三更拥被时所言，青眼虎（此绰号足下当能记之）在旁知状，足下宁能忘耶？今抵死图赖，不肯承仞〔认〕，此乃足下羞恶之心，自知忏悔，吾方喜足下之进化，何忍责焉，而惜乎虽忏悔而仍不足以自完其说也。

孙文又谓德国在胶州，荷兰在爪哇，行之已有实效，而欲我中国仿行起来。嘻！非丧心病狂而安得有此言也。孙文亦思胶州之在德国，爪哇之在荷兰，果居何等位置焉否也？吾固尝言以土地国有行单税制，为财政上一有研究价值之问题，政府垄断生产之一要素，自兹可无患贫，为政府计则良得，但不知其影响于国民者何如耳。夫德、荷政府，则朘胶州、爪哇之脂膏以自肥者也，孙文欲胶州、爪哇我全国耶！吾真不料其丧心病狂一至此极也。夫中华民国共和政府而忧贫也，则所以救之者亦多术矣，而何必以僇亡之余自拟者？

又孙文之言，尚有可发大噱者，彼云："英国一百年前，人数已有一千余万，本地之粮，供给有余。到了今日，人数不过加三倍，粮米已不彀二月之用，民食专靠外国之粟。故英国要注重海军，保护海权，防粮运不继。因英国富人把耕地改做牧地，或变猎场，所获较丰，且征收容易，故农业渐废，并非土地不足，贫民无田可耕，都靠做工糊口。"云云。谓英国注重海军，其目的乃专在防粮运不继，真是闻所未闻。夫经济无国界，利之所在，商民趋之，如水就壑。英国既乏粮，他国之余于粮者，自能饷之，非有爱于英，利在则然耳。虽无海军，岂忧不继？若曰战时不能以此论，则当日俄战役中，我国人之以米饷日本者，又岂少耶？虽买十分有一之兵事保险（恐为俄舰捕虏或击沉，故买兵事保险，其价视寻常保险加数倍），犹且为之矣。夫英国所以注重海军者，一则因沿海为国，非此不足以自存；一则因殖民地夥多，非此不足以为守。此则虽小学校生徒，类能解之者。而其不得不并力于殖民地，又资本膨胀之结果也。如孙文言，岂谓英国苟非改农地为猎牧地，国内农产，足以自赡，而即无待于海军乎？此与本问题无关，本不必齿及，所以齿及者，以觇所谓大革命家之学识有如是耳。又彼谓英国并非土地不足，只缘以耕地改猎牧地，致贫民无田可耕，以此为贫富悬绝之原因。此亦大不然。英国土地之大部分，向在少数贵族之手，即不改为猎牧地，而贫民之有田可耕者，本已甚希。夫隶农虽耕焉，而不可谓有田也；即非隶农，而受人之庸钱以耕人田，仍不可谓有田也。彼美国之农地，可谓极广矣，而耕者率立于一农业公司支配下，计日以给其劳力之直而已。盖自生产法一变以后，前此之小农小工制度，忽易为大农大工制度，两者职业虽殊，而变化之性质无别也。夫受农业公司之支配以为人耕田，与受工业公司之支配以为人制器，两者果何所择？而孙文谓贫民无田可耕，都靠做工糊口，工业却全归资本家所握，工厂偶然停歇，贫民立时饥饿。且使全国无一工厂，其大工悉举其资本以为大农，而激烈竞争之结果，终必有所废，乃能有所兴，而农业公司有停歇者，贫民遂可以免于饥饿乎？要之，但使资本在少数人手里，而绝对放任其竞争，则多数贫民，自必陷于困苦，初不问其以此资本经营何业也。至英国以农地变为猎牧地，此自是彼资本家应于其国经济之现状，见夫业此焉而可以得较厚之赢也，则群焉趋之，此亦如荷兰之资本家率业船，比利时之资本家率业铁，凡以为增殖资本之一手段而已，而未尝因其趋重何业，而影响及于贫民生计也。（影响所以及于贫民生计者，以资本在少数人手之故，而非因其以此业之资本移于彼业，而遂生影响也。）如孙文言，岂谓今日英国，但将猎牧地反为农地，而贫民遂可以家给人足乎？吾以为今日各国所通患者，皆土地不足也，匪独英国。而孙文谓英国并非土地不足，可谓异闻。夫土地之面积，自数十万年前既已确定，造化主不能因吾人类之增加而日造新壤，计口分以授之。此玛尔梭士之人口论，所以不胜其杞人之忧也。即使无工业革命之结果，而人浮于地，固已为病。欧人所以当四百年前，即汲汲以殖民为务，其动机皆坐是也。即如孙文所述，英国今日人口三倍于百年前，则百年前本地之粮供给有余者，而今日之需要三倍之，其将何以自存？即不改为猎牧地，而英民遂得免于饥饿乎？夫英民今日得免于饥饿者，虽谓全食工业革命之赐焉可也。自机器出而英人首利用之，英自此冠带衣履天下，各国之需要，而英人供给之；供给必有报酬，而英人享受之；英自是废农不务。英对于他国，以械器易粟；他国对于英，以粟易械器。交易之间，而英大获其赢，所获之赢资本家垄其泰半，而贫民亦得馂其余。然无论所垄者所馂者，则皆他国人所以饷英也。夫英之所以有今日，徒以废农故也。如孙文言，以废农为今日贫民饥饿之原因，浸假英人悉废其诸业而复于农，英政府复采孙文之土地国有策，凡能耕者则授之以田，斯可谓不病贫民矣，然三倍于昔之人民，能有三倍于昔之土地以给之乎？百数十年后人民复三倍于今，更能三倍其三倍之土地以给之乎？毋亦日迫之于饥饿而已。孙文所谓并非土地不足，徒以贫民无田可耕者，吾不知其说之何以自完也。夫虽无工业革命，而土地已患不足，其理既若是矣。若夫工业革命以后，资本日以膨胀，然所操资本，无论用之以治何业，总不能离土地而独立。以国中有定限之土地，而资本家咸欲得之为业场，竞争之结果，而租必日增；租厚则病赢，而资本家将无所利，于是益不得不转而求租薄之地，此殖民政策所以为今日各国唯一之政策也，而土地不足，实为之原。吾又不知孙文所谓并非土地不足之说，果何以自完也。而谓解决土地问题即能解决社会问题，吾诚不知其何途之从而能尔尔也。且孙文所以征引英国之现状者，岂非以为中国将来之比例乎？以彼所言，则英地主改耕地为猎牧地，乃贫民无田可耕之原因。洵如是也，则中国之社会问题，其永可以不发生矣。孙文得毋忧我中国面积四百余万方里之广土，至他日文明进步以后，将悉不为耕地乎？如是则何不忧天坠之犹为愈也，孙文何不曰，将来之土地将悉为大农所垄断，贫民虽有可耕者而非其田，则其说完矣。然洵如是也，则非解决资本问题，而一切问题，皆无从解决。孙文之土地国有论，则嫫母傅粉而自以为西施也。

吾反覆读孙文之演说，惟见其一字不通耳，而不能指出其所以致误谬之总根本何在。盖必其人稍有科学的头脑，每发一义，能持之有故，言之成理，但其观察点有一误谬之处，故驳论者可以此为攻，而持论者亦可以此为守。若孙文则头脑稀乱，自论自驳，无一路之可通，吾亦安从取其谬点之总根本而指之？无已，则有一焉，孙文其独尊农业而排斥农业以外之他业耶？其土地国有后之社会，殆欲斟酌古代井田之遗法耶？洵如是也，则古昔圣贤之言，而宋儒所梦寐以之者也，第不知其通于今后之社会焉否耳。

又孙文谓："行了这法之后，物价也渐便宜了，人民也渐富足了。"此语吾又不解其所谓。夫物价之贵贱，果从何处觅其标准耶？如就物之本体以言，只能以甲乙两物相校而观其比价，如云近二十年来银价贱，近一二年来银价贵。何以知其贵贱？以与金价比较故也。故就他方面言之，亦可云近二十年金价贵，近一二年来金价贱。其他物品亦例是。如以米为标准，十年前米百斤值银五元，柴百斤值银三角，某物某物百斤值银若干若干。今米之价如前也，而柴百斤值银五角矣，某物某物百斤之价，皆此例三与五为加增矣，则是百物之价增于米价也。（或米价增至每百斤六元，而其他百物皆以三与五之比例为加增，则亦可谓百物之价增于米也。）从他方面观之，则是米价贱于百物之价也。夫如是则有贵贱之可言。然物物而比较之，此以验社会需要趋于何方则可，而于物价贵贱之共通原理无与也。若夫一切物品，举十年之通以较之，而无一不涨于其前，是则金价或银价之趋贱耳，而非其余物价之趋贵也。（若就他方面言之，则即谓其余物价趋贵亦未始不可，然其理一也。）何也？物价之贵贱何以名？以其与金银之比价而名之耳。此与货币政策有密切之关系，今勿具论。若求诸货币以外，则尚有一原则焉，曰物价必比例于需要额与生产费，需要者多，则物价必腾；生产费重，则物价必腾。然文明程度高，则人之欲望之种类愈增，又文明程度高，则庸钱必涨，庸钱涨亦为生产费增加之一故。物价必随文明程度而日腾，又经济界之普通现象也。此其理由，诸经济学书皆言之，无俟详述。即观诸吾国内地与通商口岸之比较，亦可以为左证矣。今孙文谓行了彼土地国有政策后，物价必渐贱，吾真不解其所由。若其行圆满的社会主义，将生产机关悉归诸国家，则此派学者所考案，有谓宜依各人每日劳力之所直，给以凭票，其人即持凭票以向公立之种种商店换取物品者，如是则并货币亦废置不用，只以种种劳力与种种物品比价而立一标准，则物价无复贵贱之可言。孙文若采此说也，则物价渐贱之言为不通也。而不然者，土地以外之一切生产机关，仍为私有，物价必随文明程度之高下而为消长。物价而趋贱则必其需要之日减者也，需要日减，是贫困之一征也。否则庸钱趋微也，庸钱趋微，亦贫困之一征也。而又何人民富足之与有？吾观于此，而益疑孙文之社会革命论，除复反于古昔井田时代之社会，无他途也。举农业以外一切之诸业而悉禁之，以国有之土地授诸能耕之人而课其租，现有四万万人，苟国中有四十万万亩地，则人授十亩焉，数年以后，民增而地不增，则割所授于前人者，匀其分量以授后人，至一人授一亩或数人合授一亩而未有止。若是则于孔子所谓"不患寡而患不均"者，洵有合矣。但不知吾国民何以堪也？而不然，则必孙文封尽全世界之金银矿使永不产出，否则以金刚钻为货币也，舍此两者外，更无可以使物价趋贱之途。

　　以上两段，于本论论旨，无甚关系，不过以其语语外行，令人喷饭，故附驳之，亦使听演说而大拍掌者，念及此掌之无辜而受痛耳。

以上驳孙文说竟。彼报第五号别有《论社会革命与政治革命并行》一篇，吾拟驳之久矣，蹉跎不果。今吾所主张者，大率已见前方，虽非直接驳彼文，而彼文已无复立足之余地。况彼文肤浅凌乱，实无可驳之价值耶。惟其中有一条不可不加以纠正者。彼论述泰西学者之说，谓"贫富悬隔之所由起，在放任竞争绝对承认私有财产权"是也。而其所下绝对承认私有财产权之解释，谓"无私有财产制，不能生贫富，固也；有私有财产制，而不绝对容许之，加相当之限制，则赍本亦无由跋扈。即于可独占之天然生产力，苟不许其私有，则赍本所以支配一切之权失矣"云云。此所以证其言土地国有而不言资本国有之理由也。此说社会主义论者中，固有言之者，然其论之不完全，显而易见，即吾前所谓，国家自以私人资格，插足于竞争场里，而分其一脔耳。夫资本家固非必其皆有土地者，往往纳地代于他之地主，借其地以从事生产，而未尝不可以为剧烈之竞争。土地国有后，则以前此纳诸私人之地代，转而纳诸国家耳；或变所有权而为永代借地权或永小作权耳，于其跋扈何阻焉？以吾所闻，加私有财产权以相当之限制者，其条件则异是。凡不为生产机关者（如家屋、器具、古玩等），则承认其私有，其为生产机关者，则归诸国有而已。必如是而后可以称社会革命；不如是者，皆朝衣朝冠而不袜不履者也。而此种之社会革命，我中国现时果能行否，此则吾欲求彼党中人赐一言之确答者也。

大抵今日之欧美，其社会恶果，日积日著，各国政治家乃至学者，莫不认此为唯一之大问题，孳孳研究，而其论所以救治之方者，亦言人人殊。虽然，要其大别，可以二派该之。一曰社会改良主义派，即承认现在之社会组织而加以矫正者也，华克拿、须摩、拉布棱达那等所倡者与俾士麦所赞成者属焉。二曰社会革命主义派，即不承认现在之社会组织而欲破坏之以再谋建设者也，麦喀、比比儿辈所倡率者属焉。两者易于混同，而性质实大相反。今孙文及其徒所倡果属于何派乎？吾苦难明之。谓其属甲派而不类，谓其属乙派而又不类。殆欲合两派而各有节取耶？而不知其不相容也。是又荷蒉笠以入宫门之类也。质而言之，彼辈始终未识社会主义为何物而已。

又彼号论文尚有云："明初屯卫之制，其田皆国有也，明初所以得行此者，亦正以政治革命后易为功也。观于其后欲赎取已卖之田，犹患费无所出，乃其初设时若甚轻易举者，斯亦可知其故矣。行土地国有于政治革命之际，果何事强夺耶？"嘻嘻！此其故，虽微公言，吾固已熟知之。岂非吾前所闻于贵头领所谓大革命后积尸满地，榛莽成林，十余年后大难削平，田土无主者十而七八，夫是以能一举而收之者耶？明初屯卫制所以得行之而易为功者，非利故田主之因丧乱而散亡耶？后此欲赎而患无费者，非以承平之后不便掠夺耶？贵头领于前言，抵死图赖，而公等亦辩之惟恐不力，吾方谓豸性之已改矣，奈何不解藏踪迹浮萍一道开，更为此自实前言之供状耶。而犹曰无事强夺，吾不知杀人以梃以刃果何异也，且以明初为政治革命后，则公等所谓政治革命者，吾今乃知之矣。

彼报第五号所以丑诋我者，可谓无所不用其极。其笑我谓前此昌言经济革命断不能免，又绍介社会主义之学说，而今乃反排斥之。夫吾谓经济革命不能免者，就泰西论泰西也，今日我何尝谓其能免耶？社会主义学说，其属于改良主义者，吾固绝对表同情，其关于革命主义者，则吾亦未始不赞美之，而谓其必不可行，即行亦在千数百年之后，此吾第四号报所已言者（第四号出在彼报第五号之前）。彼谓今之社会主义学说，已渐趋实行，谓各国民法为趋重民生主义，谓日本铁道国有案通过为国家民生主义之实现。此言诚是也，而不知此乃社会改良主义，非社会革命主义，而两者之最大异点，则以承认现在之经济社会组织与否为界也（即以承认一切生产机关之私有权与否为界）。公等绝不知此两者之区别，混为一炉，忽而此焉，忽而彼焉，吾安从而诘之？彼报彼号有言曰：世每惟不知者乃易言之。又曰：梁某全不知社会革命之真。又曰：梁氏之攻民生主义，于民生主义毫无所知者也。夫浅学如余，则安敢自云能知者。但吾初以为公等必知之甚深然后言，及证以贵号前后十号之伟著，则公等所知，视"目不识欧文，师友无长者"之梁某，且不逮焉。惟不知者乃易言之，毋乃夫子自道耶？若夫公等之四不像的民生主义，其甚深微妙，则真非我之所得知矣。

吾初以为社会革命论，在今日之中国，不成问题，不足以惑人，故听彼报之鸦蛙聒阁，不复与辨，谓无取浪费笔墨也。今彼报乃宝此燕石，沾沾自喜，且无识者亦颇复附和之，故不得不为之疏通证明，非好辨也。虽然，本论之对于彼报，亦可谓不留余地矣。彼报见此，其将幡然悔悟，自知其扰扰之无谓耶？抑将老羞成怒，再为狼嗥牛吼之态，折理不胜，惟事嫚骂耶？此则非吾所敢言矣。

以上据鄙见以解决"中国今日社会应为根本的革命与否"之一问题已竟，今将附论"中国今日若从事于立法事业，其应参用今世学者所倡社会主义之精神与否"之一问题。此问题则吾所绝对赞成者也。此种社会主义，即所谓社会改良主义也，其条理多端，不能尽述。略举其概，则如铁道、市街、电车、电灯、煤灯、自来水等事业，皆归诸国有或市有也，如制定工场条例也，如制定各种产业组合法也，如制定各种强制保险法也，如特置种种贮蓄机关也，如以累进率行所得税及遗产税也，诸如此类，条理甚繁，别有专书，兹不具引。夫铁道等归诸公有，则事业之带独占性质者，其利益不为少数人所专矣；制定各种产业组合法，则小资本者及无资本者，皆得自从事于生产事业矣；制定工场条例，则资本家不能虐待劳动者，而妇女、儿童，尤得相当之保护矣；制定各种强制保险法，则民之失业或老病者，皆有以为养矣；特置种种贮蓄机关，予人民以贮蓄之方便，则小资本家必日增矣；以累进率行所得税及遗产税，则泰富者常损其余量以贡于公矣。夫以我国现在之社会组织，既已小资本家多而大资本家少，将来生产方法一变以后，大资本家之资本，与小资本家之资本，其量同时并进，固已不至奔轶太远，造成如欧美今日积重难返之势。而右所举社会改良主义诸条件，又彼中无量数之政豪、学哲，几经研究而得之者也，彼行之于狂澜既倒之后，故其效不甚章，我行之于曲突徙薪以前，故其敝末由至。夫欧洲所以演出工业革命之恶果而迫今后之社会革命使不能不发生者，固由瓦特机器之发明，骤变其生产之方，亦由斯密放任之学说，助长其竞争之焰，两者缺一，其惨剧当不至若是之甚。今我于生产方法改良之始，能鉴彼放任过度之弊，而有所取裁，则可以食瓦特机器之利，而不致蒙斯密学说之害，其理甚明。《记》曰："甘受和，白受采。"我以本质较良之社会，而采行先事豫防之方针，则彼圆满社会主义家所希望之黄金世界，虽未可期，而现在欧美社会阴风惨雨之气象，其亦可以免矣。而何必无故自惊，必欲摧翻现社会之根柢而后为快也。而况乎其所谓摧翻者，又实未尝能动其豪末，而徒虎皮羊质以自扰扰也。嘻！其亦可以知返矣。

要之，今之言社会革命者，其未知社会革命论之由来及其性质而妄言之耶，则妄言惑人之罪可诛；其已知之而故支离闪烁、张皇其词以耸人听耶，则不过吾前者所谓利用此以博一般下等社会之同情，冀赌徒、光棍、大盗、小偷、乞丐、流氓、狱囚之悉为我用，惧赤眉、黄巾之不滋蔓，复从而煽之而已。其立心之险恶，其操术之卑劣，真不可思议也。而一般学子，既年少而富于好奇心，复刺激于感情，以骚动为第二之天性，外之既未尝研究他人学说之真相，内之复未能诊察本国社会之实情。于是野心家乘之而中以诐词，致此等四不像之民生主义，亦以吠影吠声之结果，俨然若有势力于一时。吾安得不为此幼稚时代之国民一长恸也。

结论

故吾以为种族革命，不必要者也；社会革命，尤不必要者也；坦坦广途，独一无二，由之则至，歧之则亡，曰政治革命而已。更易其词以定其宗曰：今日欲救中国，惟有昌国家主义，其他民族主义、社会主义，皆当诎于国家主义之下。闻吾此论而不寤者，吾必谓其非真爱国也已。（《新民丛报》第八十六号，1906 年 9 月 3 日，署名"饮冰"，此为《杂答某报》之"五"）

政闻社宣言书

今日之中国，殆哉岌岌乎！政府梦督于上，列强束胁于外，国民怨讟于下。如半空之木，复被之霜雪；如久病之夫，益中以沴疠。举国相视，咸僝然若不可终日。志行薄弱者，袖手待尽；脑识单简者，铤而走险；自余一二热诚沉毅之士，亦彷徨歧路，莫审所适。问中国当由何道而可以必免于亡，遍国中几罔知所以为对也。夫此问题亦何难解决之与有。今日之恶果，皆政府艺之，改造政府，则恶根拔而恶果遂取次以消除矣。虽然，于此而第二之问题生焉，则政府当由何道而能改造是也。曰：斯则在国民也已矣。夫既曰改造政府，则现政府之不能自改造也甚明。何也？方将以现政府为被改造之客体，则不能同时认之为能改造之主体。使彼而可以为能改造之主体，则亦无复改造之必要焉矣。然则孰能改造之？曰：惟立于现政府之外者能改造之。立于现政府之外者为谁？其一曰君主，其他曰国民。而当其着手于改造事业，此两方面孰为有力，此不可不深察也。今之谭政治者，类无不知改造政府之为急。然叩其改造下手之次第，则率皆欲假途于君主，而不知任责于国民。于是乎有一派之心理焉，希望君主幡然改图，与民更始，以大英断取现政府而改造之者。或希望一二有力之大吏，启沃君主，取现政府而改造之者。此二说者，虽有直接间接之异，而其究竟责望于君主则同。吾以为持此心理者，其于改造政府之精神，抑先已大刺缪也。何也？改造政府者，亦曰改无责任之政府为有责任之政府云尔。所谓有责任之政府者，非以其对君主负责任言之，乃以其对国民负责任言之。苟以对君主负责任而即为有责任，则我中国自有史以来以迄今日，其政府固无时不对君主而负责任，而安用复改造为？夫谓为君主者，必愿得恶政府，而不愿得良政府，天下决无是人情。然则今之君主，其热望得良政府之心，应亦与吾侪不甚相远，然而不能得者，则以无论何国之政府，非日有人焉监督于其旁者，则不能以进于良。而对君主负责任之政府，其监督之者惟有一君主。君主之监督万不能周，则政府惟有日逃责任以自固。非惟逃之而已，又且卸责任于君主，使君主代己受过，而因以自谢于国民。政府腐败之总根原，实起于是。故立宪政治，必以君主无责任为原则。君主纯超然于政府之外，然后政府乃无复可逃责任之余地。今方将改造政府，而还以此事责诸君主，是先与此原则相冲突，而结果必无可望，然则此种心理之不能实现也明甚。同时复有一派反对之心理焉，谓现在政府之腐败，实由现在之君主卵翼之，欲改造政府，必以颠覆君统为之前驱。而此派中复分两小派：其一则绝对的不承认有君主，谓必为共和国体，然后良政府可以发生；其他则以种族问题搀入其间，谓在现君主统治之下，决无术以得良政府。此说与希望君主之改造政府者，虽若为正反对，要之认政府之能改造与否，枢机全系于君主，则其谬见亦正与彼同。夫绝对不认君主，谓必为共和国体然后良政府可以发生者，以英、德、日本之现状反诘之，则其说且立破，故不必复深辩。至搀入种族问题，而谓在现君主统治之下，必无术以得良政府者，则不可无一言以解之。夫为君主者，必无欲得恶政府而不愿得良政府之理，此为人之恒情，吾固言之矣。此恒情不以同族异族之故而生差别也。今之君主谓其欲保持皇位于永久，吾固信之，谓其必坐视人民之涂炭以为快，虽重有憾者，固不能以此相诬也。夫正以欲保持皇位之故，而得良政府即为保持皇位之不二法门，吾是以益信其急欲得良政府之心，不让于吾辈也。而惜也，彼方苦于不识所以得良政府之途。夫政府之能良者，必其为国民的政府者也。质言之，则于政治上减杀君权之一部分而以公诸民也。于政治上减杀君权之一部分而以公诸民，为君主计，实有百利而无一害，此征诸欧、美、日本历史，确然可为保证者矣。然人情狃于所习，而骇于所未经，故久惯专制之君主，骤闻此义，辄皇然谓将大不利于己，沉吟焉而忍不能与，必待人民汹汹要挟，不应之则皇位且不能保，夫然后乃肯降心相就。降心相就以后，见夫缘是所得之幸福，乃反逾于其前，还想前此之出全力以相抵抗，度未有不哑然失笑。盖先见之难彻，而当局之易迷，大抵如是也。故遍征各国历史，未闻无国民的运动，而国民的政府能成立者；亦未闻有国民的运动，而国民的政府终不能成立者。斯其枢机全不在君主而在国民。其始也必有迷见，其究也此迷见终不能久持。此盖凡过渡时代之君主所同然，亦不以同族异族之故而生差别也。而彼持此派心理者，徒着眼于种族问题，而置政治问题为后图。种瓜得瓜，种豆得豆，毋惑夫汹汹数载，而政治现象迄无寸进也。由后之说，则君主苟非当国民运动极盛之际，断未有肯毅然改造政府者，夫故不必以此业责望于君主。由前之说，则虽君主毅然欲改造政府，然必有待于国民，然后改造之实乃可期，夫故不能以此业责望于君主。夫既已知舍改造政府外，别无救国之途矣，又知政府之万不能自改造矣，又知改造之业，非可以责望于君主矣，然则负荷此艰巨者，非国民而谁？吾党同人，既为国民一分子，责任所在，不敢不勉，而更愿凡为国民之一分子者，咸认此责任而共勉焉。此政闻社之所由发生也。

西哲有言，国民恒立于其所欲立之地位。斯言谅哉！凡腐败不进步之政治，所以能久存于国中者，必其国民甘于腐败不进步之政治，而以自即安者也。人莫不知立宪之国，其政府皆从民意以为政。吾以为虽专制之国，其政府亦从民意以为政也。闻者其将疑吾言焉，曰：天下宁有乐专制之国民？夫以常理论，则天下决无乐专制之国民，此固吾之所能信也。虽然，既已不乐之，则当以种种方式，表示其不乐之意思，苟无意思之表示，则在法谓之默认矣。凡专制政治之所以得行，必其借国民默认之力以为后援者也。苟其国民，对于专制政治，有一部分焉为反对之意思表示者，则专制之基必动摇，有大多数焉为反对之意思表示者，则专制之迹必永绝。此征诸欧、美、日本历史，历历而不爽者也。前此我中国国民，于专制政体之外，曾不知复有他种政体，则其反对之之意思无自而生，不足为异也。比年以来，立宪之论，洋洋盈耳矣，预备立宪之一名词，且见诸诏书矣，稍有世界智识者，宜无不知专制政体，不适于今日国家之生存。顾在君主方面，犹且有欲立宪的之意思表示，虽其诚伪未敢言，然固已现于正式公文矣。还观夫国民方面，其反对专制的之意思表示，则阒乎未之或闻，是何异默认专制政体为犹适用于今日之中国也。国民既默认之，则政府借此默认之后援以维持之，亦何足怪？以吾平心论之，谓国民绝无反对专制之意思者，诬国民也；谓其虽有此意思，而绝不欲表示、绝不敢表示者，亦诬国民也。一部分之国民，盖诚有此意思矣，且诚欲表示之矣，而苦于无可以正式表示之途。或私忧窃叹，对于二三同志互吐其胸臆；或于报纸上，以个人之资格发为言论。谓其非一种之意思表示焉，不得也。然表示之也以个人，不能代舆论而认其价值；表示之也以空论，未尝示决心以期其实行。此种方式之表示，虽谓其未尝表示焉可也。然则正式之表示当若何？曰：必当有团体焉，以为表示之机关。夫团体之为物，恒以其团体员合成之意思为意思，此通义也。故其团体员苟占国民之一小部分者，则其团体所表示之意思，即为此一小部分国民所表示之意思；其团体员苟占国民之大多数者，则其团体所表示之意思，即为大多数国民所表示之意思。夫如是则所谓国民意思者，乃有具体的之可寻而现于实矣。国民意思既现于实，则必非漫然表示之而已，必且求其贯彻焉。国民诚能表示其反对专制之意思，而且必欲贯彻之，则专制政府前此所恃默认之后援，既已失据，于此而犹欲宝其敝帚以抗此新潮，其道无由。所谓国民恒立于其所欲立之地位者，此之谓也。吾党同人，诚有反对专制政体之意思，而必欲为正式的表示。而又信我国民中其同有此意思、同欲为正式的表示者，大不乏人。彼此皆徒以无表示之机关，而形迹几等于默认，夫本反对而成为默认，本欲为立宪政治之忠仆，而反变为专制政治之后援，是自污也。夫自污则安可忍也？此又政闻社之所由发生也。

　　夫所谓改造政府，所谓反对专制，申言之，则不外求立宪政治之成立而已。立宪政治非他，即国民政治之谓也。欲国民政治之现于实，且常保持之而勿失坠，善运用之而日向荣，则其原动力不可不还求诸国民之自身。其第一着，当使国民勿漠视政治，而常引为己任。其第二着，当使国民对于政治之适否，而有判断之常识。其第三着，当使国民具足政治上之能力，常能自起而当其冲。夫国民必备此三种资格，然后立宪政治乃能化成；又必先建设立宪政治，然后国民此三种资格乃能进步。谓国民程度不足，坐待其足然后立宪者妄也。但高谈立宪，而于国民程度不一厝意者，亦妄也。故各国无论在预备立宪时，在实行立宪后，莫不汲汲焉务所以进其国民程度而助长之者。然此事业谁任之？则惟政治团体用力常最勤，而收效常最捷也。政治团体，非得国民多数之赞同，则不能有力。而国民苟漠视政治，如秦越人之相视肥瘠，一委诸政府而莫或过问，则加入政治团体者自寡，团体势力永不发达。而其对于国家之天职将无术以克践。故为政治团体者，必常举人民对国家之权利义务，政治与人民之关系，不惮哓音瘏口为国民告，务唤起一般国民政治上之热心，而增长其政治上之兴味。夫如是，则吾前所举第一着之目的，于兹达矣。复次，政治团体之起，必有其所自信之主义，谓此主义确有裨于国利民福而欲实行之也。而凡反对此主义之政治，则排斥之也。故凡为政治团体者，既有政友，同时亦必有政敌。友也敌也，皆非徇个人之感情，而惟以主义相竞胜。其竞胜也，又非以武力，而惟求同情。虽有良主义于此，必多数国民能知其良，则表同情者乃多。苟多数国民不能知其良，则表同情者必寡。故为政治团体者，常务设种种方法，增进一般国民政治上之智识，而赋与以正当之判断力。夫如是，则吾前所举第二着之目的，于兹达矣。复次，政治团体所抱持之主义，必非徒空言而已，必将求其实行。其实行也，或直接而自起以当政局，或间接而与当局者提携。顾无论如何，而行之也必赖人才。苟国民无多数之政才以供此需要，则其事业或将蹶于半涂，而反使人致疑于其主义。故为政治团体者，常从种种方面，以训练国民，务养成其政治上之能力，毋使贻反对者以口实。夫如是，则吾所举第三着之目的，于兹达矣。准此以谈，则政治团体诚增进国民程度惟一之导师哉。我中国国民，久栖息于专制政治之下，倚赖政府，几成为第二之天性。故视政治之良否，以为非我所宜过问。其政治上之学识，以孤陋寡闻而鲜能理解；其政治上之天才，以久置不用而失其本能。故政府方言预备立宪，而多数之国民，或反不知立宪为何物。政府玩愒濡滞，既已万不能应世界之变、保国家之荣，而国民之玩愒濡滞，视政府犹若有加焉。丁此之时，苟非相与鞭策焉、提挈焉，急起直追，月将日就，则内之何以能对于政府而申民义，外之何以能对于世界而张国权也。则政治团体之责也，此又政闻社之所由发生也。

政闻社既以上述种种理由，应于今日时势之要求，而不得不发生。若夫政闻社所持之主义，欲以求同情于天下者，则有四纲焉。

一曰实行国会制度，建设责任政府。

吾固言之矣，凡政府之能良者，必其为国民的政府者也。曷为谓之国民的政府？即对于国民而负责任之政府是也。国民则夥矣，政府安能一一对之而负责任？曰：对于国民所选举之国会而负责任，是即对于国民而负责任也。故无国会之国，则责任政府终古不成立。责任政府不成立，则政体终古不脱于专制。今者朝廷鉴宇内之势，知立宪之万不容已，亦既涣汗大号，表示其意思以告吾民。然横览天下，从未闻有无国会之立宪国，故吾党所主张，惟在速开国会，以证明立宪之诏，非为具文。吾党主张立宪政体，同时主张君主国体。然察现今中央政治机关之组织，与世界一般立宪君主国所采用之原则，正相反背。彼则君主无责任，而政府大臣代负其责任。此则政府大臣无责任，而君主代负其责任。君主代政府负责任之结果，一方面使政府有所诿卸，而政治未从改良；一方面使君主丛怨于人民，而国本将生摇动。故必崇君主于政府以外，然后明定政府之责任，使对于国会而功过皆自受之。此根本主义也。

二曰厘订法律，巩固司法权之独立。

国家之目的，一方面谋国家自身之发达，一方面谋国中人民之安宁幸福。而人民之安宁幸福，又为国家发达之源泉，故首最当注意焉。人民公权私权，有一见摧抑，则民日以瘁，而国亦随之。然欲保人民权利罔俾侵犯，则其一，须有完备之法律规定焉以为保障；其二，须有独立之裁判官厅，得守法而无所瞻徇。今中国法律，大率沿千年之旧，与现在社会情态强半不相应，又规定简略，惟恃判例以为补助，夥如牛毛，棼如乱丝，吏民莫知所适从。重以行政、司法两权，以一机关行之，从事折狱者，往往为他力所左右，为安固其地位起见，而执法力乃不克强。坐是之故，人民生命财产，常厝于不安之地，举国儳然若不可终日。社会上种种现象，缘此而沮其发荣滋长之机。其影响所及，更使外人不惜信于我国家，设领事裁判权于我领土。而内治之困难，益加甚焉。故吾党以厘订法律，巩固司法权之独立，为次于国会制度最要之政纲也。

三曰确立地方自治，正中央地方之权限。

地方团体自治者，国家一种之政治机关也。就一方面观之，省中央政府之干涉及其负担，使就近而自为谋，其谋也必视中央代谋者为易周，此其利益之及于地方团体自身者也。就他方面观之，使人民在小团体中为政治之练习，能唤起其对于政治之兴味，而养成其行于政治上之良习惯，此其利益之及于国家者，盖益深且大。世界诸立宪国，恒以地方自治为基础。即前此久经专制之俄罗斯，其自治制亦早已颁布，诚有由也。我国幅员辽廓，在世界诸立宪国中，未见其比。而国家之基础，又非以联邦而成。在低级之地方团体，其施政之范围，虽与他国之地方团体不相远，在高级之地方团体，其施政之范围，殆埒他国之国家。故我国今日颁完备适当之地方自治制度，且正中央与地方之权限，实为最困难而最切要之问题。今地方自治之一语，举国中几于耳熟能详，而政府泄泄沓沓，无何种之设施，国民亦袖手坐待，而罔或自起而谋之，此吾党所以不能不自有所主张而期其贯彻也。

四曰慎重外交，保持对等权利。

外交者，一部之行政也。其枢机全绾于中央政府。但使责任政府成立，则外交之进步，自有可期。准此以谈，似与前三纲有主从轻重之别，不必相提并论。顾吾党所以特郑重而揭橥之者，则以今日之中国为外界势力所压迫，几不能以图存，苟外交上复重以失败，恐更无复容我行前此三纲之余地。故吾党所主张者，国会既开之后，政府关于外交政策必诸民意然后行。即在国会未开以前，凡关于铁路、矿务、外债，与夫与他国结秘密条约、普通条约等事件，国民常当不息于监督，常以政治团体之资格，表示其不肯放任政府之意思，庶政府有所羁束，毋俾国权尽坠，无可回复。此亦吾党所欲与国民共荷之天职也。

以上所举虽寥寥四纲，窃谓中国前途之安危存亡，盖系于是矣。若夫对于军事上、对于财政上、对于教育上、对于国民经济上，吾党盖亦皆薄有所主张焉，然此皆国会开设后、责任政府成立后之问题。在现政府之下，一切无所着手，言之犹空言也，故急其所急，外此暂勿及也。

问者曰：政闻社其即今世立宪国之所谓政党乎？曰：是固所愿望，而今则未敢云也。凡一政党之立，必举国中贤才之同主义者，尽网罗而结合之，夫然后能行政党之实，而可以不辱政党之名。今政闻社以区区少数之人，经始以相结集，国中先达之彦，后起之秀，其怀抱政治的热心，而富于政治上之智识与能力者，尚多未与闻，何足以称政党？特以政治团体之为物，既为应于今日中国时势之必要，而不得不发生。早发生一日，则国家早受日之利；若必俟国中贤才悉集于一堂，然后共谋之，恐更阅数年，而发生未有其期。况以中国之大，贤才之众，彼此怀抱同一之主义而未或相知者，比比皆是，莫为之先，恐终无能集于一堂之日也。本社同人，诚自审无似，顾以国民一分子之资格，对于国家应尽之天职，不敢有所放弃。且既平昔共怀反对专制政治之意思，苟非举此意思而表示之，将自侪于默认之列，而反为专制游魂之后援。抑以预备立宪之一名词，既出于主权者之口，而国民程度说，尚为无责任之政府所借口，思假此以沮其进行，则与国民相提挈以一雪此言，其事更刻不容缓。以此诸理由，故虽以区区少数，奋起而相结集，不敢辞也。日本改进党之将兴也，于其先有东洋议政会焉，有嘤鸣社焉，以为之驱除。世之爱国君子，其有认政闻社所持之主义，为不谬于国利民福；认政闻社所执之方法，为足以使其主义见诸实行，惠然不弃，加入政闻社而指挥训练之，使其于最近之将来，而有可以进而伍于政党之资格，则政闻社之光荣，何以加之！又或与政闻社先后发生之政治团体，苟认政闻社所持之主义，与其主义无甚刺谬，认政闻社所执之方法，与其方法无甚异同，惠然不弃，与政闻社相提携，以向于共同之敌，能于最近之将来，共糅合以混成政党之资格，则政闻社之光荣，又何以加之！夫使政闻社在将来中国政党史上，得与日本之东洋议政会、嘤鸣社有同一之位置，同一之价值，则岂特政闻社之荣，抑亦中国之福也。此则本社同人所为沥心血而欲乞赉此荣于我同胞者也。

问者曰：政闻社虽未足称政党，而固俨然为一政治团体，则亦政党之椎轮也。中国旧史之谬见，以结党为大戒，时主且悬为厉禁焉，以政闻社置诸国中，其安从生存？政府摧萌拉蘖，一举手之劳耳。且国中贤才，虽与政闻社有同一之政见者，其毋亦有所惮而不敢公然表同情也。应之曰：不然。政闻社所执之方法，常以秩序的行动，为正当之要求。其对于皇室，绝无干犯尊严之心；其对于国家，绝无扰紊治安之举，此今世立宪国国民所常履之迹，匪有异也。今立宪之明诏既屡降，而集会、结社之自由，则各国所咸认为国民公权，而规定之于宪法中者也。岂其倏忽反汗，对于政治团体而能仇之？若政府官吏不奉诏，悍然敢为此种反背立宪之行为，则非惟对于国民而不负责任，抑先已对于君主而不负责任。若兹之政府，更岂能一日容其存在以殃国家？是则政闻社之发生，愈不容已。而吾党虽洞胸绝脰，而不敢息肩者也。取鉴岂在远，彼日本自由、进步两党，与藩阀政府相持之历史，盖示我以周行矣。彼其最后之胜利，毕竟谁属也？若夫世之所谓贤才者，而犹有怵于此乎，则毋亦以消极的表示其默认专制政体之意思，而甘为之后援耳。信如是也，则政府永不能改造，专制永不能废止，立宪永不能实行，而中国真从兹已矣。呜呼！国民恒立于其所欲立之地位，我国民可无深念耶？可无深念耶？（《政论》第一号，1907 年 10 月 7 日，署名"宪民"）

蒋智由

《政论》序

今欲论中国事者，不可不分数年间为两个之时期，一不变法之中国，一变法之中国。

不变法之中国，必亡者也。虽然，变法其遂能不亡乎？夫变法而不成，则中国亦必亡。不变法之中国，所为欲救国者，无他道也，求其能变法而已。变法之中国，非进而求其变法之有成，则所为欲救国之一目的不可得而达。

二者之间，其时期异，其处置之道亦异。

今欲举其异而略言之。前者叫号的，后者研究的；前者扫荡的，后者组织的；前者热烈的，后者静实的；前者感情的，后者学理的。此其大较也。

而其对于政府之道亦异，盖在不变法之时代，虽用破坏的手段以求变法可也；至于法之既变，不可不舍破坏的而求秩序的。何也？用破坏的手段，则将并种种之新事业而俱破坏之故也。夫既不可破坏之，则其对于政府也，不可不一变而为监督的、参与的立宪政党之事，由此其选也。

至若不变法而求变法，其事易；变法而求其变法之成，其事难。试观我国人之求变法也，不过数年，而今则变法之论，举国无异议，盖已入于变法之时期中矣。（所费之言论不多，牺牲之人物亦不多，而即能收今日之效，盖为初言变法之所不及料者。）虽然，今既变法，而欲求变法之有成乎，则必国人于道德、学问、智识示一极大之进步，能适于新事业而后可，故曰难也。抑非徒难易而已，尤当告我国人曰：不变法，其祸小，变法不成，其祸大。何也？变法之中，凡举行种种之新事业，皆已竭国人之全力，可一举之，必不可再举之故也。

默默我思之，今后之中国，其将入恐慌之时代乎？

盖今日上下所办种种之新事业，进而窥其内容，殆无一不腐败者。夫民间事业之腐败，其结果以财力尽而至于闭息，此今后数年间所当屡见之事也。虽然，民间事业之腐败也，至于闭息而已。而政府则不能闭息之者，虽腐败至于若何，而政府之机关必不能一日而绝。故夫二者之间，其归宿，民间之事业败，则外人进而为之。若造路不成，则外人进而造我之路，开矿不成，则外人进而开我之矿，是也。凡种种权利所关之事，当未办之前，可以辞却外人，至于既办而败，则无辞以却，而直将坐送之于外人之手。此民间腐败之结果，变法不成之祸之必出于此也。至于政府，其事业既败而不能闭息，则所以维持之道，不外搜民财，民财无可搜，则不能不借外债，借外债不能不以权利抵押之，而于冥默之中，债款日增，即权利日削，盖不见其亡国，而实无一日不亡国，惟待国命之尽日而已。此又政府腐败，变法不成之祸之必出于此也。故曰：不变法，其祸小，变法不成，其祸大也。

呜呼！我中国其果以不变法而亡国乎？抑将以变法不成而亡国乎？数年前防其出于前者，而今以后则防其出于后者。孟子曰：吾为此惧。是固本报之所惧也。抑《诗》有之曰：风雨如晦，鸡鸣不已。本报诸人于未变法之前，则起而呼国人之当变法，于既变法之后，则又当以变法不成，警告国人以大祸。其诸亦有怵惕是言，而共欲求变法之有成也欤？则中国幸甚，愿国人之一鉴此意矣。（《政论》第一号，1907年10月7日）

变法后中国立国之大政策论

变法后之中国，不可不以国家之安固，政治之良善，事业之兴盛，以增进人民之幸福为第一之问题，而民族异同之感情，其第二之事也。

今试问变法后之中国，国家大乎？民族大乎？不能不审之曰：国家为大。盖以人民利害关系于国家者多，关系于民族者少。夫区别大小缓急之智识，人生应事必要之智识也。有一疑问于此，取其一不能不舍其一，故大问题常能压小问题而改变之。对于变法后之中国，而大国家于民族者，固时势之所不能已也。

夫变法后之中国，既当认定以国家之事为大，而今国中含有民族之意见，吾辈又未尝不认之，然则调和于此二者之间，而定一公平适当之法，使事势得以进行，而生利益于中国者，固中国今日所必要而不可少之政策也。

如是而为今日所可取之政策者何乎？曰于立宪之下，合汉、满、蒙诸民族皆有政治之权，建设东方一大民族之国家，以谋竞存于全地球列强之间者是也。

欲定此政策，先当设一问题，曰汉满蒙三民族，可以分裂建国而存立于今日之地球乎，抑必待合并建国而后乃能存立于今日之地球是也。

则答之曰：凡近世纪各国之所以兴盛者，其于国内之事，一言以蔽之曰：由分而合而已。德意志合联邦而后成为统一之德意志，意大利合联邦而后成为统一之意大利（俾思麦克以统一德意志联邦为其极大之政策，意大利之加富尔亦然），日本亦覆幕削藩，而后成为统一之日本。使此诸国，分裂而不能合并，已早入于亡国之数。盖今日国家之所以能存立于竞争之中，一恃其有势力而已。而势力者，分则小，合则大；分则弱，合则强。此各国兴盛之规辙，所以不谋而咸出于一途也。

故夫今日者，假令汉人本自为一国，满人本自为一国，蒙古人亦本自为一国，为中国谋者，已不可不提出汉满蒙联邦合并之政策，何也？不取联邦合并之策则其势力不足以与今世之列强争故也。又试以地理之形势而言，向使汉人自为一国而不与满人、蒙古人合并而为一，则东南防海，而东北西三面，撤其障蔽，肩背俱寒，而受俄日之冲，立国于四战之地，其不能稳固无疑。若夫满人、蒙古人不能无汉人而独自存立，又妇稚所知，而无待赘言。故夫汉满蒙三族，必当联合而为一国者，此实天然上之大势也。

夫汉满蒙三族，假令分立建国，今已不可不合并之而归于统一，况乎今有统一之形骸者存，则改革上所谓最稳健的"旧瓶注新酒"之法，固可一试用于今日之中国也。（以旧瓶盛旧酒，则酒将腐败；而弃旧瓶，则无酒器。凡国家社会不破其旧形的改革，义取于此。）

夫各国之兴盛也，多属于分裂之时代中，由分裂而图联合，至联合成而国以存立。而中国乃反是，处于统一之时代中，于统一之中，而以民族感情之不和，权力之不均而图分裂，分裂而中国固易亡矣。悲夫！各国多由分而合以强，而中国乃由合而分以亡也。

或曰：然则今之中国，既已合汉满蒙诸民族而为一国矣，何劳复言统一为？曰：唯唯否否，不然。夫今中国之合汉满蒙诸民族而为一国者，形骸的统一，而非精神的统一，固非吾之所谓统一也。其与吾所谓统一之异者，试言其略：（甲）一族为主各族为奴之统一，（乙）各族皆为主而非为奴之统一；（甲）以兵力压服的统一，（乙）以法制联合的统一。申言之：（甲）一族独有政治权之统一，（乙）各族皆有政治权之统一。又以易分别之词言之：（甲）专制的统一，（乙）立宪的统一；（甲）旧式的统一，（乙）新式的统一是也。今试问宇内各国，尚有用（甲）式的法而能统一之者乎？曰无有。（俄罗斯虽尚用甲式的统一之法，然内乱续出，已有分裂而将不能统一之势，况俄罗斯今亦立宪乎？故甲式的统一法除中国外已无有之。）故夫由吾之所谓统一法则存，不由吾之所谓统一法，则必由统一而至于分裂以亡者也。天下事固有相似而大不同者，此类是也。

夫予所期于中国今日之统一者，以汉满蒙诸民族共立于立宪之下，存皇室而予国人以参政之权是也。

夫从（乙）式的统一，其有大利之事三，而其小者，姑不必言之。

以政治权分配于数个之民族，使人人皆有国家主权之一分，而视国家为己所有之物，则对于国家亲切之心日增，即对于民族憎怨之情日减。而合东方之一大民族建国，则人多地广，势强力厚，能与列强相抵衡而无国本薄弱之忧。一也。

凡种种之新事业，在国本既定、干戈韬戢之后，而后方能专心合力而经营之。不然，方开办种种之新事业中，而复见天下之骚扰，则新事业之基本动摇，其危险盖莫大焉。以（乙）式的统一建国，则对于内部，可期不再见兵革之事，而种种之新事业，得于国家平和稳固之中，而进行以告成功。二也。

凡英雄豪杰皆有国家之思想，以得洒其一生之心思于国家，而得见事功之成就为莫大之快事。（凡英雄豪杰必欲发挥其精力以建事功，犹人有男女之欲无异，人固有为男女之事而横决者，使英雄豪杰不得尽力于国家，未有不激而生变者也。）苟遏抑之而不得达其志，必致旁溢歧出，为暗杀革命之事，以（乙）式的统一建国，则能使瑰奇颖秀之人，悉注集其精力于政治范围之中，不必激而出于他途，致遭杀戮屏弃，以消耗全国之人才，还而与国家为难，而国家亦受莫大之损失。盖当人民皆有政治权之后，则人才皆得尽力于国家，而国家亦得收人才之用。三也。

若夫用（甲）式的统一，其害有不可胜言者，而革命暗杀，其最著之事也。试略言之：

自自由民权之说输入于东方，而中国沿江海数省，革命之风潮斯盛。浸假而开通及于西北之边省以至蒙古，必更有起而唱革命者。此非以参政之权予人民，则全中国革命之气风，必不可得而熄。盖今世界文明各国，实无无政治权之人民故也。且夫真欲立国，不可不使国内人无一革命之心。盖国家经一回骚扰，其所耗折者非他，即国家之人民；所损失者非他，即国家之财产也。至屡起屡仆，而骚扰之事不绝，则国家之人民尽、财产丧，而国家且何有矣。（平内乱与胜外敌不同，胜外敌者利在我，平内乱则受其害者，仍在我矣。）况乎自今以后，中外之关系日密，政府若不能得百姓之心，而国内屡演革命之事，其患害波及于各国，各国必进而自筹治中国之法。且夫平革命之策，决不在兵力的而当以政治的，使政府畏各国之责言，而盲目的欲偏增兵力以防革命，其结果必且毙命于财赋之不能供给。（直接不毙于革命，而间接为防革命之故，毙于财赋供给之不足，亦能亡国。）况乎政府若恃其兵力，而杀戮过多，致惹起"人道"之一问题，则外人且得视政府为蛮野，干涉中国之内政而有词。故夫革命者，即不能成事，而亦能亡国者也。而用甲式的统一法治国，虽政府之兵力，至于若何其强，则必不能清革命之源。此革命之能为大祸者，一也。

革命不成，其变相又流而为暗杀。盖以文明之利器日增，于一方，政府得借用此利器以制革命，有快炮、利枪、铁路、电报，则革命之事日消，此其明征也；而于一方，人民亦得借用此利器以制政府，有爆裂弹等，则暗杀之事日盛，此又其明征也。一文明之利器，而两方皆收其利，亦并受其害，天地间循环相制之妙，固有如此者。夫政府之所惧者革命，至其力足以平革命，方谓可庆无事矣，而不谓暗杀之祸更烈。盖革命者，事属竟体，其及于个人者尚小，而暗杀者，事属个人，其及于个人者甚大也。且夫人生之乐，首在精神之安否，而物质之事，其次焉者也。今惴惴焉日有性命之忧，抚此头颅发肤，不知焦烂齑粉于何时，其于精神上之苦痛，亦已甚矣，虽有富贵，亦复何乐之有？呜呼！今后之政府，若不以政治之权予民，则革命不已，继以暗杀，而二十世纪之中国，直将步俄罗斯之后尘，以腥血染中国之历史也。言念及此，可为寒心。而用甲式的统一，专制政体之末路，其祸有必至于此者，二也。

孰吉孰凶，何去何从，是在政府。夫变法后之中国而果欲求存立乎，又何可不出之以至公之心，断之以至高之识，而定立国之大本也。（《政论》第一号，1907 年 10 月 7 日）

杨　度

《中国新报》叙

今地球上以大国被称者十数，而中国居其一。虽然，以中国之大言之，固有非各国所能及者，若以言乎富与强，则反在各国下数等。此其故何也？则以中国之政体为专制之政体，而其政府为放任之政府故也。何谓放任之政府？则以对于内惟知窃财，对于外惟知赠礼，人民之生命财产，非其所问。一言以蔽之，则曰不负责任之政府也。

今中国之谈政治者，率多依赖政府之心，日注意于国民所以被治之途，而不从事于国民所以自治之道。此不惟不通治体，抑且增长国民之放任心而减少国民之责任心，于国家之进步，必有损而无益矣。是不知政府之所以不负责任者，由于人民之不负责任；使人民而愈放任，斯政府亦愈放任矣。于此而欲求政府之进步，是犹欲南行者而北其辙也。故谋国者之所宜主张者，惟国民责任论而已矣。虽然，国民之责任，亦不可以空言而负也，尤必有能力以附之。

今试问中国国民中之能力如何？则其程度至不齐一，而其所以为差异者，则大抵由于种族之别。合同国异种之民而计之，大抵可分为汉、满、蒙、回、藏五族。而五族之中，其已进入于国家社会而有国民之资格者，厥惟汉人。若满、蒙、回、藏四族，则皆尚在宗法社会，或为游牧之种人，或为耕稼之族人，而于国民之资格，犹不完全。盖极东西通古今之人类社会，无不经蛮夷社会、宗法社会、军国社会之三大阶级而以次进化者。蛮夷社会无主义，宗法社会为民族主义，军国社会为国家主义。此西儒甄克思所发明，一定不移之公例，无论何种社会，而莫之能外者也。今世西洋各强国国家之程度，皆已入于完全之军国社会。而以中国之国家程度言之，则其自封建制度破坏后，由宗法社会进入于军国社会者，固已二千余年，惟尚不能如各国之有完全军国制度耳。而国民之中满、蒙、回、藏四族，则皆犹在宗法社会之中，有民族主义而无国家主义，与中国国家之程度不相应。惟汉人则手创此中国者，其程度乃独高，而与国家同有国家主义而无民族主义。故以其能力而论，则政治能力、经济能力、军事能力，虽在今不能及于西洋，而自古无敌于东洋。当其内政整理时，而与他民族遇也，则他民族必劣败于其军事能力之下；当其内政不理时，而与他民族遇也，则他民族虽偶优胜于军事，而旋必劣败于其政治能力、经济能力之下。汉族数千年来之历史，可以此数语包括之。盖进化者优胜，而退化者劣败。宗法社会之族，一遇军国社会之族而立败，民族主义之种人族人，一遇军国社会之国民而立败，此自然淘汰之理。而中国为东方数千年惟一之国家，汉族为东方数千年惟一之人种者，即以有此惟一之特色也；而其可一蹴以跻于完全军国社会者，即在乎此。吾人欲言国民责任，则必取其能力足以组织完全军国者而与之言，势不能不于国民中，后满、蒙、回、藏而先汉族，以汉族负此先忧后乐之义务焉。此亦事势之不得不然者也。

夫吾人之所以欲国民负责任者，乃欲以国民之能力，改造一责任政府耳。其所以欲改造责任政府者，欲使中国成一完全之军国社会，以与各军国同立于生存竞争之中，而无劣败之惧耳。虽然，今世各国虽曰军国，然岂其专以军事立国为无意识之战争者乎？盖皆以经济之争而有军事，又以军事之争而有经济，不仅为军事国，又已为经济国。合言之，则曰经济战争国，又曰经济的军国，非此则不足以自立于世界。故吾人所欲建设之完全国家，乃为经济战争国，故吾人之主义乃世界的国家主义，即经济的军国主义。以此主义，可以立国于世界，而无不适故也。然欲成一经济的军国，则不可不采世界各军国之制度，而变吾专制国家为立宪国家，变吾放任政府为责任政府。

然一言立宪，则有一问题发生，即立宪云者，君主立宪乎？民主立宪乎？因此问题而又有二问题发生，即其一为君主立宪与民主立宪，所须国民能力之程度，孰为多寡乎？其二为君主立宪与民主立宪，所得之国民幸福，孰为多寡乎？是二问题者，吾人以一语解决之曰：国民所须能力之多寡，不以君主立宪、民主立宪而异；国民所得幸福之多寡，亦不以君主立宪、民主立宪而异。其有异者，以宪而异，而非以主而异也。其能力可为民主立宪国之国民者，即可为君主立宪国之国民；可为君主立宪国之国民者，即可为民主立宪国之国民。此其所同者也。而君主国民之幸福，有多于民主国民之幸福者，如英之与法是也；民主国民之幸福，有多于君主国民之幸福者，如美之与德是也。同为君主国民，而幸福之多寡有不同者，如英之与德是也；同为民主国民，而幸福之多寡有不同者，如美之与法是也。此其所以异也。盖幸福者，民所自取，而非主所界与，则所问者在宪而不在主矣。

然则中国宜为君主立宪乎？抑宜为民主立宪乎？曰：是不当以理论决，而当以事实决；又不当以他日之事实决，而当以今日之事实决。若吾人之所主张者，则以为今日中国之事实，但能为君主立宪，而不能为民主立宪。此于理无可言，惟据势以为断耳。其势如何？曰：若为民主立宪，则有困难之二问题：一曰满、蒙、回、藏人之文化，不能骤等于汉人；二曰汉人之兵力，不能骤及于蒙、回、藏人。盖共和国民于宪法上有人人平等之权利。今满、蒙、回、藏之人，方言民族主义，国家观念最为浅薄，欲其与汉人并立，五族平等，共选举议员，共选举大统领，此其事他日或能行之，而今时必不能也。今既不能，则汉人组织共和国家，满人无复有土地之可守，必以反抗而尽败灭；蒙、回、藏之人，则必以民族主义而各离立。是非谓满人为君主，则可以统制之，汉人为君主，则不能统制之也；又非谓汉人为君主，可以统制之，汉人为民主，则不能统制之也。乃以旧政府初灭，新政府未强之际，其兵力必不能制服各族，使仍为我领土。而蒙、回、藏者，持民族主义者也，无欲于汉人同立于一国家一政府之下以为生活之心，则必乘此以解纽而各离立。是其时必以汉、蒙、回、藏四族，分为四小中国。此四小中国中，其始终能立国者，惟汉人，而蒙、回、藏皆不能。若有一不能者，而为强国所并，则世界诸国中所倡支那领土保全、各国势力均等主义，必被其所破坏，而生各国之纷争。于时俄必得蒙与回，英必得藏，法、德、日本等必下手于二十一行省，其影响遂波及汉人之国，亦就灭亡。以内部瓜分之原因，而得外部瓜分之结果，此皆欲成民主国所必至之符也。是一言立宪，则以就现有之君主立宪为宜，而以满汉平等，蒙回同化，以实行国民统一之策焉。故吾人之所问者，不在国体而在政体，不争乎主而争乎宪。果能为立宪国，则完全之军国可以成，而与吾人之经济的军国主义无悖矣。

　　然而立宪之事，不可依赖政府，而惟恃吾民自任之。世界中无论何国之政府，未有愿立宪者，此不必希望，亦不必责怨，希望之与责怨，皆倚赖政府之性质也。凡立宪之国家无不有责任之政府者，故吾民今日之事业，惟有改造责任政府为惟一之事业。而改造责任政府之方法，则有一至重极要之物，为必不可缺者。其物为何？则议会是也。夫议会者，所以代表人民监督政府之机关。使一国无此机关，则欲政府为责任政府，不可得也，是乃吾民今日所最急者。然反对此者，必有二说焉：其一为人民程度说，以为今日人民程度尚不足以为此也。然吾人以为进行一步，即程度高一步，鼓其进行，即所以养其程度，若不进行，而待程度之足，虽再历万年，犹将不足也。且中国人民之程度与中国政府之程度为对待，而非与各国人民之程度为对待也。今谓中国人民程度尚为未足，而中国政府之程度乃为已足，其理如何可通？自吾人观之，则非因人民程度之不足之故，而政府不必进行；实因政府之程度不足之故，而人民不得不进行耳。此人民程度说之非也。其二为政府势力说，以为政府可以为人民进行之阻力。此不知中国之政府之能力，既不足以为开明，复不足以为野蛮，惟能为放任之政府，此其与俄罗斯等之专制国异者也。观其窃财赠礼，则其放任之情状可见。天下惟放任者最易劣败，此进一步，则彼退一步，有退让而无抵抗。今中国之权利，以政府之放任而遍地皆是，人民但群起而自取之，斯其势力已足于左右叱咤之声中，而促政府之倒矣。盖天下易倒之政府，莫中国政府若，有武力固可，即无武力，亦易易耳。此政府势力说之非也。有此二者，故吾人以为国民未有自负责任之心，以改造责任政府耳，不然，何难之有？

夫以责任之人民，改造责任之政府，是之谓政治革命。居今日而谋救中国，实以此为至易至良之惟一方法。而吾人之所笃信，欲有以此贡献于我国民者，此《中国新报》之所以作也。吾人惟以二三之同志，无党无势而与政府宣战，虽以若何无能力之政府，亦岂无方法以御之？而国家之事，人人有责，吾人亦以此为尽吾少数人之责任，以冀国民之或听之，而有起而共谋吾国者。嗟我同胞，其盍听诸！（《中国新报》第一号，1907 年 1 月 20 日）

金铁主义说（存目）

（《中国新报》第一卷第一号至第五号，1907 年 1 月 20 日至 5 月 20 日）

《中国今世最宜之政体论》附识

按：此文分别民族与种族之定义甚悉，同血统者谓之同种族，不必同血统而能同文化者，谓之同民族。由此言之，则中国各族中，满族与汉族可谓异种族而同民族；满、汉之与蒙、回、藏，可谓异民族。若汉人欲持种族主义立国，则当排满、排蒙、排回、排藏，而以汉人一族成一种族的国家；若汉人欲以民族主义立国，则当排蒙、排回、排藏，而合满汉两族成一民族的国家。此其分别甚明，而二者皆非今中国时势所能出者也。惟胡君所用之名词，则与予略异。予之所谓民族主义，实胡君之所谓种族主义者也。予特从侯官严氏所译，且又以今社会之习惯，不能分别种族与民族之异，皆以同血族者为标准焉。究之汉、满之间，不当言种族主义；满、汉与蒙、回、藏之间，不当言民族主义，二者皆应排斥，则无异也。故予亦不复为之分别，多立名目，以混社会之耳目，而惟视之如一，以论之而已。若他日社会上有主张满、汉分立以成种族的国家，而排满、排汉兼及蒙、回、藏者，余亦以民族主义之名词而论之；有主张满、汉合立以成民族的国家，而排蒙、回、藏者，余亦以民族主义之名词而论之，不为区别其异同也。而胡君则以主观的察别其属于何种，不问他人所用为何名词，而直以所用种族或民族之名词论之。然余与胡君所用名词虽略殊，而其不主张种族主义与民族主义则一也。

且胡君谓汉人之同化力为中国之国粹，可谓至大之发明，予于主张满、汉平等之外，更加以蒙、回同化，以谋国民实行统一之策者，恃有此耳。然使蒙、回同化于满、汉，予谓之为国民统一主义，胡君亦但谓之积极的同化主义，而非更以为积极统合的民族主义也。用语虽异，其义亦同。恐读者耳目为乱，故附识数语于此。杨度识。（《中国新报》第三号，1907 年 3 月 20 日）

致《新民丛报》记者

昨读贵报第四年第十六号，有《新出现两杂志之批评》，于《中国新报》录其叙文，而奖许其宗旨，且为表明其主义之所以然，至为详允；于工商立国、军事立国之处，尤能洞识吾人所以救时谋国之苦心，此吾人所深谢而喜得同情者也。

惟尊论于吾报主张汉族不能独立，满、蒙、回、藏不能与汉分离，若分之则必以内部瓜分之原因，而得外部瓜分之结果一义，奖许之后，缀以数语。曰："但彼据此以为中国不能行民族主义之理由，吾以为不如据此以为中国不能言民族主义之理由，二者虽相因，而一乃直接，一乃间接。若夫中国之不能为民主立宪，则吾所主张者，仍在人民程度问题，与历史上事实问题。彼满、蒙、回、藏诸族程度之不足，亦中国国民程度不足说中之一义也。何也？言中国国民不能屏彼等于范围外也。"夫自民族主义可否行于今日中国而论，则汉、满、蒙、回、藏五族，不能分立，固亦为其不可行之一理由。余于《中国新报》第二期《金铁主义说》中及第三期胡君茂如《种族无必严之界》文中，固已详言之，与尊论无二也。

惟余之论民主主义不可行，亦即以此为惟一之原因，而不别立理由者，盖余实不承认今日汉人有所谓民族主义。以汉人程度之高，由宗法社会入于国家社会者，已二千余年，不应更有民族主义之理也。虽曰今之民主立宪党曾言之，然彼等既皆汉人，则必不能更有真正之民族主义，特不过取此以为一手段耳。其所以必取民族主义为其手段者，实由其以民主主义为其目的之故。欲行共和政治共同选举之法，则不能不取蒙、回、藏之人而去之。若以为彼党果因种族之感情而欲去之，余又可决其无是心也，即彼党欲革君主，亦为主张民主立宪者之常，抑且为其应有之义，此与民族主义有何关系者！前明时代之中国，即为汉、满、蒙、回共栖，而君主为汉人，二百年来易为满人。然而朱氏与爱新觉罗氏之君主，其为国家之一机关则同，其立于满汉各族之外则同，前者以满易汉，今即以汉易满，皆不过国家机关之易人，其于民族主义有何丝毫之关系乎？民主立宪党多通国史习法理之人，乃谓其并此而不知，决未可也。今汉人所言民族主义者，不过民主立宪党一部分之人，然其为手段而非目的也乃如此，除此以外，更无言民族主义之人，则余之不认汉人复有民族主义，岂不亦与事实相应，而无违反乎？由此论之，则余若以汉、满、蒙、回、藏五族不能分立，为反对民族主义之理由，近于无敌而放矢，故仅以为反对民主主义之理由，足下所认为间接者，余则以为直接，足下所认为直接者，余则以为无可接者也。

　　至于足下自表其反对民主立宪之故，谓仍在人民程度问题与历史上事实问题，而满、蒙、回、藏诸族程度之不足，亦中国国民程度不足说中之一。余今姑置历史上事实问题不论，但以人民程度为言，则余以为苟可以行君主立宪之人民，即可以行民主立宪之人民。英吉利，君主立宪国也，北美合众国，民主立宪国也；而其人种，则皆为盎古鲁撒逊人，且美乃由英而分出者，未见美之人民程度高于英也，德意志各联邦程度相等，然其中有共和国，有君主国，未见程度有此高于彼者。法兰西，共和国也，而其程度殆德意志之不若，况问英国？若以程度分别国政，则英、德宜为共和，而法宜为君主国矣。故余之持论，不同于足下者，盖余以为君主立宪与民主主〔立〕宪，无可分之高下，惟各据其国之情势而定之。元首之或由世袭、或由选举，既有宪法规定，皆不能于法外为善为恶，实无择别之必要也。故就各国之事而言，若英、德忽欲改为民主，则国民必有反对之者，其反对之理由，岂曰不可，实曰不必。若就中国之事，则不仅不必，且复不可。其所以不可之原因，乃汉、满、蒙、回、藏五族不可分立之原因，而非人民程度不足之原因也。若以人民程度不足，而为不能为民主立宪之原因，则其结果，必曰是不可不赖一程度足之世袭君主以治其国，则此世袭君主之程度又何为如是之足乎？

余之论中国人民程度也，分汉、满、蒙、回、藏五族而言。于蒙、回、藏，则无论为民主立宪、君主立宪，而皆认为未足。他日立宪之后，彼等虽在宪法范围之内，然不可不以特别制度行之，以促其程度之高，使与满、汉同等，而收蒙、回同化之效。此当亦足下之有同见者也。若夫汉人，则余以为无论民主立宪、君主立宪，而皆无不足。满人程度略同于汉，亦无不足之虑。今即合满汉人民，而成一共和国，则亦仅有事势上之不可而无程度上之不能。此则与足下之说大异者也。虽然，余因事势上之不可，亦主张君主立宪，反对民主立宪者也，乃与足下斫斫于共和国民程度足否之一问题，实为无谓。既皆为所不取之主义，则亦无辨论之必要，置之而不复辨可矣。

所不可不商酌者，则中国国民已有君主立宪程度与否之一问题。足下于此未尝一明言之。但观足下所主张乃为君主立宪，而以要求立宪导国民。夫使非以中国人民已足君主立宪国民之程度，则导其要求立宪胡为者？然则以足下之主张君主立宪，与其人民程度论合而观之，其反对民主立宪之理由，既为人民程度不足，斯主张君主立宪之理由，即为人民程度已足，可以推论而决之。其以民主立宪与君主立宪之国民程度各别，是其与余异者；其以中国国民已足君主立宪之程度，是其与余同者也。此问题既解决，则进而所愿与足下谋者，乃所以成君主立宪之方法。

足下曰要求立宪，余则曰要求开国会，皆各以此为惟一之方法。立宪国未有无国会者，有国会之国，又未有不为立宪国者。二者之实质有以异乎？殆几无若何之差异。然余之必易要求立宪而为要求开国会者，予盖有所鉴而云然。去年五大臣归朝后，不费若何之气力，而使朝廷颁出一预备立宪之空文，至于官制改革之实事，则盈廷反对，卒无丝毫之效果，致使预备立宪之谕，亦几于虽有若无。闻项城袁氏最初即专注意于改革官制一事，而上谕如何，不甚注意，虽未闻其用心所在，然必当有所见。盖政府宁肯与人民以一尺之空文，不肯与人民一寸之实事。人民与之争者，宜与争实事，而不与争空文，余惟惧仅言要求立宪之结果，或成为土耳其之立宪，致其所谓国会者非国会。以去年官制之实事证之，未必非前车之可鉴者也。惟立宪之范围甚广，其中所含实事甚多，几于一国之事，无一不在其范围之内。若吾民以为一切宪政，事事皆当注意，则渺无涯埃之中，不知从何着手，其结果必致有一事不办之弊。以今中国政府论之，固百事不办也，然其言则动曰朝廷百度维新。百度维新者，无一新政可指之谓。若吾民人取宪政中地方自治、司法独立、改革行政官制种种事业，皆欲图谋，则亦必有此等百度维新之结果。故必于一切宪政之中，择其至重且大者，以专注之力而主张之，一事既成，再谋其次，始能有实际之能力。故余欲专以开国会之字告我国民。人民选举代表以议国事，此其理虽复杂，然其事甚简单，一入人耳，尽可了然，以此唤起国民之政治思想，望责政府要求权利之心必为较速。即政府一方面，亦不难知开国会为宪政上第一重大之事，有心立宪与否，即可因此而更无遁形，且与政府利禄之徒，直接为利害之冲突，既惧且恨之时，鬼域之形，必将尽露，但于实际上经过几番之阻力，斯其事必成矣。此事既成，则宪已不待言而自立，一切实施之宪政，皆随国会而生。余以为对于政府，举此确实稳健庞大有力之物以抵之，舍空文而求实事，阻力虽必较多，而动力必反较大也。

以今中国之情势而言，救国之法，窃见以为非此莫由矣。不知此义于足下谓为何如？但以余推之，不仅于足下主义无所悖，即与足下方法亦无所殊，不过于要求立宪之广范围中，而抽出其最重之一事，易其名曰要求开国会而已。若足下以为然者，乞谋所以合力鼓吹，偏重于此，实为中国之福。若其不然，则乞有以教之，亦所幸也。（《中国新报》第四号，1907 年 4 月 20 日 ）

《民报》

《民报》与《新民丛报》辨驳之纲领

近日《新民丛报》将本年《开明专制论》《申论种族革命与政治革命之

得失》诸篇，合刊为《中国存亡一大问题》。本报以为中国存亡诚一大问题，然使如《新民丛报》所云，则可以立亡中国。故自第四期以下，分类辨驳，期与我国民解决此大问题。兹先将辨论之纲领，开列拆〔析〕下，以告读者：

一、《民报》主共和；《新民丛报》主专制。

二、《民报》望国民以民权立宪；《新民丛报》望政府以开明专制。

三、《民报》以政府恶劣，故望国民之革命；《新民丛报》以国民恶劣，故望政府以专制。

四、《民报》望国民以民权立宪，故鼓吹教育与革命，以求达其目的；《新民丛报》望政府以开明专制，不知如何方副其希望。

五、《民报》主张政治革命，同时主张种族革命；《新民丛报》主张政府开明专制，同时主张政治革命。

六、《民报》以为国民革命，自颠覆专制而观，则为政治革命，自驱除异族而观，则为种族革命；《新民丛报》以为种族革命与政治革命不能相容。

七、《民报》以为政治革命必须实力；《新民丛报》以为政治革命只须要求。

八、《民报》以为革命事业专主实力，不取要求；《新民丛报》以为要求不遂，继以惩警。

九、《新民丛报》以为惩警之法，在不纳租税与暗杀；《民报》以为不纳租税与暗杀，不过革命实力之一端，革命须有全副事业。

十、《新民丛报》诋毁革命而鼓吹虚无党；《民报》以为凡虚无党皆以革命为宗旨，非仅以刺客为事。

十一、《民报》以为革命所以求共和；《新民丛报》以为革命反以得专制。

十二、《民报》鉴于世界前途，知社会问题必须解决，故提倡社会主义；《新民丛报》以为社会主义，不过煽动乞丐流民之具。

以上十二条，皆辨论之纲领。《民报》第四号刻日出版，其中数条皆已解决。五号以下，接连辟驳，请我国民平心公决之。（《民报》第三号号外，1906 年 4 月 18 日）

胡汉民

《民报》之六大主义

本社近得阅者诸君函，举问所标六主义之概。关于此节既不能繁称以答，而本报自始期以来，所发阐者，拘于篇幅，未尽厥旨。盖一主义之函，累年月而莫殚，而意有所注，则词亦有所倾，其为详略，殆非偶然。本社因诸君之问，急期相与了解，爰属记者为文说明之，义取解释，语其详，则俟他篇也。

解释《民报》主义有二大前提：其一曰知革命之必要，其二曰革命报之能力作用。知革命之为必要，由于革命之必要也。此如人民以法律为必要，因以知法律为必要。故欲于理论上研究其原因，则不可不先言革命。然革命之为必要，更仆难终（《民报》一、二期已从各方面揭其要概，其理非一文所尽也）。吾之为是解释，亦难遽为反对革命者说法，则先假定为革命必要，而就事实上研究乎？不知革命之结果，于其间又有主观、客观之区别。主观的谓为革命活动者，客观的则谓革命时代之社会也。夫曰为革命活动者，犹有不知革命之虑，此其语甚奇，惟吾之所谓知，非有具体之观念之谓，必抽象研究各得其真确之知识之谓也。于二十世纪之中国为革命，诚不可以无意识之破坏，而邀天之幸。彼以革命为口头禅，而未尝志于是者勿论，即其志于是者，试问以我之地位如何？敌之所处如何？我所主持以革命者为如何之目的？所挟持者为如何之实力？而彼敌之对待我者为如何手段？抵抗我者为如何权势？革命前所不可无者豫备有几？革命时之应用者方法有几？何者为所急趋？何者为所必避？与革命同时进行者何等事业？革命后之建设以何等方针？其结果之在我民族及其影响于世界皆为何若？如是种种，非一二人所能具办者，而为革命之人，则宜言之有故，而喻之有素，若都未能置答，则其果举大事，不徒无以昌我民族，利我国民，甚或予以非常之危害。以观于各国革命之历史，其为一时代革命之领袖者，其人之才否犹后，其了于时机，而熟虑周思，能为备者，其最先也。世有瞀儒，自为曲说，预计乎革命时不注意而易生之危险，以排革命，则不悟其所举者，可使为革命之人善思所以为备，而不足以梗之也。使革命之人，能为抽象的研究，则其举事殆有不徒足塞反对之口实者。夫人以有为或事功之目的，而条理生，不得曰吾目的不误，而条理容疏略也。敌所持者，远不逮吾之正确，而其所资与吾敌者，谋力皆与我为倍蓰，则胜败之数，将有所在。我蹶而敌益严，众为之熸，后者不易骤起，则贸贸为革命者之使然也。更转一方面而言，革命为就一时所为之事业，其举动与社会共之，故社会程度之高下，与革命成绩之优劣为正比例。人固恒言：欲得伟人之铸其群，非其群之先铸伟人不可。又以佛国革命之惨剧于英伦，而民权之发达不若，引为民族优劣之证。然则国家革命，不独视为革命活动者，亦更视乎革命之社会。佛以屡革命而后底于立宪，用力之艰，不得不然，使非革命，且将无立宪可望，而卒以革命致立宪，仍其民族之能也。且如佛国者犹将以革命求立宪，今日中国民族，未足以革命，而独已能革命，其论理刺谬，无怪为通人所斥。然国民之能力，其可革命与否，无所取验，惟于其客观之认识，亟求了解，以免主观之困难，则亦要务。而吾党所不以为谬者，虽客观之知识，不能如主观之真切，即欧美最文明之革命，其主动者之意思，亦有不能尽喻诸当此者，然其主义必为社会心理所向，其举动必受一般舆论之欢迎，然后能获优胜，而鲜失败。其不然者，则其结果可分为二：事为亿兆所震袭恐恶，而失其常度，昧者用之，冒大不韪，既无以喻于群，群亦指为拂逆悖乱，若是者无成功，一也；狡者用之，巧驭而术制，阳辟阴翕，期其业之成，叛公理而不顾，犹借口于社会时势之束缚，二也。故主观者不能脱离于客观，而有并负其责任之时，此第一前提之无可疑也。

革命报之作，所以使人知革命也。盖革命有秘密之举动，而革命之主义，则无当秘密者，非惟不当秘密而已，直当普通之于社会，以斟灌其心理，而造成舆论。行于专制之国，格于禁令，应而和者不遽显，然深蓄力厚，其收效乃益大。如俄之革命党，当言网至密之时，为秘密运动，其最大机关报，日出至数十万纸。俄革命党旧分三大派，今则有组合为一民权立宪党之势，其军人往昔亦主革命，而与民党不合，时为大冲激，近亦渐趋于同，皆以革命报鼓吹之力为多。中国内地压于异族政府，无言论自由，故杂志新闻，意微而隐。至其展发于海外者，则自一二有所为而求媚异族者外，可一言以蔽之，曰：皆革命报也。夫此已见为社会心理所同，而今日最有力之舆论矣。或谓革命者，非徒以触发社会之感情而已，必且导其知识，养其能力，三者具，而后革命可言，若革命报作，其触发于人感情者独多，人无知识能力，而动其感情，则发为狂热，周脉偾兴，无与匡救。是说也，以为革命报规善也，以为革命报惟有触发感情之效力不可也。夫人召其感情之发动易，而直其辩理心难，感情诚强，有灭其辩理心而不自悟者，然而其不载辩理心以俱也，其感情必不久。故夫论舆论之真价者，贵其依于理性为判断，而感情用事者弗尚焉。曰区区于触发感情而他无裨益，此革命报之未尽其责，未可以为概也。且吾既已言之，革命当为抽象的研究，革命报不能如是，不足为革命报也。能如是而尚不足以导社会之知识而养其能力，亦无有也。抑充养社会之知识能力者，当莫如教育，然以学校立于彼族压力下，允不自由，故或语焉不详，辩之不确，则间接之取效，不如其直接也。况专门高等之学术，其得益诸学校教育，犹恒有不如杂志之多者，以其为精专之研究能竟其端委耳。若夫革命报之言论，其了解不待有专门智识之人，故其始也发表少数人之意思，而为舆论所趋附，洎渐造成舆论，则凡主之之人之意思，以之为代表，而横靡一世，其效力孰可比耶！此第二前提之无可疑也。

为知革命之必要，而有革命报；而革命报之作，又在使人有真知识，而不徒挑拨其感情。故《民报》，革命报也，以使人真知革命为目的，其所标之主义，即不离是目的者外，浑而举之，止一革命主义，析言之，则为六也。苟无疑于知革命之必要与革命报之能力作用，当亦无疑于《民报》主义，而吾人因欲相与为抽象的研究，则就各方面以为解释，又必然也。凡主义云者，指其对于一事业，而可为根本之思想，因是思想，而后生种种之策画，至其事业之结果，或止焉，或交进焉，要不与之相戾也。且惟是思想恒附丽于事业，故一大事业中，其函括不止数端，则其主义，亦从而判分为数事。《民报》以革命为惟一主义，而此主义所函者，即由革命之当有种种事业而来，必分致之，而后其大主义完成无缺。自其表面骤观，有令人疑为陈义过高者，而舍是殆不足以支配其事业。语曰："非常之原，黎民惧焉。"惧则非《民报》使人知革命之目的也，此吾人说明之之责任也。

《民报》之主义有其顺序，今亦依其顺序以解释之。

一、倾覆现今之恶劣政府

此造端之事业也。以吾多数优美之民族，钳制于少数恶劣民族之下，彼不为我同化，而强我同化于彼，以言其理则不顺，以言其势则不久；是故排满者，为独立计，为救亡计也。以满人创汉之深，故两皆称界必不能平，而论者以为我可与之同化，引夫氐、羌、鲜卑入立中夏，而旋折入同化于我者为比。其不等伦，姑置不论，然问氐、羌、鲜卑之同化于汉，为当其僭王猾夏之日而许之乎？抑俟我汉族复振，被我摧夷，散伏在下之日，而后许之乎？故以满政府不倾，而遂许其同化者，以狐媚为虎伥，无耻之大者也。吾人之民族思想，不与政治思想相蒙混。然所以痛心疾首而不可以终日安者，则以不能居于被征服者之地位也。故一旦能光复旧物，更居于征服者之地位，则不必使其丑类靡有孑遗，而后快我民族之心志也。满人恃其政权，乃以少数恶劣之民族而制多数，故一度倾覆其政府，则彼必无以自存，其为元胡之穷败遁走其巢穴，未可知也。其为氐、羌、鲜卑等为我摧夷而同化于我，未可知也。然非如是，则汉人永为被征服者，不能独立，而缚轭于浅演之民族，与外邻之深演民族战，必至偕亡，则无贰也。故曰：于理不顺，于势不久也。所谓恶劣之政府，谓以恶劣之民族而篡据我政府，其为恶也，根源于种性，无可剪除，无可增饰，且不指一二端之弊政而云然。故虽有伪改革而恶劣如故，即亟亟然袭用欧美之宪章成法，而恶劣亦如故。章太炎比之醋母之无投不酸，得其例耳。然仅曰倾覆此政府而已足者，则尤有说。满洲以蛮武入居中国，然其能力实不足以亡我，何者？国家之存亡，一视其机关组织之存灭，而以一国家蹴一国家者，必其固有之机关组织，完备优美，足以含孕其胜家，而胜家之被征服也，乃悉摧丧退听，如无官品无机体物之徒存焉。故严复氏论欧洲之罗马、俄国，亚洲之埃及、印度，谓如封豕长蛇，吞食鹿象，入其腹中，鹿豕机关，尽成齑粉，徐徐转变，化合新体。又曰新胜之家为极强立之官品，其无机消散者，独见胜之群，见灭之国。其举胡元而不及满清者，固为有所隐讳，然如其学说之分类，亦足见满族无亡中国之能力。盖论满族入寇之初，则无异于元，而其种智抑更劣下，故其固有之机关组织，既不足以胜我，乃仅得篡据为构成机关之分子，张皇百计，以求自固，而久乃并忘其习惯，失其故居，视严氏所云为极强立之官品，使胜家变合为新体者，断乎其不能。故今日满人，与氐、羌、鲜卑之猾乱中夏特有久暂之殊，而其情实无以过，质而言之，则皆据有我政府，而非灭亡我国家也。我国民一旦奋兴，则较有明之驱蒙古为尤易，直日本一倒幕之举而已也。

二、建设共和政体

有破坏而无建设，曰无意识之破坏，此尽人所知也。然所谓建设者，决不可以后时。故先有建设之豫备而后动，抑吾人之所以异于无政府党也。吾人信今日支那国民之程度，不可以无政府，惟旧日之为异族政府所有者，固当倾覆之，而数千年君主专制之政府，亦必同时政〔改〕造，而后可以保种而竞存。夫君主专制政体之不宜于今世，无待辨者，而觇国者且问其政体之尚含有专制性质与否，以为其文明程度之高下，然则二十世纪，苟创设新政体者，必思涤除专制惟恐不尽。中国前此屡起革命，而卒无大良果，则以政体之不能改造。故有明之胜元，不满三百年，而汉族复衰，异族之政府去矣，而代之者，虽为同种人，而专制如旧，则必非国民心理之所欲也。普通政治之论，反乎君主专制者，为共和。故共和政体，广义有三：曰贵族政体，曰民权政体，曰民权立宪政体。兹之所云，盖指民权立宪之政，非独不同于贵族，抑与民权专制者亦大有别也。今之金人，动言我民族历史无有民权之习惯，以是而摧伤爱国志士之气。呜呼！是非惟不知政治学也，又不足与言历史。夫各国立宪之难，未有难于以平民而当战胜君主、贵族之两阶级者也，故美洲独立，惟有平民，其立宪乃独易，而民权亦最伸。吾国之贵族阶级，自秦汉而来，久已绝灭，此诚政治史上一大特色（其元胡满清，以异种为制，行贵族阶级者，不足算）。今惟扑满，而一切之阶级无不平（美国犹有经济的阶级，而中国亦无之）。其立宪也，视之各国，有其易耳，无难焉也。且吾人闻最新法学者之言，谓立宪之先，必有开明专制时代。所谓开明专制时代者，其君以植民权为目的，而用民权为手段，训练其民，使有立宪国民之资格者，如拿破仑之于法是也。以言中国则汉唐盛时，亦为开明专制时代（说本日本法学博士笕克彦）。准是以言，则中国之为开明专制已久，虽中经异族之乱，而根株不尽斫丧。今曰征以历史，而断言我民族不可以为共和立宪，不知何据！嗟乎！此辈即薄志弱行，亦惟缄口待尽可耳，何取为邪说以诬毁我先民也。斯宾尔以生物之干局已成，难与改组者，比国家成制，改革之难，惟吾人之意亦然。故必革命而后可言立宪。而一度革命，更不可不求至公至良之政体，而留改革之遗憾。故言专制，则无论其为君权专制、民权专制，皆无道不平之政体也。而言立宪，则君主立宪，其治人者与治于人者等差厘然各殊，其爱情亦从而生阶级。民权立宪，则并此无之，而壹是平等。惟我汉族，民族思想与民权思想发达充满，故能排满，能立国，而既已能排满立国，则探乎一般社会之心理，必无有舍至平等之制不用，而犹留治人者与治于人者之阶级也。若虑夫革命之际，兵权与民权相抵触，而无以定之，则孙逸仙先生之言约法精矣。

三、土地国有

近世文明国家所病者，非政治的阶级，而经济的阶级也，于是而发生社会主义。其学说虽繁，而皆以平经济的阶级为主。言其大别，则分共产主义与国产主义。而土地国有，又国产主义之一部也。世界惟民权立宪国，可行国产主义。盖其统治权在国家，其国家总揽机关为人民代表之议会，则社会心理，反映于上，而国家以之为国民谋其幸福，无乎不公，无乎不平，非稍有政治阶级者所能比也。然一切国产主义，按以今兹吾国程度，犹有未能行者，惟土地国有，则三代井田之制已见其规模，以吾种智所固有者，行之于改革政治之时代，必所不难。原大土地国有之论，以反对私有者而起，以言其理由，则土地为生产要素，而非人为造成，同于日光空气，本不当有私有者。至由种种原因而生地主制度，其始犹或有以劳动储蓄得之为资本，以供生产之用者，其继则封殖日盛，地利为所专有，群资本劳动者皆不能不依赖之，而所得为所先取焉。盖劳动者每困于资本家，而资本家之所以能困劳动者者，又以劳动者不能有土地故。且土地价值因时代而异，社会文明则其进率益大，此进率者，非地主毫末之功，而独坐收其利，是又不啻驱社会之人而悉为之仆也。至论其流弊，则可使地主有绝对之强权于社会，可使为吸收并吞之原因，可使农民废业，可使食艰而仰给于外，可使全国困穷，而资本富厚悉归于地主。例如爱耳兰自一八四九至一八五二年间，方饥馑大起，而前后二十余万农民，被遣逐于地主。又苏格兰之大地主，有计其收入之利，而变耕地为牧场、猎场者，于英国屡起国有问题，然已积重难返。今中国土地，以通商港岸衡之，则其值有阅十年而不止十倍其旧者。革命以后，文明骤进，则内地之趋势亦复可知。倘复行私有制度，则经济阶级将与政治阶级代兴，而及其始为之备，则害未见而易图也。吾人用国有主义，其为施行政策不一，然其目的则使人民不得有土地所有权，惟得有其他权（如地上权、永小作权、地役权等），且是诸权必得国家许可，无私佣，亦无永贷，如是则地主强权将绝迹于支那大陆。国家之课于土地上者，必经国会之承认，亦必无私有营利之弊，以重征而病农。地利既厚，而非躬耕无缘得授诸国，则民日趋业而无旷土。地主凤昔坐而分利，今亦与平民比，而转为生利之企业，此于一国经济已著莫大之良果。而以吾国已为民权立宪政体之故，则地利所入虽丰，仍以为民政种种设施之用，其为益愈大。盖专制政府之富，民之贼也；而民权立宪国家之富，犹共产也。夫均地之政，至平等耳。文明各国，其社会志士竭诚捐己，以聚谋于下，其政府亦时时利用其政策。然或在立宪而未忘专制之国，则国家之利不尽利民，甚有假之而阴绝社会革命之根株，以保其阶级之制度者。其政治上势力既不为助矣，而社会上势力抑未易变，则持之数十年，而成效绝鲜。若中国者，仅一扑灭异族政府之劳，而国中一切阶级，无复存遗，社会主义乃顺于国民心理，而又择其易者以从事，其成功非独所期，殆可预必也。

四、维持世界真正之平和

平和为人类之福，犹一国之安宁秩序。是故扰世界之平和者，为人道之贼。而今日文明诸邦，其所持以通国际之情谊，谋一国之利益者，皆曰维持平和也。自世不知夫革命家之真相者，概推定以为含破坏爆裂之性质而远之。夫革命家因其所遭值横逆，激愤而莫收者，亦有之矣，然其初志，固未有不以求平和为目的者也。若夫吾党之革命，则所谓破坏爆裂者，不过对于区区之一满洲政府，然至彼政权尽褫而退就彼征服者之地位，则吾汉族且将无仇于其丑类，而况与我为邻，平等为国者耶？且吾人之倾覆恶劣政府，直接为中国国民之幸福，间接为世界之平和也，何者？今各国鹰瞵鹗视，竞逐于世界之舞台，相惮莫敢后，相顾莫敢先者，何为也？曰：为均势问题也。均势问题不在弱小之邦，而在强国，若英、法、俄、德，若英〔美〕，若日本，皆其倚著之重点也。然尚有中国，以其位置资格决然不当后于六强，而委靡不振，几徒供他人鼎俎之馂，此远东问题所以极促世界之注目，而终以均势之难而不能解决也。日俄之战争，其剧烈殆前古无有，其直接于本国之利害，猝未易见，而以谓为均势问题而起，则两国人民当公认之。其幸今日复底于平和，两国国民，乃得以稍稍息肩，然经年之苦斗，所损不为不多，其后此之不更生冲突与否，尤不可知耳。然而各国则仍不知求解决远东问题之根本，则所谓真正之平和不能遇也。欲求真正平和，当始于中国为独立强国之日。中国为独立强国，则远东问题解决，均势问题亦解决也。夫惟大陆无垠，不能自守，而后导聚强以侵入；而是国之政府，又为纵横捭阖之术，阴有所亲，而坐致其冲突，以至争战。日俄之外交破裂，清政府之外交实使然，且自诩能颠倒人国也。今日各国所要求至切要者，不过开放通商之事，而轶此范围，至为冲突战争之原因，宜不足以相偿，则为深远计虑，苟能得真正之平和，必其所不贪矣。然是固非可望于一国之让步者，而又难于众强之同意，此英日同盟所以深踌躇也。且岂英日而已，各国有志平和者，莫不以保全支那领土为言。然使中国自强，与待他人之保佐，其难易必有能辨之者，而各国独无睹于此，则由其未知中国民族之历史，与吾国今日坐毙之大原因也。夫以恶劣政府为制于上，而一大民族压伏于下，舍其防家贼之政策外，无他事焉；而是大民族者，固断断其不能同化变合以忠事之也，则政府与国民为公敌。夫政府与民为公敌，而能振其国力者，未之闻也。是故满洲去，则中国强；中国强，则远东问题解决；远东问题解决，则世界真正之平和可睹，而满洲今日实为之梗也。故曰：吾人所以倾覆政府者，直接为国民幸福，间接为世界平和也。若既革命之后，建新政府以与列强交，则孙逸仙先生亦言之曰："支那人为最平和、最勤勉、最守法律之民族，非栗悍好侵掠之民族也。其征事战争，亦止自卫。使外人果能始终去其机械之心，则吾敢谓世界民族未有能及支那人之平和者也。更由经济上观之，支那建设文明政府，其利益不仅在本邦，时旁及各国。"云云。其言可深味也（见所著《支那问题真解》，其言支那革命关系世界平和，最为透辟，文实本其意。日本大隈伯谓："中国政府偷安，惟企革命之不起，利用列国之冲突及其嫉妒心，而无信义。故英日同盟，实行均势主义。然战国派之外交，当召内部之变动。"《支那问题真解》亦云："满洲政府所为足扰世界平均之局。"然大隈欲以日本威压为解决，《支那问题真解》以革命为解决，则一由不知支那之历史，一精熟之也。《民报》第一册时评，有所未尽，特志于此。）吾于是更有为吾党申明之者，曰：革命家之破坏非得已也，其目的物至单纯者也。苟有触而辄发，非特衷情褊浅，亦徒扰人国之平和，无所取也。以为利用民气，则尤不可试也。我不能教国民以真正之独立，而教以无俚之排外，是无异使习为无意识之破坏也，而以是期大目的之达，不亦远乎！今使人一度为无俚之排外，而外人且从而疑之，然我之敌方持两端，不遽示其恶意于国际上，人忘远虑，姑喜其目前之尚可近也，则彼合而我携矣。拘方之士，未观其通，辄曰：革命者，召外患而为瓜分之由，为不可为。此其理论实谬，然所虑亦未始无据也。吾人平居所以训诫国民者，即当使知革命排满所以求独立，非快心于破坏；至于排外，为锁国时代之思想，今无所用。革命之后，吾中国与日本、欧美之交际，乃始益密，即革命之际亦不可有妨害外国人之举动。是不惟政策之宜，人道当如是也。呜呼！吾党其当守此主义勿替也。

五、主张中国日本两国之国民的连合

此犹前条之意义，而特揭之者，以中日两国国际问题犹未解决也。日本所筹以对待中国者，其全体之意思不可具晓，而以吾人所知，则有二派：其一曰侵掠主义，二曰吸收主义。第一派主之者无几人，其政策亦过于武断，且贻外交之憎忌，无势力也，故二派中以吸收派为占优势。然曰吸收，则显非平等相交之道，以支那四百兆之大民族，其间岂无自觉者？睹此主义之不诚，必以其不愿下人者，而深怀猜忌，如是两国国民将不可合。盖凡国交际，智取术驭，不可长也。中国人士对待日本者，亦向分排日、亲日两派。排日非大势所宜，我之不能排日，犹日之不能排我，而亲日者，徒企人之我保，而无实力以盾其后，亦非吾人所取也。吾人所谓两国国民的结合，则为两方之交谊，为中国者，讲求实力，以保其对等之资格，使交际间自无所屈辱，而日本亦当泯厥雄心，推诚相与。盖非如我国亲日者之言，而日本吸收派之论，亦无所用之耳。于此有当注意者，则中国国民，非满洲也，如大隈之论，满洲政府既不可信，而日本亦不乐为以狐媚手段，为目论之外交，然则舍政府而结国民，又岂独日本为有利耶！至有谓日本文明，畴昔悉取诸中国，故今日以得诸欧美之文明为报酬，此则客观之问题，不待吾人之研究矣。

六、要求世界列国赞成中国革新之事业

由上言之，则我中国将来革新之事可知矣，其对于世界各国之利害，亦可知矣。如大隈之论满政府之无信义，岂独日本不能与亲，即世界各国亦鲜能与亲者，徒以其篡据中国政府之上，乃不得不虚与之委蛇已耳。有新政府代之以兴，以一大民族为一强国，亲仁善邻，以与各国交际，其孰不乐就之？然当革命军初起，其成功未著，而能使各国赞成其事者，又在革命者之举动能合于国际法与其势力之如何。考之历史，革命团体离其母国独立，战争相持，而友邦率先承认之者，由母国视之，非所好也。而承认之之国，则不以是而却顾，尊人道、表公理、明实益也。如美之独立，英国犹继续战争，而法先承认之，先例之最大者也。亦有未承认为国家，而先认为交战团体者，认其与两本国有战争之能力，比于国际上之交战，而承认之之国，宣告中立于两者间。如一七七九年前，法未认美独立国，而各国之认为交战团体；日本维新前，幕府与朝廷抗，外国亦视为交战团体，宣告中立。我汉族奋起，革满政府之命，以光复故物，视他团体之脱离母国者，尤合于人道公理，而义旗所指，为有规律之战争，而不悖于今日所谓战时法规惯例者，则始而认为交战团体，继而为独立国，其理势有必然自至者。或曰：希腊之独立，英助之，意大利之独立，法助之，皆前世纪之事也。中国之形势利便，非意、希之比，列强或挟野心而为我助，其事已可畏，或且借以为干涉之口实，而召变瓜分，斯时非革命者负其责任乎？应之曰：吾人所谓赞成者，非必求臂助于外人也，不为吾阻力，依于国际法之行动，而宣告中立，则吾人之受赐已多矣。夫不谋自力之发舒，而仰企于他人之捍卫，未有幸者，是不当问彼强者之野心如何也。若夫虑为列国干涉瓜分之渐，则为是说者，其殆已忘庚子之役也，彼强国已大有借手之时机，而不实行瓜分之策，则首以均势问题为难解决，而其次亦以中国民族之大，未可猝言兼并也。故各国苟可以瓜分中国者，不必其有所借口，而况其为借口者，不必遇革命军之起也耶！或又曰：凡言要求，必有实力，革命军之对于各国，疑其托空言也。则应之曰：吾人革命，以维持世界平和为义务，此主义者，列强所不能反对也。革新事业已成，邻之我附，固在意计之内，即当始事，而于外人物业无扰，则彼列强者，无难使之守局外中立。盖干涉为均势之不利既如曩言，则中立为所最利，以如是而后可使革命军负损害赔偿之

责也。夫故非赞成中国革命之事业，则无以保世界之平和，犹其间接之利益。由后言之也，而有交战团体之承认，则直接而先享中立国之权利。凡此皆以事实为后盾，故在我之要求，不得谓徒有空言也。或又曰：中国方今为各国之债务者，其关税、铁路等，多供债务之担保，一旦革命军起，则债务者几同破产，各国偿款将何从出？故各国务求满政府得以支持现状，而未敢遽赞成革新事业也。则应之曰：洵如是言，则各国之过虑也。于国际法，旧政府虽倾覆，而其外交所订之条约，则当承认于新政府而不失其效力，新政府当继续其债务及一切之义务。盖外交上条约，非旧政府之私，以国家之名义为之也，其债务亦国家负之，故新政府不能弛此负担者也。吾人革命军起，必恪守国际法而行，其遂逐满政府，则新立政府必承认其条约，即分割数省，而宣告独立，于各国之债权，亦断许其无损失也。要之，吾人所企望者，察于内外之情势，皆至易达，且至安全者也。

以上六主义，得分之为二：曰颠覆现今之恶劣政府，曰建设共和政体，曰土地国有，所以对内也；曰维持世界之真正之平和，曰主张中国日本两国之国民的连合，曰要求世界列国赞成中国之革新事业，所以对外也。而又得合为一大主义，则革命也。为革命言，为知革命言，故革命所挟持之目的，所预备之实力，及其进行之事业，不可不避之手段，为种种方面之研究，而俱函括于六主义之内。非惟应用于主观，而施得其当，即客观者能知其意，其与革命之事亦大有功也。孙逸仙先生之叙《民报》也，曰：非常革新之学说，输灌于人心，而化为常识，则其去实行也近。然则能诵《民报》，知《民报》之主义，则革命可能。然哉！然哉！（《民报》第三号，1906 年 4 月 5 日，署名"汉民"）

斥《新民丛报》之谬妄

《新民丛报》最近梁氏之非革命论，本报前期精卫所著，于其根本之错误、学说之支离及其盲猜瞎说而不足以难本报之处，已抉举大要。梁氏宜知反省矣。虽然吾独恶梁氏之嫚骂无状，妄言无实也，故辨而斥之。

梁氏之为结论也，曰："有赐教者，苟依正当之论理，则鄙人深愿更相攻错，而或为嬉笑怒骂之言，深文周纳以相责，则村姬之角口耳、酷吏之舞文耳，凡此皆无相与攻错之价值，则恕其不报。"吾见此数行文字，亦疑梁〔梁〕氏既持是为约，则其文不知若何严正有据，不堕村妪酷吏之失，而孰料有大不然者，己则无稽喋喋，妄言不惭，而犹持以语人曰：我所言无臆测，无意气也。人无以臆测意气之言进，嘻！此真村妪之伎俩也。

梁氏曰："所谓民生主义者，摭拾布鲁仙士门麦喀等架空理想之唾余，欲夺富人所有以均诸贫民。"夫梁氏于民生主义无所知，以为架空理想，不能实现，本不足怪。但谓夺富人之所有，夺之一字，谁告汝者？岂民生主义，梁氏亦以归纳之论理学，证其必出于夺耶？抑本报曾以夺富之主义手段，高揭于纸上耶？均富之方法至多，民生主义学者所主，不胜缕举。梁氏不解所谓，则不知盖阙可耳，而遂谬作是语，是决为无理嫚骂不得自解也。而梁氏又进语曰："夫以欧美贫富极悬绝之社会，故此主义常足以煽下流，若其终不可现于实际，即现矣，而非千数百年以内所能致，此世界学者之公论，非吾一人私言也。论者所戴之首领，其或偶涉西史，偶践西土，见夫各国煽动家利用此主义而常有效也，羡西子之颦而捧心焉。"梁氏不知民生主义为何物，而谬曰此主义足以煽下流，煽动家利用此主义，此不惟嫚骂本报，即举世界一般民生主义学者，而尽以轻薄之词抹煞之矣。吾今诲梁氏以民生主义之由来曰：民生主义者，先觉之士见乎经济阶级之为梗于社会，而讲救济之之方法，欲实现其平等博爱之思想者也。其为革命家而兼言民生主义，亦实见其当着手并行之处，而非如梁氏之言排满，谓政治革命之一手段。保皇党之欺人，谓名为保皇，实则革命也。今试问彼言民生主义者，仅以为名耶？抑不过一手段耶？梁氏虽愚悍，恐不能下此断语。至谓必千数百年此主义始现，则英之于澳洲，德之于胶州，其所用改良土地之政策为何？姑不暇远举，而如日本近铁道国有案之通过，宁非国家民生主义之实现耶？且即以法律言，几疑与民生主义格不相入矣。然自最新学者论之，则近时各国民法已有超重广义的民生主义之势，此尤非梁氏所能知也。而梁氏或强词夺理，必谓极端之民生主义既现，而后可言，则吾今谓中国无一人读书者，必其读尽中国之书而后云读书，岂非大不通之论乎？且居然断论千数百年之世局，大言无稽，吾恐世界无此学者。此等公论，亦只让梁氏为代表耳。夫梁氏认民生主义为煽动下流之具，基此前提，辄下判断，如其言演为三段法论理式，则必云：

民生主义者，煽动家利用之以煽下流者也；《民报》言民生主义，故《民报》亦利用之煽下流者也。

持此以语当世，稍知民生主义者，问孰为承认之？而梁氏之说，则固尔尔也。（吾更有为梁氏言者，凡论理学者，专就形式上以正思想之真妄，而实质之真妄如何，则措而俟诸他学问者也。故有就论理上知其形式之不错，而实质全错。至不可究诘者任举一事，他无根据证明，而但以论理式演之谓之不错，无是理也。梁氏谈政治法律而遁于论理学，即一二论式，许其不错，然其所以证明实质者，于学说则东牵西扯，同时而至于三歧。如本报前期所举，于事实则茫然无知，恣口诬捏，自欺欺人如是，虽演百十之论理式，犹无当也。故吾就梁氏之言为上三段论式，俾知凡说论理者，形式之事，而他尚贵实质之考求，否则徒使阅者一览而斥其谬耳。例如云凡中国人皆碧眼红髯，李鸿章中国人，故李鸿章亦碧眼红髯。此于论理形式亦无所误，然其前提不正确，实质之误，常人一览而知。以之自为说明，则无异助敌而反攻也。）梁氏乃竟基于民生主义煽动下流之前提，而更推定曰："必乙丙等县之游荡无赖子，乃至乞丐与罪囚之类，艳羡富民之财产，可以均占，利用新政府之主义，而屠上流社会之族，潴上流社会之家。"夫民生主义无事于夺富而予贫，前已辨之。（梁氏若据字书夺字之义为夺失以自解，则吾等诸康氏之解商报为商榷之意，将不屑与辨。）梁氏所谓上流社会，必与为敌，即从此夺之一字而来。于前说既无以证明，则此处亦不攻而自破。至其游荡无赖乞丐罪囚云云，不过力为丑诋之词用相诋谋而已。夫于其所不知者逞其臆说，复主张之以为前提。缘彼前提，更生臆断，傅会颠倒，至于极端，村姬之角口耶？酷吏之舞文耶？盲人扪鼎以为寝器，漫谓可以置溺，遂以诟人，胡以登诸庙堂之上。梁氏议论，毋乃类是。梁氏最悖谬无理之点，则在伪造孙君之言，谓大革命后四万万人必残其半，及主张大流血以达此目的等语。一派诬词，以吾人有十数年前，即与孙君游者，固未尝闻此诐说。吾人已共信为非孙君之独谩梁氏，而梁氏之诬孙君矣。吾顷又以此言质诸孙君，君曰："恶是何言？革命之目的，以保国而存种，至仁之事，何嗜于杀？彼书生之见，以为革命必以屠人民为第一要着，故以其所梦想者而相诬。以余之意，则中国民族主义日明，人心之反正者日多，昔为我敌，今为我友，革命军之兴，必无极强之抵力。吾所主张终始一贯，惟以梁氏反覆无恒，故不告以约法。若民生主义，梁氏至今梦如数年前更难语以实行之方法，彼乃向壁虚造，乌足诬我。"噫！此言足自白，而正梁氏之谬矣。夫惟不知中国民族主义之前途与革命之事业，故有四万万人死亡过半之言。惟不知民生主义实行之方法，故有夺富予贫及觊田土无主而收之证，未尝学问而逞其小慧，以为他人实不过是，而即以之为他人之怀抱鼫鼠之技，尽于是耳。夫与本报辨论，则就所引约法为词足矣。而忽谓数年前有彼所得诸孙君之说，斯已轶出范围之外。而梁氏又虚造其词以相诬。且以其虚造而惧同时与孙君游者，得以相纠。则又狡狯其言曰："独怪其昔日语我者如彼，今日所以语论者又如此，其已变前说耶，则所谓民生主义社会革命者，固大张于其机关报中。"梁氏遁伺，借兹愈见。盖梁氏知其言大异于吾人所闻，决不足以征信，则谬谓孙君今兹殆变其前说。而昔者尝有恶意，犹将以此见疑于人。万分无聊，勉欲收一二谰言之效，梁氏亦太可怜矣。以吾人所知，则孙君抱持革命宗旨凡十余年，未尝有如梁氏自相挑战之病，既无前说，何变之云？而梁氏之讥，乃曰所谓民生主义社会革命者，固大张于机关报中，吾不知此何足以证梁氏诬词之确实，岂以为言民生主义社会革命者，则必主残四万万人之半，积尸满地，榛莽成林，以达其目的耶？抑必主残杀以达其目的者，然后竖民生主义于报中耶？此等论理又吾所百思不得其解也。无他，梁氏之攻民生主义，于民生主义毫无所知者也。故先以为夺富予贫，继则以为煽动下流之具，于是而乞丐、罪囚、游荡、无赖利用新政府主义之说相续来矣。又继而主张大流血残四万万人半之说进矣。而一切非民生主义之真，非吾人怀抱之真，而信口开河，狂噪不止，不仁不智，吾于梁氏之心声征之。

梁氏于法学，犹其于民生主义也，故有同时主张三说自相矛盾而不知之弊（前期本报精卫著三十八、三十九页揭之）。而梁氏则自以为工挢扡有心得也者，乃大张其词，驳孙君演说之语。按孙君之言，以策进国民之能力，以追及英法美之民权。而梁氏之言，则望现在政府之进其能力，而为开明专制。根本之不同，前期本报已痛彻言之（二十八页以下）。梁氏断断于此，则真不过撷拾词句之本领。梁氏欲知我国民有为民权立宪之资格否，则熟读前期本报可耳。演说之取譬，不尽谨严。（如前月日本法学博士一木喜德郎，于法政大学演说，有云使人人如关张则兵法可废，使人人优于自治则国家法律可废，诸如此类，无有泥之以相难者也。）而梁氏以一隙之明，知国家客体说、国家器械说，见驳于近世学者，遂沾沾自喜，以为得敌之瑕。而不料其曾不旋踵，复主张专制行干涉政策，增进人民之幸福。夫在人为取譬之不工，在已见为竖义之不确，厥失滋甚，而漫以讥人，多见其不知量耳。梁氏竟狂逞其词曰："敢公然演说于号称文明社会之学界，而学界中以之为虾而自为之水母者，且若干云云。"盖至是而梁氏村姬之口角尽出矣。夫谓设譬而采国家客体说为虾，则梁氏之虾实甚。斯不足辩者，吾特恶为是之喻之无状也。梁氏亦知尔日欢迎孙君者几何人耶，其乐与孙君研究讨论者为何等耶？复国扶种，同具热念，平等博爱，同是良知，精诚交孚，而所根据以为行为者，又共无疑义。覆满政府也，创民权立宪国也，均地权也，皆吾人良知热血所莹俊而为此主义者也，故主义既定，能共信，不为利动，不为威惕，于同志之内，更相研究其实行尽善之方法，孙君亦研究讨论之一人也。而梁氏以轻薄之意为险恶之词，一则曰其所戴之首领，再则曰其所戴之首领，夫如约法一节，本报明引孙君之言，梁氏则亦明驳之足耳。孙君之言之是非，与为人戴之与否，有何关系？梁氏而能堂堂正正以与人决战，亦何恃此尖薄之口吻。矧乃肆无忌惮，而为嫚骂于学界若是。咄尔梁氏，岂以今日有不言保皇及不言开明专制者，即谓之水母目虾耶？呜呼！梁氏休矣！吾人相与，非尔所知，尔之与孙君缔交之颠末，则吾知之矣。尔本不知有民族主义，从中国来，与孙君游数月，乃大为所动，几尽弃所学，由是乃高谈破坏，斯时殆即尔所谓骤接一理初念最真，尔之良知也。其后尔为利所惑，即尔转念彼转念之时代，孙君遂绝尔。而尔则作书谢过，孙君以为尔能依初念，爰交好如初，然尔卒反覆无常，且造出名保皇实革命之说以欺人。孙君乃为书斥尔，且谓尔含〔舍〕革命而复保皇，犹不足责，至遇保皇者而与言保皇，遇革命者而又与言革命，以致遁为此名实反对之说，诘尔宗旨安在？尔无词以答，遂与尔割席。（初梁氏语其友某某，言孙君责彼以诈伪，友以告孙君。君曰诚然也，乃驰书斥之。某某犹在，可为证也。）尔岂忘此一段历史耶？而或今日为此以报复也。且尔梁氏至今日犹翘其曾倡排满共和论，以自表微劳与其关系之不薄，则劳过于尔关系切于尔，且于尔之能，倡排满共和论，自而亦有微劳关系者之人。而尔乃敢于轻诋耶？呜呼！尔梁氏可以休矣。

吾更请直抉梁氏之隐。梁氏非能于理论上求胜者也，其所主张亦非有一定之政见也。徒怯乎民族主义之日盛，而使彼保皇党人无立足之余地，故强起而争之。首加丑诋于孙君，以谓使吾人见孙君之被诋于《新民丛报》也如是，则必有因而轻孙君者，而不知吾人之意识，固不如是之简单也。而梁氏犹未已也，以陈君天华亦为吾人所推服者，且已湛死，则割裂其文字，而颠倒其主义焉。以为陈君固尝云云，则一般敬爱陈君者，将相率而去。而不知陈君之文章具在，陈君之知己有人，亦不任梁氏之作贼也。凡若是者，作伪心劳，不见其效，则亦成为梁氏之谬妄而已。（观于今年四号《新民丛报》，力云敬陈君为人，自命知己，而三号对于陈君所作《中国宜改创共和政体》一篇，则非理攻击，谓其脆而易破，末更椰榆〔揶揄〕其词曰：今其人既已辞此世间，彼继续主持某报之人，能并代彼赐答辩否耶？轻薄口〔吻〕，不觉尽露，以为素敬陈君为人，吾不之信。至关于陈君论旨，本报他篇辩之。）其他有一味轻薄嫚骂者，如不解本报所揭第五条主义，而谓因结识日本之浮浪子数辈，恃为奥援之故。不知梁氏何术能尽知吾人所交结者，且又知其悉为浮浪子也。又康氏之至日本也，宫崎氏有力焉，浮浪子也。梁氏之至日本也，平山氏有力焉，亦浮浪子也。今梁氏久处安乐，已忘患难，遂轻此辈。意惟阀族元勋之是重，则势利之劣性根使然耳。梁氏又曰："以吾读该报除陈君天华外，可直谓无一语非梦呓。"此其狂悖不伦已属可笑。而其下数页，则对于本报《民族的国民》一篇，云乐承认者，一云承认者数四焉。是梁氏亦乐闻呓语者也。至梁氏谓彼文本无价值，姑宽假之荣幸而与之言等语，则如卖淫之妇弄姿骄人，不知夫见者方作恶欲吐也。以上略举数端，其余村妪口角之一般，亦可以见，不赘举以烦笔墨也。

吾于篇终更有一言质诸阅者，而并促梁氏之反省。盖吾以谓梁氏洋洋千言，是丹非紫，于排满共和论，极端排斥，疑其所见固已确定矣。而于其词将毕也，犹曰："夫鄙人岂敢竟自以为是，苟答辩而使鄙人心折者，鄙人必为最后之降伏，毋为各趋一途，而使力之互相消也。"然则梁氏指天画地狂噪久之，而犹未有定见也。夫以惯自相挑战之人，而于其未有定见之时代，辄剑拔弩张排斥他人之说，力所不逮，则为种种轻薄浮词以求取胜。梁氏良知其殆蔑矣，至于篇末，而气尽声嘶，似犹有一线之未尽。然梁氏劝人毋任感情，毋挟党见，吾则劝梁氏毋怀私欲，毋多转念。至于辩论之际，则梁氏所以约人者，宜先守之。庶几当于攻错之义，若如其第三四期之报，则先自违反而有意，以荧真听也。梁氏不能一一反省，则伊虽欲为最后之降伏，亦无有收此反覆之徒者也。

辨奸子此文，成于《新民丛报》第六期之后。迨第七期出，而辨奸子已归国，故所斥梁氏之谬者止此。又梁氏七期报对于民生主义，复致崇拜。盖睹本报三号号外，知不能自完其说，乃又反其前言也。然其第三期报文具在，厥谬实如辨奸子所言。梁氏虽善反覆，亦无能自掩耳。（《民报》第五号，1906 年 6 月 26 日，署名"辨奸"）

告非难民生主义者
——驳《新民丛报》第十四号《社会主义论》（节选）

去新历十二月二日为本报纪元节庆祝大会，而记者适任笔记之责，既终会，以其词登诸前第十号，其间所记演说各稿，于孙先生之言民生主义，尤兢兢焉。良以此问题隐患在将来，而此学于吾国亦鲜以能研究者称也。记者从先生游，屡问其所称道之理论，及其方案条理，多不胜述，顾缘扰于他事，不克编集为文，以实本报，良自引憾。近顷见《新民丛报》第十四号，有梁氏《杂答某报》文《社会革命果为中国今日所必要乎》一节，力反对吾人所持之政策，虽未尝不恶其恣睢悖谬，然自喜遇此而得贡言于我国民之机会，盖乐以加我之诋诽，为我研究之问题，以期第三者之易于了解，此记者夙所认也。爰为文辩之，以告梁氏，并告一二惑于梁氏而非难民生主义者。

凡为驳论，贵先有自我之主见，继审观他人之言论，觉其所持为与我见为不合，不反覆而得发见其缺点焉，然后辨之。故其所驳者，即不必尽当。然持之有故，言之成理，两端相折，而此问题之真相，倍易于发露。梁氏不然，其初固非有自我之主见，继亦未尝审观他人之文，而但以问诸革命党之故，则遂贸贸然执笔相攻，条理不一贯，更杂以同时自相挑战之活剧。故所病于梁氏者，非好为驳论也；病其不能为驳论，而颠倒矛盾，自扰扰人，使阅者亦为之瞀乱迷惑，而脑筋不宁者终日，从其后而规正之者，则又必不免于词费也。即如梁氏此十四号之文，谓绝对赞成社会改良主义，而反对社会革命主义，于社会主义学说中，硬分其若者为属于改良，若者为属于革命，且企以此而斡旋其前后议论之矛盾，而不知其终不可掩。何者？梁氏于彼报去年第三号以前，既极力认绍介社会主义之学说于中国，而其第三号以《民报》言社会主义也，则曰："此主义在欧洲社会常足以煽下流。"此一度挑战也。及第四号则曰："如某氏持土地国有主义，在鄙人固承认此主义为将来世界最高尚美妙之主义。"其所承认者，即第三号所斥为煽动下流，各国煽动家利用之而有效者也。此二度挑战也。既曰承认土地国有主义为最高尚美妙之主义矣，而今十四号文中又谓吾人言土地国有，为"卤莽灭裂盗取社会主义之一节，冀以欺天下之无识"。又谓以"简单之士〔土〕地国有论，而谓可以矫正现在之社会组织，免富者愈富、贫者愈贫之恶果，是则不成问题"。夫彼第四号固已赞美土地国有为最高尚美妙之主义，而特嫌其未能以实现于目前耳，而今则并斥之以为体段不圆满不成问题。此三度挑战也。然尤有奇者，则此十四号文四十八页云："社会主义学说，其属于改良主义者，吾固绝对表同情，其关于革命主义者，则吾未始不赞美之，而谓其必不可行，即行亦在千数百年之后。"其第四十九页亦云："中国今日若从事于立法事业，其应参用今世学者所倡社会主义之精神与否，此问题则吾所绝对赞成者也。"至其篇中结论则曰："故吾以为种族革命不必要也，社会革命尤不必要也。"更易其词曰："今日欲救中国，惟有昌国家主义，其他民族主义、社会主义皆当诎于国家主义之下。"依梁氏所区分者，则社会改良主义，自属社会主义之一分类，而今日当诎于国家主义之下，则并其所自称绝对赞成、绝对表同情者，亦皆当诎也。相距数页之间，而其文之不自掩也如是，岂梁氏所谓绝对赞成采用者，固止为一种口头禅耶？抑梁氏至于终局，又但以社会革命主义为社会主义，而社会改良主义非社会主义耶？此四度挑战也。凡是，皆梁氏所持与吾人辩争之主题，即彼军成立之徽帜也。（阅者审之，作者亦自审之，此宁非荦荦大端耶？）而犹反覆颠倒，莫名其是，其他抑又可知。（本论篇摘末，特梁氏此取次文中自相挑战之大点，列为清细矛盾表以促作者之反省。）梁氏于他人文，为己所不能辩攻者，则辄抹以无辩驳之价值。若此类者，乃真无办〔辩〕驳之价值也。

梁氏于其本论之前，谓不可不先示革命之概念。而其概念曰："凡事物之变迁有二种，一缓一急。其变化之程度缓慢，缘周遭之情状，而生活方向渐趋于新生面，其变迁时代无太甚之损害及苦痛，如植物然，观乎其外，始终若一，而内部实时时变化，若此者谓之发达，亦谓之进化；反之其变化性极急剧，不与周遭之情状相应，旧制度秩序忽被破坏，社会之混乱苦痛缘之，若此者，谓之革命。"（按此数行为美国学者伊里氏《经济概论》上卷第五章《英国工业革命第一》之前数行语，梁氏从日本山内正了译本译抄，几无一字改易，自谓是所下革命概念云云，殊不可解。或谓梁于彼报体例，其著作征引，恒不言所出，自《民报》第一号发行，梁氏乃变其例，既复屡为《民报》纠其译文之误，无以自解，故兹复用前例。理或然欤？）按伊里氏之言，只以解英国自营业商业时代变迁于工业时所以号为革命之故，非谓一切之进化革命，皆严有此之区别，而不相容也。故依于生物学者之言，则进化之事，其道至多，有必经革命而后进化者，而历史上所号为革命者，又不必皆生混乱痛苦于社会也。今即姑如伊里之言，譬之植物，其外观始终若一，而内部时时变化者曰进化。则譬有植物家于此，其种树也，断树及根，而更续以他本，使其发生，其外观始终不若一，其变化不隐涵于内部，是则伊里氏所以为革命非进化，而梁氏亦必以为革命而非进化也。则更证以实例，如我国内地广东等省，所用之肩舆，其始当如今山间僻县之制，殆至陋劣，其继进化，则制愈备饰愈美，肩者亦自二人而三人四人，进化至于八人而极其能事矣。顾近者粤汉铁道兴，将来吾粤之民，即舍肩舆而乘汽车，肩舆与汽车不同物，即断树而更续以他本之类也。梁氏于此，其得谓之非革命耶？得无谓此自肩舆而汽车者亦当循轨道以发达进化，不如用北省之驼轿以代肩舆（驼轿不以人肩负，可谓之进化）。浸假浸变，而后合于缓慢之程度耶？而梁氏亦自知其不然，而曰："我国今后不能不采用机器，以从事生产，势使然也。既采用机器以从事生产，则必结合大资本，而小资本必被侵蚀，经济社会组织不得不缘此一变，又势使然也。"是工业之革命，梁氏亦认为不可避者，且并认现在经济社会组织不得不缘之一变矣。然恐以承认工业革命之故，将并不能反对社会革命之说，乃急变其词曰："欧人工业革命所生之恶果，我虽不能尽免，而决不至如彼之甚，今后生产问题，虽有进化，而分配问题，仍可循此进化之轨而行，两度之革命，殆皆可以不起。"又曰："欧人前此之工业革命，可谓之生产的革命，今后之社会革命，可谓之分配的革命。"意谓欧人惟以生产的革命，故生分配的革命，而我以生产的进化，而无须为分配的革命也。（梁氏论新国分配之谬，下方驳之。）梁氏既先置分配而言生产，则吾亦姑先与之言生产。夫梁氏所谓欧洲生产革命，其最大者，即前此人类从筋力全部以从事制作，利用自然力之器械绝无，及机器发明，普通视人力加十二倍，或加数百倍至千倍，生产之方法，划然为一新纪元也。而此之景象，则我国今后所必同然。以我数千年文明之旧国，一旦举其生产方法改革纪元，旧制度随之破坏，而曰与社会周遭之情状能相应，不至生其混乱苦痛，其谁信之？故以中国今后之经济社会言，梁氏即欲不承认有生产的革命而不得不然，则必自背其开宗明义所自下之概念而后可也。

今于驳正梁氏本论之前，特先举梁氏致误之根本，而后详论之。梁氏致误之总根本，在不识经济学与社会主义之为何，而其经济观念之谬误，则其大者有八，列示于左，供阅者之研究评判。

其一，梁氏以土地为末，以资本为本。

其二，梁氏以生产为难，以分配为易。

其三，梁氏以牺牲他部人而奖励资本家为政策。

其四，梁氏以排斥外资为政策。

其五，梁氏不知物价之由来。

其六，梁氏不知物价贵贱之真相。

其七，梁氏不知地租与地税之分别。（日本指吾国习惯所称之地租为地代，而指吾国所称之地税为地租。详见下方。）

其八，梁氏不知个人的经济与社会的经济之分别。

总此八误，而梁氏全文，乃几无一语之不误。同时自相挑战，亦缘之而起。梁氏谓予不信，则请观就其原文次第评论之各节。

第一节　驳所谓中国不必行社会革命之说

梁氏以欧洲经济社会史为惟一之论据。梁氏不敢道美国经济社会史只字。引伊里述美国经济社会史以补梁氏之缺。就美国经济社会史正梁氏三谬。梁氏之论据不攻自破。美之经济组织更良于我。梁氏土地资本论之不中肯。梁氏土地资本论之矛盾。论粤汉铁道集股事。我国经济社会之现象不足恃。梁氏亦赞成社会主义。梁氏不知病源治法。病源治法不外土地国有。

原文："吾以为欧美今日之经济社会，殆陷于不能不革命之穷境，而中国经济社会，则惟当稍加补苴之力，使循轨道以进化，而危险之革命手段非所适用。……彼欧人之经济社会所以积成今日状态者，全由革命来也。而今之社会革命论，则前度革命之反动也。中国可以避前度之革命，是故不必为再度之革命。夫谓欧人今日经济社会状态全由革命者，何也？……盖欧人今日社会革命论经由现今经济社会组织不完善而来，而欧人现今经济社会组织之不完善，又由工业革命前之经济社会组织不完善而来。我国现今经济社会之组织虽未可云完善，然以比诸工业革命之欧洲，则固优于彼。故今后虽有生产问题，虽有进化，而分配问题仍可循此进化之轨而行，而两度之革命殆皆可以不起。……此在欧美诚医群之圣药，而施诸今日，恐利不足以偿病也。"

驳之曰：此梁氏以欧洲之经济社会历史，证言我国不同，则其谓中国不必行社会革命之惟一论据也。其本于伊里氏，谓欧洲工业组织之变迁，不以进化的，而以革命的。及其所述欧洲历史之概略，亦可谓为无大误者。然其于欧洲之经济社会历史称述若是其详，而于美洲则无一字道及，此则吾人所不能解也。夫既以欧美并称，而与我国比较其得失优劣矣，则欧与美国为梁氏所宜知，而胡独见遗其一？且审梁氏之文，于称欧洲历史以前，则曰："吾以为欧美今日经济社会，陷于不能不革命之穷境，而中国不然。"其既称述欧洲历史之后，则又曰："社会革命，在欧美诚医群之圣药，而中国不然。"是梁氏初非忘情于美也。梁氏得无谓欧洲经济社会之历史，即可以括美洲经济社会之历史，举其一而可令阅者囫囵读过，遂信欧美当日之历史，为无以异耶？抑梁氏亦自知夫美之经济社会历史，不同于欧，言之而惧自破其说耶？他书或为梁氏所不乐道，伊里之书，则梁氏既明述且暗袭之矣。吾请以伊里之书，补梁氏之缺可乎？按伊里述英国工业革命之下，其第八章即为"关于美国经济之注意"。其大略谓：随于英国工业革命而生之苦痛有二，而美国皆得免之。其在过后之困难，则汽机发明之日，适为美国独立之时，本无足称之工业，与所谓当改革之旧制，故新工场制度，直采用为美国本来之制。故英国为革命之性质，有浴血淋漓之现象，而美则为履道坦坦之一进化而已（伊里分别革命与进化之历史如是）。其在实施上之困难，则美既以工业狭隘免过渡之轧轹，而其境域，复庞大以调和自由主义之实施，人民亦乐逐利迁移，不感竞争之压力。此伊里氏述美国采用汽机制造时之社会状态，盖与欧洲为大相悬绝也。而继言竞争之结果，则曰："试观东部诸洲，人口繁密，自由地渐稀，获得之道因之而烦，劳动者渐感生活上之困。纵令庸银不落，而生计已不如前。富者增加，贫者亦众，以其阶级悬隔之不平，至于暴动，劳军队之镇抚。"其次则述佣主间之争竞，及事业之集中，劳动者之困苦，一国之事业落于少数人之手，以为较他国为尤甚。而其理由，则以为一因无制限其趋势之法律，上复媚于铁道大资本家而助其进步。此伊里言美国社会进步之后，其分配之不均尤甚剧也。故就伊氏之言论之，则有足以正梁氏之谬失，而畅吾人前说者三焉。美国惟以新立之国，无可称之工业，无可言之旧制，故于过渡不感其困难。若我国有数千年之文明习惯，而旧业之倚手工为活者，亦非美国当年之极狭隘无称可比。然则美以新立之国，故免过渡之困难，以其免过渡之困难，故伊里氏以为进化，而非革命。我国情态既与美异，梁氏何据而谓为今后生产问题但有进化的耶？此足正梁氏之谬失者一。美之得为坦夷进化也，如伊里之言，则不仅恃旧业旧制之无称，而更赖邦土广阔有自由之土地（自由土地谓自由占有者），以使劳动者迁徙自如，善自为计，故能不受事业竞争之苦。我国虽地大物博，而以四千年之旧国，宁复有此以为调和耶？（故吾人注意于整理土地之法，其说详下方。）此足正梁氏之谬失者二。夫以上二者较，则我国经济社会之现象，其断不如美之当日，已不烦言而解矣。而美之以其真进化的非革命的者，犹浸假而有今日之社会，不免与欧洲同陷于不能不革命之穷境，且自伊里氏言之，则宁视欧洲为倍憯，即今世言社会主义者，亦群认美为急于欧也。而梁氏乃谓欧洲今日之社会革命论，全由前度而来，中国可以避前度之革命，故不必为再度之"革命"，夫美则固已为能避前度之革命者，而胡以生社会革命于今日耶？此足正梁氏之谬失者三。故梁氏所以谓中国为不必行社会革命者，其前后若以与欧美历史不同为论据，而及其述彼方经济社会历史以为证，则但及欧而遗美，是独以欧洲之历史为主据也。若更以吾人所举述美国经济社会历史证之，则并其所主张欧洲历史之论据亦不存，何者？以所谓我国经济社会组织，及经济社会现象，优于工业革命前之欧洲云者，证以美国而皆词穷也。虽然，吾谓梁氏非必不知美国经济社会历史者，而伊里氏之书，其言英美比较之异同，尤不应未睹。但以言及美国之历史，则其所以为证者，不攻而自破，故无宁缺之，此梁氏之苦心也。贼有盗铃者，自掩其耳，以防人觉。而不虞闻声而来捕者之使无所逃避也。

原文："彼贫富悬隔之现象，自工业革命前而既植其基，及工业革命以后，则其基益固，其程度益显著云耳。盖当瓦特与斯密之未出世，而全欧之土地本已在少数人之手，全欧资本自然亦在少数人之手。……故工业革命之结果，非自革命后而富者始富，贫者始贫，实则革命前之富者愈以富，革命前之贫者终以贫也。我国现时之经济社会组织，与欧洲工业革命前之组织，则既有异，中产之家多，而特别豪富之家少，其所以能致此良现象者，原因盖有数端，一曰无贵族制度……二曰行平均相续法……三曰赋税极轻。"

驳之曰：此梁氏以吾国经济社会组织，为视欧洲工业革命前之经济社会为优焉，则谓彼今日社会问题，为我将来无有之问题也。然一证以美国，则其说无复立足之地。盖美之初，亦无贵族制度也，亦无长子相续不平均之制也，亦无贵族教会重重压制、供亿烦苛、朘削无艺，侯伯僧侣不负纳税义务而一切负担全委齐氓之弊也。故我国所视为良因，以造良果，而傲视欧洲者，美皆不我让。至其以新国之美质，自由土地之多，既不感过渡之困难，复能调剂竞争之压迫，则非我国现时所敢望。梁氏但侈言我经济社会组织为善于欧洲当日，遂谓可免将来革命之患，然则美之经济社会组织，更良于我者，今果何如？我胡弗视此较良于我者为不足恃，而自警惕也。且梁氏以我国中产家多而特别富豪之家少，引为幸事，此亦惟足以傲彼欧洲之封建贵族制度耳。若美则其始纯为经济界之干净土，其今日之以巨富称者，皆以徒手而创业，不因英伦资本之挹注也，然而托辣斯之骄横、全国事业之兼并、租贵佣病之困苦，其社会革命问题，乃视欧洲为后来居上。梁氏亦尝于贵族封建之外，而一审察欧美社会之问题否耶？然谓梁氏全不知欧美社会问题之由来，则梁氏亦当不受，以梁氏固能言"全欧土地在少数人之手，全欧资本亦自然在少数人之手也。"而且继之曰："少数之贵族，即地主也，而多数齐氓无立锥焉。生产之三要素，其一已归诸少数人之独占矣。故贵族即兼为富族。"是则梁氏于研究欧洲昔日经济社会问题，固未尝无一隙之明，而观察点亦有所中也。且梁氏非惟可与言欧洲之经济社会历史也，即美之经济社会历史，为梁氏所不乐称述者，亦未尝不可不以梁氏此数言通之。盖以言乎欧，则曰全欧土地在少数人手，故全欧资本亦在少数人之手；而以言乎美，则亦可曰全美土地在少数人手，故全美资本亦在少数人之手也。美之先固无封建贵族制度矣，而以有天然独占性之土地，放任于私有，且以国家奖励资本家之故，而复多所滥与，如南北太平洋铁道，其敷设时持，由国家奖励而与之以轨道两旁各六十英里至于百余英里之地，如是之类，故美之土地，亦入于少数人之手，而资本亦附属焉。所异者，则欧洲之得为大地主者，以贵族之资格，而美之得为大地主者，不以贵族资格，而以平民资格而已。其以土地入少数人手，酿为贫富悬隔，陷社会于不能不革命之穷境，则一也。故吾人以为欲解决社会问题，必先解决土地问题，解决土地问题，则不外土地国有，使其不得入于少数人之手也。夫然后不至陷于欧美今日之穷境，此所谓先患而预防也。梁氏虽欲隐没美之经济社会历史而不言，而于欧人以土地问题生社会问题者，则言之若是其切，而下文则又忽自反之，而与人争土地、资本之孰重，谓资本能支配土地，土地不过为资本附属物，以与其前说大相挑战焉。梁氏岂以为如是而后可以乱敌人之耳目耶？嘻，亦异矣！

原文："粤汉铁路招股二千万，今已满额，而其最大股东不过占二十五万及至三十万耳，其数又不过一二人，其占十股以下者乃最大多数。盖公司全股四百万份，而其为股东者百万余人。此我国前此经济社会分配均善之表征，亦即我国将来经济社会分配均善之朕兆也。……公司愈发达，获利愈丰，而股东所受者亦愈多，股东之人数既繁，大股少，小股多，则分配不期均而自均，将来风气大开，人人非知资本结合不足以获利，举国中产以下之家，悉举其所贮蓄，以投于公司，出产方法大变，而进于前，分配方法仍可以率循，而无大轶于旧。"

驳之曰：此梁氏以粤汉铁路集股之事，证我国经济现象为良于欧洲昔日也。就粤汉铁路言，则不可不知此事有附加的原因，即全省士民一时激于义愤，而非尽中产之家，举贮蓄所余牟利而来也。故香山唐绍仪知忧之，忧其大股之不能交，而亟筹保护之善法。（见唐与粤绅商书，粤中各报皆载之。）而梁氏乃以为股东者百余万人为幸，亦忘其附加之原因耳。且就令以此附加之原因为不足论，而谓此占十股以下之最大多数股东，能永保其股分，以形成梁氏所期分配平均之现象乎？吾见铁路之才着手于工事，而股分之转易于他手者，已不知凡几矣。而此之从他手买得者，其大半必非中产以下之家，及其买收之不止十股以下，又可决也。而铁路之利，非逾五年不见，此五年间，凡百余万之中产以下之家，其能久待者几何乎？即幸而待至获利之日，则豫计为所获颇丰者，若岁得什一之利，则占十股者其岁收利当为五元或三四元不等。此五元或三四元之利以之加入一人一岁生活最少费中（谓一人一岁所必需为生活之费也），实不过可有可无之数。斯时或有以倍其原来之股金或百元或八九十元求购之者，则鲜不售也。于时其有三十万股之大股东，则每年以什一之利与之，则其人岁可得十五万元，除其生活之费，优计之，亦当余十余万元。仅举十余万元之所得，用以买收他股，倍其原价不惜，亦岁可多得万余股。而此股东之能应募至三十万者，必非倾产为之，苟见铁道公司之获利，而肯营殖焉，则其所能买收之股更不可算。而其次第先被买收者，又必其为占十股以下之大多数股东可知也。如是者年复一年，铁路之获利愈丰，则此大股东之购求愈急，四百万分之股终必落于少数人之手，而今不遽见者，特尚需时日耳。一二股东，既垄断一公司之股，转而更谋他路之公司，其兼并之法如前而益较为易。而铁道为自然独占之事业，不数十年，将见广东全省或东南数省之铁道，悉落于少数人之手，而形成今日美国铁道之现象。盖至是而所谓股东之人数繁，大股少而小股多者，渺不可见矣。故目前经济之现象，为决不足恃。而分配之问题不注意，则社会将来必感竞争压迫之祸。且夫生产方法之未改，自由竞争之未烈，则其国经济社会，每可以苟安而无事，非惟美洲，非惟我国，即欧洲工业革命前之经济社会，其现象亦非甚恶也。梁氏不观之伊里氏称述英国手工制造时代之美点乎？（伊里氏之书，为梁氏所知，故篇中多引述之。）曰："其时手工制造家，各自有其居宅牛马，其业成于家，而鬻于市，利固不大，其人亦未尝贪大利也。论此时代之制度，于进步发达，缺点固多，而维持一般之独立安宁，所谓乞丐流氓之绝无者，不可谓非大美点也。"然则使梁氏生于当日，亦将以经济社会现象之良而自安耶？又况如梁氏曩者诋毁吾人之持民生主义者，谓利用此以博一般下等社会同情，冀赌徒、光棍、大盗、小偷、乞丐、流氓、狱囚之悉为我用。（此证之悖谬，本报前号已痛斥之。）所谓赌徒、光棍、大盗、小偷、乞丐、流氓、狱囚之属，岂尚为社会之良现象耶？夫即谓我国经济社会现象为良，而睹于美之以一片干净土为发脚点者，犹有近今社会之穷境，则先事预防之策，其必不可缓矣。况我国经济现象，如上所称，不足谓善，以与人较量短长，则纵优于欧，而必不如美，而梁氏乃一再称幸之不已，殆必得风雨漂摇之日，而后许为绸缪之计也？吾哀其无及也！

原文："然又非徒恃现在经济社会组织之差完善而遂以自安也。彼欧人所以致今日之恶现象者，其一固由彼旧社会所孕育，其二亦由彼政府误用学理放任而助长之。今我既具此天然之美质，复鉴彼百余年来之流弊，熟察其受病之源，特〔博〕征其救治之法，其可用者先事而施焉。（其条理详下方）则亦可以消患于未然，而覆辙之轨吾知免矣。所谓不必行社会革命者，此也。"

驳之曰：梁氏亦知现在经济社会组织之差完善，而不足自安耶？是亦梁氏一隙之明也。而梁氏所指欧洲恶现象之原因，抑亦不谬，惟以美言之，则微异。盖欧有其三，而美有其一。一切旧社会之孕育，例如封建贵族制度，为美所无，而政府误用学理，放任助长，则美亦同病。此当注意者也。至梁氏所谓熟察病源，博微〔征〕治法、先事而施、消患未然者，则孙先生前日之演说，已详哉言之。曰："社会问题，隐患在将来，不像民族、民权两问题，是燃眉之急，所以少人去理会他。虽然如此，人的眼光，要看得远。凡是大灾大祸，没生的时候，要防止他是容易的，到了发生之后，要扑灭他，却是极难。社会问题，在欧美是积重难返，在中国却还在幼稚时代，佢〔但〕是将来总会发生，到那时候，收拾不来，又要弄成大革命。革命的事情，是万不得已才用，不可频频伤国民的元气，我们实行民族革命、政治革命的时候，须同时想法子改良社会经济组织，防止后来的社会革命。这真最大的责任。"（本报十号《纪演说词》第七页）故吾人闻梁氏此言，几忘其立于正反对者之地位也。梁氏岂不曰"吾之救治法，非革命党之救治法也，即吾下方所言，铁道等事业归诸国有，制定工场条例、产业组合法，以累进率行所得税、遗产税诸类之条理"耶？姑勿论是种种之方案，皆逐末而无足以救患，而即以梁氏所自言，鉴欧美百余年来之流弊，熟察其受病之源者论之，而见其不相应。盖欧洲受病之源，在封建贵族之制度，即梁氏上所云自工业革命前而既植其基也，而其直接以成今日社会之恶果者，则由于土地在少数人之手，使资本亦自然归之，而齐民无立锥地，所谓旧社会之孕育为之也。故但溯因于土地，而已得欧洲受病之源，使欧洲当日不以其土地归少数人之手，则贵族不为患也。又使欧洲以他之原因，而土地归少数人之手，即无贵族犹为社会之患也。更以推诸美国，则初无贵族制度，而以认许土地私有制度及崇奖资本家，而土地亦在少数人之手，以渔猎社会之资本，一为今日之大患。故知土地问题，决为社会问题之源，而不能解决土地问题，即为不能知欧美社会受病之源也。梁氏对于欧洲既往之历史，既历言其土地垄断于私人之弊，以为造恶现象之原因，于此复曰当熟察欧人受病之源，博征救治之法，而于下方则极力反对吾人之言土地国有者，而但以其铁道国有、制定产业组合、工场条例、行累进税为已足，吾不知此数者于欧人受病之源，果何与耶？故使梁氏必反对土地国有而行其补苴漏罅之法也，则必取消此熟察病源博征治法之言而后可。使梁氏而必强认所举诸条理，为即病源救治之法也，则必取消其论欧洲经济社会历史之言而后可。（即所谓全欧土地在少数人之手，全欧资本亦自然在少数人之手，及生产三要素，其一已归少数人之独占，故贵族即兼为富族，多数贫民皆无立锥等语。）然吾人窃以为此数语者，固梁氏一隙之明而不可没者也。则何去何从，愿梁氏更就此而熟思之也。

第二节　驳所谓中国不可行社会革命之说

梁氏奖励资本家排斥外资之非。经济竞争与武力竞争不尽同。经济问题与政治问题有分别。保护贸易非梁氏所能借口。土地国有使国家为大资本家以经营独占之事业。对于外资，中国之现象与梁氏之政策之非。用土地国有主义则外资输入不致为损。梁氏以生产分配问题为必不可合之谬。中国经济界穷蹙之因。解决生产问题不必反对社会主义。梁氏乐蹈他人之覆辙。

原文："社会革命论以分配之趋均为期，质言之，则抑资本家之专横，谋劳动者之利益也。此在欧美诚医群之圣药，而施诸今日之中国，恐利不足以偿其病也。吾以为策中国今日经济界之前途，当以奖励资本家为第一义，而以保护劳动者为第二义。……欧人自工业革命以来，日以过富为患，母财进而业场不增。其在欧土，土地之租与劳力之庸，皆日涨日甚，资本家不能不用之求赢，乃一转而趋于美、澳洲诸新地。此新地者，其土地率未经利用，租可以薄，而人口甚希，庸不能轻，于是招募华工以充之，则租庸两薄，而赢倍蓰。乃不数十年而美、澳诸地昔为旧陆尾闾者，今其自身且以资本过剩为患。一方面堵截旧陆之资本，使不得侵入新陆以求赢，而旧陆之资本病；一方面其自身过剩之资本不能求赢于本土，而新陆之资本家亦病。日本以后起锐进，十年之间，资本八九倍于前，国中租庸日涨月腾，而日本资本家亦病。于是相旁却顾，临眺全球，现今租庸两薄之地，无如中国，故挟资本以求赢，其最良之市场亦莫如中国，世界各国咸以支那问题为唯一之大问题，皆此之由。（按此段梁氏侈口作历史谈，殊觉词费，然以其足为自论自驳之材料，故具引之。）自今以往，我国若无大资本家出现，则将有他国之大资本家入而代之，而彼大资本家既占势力以后，则凡无资本或有资本而不大者，只能宛转瘦死于其脚下，而永无复苏生之一日，彼欧美今日之劳动者，其欲见天日，犹如此其艰也。但使他国资本势力充满于我国中之时，即我四万万同胞为马牛以终古之日。……我中国今日欲解决此至危极险之问题，惟有奖励资本家，使举其所贮蓄者结合焉，而采百余年来西人所发明之新生产方法，以从事于生产，国家则珍惜而保护之，使其事业可以发达，以与外抗，使他之资本家闻其风，羡其利，而相率以图结集，从各方以抵当外竞之潮流，庶或有济。虽作始数年间稍牺牲他部分人之利益，然为国家计，所不辞也。……吾以为今后中国经济上之国际竞争，其浴血淋漓之象，必当若是矣。现在各国制造品之输入我国者，滔滔若注巨壑，徒以我地广人众，虽十倍其分量，犹能容受，而我国又未尝自制造以相抵制，故各国各占一方面，以为尾闾，而未至短兵相搏之时。一旦我国睡狮忽起，改变生产方法，以堵其进途，彼时各国资本家必有瞠目相视，攘袂竞起，挟其托辣斯巨灵之掌，以与我殊死战，我国如能闯过此难关，乃可以自立于世界。……吾之经济政策，以奖励保护资本家并力外竞为主，而其余为辅。……"

驳之曰：此梁氏以奖励资本家排斥外资为政策，而谓社会革命为不可行也。（其实则主张奖励资本家，使与社会主义反对，盖以分配之趋均为期，抑资本家之专横，谋劳动者之利益，即梁氏所绝对赞成之社会改良主义学者，亦无不如是也。故梁氏此节文，实与前后文为最轰烈之挑战，使人惊诧。）其以外资为恐也，词繁不杀，而其情状，一若其颤声长号与共和哭别之日。吾人虽欲俟其怯病之稍苏而后纠正之，不可得，则姑徐徐语之曰：梁氏其毋过戚也。梁氏昔日亦尝言外资输入问题矣，且以为用之于生产则善，而用之消费始害矣。（见彼报第三年第五号报以下。）梁氏岂今独畏外国之资本家耶？则外国资本，其能输借于中国，类其大资本家之资本也。如曰我吸收为用，与其用资本而来经营者为不同耶？则后者之为企业，犹有盈亏，而前者乃使彼安坐而获也。且梁氏所患，乃各国资本家之欲得业场而趋我耳。此奚足为患者？我宁欢迎之不暇，何则？如梁氏自言，不数十年，美、澳诸地，昔为旧陆尾闾者，今其自身，且以资本过剩为患。然则使各国资本家而群趋我，以注入其资本也，则我将为数十年前之美、澳，而后此数十年，我为今日之美、澳，亦且以自身资本过剩为虑，安有为马牛终古之理耶？言至是，则梁氏必破涕为笑，而其怯病可愈十之六七。则更进而语之曰：梁氏勿疑经济的国际竞争为一如武力的战争，必此仆而后彼兴，此菀而彼必枯也。不通工易事，则农有余粟，女有余布，交易而退，各得其所，此其为理，通中外古今，无以易也。故其能商于我国而获赢者，大抵其能有利于我，而非脧我以自肥也。使必为脧我以自肥，则通商者真吾国之最大漏卮，而锁国者，诚经济家之大政策矣。我国近百年来，生齿日繁，而经济界生产分配之方法，不见其改良进步，故社会有穷蹙之象，然以归咎于外资之输入，则不通之论也。即梁氏亦自知其谬，而矫言："前兹未尝制造抵制，故各国各占一方面为尾闾，不至短兵相搏，使我国改变生产方法，则各国资本家，瞠目攘袂，而与我殊死战。"如其言，则我国殆不如因仍旧日之生产方法，永古不变，犹得以相安，无取冒险侥幸，与人并命也。而各国资本家必惊恶此改变生产方法，益益进步之国，又何理耶？吾见生产方法改变，则财富日增，而外国资本家乃益乐与我为市耳。观于文明富强之国，其出入口货物皆较野蛮贫困之国为多可证也。且日本后起，其国小于我，而当其采用新机改变生产方法，以与欧美为国际竞争之日，胡不闻各国资本家之皆攘臂瞋目，灭此而后朝食也？梁氏则曰："昔日本越后有煤油矿，所出颇丰，美国斯坦达会社者，欲夺其业，拚五百万美金之亏绌，贬价而与之竞，越后矿卒不支，降于斯坦达，受其支配，使越后矿之力，能拚着亏绌一千万美金以与之竞，又安见斯坦达之不反降于彼？"噫，梁氏亦痴矣！一千万之美金，曾不足以当煤油大王岁入四分之一，而遂望其能倾斯坦达会社而降之耶？而其不能，则梁氏引为大戚。不知此事于日本经济界，曾不感其苦痛，惟越后矿之公司，其利或稍贬损耳。夫一公司之成败，一私人之得失，不足为一国经济竞争胜负之左券，必考其全国财富之显象，比较其前后孰为优绌，而后得之。而日本则固自与外国通商及改变生产方法以来，其经济界之活气，逐岁增加，此夫人能知者。而今且提出六亿之豫算案于国会矣，且借外债至八亿余矣，其又曷尝恃一二大资本家与人殊死战之力耶？且万一用梁氏之言，奖励中国之资本家，而求与外竞，则亦必无胜理。盖以欧美各国资本家，皆瞠目攘袂而前，而独以中国当之，此以一敌八之势，而况我现在资本之微微不振，星星不团，不能从事于大事业，固梁氏所知耶？而犹曰使举贮蓄者而结合之与抗，是又梁氏所谓犹以千百之僬侥国人，与一二之龙伯国人抗，蔑有济也。（彼报原文十四页语。）言至是而梁氏亦当爽然自失，而怯病愈十之八九。则更正语之曰：梁氏勿以经济问题与政治问题混为一谈也。近时我国内地，主张收回利权者纷起，其所争者，皆铁道矿山之业，带有领土权之关系，而为政治上之问题，固非一切以排抵外资为务也。然而侯官严氏且忧之曰："方今吾国固以开通为先，而大害无逾于窒塞，自开自造，抵制利权之说，日牢不可破，如此，他日恶果必有所见。"又曰："已闻留学生有言，宁使中国之路不成、矿不开，不令外国输财于吾国而得利。此言与昔徐东海相国云能攻夷狄，虽坐此亡国，亦为至荣，何以异？"夫严氏之言，未及政治问题之方面，此其缺也，而单以经济问题之一方面言，则无以易。今梁氏畏外资如虎，欲奖励本国资本家斗之，虽牺牲他部分人之利益而不惜，此真"能攻夷狄，亡国犹荣"之心事也。梁氏其或以今世各国有行保护贸易之政策者，援之为论据乎？则自由贸易与保护贸易，其学说之相攻难者，至今无定论。而即依于主张保护贸易者之言，亦谓自由贸易为原则，而保护贸易为其例外，故其行保护政策者，必有其特别之原因，例如甲国以或种之工业为其国特色，或所倚重，则设保护制度，而助长之，使不为他国抑压也。否则不欲以一国生存之要需，悉仰于外国之供给（如粮食之类，近时策英国者，谓当参用保护贸易，以保护农业，即此意），宁奖励助长之，使其国人不止从事于其贸易上最适宜之生产也。故主自由贸易说者，谓依保护而成立之生产，非必适合于其国自然之状况，且使企业者有依赖心，怠于改良进步；而主保护贸易者，则以此为教育国民之手段，俾养成其业，以收利益于将来。夫然，故与梁氏奖励内国资本家，以抵制外国资本家之说，为大不侔也。盖保护贸易者，以一种之生产业为主体，而梁氏则以一切资本家为主体也。保护贸易者"以防护本国或种工业不为他国之业所抑压"为目的，而梁氏则"以大惧外国资本家之来而奖励资本家敌之"为目的也。故行保护政策者，同时采用社会主义，而梁氏则以中国方惧外资，而曰："以分配之趋均为期，抑资本家之专横，谋劳动者之利益者，施诸中国，利不足偿病也。"故梁氏抵排外资之政策，求之各国，无其类例。而梁氏下方（彼报五十页文）所绝对赞成之社会改良主义，胪举其条理，则有所谓以累进率行所得税及遗产税者，非以期分配之趋均耶？制定工场条例、制定各种产业组合法者，非抑资本家之专横，谋劳动者之利益耶？奈何其自诟之也！言至是，则梁氏当塞口无言，而怯病可以尽愈。然后语以吾人所主张之社会主义，则对于中国今日，实有容缓者。夫以国家之资力，足以开放一国之重要利源，此必谈经济政策者所乐闻也。（严氏谓开通为善，闭塞为害，故与其闭塞，毋宁任外资之经营，此比较为愈之说也。然一国重要之利源，与夫国中自然独占之事业，能以国力举之，则更较任外人经营之为利，盖同为生产事业，有容许自由竞争者，有不容自由竞争者，此不独不宜任外人经营，即今日之铁道、矿山等事业，固宜悉归诸国有也。此与梁氏一意抵制外国资本家者，其事不可同日语。）既有开发一国重要利源及经营一般独占事业之能力，则国富必骤进，而生产事业日增，此又经济界必然之趋势也。然国家之资力，果何自而来乎？则惟用土地国有主义使全国土地归于国有，即全国大资本亦归于国有。盖用吾人之政策，则不必奖励资本家，尤不必望国中绝大之资本家出现。惟以国家为大地主，即以国家为大资本家，其足以造福种种于全体国民者不待言，而于国中有经营大事业之能力，亦其一也。此非虚言以相蒙也。夫今日之中国，所谋于民之地税，为其租之二十分之一而已。其取诸民而达诸中央政府，不知经几度之吞蚀偷减，而中央政府每岁收入，犹有四千万之总额。英人赫德有言，中国倘能经理有方，则不必加额为赋，而岁可得四万万。然则中国地租之总额为八十万万也。经国家核定其价额之后，以新中国文明发达之趋势，则不待十年，而全国之土地，其地代（即租）进率，必不止一倍，而此一倍八十万万之加增，实为国有。（经国家定地价之后，则地主止能收前此原有之租额，而因于文明进步所增加之租额，则归国家。故曰地主无损，而民生国计大有利益也。）国家举八十万万之岁入，以从事于铁道、矿山、邮便、电信、自来水等之一切事业，而不虞其不足。即其初之数年，地租之涨价，或不及此数。而有是可亿收之巨额，新政府即有莫大之信用，而可以借入若干亿之外债，一面用之于最要的生产事业，不患其縻〔糜〕费之过多，一面有此岁收之巨额，不患其偿还之无着。盖是时国家之财政巩固，则全国之富源广辟。外资之输入，其初以补助本国资本力之不足，而产业既发达，则自身之资本弥满充实于全国而有余。此殆以自然之进步为之，而非恃奖励资本家政策所能望。是故国中一切生产方法、分配方法，皆不讲求，惟有外资之输入者，今日之现象也。奖励国内资本家，以抵制外资输入，其结果不能抵制，而徒生社会贫富阶级者，梁氏之政策也。以中国国家为大地主大资本家，则外资输入有利无损者，吾人所持之政策也。梁氏既忧吾国资本之力不足以经营一切重大之事业，又颇主张铁道等事业之归国有公有，则正宜崇拜吾人所主社会主义之不遑。（梁氏亦信为国家缘此可得莫大之岁入，可为财政开一新纪元。而又谓土地国有，绳以社会主义，均少数利益于多数之本旨，为不相及。不知社会的国家，其所得者，即还为社会用之，国家之收入愈多，即一般国民之所得愈多，何得谓非均少数利益于多数之旨耶？）何至出奖励资本家牺牲他部分之下策，以与其绝对赞成之学说为反对？是真梁氏之不智也。且梁氏亦知大资本家之为害，尝曰："牺牲无量数之资本，牺牲无量数人之劳力，然后乃造成今日所谓富者之一阶级，一将功成万骨枯，今日欧洲经济社会当之。"而今又孳孳然以奖励资本家为务，至不惜牺牲他部分人利益以为殉，功成骨枯，在所不计。核其受病之源，则始终以畏惧外资之故，甚至以筑路假资于人及各国制造品输入为疚。浸假使其言可以惑众，不又令我国反为攘夷锁国之时代耶？梁氏之罪不可逭矣。

原文："今日中国所急当研究者，乃生产问题，非分配问题也。何则？生产问题者，国际竞争问题也；分配问题者，国内竞争问题也。生产问题能解决与否，则国家之存亡系焉，生产问题不解决，则后此将无复分配问题容我解决也。由此言之，则虽目前以解决生产问题，故致使全国富量落于少数人之手，贻分配问题之隐祸于将来，而急则治标，犹将舍彼而趋此，而况乎其可毋虑是也。”

驳之曰：此梁氏重视生产问题，而轻分配问题，又以二者为不相容也。故于其论分配问题时，崇拜社会主义，而于其论生产问题时，则反对之，此其所以为大矛盾也。伊里氏曰："吾人由生产论而入于分配论，其研究之范围事物，二者毫不异，所异者观察点而已。"然则专言生产问题，而不及分配问题者，非伊里氏之所许甚明，而近世经济学者，且每以分配问题为重要。故分配含有二义：其一为关于个人财产贫富之问题，其二则为庸银与租、息、赢之问题（据伊里氏《分配论》第一章），二者皆社会主义学者所重。使租庸息赢之问题不解决，则生产亦为之不遂；而个人财产贫富之问题不解决，则生产虽多而无益。使梁氏而专急生产问题也，则亦能置租庸息赢于不讲，而贸贸以从事乎？惟知从事于生产，而不计社会个人贫富之家，其生产又宁无过剩之虑乎？即如梁氏上方所主抵制外资之政策行使吾国，集一省或数省中等以下之家，悉举其贮蓄投之于公司，其为劳动者，亦宁牺牲其利益，务增时间减庸率以听命，而梁氏则为之画策经营。见夫日本大阪之织布公司，其以购自我国之棉为布，而与我市也，以为宜并力与竞，拼着亏衄若干万金，乃以其出布之多且遂足以倾日本大阪布公司而降之，则梁氏当欣喜愉快而相贺矣。然此事之结果，则大阪布公司舍其业而改织西洋屏画之属，其获利仍复不细，而日本国中得衣廉价之布，只有所益，无减其毫末，而我国则以工场之增时间、减庸率，而其始劳动者已病，出布虽极多且廉，而一般下等社会无力购买。（所谓波士顿靴工之子无靴，而冷卡塞布工之妻无衣。非其地无是生产物，实其人无自赡之力也。）货滞于内国，其以日本为市场者，又以减价竞争而无利，于是资本家亦病。中等之家既尽其贮蓄以入公司，公司数年不能收利，则其股分必以贱价售卖与人。（若公司亏衄甚，则将至无可售卖。）其家落而转为人佣矣。此何也？则不计分配而专言生产之病也。又专言抵制外资，即不解贸易自然趋势之故也。则更反其例而言之，今夫西蜀夔峡之水，其倒泻而下者几百尺，其可发生之电，不知几亿万匹马力。则有外国最大之资本家，投资本数万万而蓄之，购机募工，穷几月之力，工成而以视美之邦雅革拉瀑布，为用且十倍焉，遂以供吾国东南诸省所有通都大邑一切制造机器之用。则梁氏必惊走告人，谓："他国资本势力充满于我国中，我四万万同胞为马牛以终古矣。"而细审其结果，则或此公司者，以供给过于需要，或作始过巨，而后无以为偿，势遂不自支，倾折而去乎。则此大资本家之资本，大半落于吾国人之手，其于我固利。兹事犹不成问题，而窥梁氏排斥外资之深心，亦惟惧此公司之能获利，所谓以百兆雄资伏己而鲨其脑也。曾不知此公司之获利愈丰，则其为利于我国也必愈大，盖彼非能有贸易外之奇术，以攫我资而入其囊也。必其所经营生产者，足以使我有利，而彼乃得以取偿于我，则如以一纺织公司，每年所仰供给于夔峡水公司者，为十万元之费，则其为效用于纺织公司者，必不止十万元之费也。（凡交易之事，皆以就于自己比较的效用少之财货，与比较的效用多之财货交换。日本山崎博士尝为譬之：有甲乙二人，甲有米三石，布六十匹，其效用相等，乙有米二石，布六十匹，其效用亦相等；则在甲米一斗之效用，等于布二匹，在乙米一斗之效用，等于布三匹也。故甲若以米一斗而与乙换布二匹半，是甲以等于布二匹之米一斗，而换得布二匹半也，乙又以布二匹半而易得等于三匹布之米一斗也。故以交换而增加双方财货之效用，非一方有利，而他方即蒙其损也。）而水公司所生之电力，若更能胜煤汽之用者，则其事尤显。如纺织公司前用煤，一岁消费十万，今用电力，可省五万，故舍煤而用水公司之供给，每年即可省费五万，以其所有余者，并用之生产，则岁能多资本五万。其他公司所省生产费额如是，即同时增多资本额亦如是。而其余尚有以用煤而生产费过巨，不敢投资以从事于各业者，今亦得此省半费之电力而群起。是于社会增加生产的资本，为不可胜算也。是时国中业煤之公司，未尝不受其影响，然以煤汽而为电力之补助品，其效用必无全废之理。即一公司果因是倾跌，坠其资本，然着眼于社会的经济，则一时所增殖之资本额，实百倍之不止，利相衡者取其重，吾未见有以社会增殖百倍之资本为不足重，而顾惜此一家公司之资本者也。如是而外资输入之利害可知矣。梁氏忧中国资本之不足，而排斥外资，则不知外资输入，乃使我国资本增殖，而非侵蚀我资本者也。请言其理。夫资本之性质，依于各经济家所下定义，其大略从同。如伊里氏云："自生产额所得，除生活费之必要，而有若干之余剩，此余剩者，为生产而用之，或为生产而蓄之，则成资本。"然则资本所从来，必自生产之结果，与消费所余，自属不易之义。而当外资之输入，则如夔峡公司者，于我国能造成可发生几亿万马力之电机，即增长我国以可发生几亿万马力之生产额也。而为用于社会，可得减省其消费额之半，故直接间接，而皆使我资本增殖也。图示之如左：

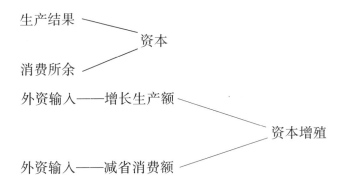

夫外资输入之为我增殖资本如是，而梁氏独恐惧之如不胜者，吾人于其此节之欲舍分配而言生产也，则知其所蔽。盖梁氏不识分配之理，而因以疑外资之营殖于我国者，为彼国资本家之独利也。夫土地、劳力、资本三者为生产之要素，合三成物，而为生产。故地主也，劳动者也，资本家也，皆参加于生产事业中，而有其不离之关系者也。然三者初非自然结合，故必有集是三种要素，冒损失之危险，而从于事业之人，谓之企业者。故生产所得财货分配，别之四曰：地代（租），以为土地之报酬，地主之所得也；曰赁银（庸），以为劳力之报酬，劳动者之所得也；曰利子（息），以为资本之报酬，资本家之所得也；曰利润（赢），于利子、赁银、地代之外，以为企业之报酬，而企业者之所得也。企业者有时即为地主或资本家，有时则在于二者之外。外资之输入我国，其企业者或为中国人，或为外国人（亦有资本家为甲外国人，而企业者为乙外国人者），是利润之所得，亦或为中国人，或为外国人也。其生产事业之供劳力者，不能不用中国人，是赁银为中国人所得也。行社会主义土地归国有，则中国国家为地主，而得其地代。是四者中推利子之一部分，完全为外国资本家所得耳。故夫外资一输入，而我国之土地劳力之需要立增。（梁氏曾论外资之可怖，历举其与中国劳动者之关系，与中国资本家与中国地主之关系，而终局则曰使不借外资，而吾国民能以自力变更其产业之组织，与欧美列强竞，则其因缘而起之现象，亦固与外资无择云云，是又不成问题也。顾其中有虑外人审机之早，当租率未涨以前，而买收我土地，使我不能获地代之利者，今吾人以土地国有主义解之，如汤沃雪矣。）其财货分配之所得，我实有其二分又半，而外国人则有其一分又半也。（图示之如左）

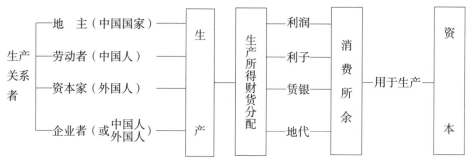

地代、赁银之量，或不如利润、利子之多，然比较之为确实。如企业者，纵不获利，亦不能对于使用之土地、劳力、资本，要求损害赔偿，若以资本家而兼企业者之资格，则脱有蒙损，身自当之，地主之地代，劳动者之赁银，不能减蚀也。然则于外资输入之际，实先具有增殖我国资本之效用，而分配之后，我国人又沾其利益，此两度之利，使其当我国资本缺乏之时，利也；其当我国资本充裕之时，亦利也。而为外国资本家者，彼亦非无当得之利。梁氏谓生产方法变后，大资本家之资本，与小资本家之资本，其量同时而进。吾则谓外资输入，而中国不怠于生产，则外国之资本，与内国之资本，其量乃真同时而进耳。而梁氏何畏之深也？梁氏见吾国近日经济界之窘，求其故而不得，则以为外商之迫压及其制造品之夺吾业也，而不知其病实不坐是。自通商以来八十年，人口不能无激增于旧，而水旱疾疫，无岁无之，厉禁苛捐，层见叠出，内之则农工商一切之业，不闻尺寸之进步，因而社会之生产物，不足以为供给。其所以不至于凋敝者，犹赖有外国制造品之输入，以增加生产额，而并得减省其消费；其次则海外商民，已分殖其数百万之生齿于国外，而复大有所挹注于国中也。（昔之应募而往为华工者，大半濒于冻馁之民，此举世所知也。）顾其生产之所以不进者，其原因亦约略可言：其一曰生产方法之不变，不能采用百年来西人所发明之新生产方法以从事，此梁氏所知也。（按此非社会智识之不足，由政府有厉禁也，自马关结约后，始许内地航驶小轮，及用机器制造。前此织布用机，惟有上海汉阳官业耳，于生产事业自为遏抑，可叹。）其二曰交通机关之不备。其三曰货币之不统一。交通机关不备，则运输困难；货币不统一，则取引不安。运输困难，是使生产费重，而交易无利也；取引不安，是使企业者裹足，而商务衰也。其四曰厘税之烦苛。凡一物之作成，其自生产者之方而入于消费者手也，则不知经几度之厘税，其道路之相距愈远者，则其经关卡愈多，并其取引之时间而误之，而生产费之加增，又不待言。故滇黔之产至繁富，而其得输入于吾粤者，惟烟土一宗，盖他物以不能堪若干度之征抽，非远莫能致也。贸易之衰，其间接即使生产力蹙缩，何者？农有余粟，女有余布，此有余而无与为易者，即生产过剩，而失其效用者也。譬有人耕于荒野，岁收谷二百石，而其所食及其耕数人所需，尽于百石，欲引而鬻诸城市，则运搬之费，犹且过之，为农之计，固所不愿，惟有贮蓄之，以待不时，及乎新谷既升，而陈因不尽，则有举而弃之者。此越南未隶于法兰西之前，所以常闻烧谷之事也。如是而犹望其能尽地力也，殆未之有！故异日者新政府立，举国家之资本，以营设国内之交通机关，统一货币，除去厘金，则交易之事，安全迅速，百倍于今兹。而厉禁既除，则其采用新机以从事生产，又不待教而谕。所谓因利善导，无所难也。惟文明之进步速，则社会之问题亦接踵而生，不预为解决，则必有欧美今日噬脐之悔。夫欧美今日之富量，惟在少数，贫富阶级悬绝不平，劳动者之痛苦，如在地狱。此亦社会主义者所恒道矣。然当其生产方法未变以前，固无此现象，而其所以养成积重难返之势者，亦正以其徒急于生产问题，而置分配问题不讲也。今梁氏曰："生产问题不解决，则后此将无复分配问题容我解决。"曾亦知生产问题之解决易，而分配问题之解决难，社会主义学者勿论，即夫当世经济大家，其所郑重研究者，皆分配问题，而非生产问题也。生产问题，大半可任自然的趋势，而分配问题，则不可不维持之以人为的政策，即如上所论，则吾国生产问题受病之源，举而措之裕如耳，以视欧美今日分配问题，其于社会之解决，孰难孰易乎？而况乎以兴利除弊，解决生产问题者，固与社会主义无丝毫之反对也。且土地国有之制行，国中之生产业必大进，何者？既无坐食分利之地主，而无业废耕者，国家又不令其久拥虚地，则皆尽力于生产事业也。梁氏惟认排斥外资，为解决生产问题之唯一主义，而又以奖励资本家，为排斥外资之唯一政策，故使生产问题与分配问题，若冰炭之必不可合，此全由其特具之一种怯病而来，而又不能自疗也。梁氏既痛论欧美社会陷于不能不革命之穷境，又曰："其所以致今日之恶现象者，由彼政府误用学理，放任而助长之。"吾人于此，亦许其有一隙之明矣。而至其策中国经济界之前途，一则曰："当以奖励资本家为第一义，稍牺牲他部分人之利益，不辞也。"再则曰："吾之经济政策，以奖励保护资本家并力外竞为主，而其余皆为辅。虽目前以解决生产问题故，致全国富量，落于少数人之手，贻分配问题之隐祸于将来，而急则治标，犹将舍彼而趋此。"是明知放任助长，为欧美已然之覆辙，而犹不惮于蹈袭其后也。昔南洋群岛，有蛮族酋长出猎逐兽，偶蹶于地，至今此岛之蛮人，每经其地，犹必蹶而效之。今梁氏以蹶为乐，无亦崇拜欧风之结果耶？虽梁氏以谓可以毋虑，聊自解嘲，而既以放任助长，与人同其恶因，则他日积重难返，亦与人同其恶果。梁氏所恃，或即其下方所列所谓改良之条理，其果足以救患与否，亦姑勿辨。而当梁氏以奖励资本家为第一义之时代，则铁道国有、工场条例、累进率税皆与其政策反对，而不相容者。梁氏其更何所恃耶？盖梁氏始终不能与言民生主义者，立于正反对之地位，而救治病源消患未然之说，又既附和无异词，乃不得已遁于排斥外资之政策，以为格人论锋之质。然就上方所辨，则排斥外资、奖励资本家政策，无复扎寨之余地。梁氏所恃为惟一之论据已破，则其谓社会革命为不可行之说，亦不必取消而先无效矣。

按梁氏此数段文字，大抵剿袭近刊某报第一号《金铁主义》第三节。至某报持议，尚谓应于时势，为救时之计，非祝贫富阶级之分，以不平均为幸，特以生产为急，分配为后，姑以此抵制外人，惟当思别种良法，以救其弊。而梁氏变本加厉，直谓牺牲他部分人之利益而不辞，并诋言社会主义者为亡国罪人，则又某报始料所不及也。但某报谓中国所急，方在生产不发达，不在分配不平均，故社会主义尚未发生，同盟罢工尚未一见。又曰："于本国无一同盟罢工之事。"斯言若为吾粤言之，则闻者皆得反唇相稽矣。盖吾粤每岁，若织工、若木工、若饼工、若鞋工，其每年同盟罢工之事，层见叠出也。又依吾人所持土地国有主义，既一面解决分配问题，而国家自为大资本家，得从事路矿各种事业，虽工商立国政策，何以加焉？而又何至患生产问题与分配问题为不相容也！

第三节　驳所谓中国不能行社会革命之说

梁氏以极端之说为圆满之无理。梁氏土地资本论既自矛盾复倒果为因。地主与资本家之势力。地价腾贵之原因。都会之成立及其发达。地有天然之利而后人力因之。梁氏亦认土地私有制之害。梁氏谓土地为资本附属之奇谬。言凡资本悉为国有之不可。吾人之社会主义。心理的平等与数理的平等之别。社会革命论之精神。梁氏不知个人资本与社会资本之区别。梁氏崇信误字至自背其学说。梁氏以可租之土地为无价格可言。梁氏混地税于地租。土地国有即均少数利益于多数。大资本家不能垄断土地于国有之后。国有土地与井田古制不同。结论。附论。

原文："欲为社会革命，非体段圆满则不能收其功。而圆满之社会革命，虽以欧美现在之程度，更历百年后，犹未必能行之，而现在之中国，更无论也。今排满家之言社会革命者，以土地国有为唯一之揭橥，不知土地国有者，社会革命中之一条件，而非其全体也。各国社会主义者流，屡提出土地国有之议案，不过以此为进行之着手，而非谓舍此无余事也。如今排满家所倡社会革命者之言，谓欧美所以不能解决社会问题者，因为未能解决土地问题，一若但解决土地问题，则社会问题即全部解决者。然是由未识社会主义之为何物也。"

驳之曰：此梁氏以圆满之社会革命，非中国所能行，又以吾人所主张为非圆满之社会革命也。夫以欧美所不能者，即谓中国无足论，是真徒识崇拜欧美，而不识社会主义者也。近世社会主义学者，恒承认一国社会主义之能实行与否，与其文明之进步，为反比例。故纽斯纶者，南洋之一蛮岛也，而可倏变为社会主义之乐土。言欧美社会问题者，则曰积重难返，而对于中国，则曰消患未然。其处势之异如此，然则欧美之不能者，固不害为我国所能也。梁氏谓为社会革命，必体段圆满，不知此圆满之云者，将于何程度定之？以社会主义之争鸣于今世，其派别主张，言人人殊，由其是丹非素之见，则甲可以不圆满者加诸乙，乙亦可以不圆满者反诸甲，有第三说之丙出，则并得举甲乙而短之。其或以条件之多少为圆满否之程式乎？则彼固有认为不必要者，不能强益以蛇足也。其或以绝对者为圆满，相对者为不圆满乎？则是使持论者必走于极端，而不容有折衷之说也。是皆不通之论也。若夫一主义之立，其理论足以自完，而无矛盾之点，施诸实际，有莫大之成功，则虽谓之不圆满而不可得。梁氏曰："各国社会主义者，以土地国有为进行之着手，非谓舍此无余事。"即吾人亦曷尝谓土地国有之外，其余无一事耶？所谓欧美不能解决社会问题，为未能解决土地问题者，谓土地问题为之梗，不解决其重要者，则无能为役也，非谓土地问题之外无问题也。梁氏而欲反对是言乎？则梁氏于述欧洲经济社会历史，亦明明曰："全欧土地，本已在少数人之手，全欧之资本，亦自然在少数人之手。"及谓："生产三要素，其一已归少数人独占，故贵族即兼为富族。"然则欧美社会问题，以其国富量在于少数人之手而起，其富量所以在少数人手，又以土地为少数人独占而起，梁氏固已绝对承认矣。于其所以致病之源则认之，而于其解决之法则否之，则适成为梁氏圆满之社会主义而已。

原文："近世最圆满之社会革命论，其最大宗旨，不外举生产机关而归诸国有。土地之所以必须为国有者，以其为重要生产机关之一也。然土地之外，尚有其重要之生产机关焉，即资本是也。而推原欧美现社会分配不均之根由，两者相衡，则资本又为其主动。盖自生产方法一变以后，无资本者万不能与资本者竞，小资本者万不能与大资本者竞，此资本直接之势力，无待言矣。若语其间接之势力，则地价地租之所以腾涨者何自乎？亦都会发达之结果而已。都会之发达何自乎？亦资本膨胀之结果而已。彼欧洲当工业革命以前，土地为少数人所占有者已久，然社会问题不发生于彼时，而发生于今日者，土地之利用不广，虽拥之犹石田也。及资本之所殖益进，则土地之价值随而益腾，地主所以能占势力于生产界者，食资本之赐也，又况彼资本家常能以贱价买收未发达之土地，而自以资本之力以发达之，以两收其利，是又以资本之力支配土地也。"

驳之曰：梁氏此论，与其叙列欧洲经济社会历史之言，为自相挑战，上文已辨之，然其所蔽固不可不详为之解也。今请先诘梁氏以资本之所从出，梁氏能勿推本于土地耶？惟人工与土地合，而后生资本，此一般经济学者所以认土地为福之源也。梁氏谓资本为主动力，吾人则以土地为资本之原动力。土地既生资本，而人用之，更得助地力之发达，比之无资本者，其生产较多，然即大有资本者，亦不能离土地以言生产。（梁氏原文亦谓资本家所操资本，无论以之治何业总不能离土地而独立。见彼报四十页。）故资本始终缘附于土地，其势力不得相抗。若言其例，则观于地主与资本家之关系而知之。譬如甲为地主，有耕地二分，贷与于乙丙二人。乙为无资本者，其每岁收获得五十石，甲取其半以为地代（租），则乙所余者二十五石耳。丙为有资本者，顾其费不过十石（如以十石米赁耕具牛马之属而耕之之类），而岁收获得百石，则甲亦欲收其半以为地代，丙以其比于乙所得为已多二十五石，以偿其所费之资本，犹余四十石，则惮于迁徙他业，而愿从之。然甲之所获，已并侵丙资本利益之范围矣。又如今日伦敦、纽约宅地之主人，其贷地于建屋者，岁收其相当之租，贷地之约既解除，则勿论其营造之资本若干万，亦悉归地主所有，盖地主有左右资本家运命之势力，而资本家不能不仰地主之颐指。文明之时代，地之为需要愈甚，则地主之势力愈横，而资本家亦愈非其敌。梁氏谓无资本者不能与有资本者竞，以证资本之势力，是则然矣。然无土地者，抑能与有土地者竞否耶？至谓地价地租之腾涨，亦止为资本之势力，则大不然。地价之贵，其重要直接原因有三，而资本之势力不与焉。一曰土地之性质，肥腴之地与硗确之地，其使用收益不同，则其价值不同也；二曰土地之位置，其位置便于交通者贵，其不便于交通者贱也；三曰人口之加增，地广人稀，则土地之供给浮于需要，地狭人稠，则土地之需要强于供给，而价值亦因之为贵贱也。以地价腾涨为由资本间接之力，则无宁以为土地本体之力。盖虽人口增加之强弱，亦未尝与地力无关。而地之性质与其位置，亦必有天然之利，而后人力因之。（伊里氏谓市街地之租，比于市外及小都会之租为昂，皆不过由位置便否之结果。交通之便利，开则地租甚受其影响，虽为市外地而有交通之便，则其租渐腾，据或论者之说云，交通机关发达，市内之租不仅阻其趋贵之势力，比于旧日反形减退，云云。按伊里但言租贵直接之原因耳，至都市所以成立与交通之延长，则未之及也。）凡此皆非资本所能居首功者。梁氏谓地价腾涨，由都会发达之结果可也；都会亦土地也，谓都会发达，由资本膨胀之结果则谬也。欲知都会膨胀所由来，宜先知都会之所由成立，此则轩利佐治氏曾言之，其精辟为他学者所不逮。其大略谓："以一人而耕于荒野，自食其力，所资为养生之具，必不能给，故以十日治田，而必中废一日以远与人易所需。然是时用力虽多，其所得仍不免于缺憾。假而有十人聚居其地，则纵皆业耕，而十人者各更番任以粟易器之劳，其用力必较少，而所得较备。继而农之耕者愈多，其所需亦盛，则有不业耕而以农之需为业者，若布匹农器之属。是时必农之需要与业是者之供给为相当，然后能双方交利。故日中为市，必其地便交易者先兴焉。以其便交易也，人益趋之，久而不废，乃成都会。"由是言之，则地之所日以贵，由人争之趋于都会也。人所以争趋于都会，由其有交通之便也。其最先之原因，则以农地之发达也。故农地王〔旺〕盛，而都会亦以繁荣，农地萧条，都会亦受其影响，凡此皆数见不鲜之象也。又纵当工商业极盛之时代，其地之得为都会，与人之争趋之者，亦不外其便于交通之一大原因。以通商口岸证之，则其最便于交通者，其地必最发达。而此外有所不逮者，皆其位置为之也。今梁氏谓都会发达由于资本膨胀，曾不问资本所以群趋于都会之故，是所谓倒果为因者耳。且梁氏意以为一般资本增殖，而地价始腾贵乎？抑必资本家投资其地，而地价始腾贵乎？如谓一般资本增殖，而地价腾贵，则其事与少数之资本家无与。即社会主义实现，土地与大部分之资本归国有。（社会主义亦止言资本之大部分归国有，不能谓一分资本归国有，下详之。）而其社会的国家，亦未尝不从事于生产，以增殖其资本也。又但使资本之于社会，为分配本平，而无甚富甚贫之象者，则资本同时而殖，亦有利社会而无害者也，故于此不生问题也。如谓必资本家投资，而后地价始贵，则吾未见于土地本体，无致贵之原因，而独以少数资本家之力能使之立贵者也。（本体致贵之原因，即上所举土地之性质及其位置也。）檀香山之初隶为美属也，资本家之善趋利者，以为其地之发达将逾倍，争投资本租地而大建筑营造焉，不意其地固无非常之进步，致使家屋营造之物，供过于求，利润不可得，而地代无所出，卒尽弃所有，与地主毁其契约而后已。故资本家不能因应于地之进步发达而勉强投资者，并其资本而亏衄之。（此役资本家之亏跌甚巨，梁氏友人黄某，最热心于保皇者，亦以此失十余万。）安在其能使土地腾贵耶？夫所谓必有天然之利而后人力因之者，其在地味则有报酬渐减之法则，亦经济家所恒道矣。至以交通言，则如伦敦城内地贵，其距伦敦城远者价则远逊，自有为隧道之轨以通之者，使其交通之便，与城内地无异，则其地价亦立起。或以为是资本支配土地之力。殊不知惟伦敦为交通最便之点，故得波及于余地，伦敦城其本位也，城外地之得触接伦敦，亦其位置为之也，使其不然，则隧道之通轨，胡必依于伦敦等名城，而不随地构设之耶？若夫同一土地，于野蛮时代则贱，于文明时代则贵者，其一由人口之激增，其二由生产方法之改变。人口激增，地之为需要以倍，不待言矣。生产方法变，然后地力尽，昔之以为不可用，与用之无利，今乃为人所争取，而遂至皆有善价。社会主义学者有恒言："地主者，食文明之赐。"即以此也。今梁氏惟曰："地主食资本之赐。"是又知二五而不知一十者也。尤可笑者，梁氏既反对言土地国有者为不完全，而又谓资本家能两收其利。夫岂知吾人所以主张国有土地者，即虑是两收其利者为不平之竞争，以酿成社会问题而已耶？土地、资本、劳力三者并立为生产之要素，交相待而后成。私有土地之制不废，则资本家兼为地主。而劳动者有其一以敌其二，斯所以恒败而不可救。梁氏而真知资本家有两收其利之弊，乃今始可与言土地国有耳。

原文："要之，欲解决社会问题者，当以解决资本问题为第一义，以解决土地问题为第二义。且土地问题，虽谓为资本问题之附属焉可也。若工场、若道具（机器），其性质亦与土地近，皆资本之附属也。"

土地问题与资本问题孰先，吾于上文已辨之详，今不复赘。惟吾人有一语诘梁氏者，则其所谓"全欧土地本已在少数人之手，全欧资本亦自然在少数人之手"及所云"资本家所操资本，无论用之以治何业，总不能离土地而独立"云云者，其意亦岂以申明资本问题之当先于土地耶？梁氏于是，不可不为一语以解答也。至谓土地问题为资本问题之附属，举工场、道具为证，其不通至此，阅者亦可以征梁氏于经济学之深矣。盖自来经济学家，无有不以工场、道具（机器）为资本者。（他书不胜引，即伊里氏亦同。建物、器具、机械、蒸汽船、铁道、电信、电话、工业及商业设备之类，皆生产的资本也。）而此云资本之附属，然则梁氏将认之为资本耶？抑不认之为资本耶？又谬云："其性质与土地相近。"夫工场、道具属于资本，土地属于自然，二者绝不相蒙，无可相比。梁氏欲言土地附属于资本，求其说而不得，乃强认工场、道具为资本附属，而又谓其性质与土地近焉。由梁氏之说，则与土地性质近者为资本之附属，故土地亦可言资本之附属也。然则吾谓狗与梁氏之性质相近，狗为畜类，故梁氏亦为畜类可乎？故其曰性质相近，勉强傅会之词也；曰资本之附属，模糊影响之语也。以勉强傅会、模糊影响之说为证，而衡以论理，则又只字不通。昔人有言："可怜无益费精神。"梁氏当之矣。

原文："质而言之，则必举一切之生产机关而悉为国有，然后可称为圆满之社会革命。若其一部分为国有，而他之大部分仍为私有，则社会革命之目的终不能达也。……现行社会革命，建设社会的国家，则必以国家为一公司，且为独一无二之公司，此公司之性质，则收全国人之衣食住乃至所执职业，一切干涉之，而负其责任。……夫论者固明知社会革命之不能实行也，于是卤莽灭裂，盗取其主义之一节，以为旗帜，冀以欺天下之无识者。庸讵知凡一学说之立，必有其一贯之精神，盗取一节，未或能于其精神有当也。"

驳之曰：梁氏以必举一切生产机关悉为国有，然后许为圆满之社会革命，此即吾上文所谓，以绝对的为圆满，以相对的为不圆满之说也。夫如是，则凡持议者惟走于极端，而后当圆满之名。言社会主义，则一切生产机关皆为国有，而不容私有；不言社会主义，则一切生产机关皆当为私有，而不容国有，更无介乎其间之第三说而后可。而且所谓举一切生产机关悉为国有者，必并劳力亦与土地、资本同为国有而后可。何则？劳力亦一生产大机关也。而问其事之可行否耶？梁氏必执绝对之说，以为圆满，则宜其不能行，其不能行，乃其所以为不圆满耳。不第此也，即舍劳力不言，但论资本国有之问题。则今之最能以资本论警动一世者，莫如马尔喀及烟格尔士。而二氏不惟认许自用资本之私有，即农夫及手工业者之资本私有，亦认许之。故日本河上学士曰："社会主义者，往往慢言，凡资本以为公有，禁其私有，故世人惊之，识者笑之，若夫拘墟之学者，则喋喋其不能实行，以为覆斯主义之根本。"又谓安部矶雄及幸德秋水所论资本国有，其曰"悉"曰"凡"，实为用语不当。盖即最极端之社会主义，亦不能言一切资本国有。而梁氏所期之圆满社会革命论，不知其何所指也。若夫吾人之社会主义则不然，曰土地国有，曰大资本国有。土地国有，则国家为惟一之地主，而以地代之收入，即同时得为大资本家，因而举一切自然独占之事业而经营之。其余之生产事业，则不为私人靳也。盖社会主义者，非恶其人民之富也，恶其富量在少数人，而生社会不平之阶级也。今者吾国社会贫富之阶级，虽未大著，然土地已在私人之手，循其私有之制不改，则他日以少数之地主，而兼有资本家之资格者，即其垄断社会之富，而为经济界之莫大专制者也。惟举而归诸国有，则社会之富量，聚于国家，国家之富还于社会，如是而可期分配之趋均者有六事焉：土地既不能私有，则社会中将无有为地主者，以坐食土地之利，占优势于生产界，一也。资本家不能持双利器以制劳动者之命，则资本之势力为之大杀，二也。无土地私有之制，则资本皆用于生利的事业，而不用于分利的事业，社会之资本日益增，无供不应求之患，三也。（以土地投机者实为分利的，无益于社会者也，土地国有后，则可使其皆用于生利之事业，而社会资本日多。）具独占之性质者，土地为大，土地国有，其余独占事业亦随之，其可竞争的事业，则任私人经营，既无他障碍之因，而一视其企业之才为得利之厚薄，社会自无不平之感，四也。劳动者有田可耕，于工业之供给，无过多之虑，则资本家益不能制劳动者之命，五也。小民之恒情视自耕为乐，而工役为苦，故庸银亦不得视耕者所获为绌，其他劳动者之利益皆准于是，六也。夫即当世之热于极端社会主义者，亦只能言土地国有与大部分资本国有而已。由吾人所主张，则土地国有而外，以独占的事业为限，而社会资本亦大部归于国。所异者，则彼于竞争的事业禁私人经营，而吾人则容许之耳。然惟彼干涉之过度，故发生种种问题，而令人疑社会主义为理想的而不可实现。若吾人所主张，则佪〔但〕使社会无不平之竞争，而分配自然趋均，不为过度之干涉。故所谓自由竞争绝而进化将滞之问题、报酬平等遏绝劳动动机之问题，皆以不起。而施诸我国今日之社会，则尤为最宜适当。盖国法学者之言自由分配也，曰当为心理的，不当为数理的。而心理的之平等，真平等，数理的之平等，非平等。数理的者，以十人而分百，则人各得一十，无有多寡参差之不齐也；心理的者，以人各起于平等之地位，而其所付与，则各视其材力聪明者也。吾人于经济社会，亦持此义，其为分配之趋均，亦心理的而非数理的也。故不必尽取其生产消费之事，而干涉之，佪〔但〕使其于经济界，无有不平之阶级，而个人各立于平等之地位，犹其于立宪国中，无有贵族等阶级者然，然后其所得，各视其材力聪明，虽有差异，不为不均。此吾人社会革命论之精神也。然则从吾人之政策，非使将来之中国，损富者以益贫，乃从吾人之政策，而富者愈富，贫者亦富也。夫革命之云者，对于所有者而言，中国土地已为私人所有，而资本家未出世，故社会革命但以土地国有为重要，从而国家为惟一之大资本家所不待言。以简单之语说明之，则曰："吾人将来之中国，土地国有，大资本国有。土地国有者，法定而归诸国有者也；大资本国有者，土地为国家所有，资本亦自然为国家所有也。何以言土地而不及资本？以土地现时已在私人手，而资本家则未出世也。何以土地必法定而尽归诸国有，资本不必然者？以土地有独占的性质，而资本不如是也。"其主义切实可行，其精神始终一贯，惟梁氏以其牺牲他部人奖励资本家之眼光观之，则宜其枘凿不入耳。（梁氏谓吾人盗取社会主义之一节以为旗帜，夫梁氏所崇拜之社会改良主义，一方求不变现社会之组织，一方望其改革，得无亦盗取社会主义之一节者耶？若梁氏者，忽而主张奖励资本家，以言分配趋均者为病国，忽而又绝对赞成社会改良主义，是则虽欲盗取而无从也。）

原文："盖地价之涨，乃资本膨胀之结果，而非其原因，而资本家但使拥有若干之债券、株式，就令无尺寸之地，或所有之地永不涨价，而犹不害其日富也。孙文误认土地涨价为致富之惟一原因，故立论往往而谬也。香港、上海地价，比内地高数百倍，孙文亦知其何为而有此现象乎？痛哉！此外国资本之结果也。黄浦滩地每敌〔亩〕值百数十万元，然除税关及招商局两斤〔片〕地外，更无尺寸为我国人所有权矣。孙文亦知中国没有资本家出现，故地价没有加增，然则地价之加增，由资本家之出现，其理甚明。使资本家永不出现，则地价永不加增矣。而曰革命之后，却不能与前同，吾不知彼革命之后，所以致地价之涨者，其道何由？吾但知资本家之一名词，孙文所最嫌恶也，恶其富之日以富，而使他部之贫日以贫也。如是则必压抑资本家使不起，然后民生主义之目的如是，则以彼前说论之，吾果不知革命后之地价可由而涨也。"

驳之曰：谓地价之涨，全由资本膨胀之结果，此于上文已辨，然就于社会论之，则尚成问题。若就私人言，则地主拥其土地，地租日腾，地价日贵。一社会人所极力经营，以成此文明之社会者，其利实彼坐获之，安在其不可以日富也？夫今日中国资本家尚未出现，孙先生演说词及之，梁氏亦承认之。惟虽无资本家，而已有地主，则虑以文明进步之结果，而使少数之地主，独成其莫大之富量宜也。梁氏欲驳此言，则必谓地主所有土地虽价涨，而其地主不能以富，则此说始破。而梁氏徒举资本家以相吓，何也？梁氏而真不信有土地为致富之原因耶？则其云全欧土地在少数人之手，全欧资本亦自然在少数人之手者，梁氏亦何指也？即如英国大地主威斯敏士打公爵，有敌国之富，梁氏断断然争为资本之结果，然就威公爵言之，能谓其不由土地致富耶？凡此皆坐不知个人的土地与社会的资本之区别也。更即致富之方言之，则勿论债券、株券之涨落无恒者，不足比于土地，但以资本家与地主较之。如甲以金十万圆购地为地主，岁收五千圆之地代，而乙以十万圆营一织布公司，岁收八千圆之利，并其企业所得，亦姑以为资本之赐，则乙比于甲，其岁入恒多三千，至十年而多得金三万也。惟十年之后，则布公司资本少亦当损耗其十分之三，而须有种种修缮增补之费，核除此费，乃与地主前此所得相垺。而十年间甲租价已稍涨，则乙之收入不如甲，又不待言矣。凡凭借土地以致富者，厥有多种，英威公爵则坐守其封地以富者也；其余有以资本家买贱价之地，而两收其利者，又有并非资本家，但用诈术渔猎土地以富者。近见东京二月十五号《时事新报》纪美国富人腓力特力·威雅可查致富之事，为言社会主义者之好材料，录之且以见土地私有制之弊。

"世以洛格飞为富豪之巨擘，然有富出其右，且能巧免报章之指摘而为世人所未熟察者，美国圣德堡卢之市民名为腓力特力·威雅可查者是也。其所有之森林，价格逾数十亿。氏夙于西北部地方，以林业称霸。然语其所有森林之面积，实三千万英亩，亘于华盛顿、护列根、威斯堪新、米尼梭打诸州。此则虽其昵友闻之，恐犹有咋舌者也。以平方里核算之，实为五万平方里（英里），其面积六倍于纽查沙州。其土地之价格，递年腾贵，利益之巨，无与比俦，氏本德意志人，年十八，徒手游北美，以勤俭善治其业，久之，遂创立威雅可查会社。至其致富之由，最足为世人注意，其行为有类窃盗，即既不抵触于法令，且反为扩张之法律所保护，则其事为最不可思议也。盖千八百九十七年以前，美国国有地之获得，依于宅地条例，以百六十英亩为一区域，限于实际住居其地者，始许与之。至是年，更发布土地选择条例，当时中央西部，即威斯堪新、米尼梭打及密西西比河流域，凡属于威雅可查会社营业之区域者，既已采伐无余，乃急欲求适当之森林。先是华盛顿、护列根、爱达及门他拿之大森林，未经斧斤，材木丰积，然以法律不许采伐，无从觊觎。盖是等林野，为国有财产，置实际之移住者，使保存之，而其林野亘数百英亩，材木丰富，莫之与京，常为林业者所垂涎。至千八百九十七年，议会终期，所发布之土地选择条例中，有如左之规定：

'条件未完了善意之权利主张或附带特权之土地，有在保存林野范围内者，从于其土地之住居者或所有者之希望，得返其土地于政府，而于不逾越前记之权利主张或附带特权之土地之面积范围内，选择许移住之无主土地以为偿。'

此规定之趣旨，盖为小地主因保存林野之设定而蒙损害，欲以此救济之也。然以规定不完全，至酿意外之弊害，使富裕之国有林野，遂为一二人所掠夺。先是议会以奖励建设横断大陆铁道之目的，而给与土地于铁道会社，于其线路两旁，每延长二十里，即给与六百四十英亩之土地，故其所得，常逾数百万英亩。于千八百九十七年，当入于保存林野之范围内者，尚不下四百万英亩。嗣土地选择条例发布，各铁道会社竞以无值之土地，而易最良之国有森林。诺簪攀收希会社亦出此策，而垄断其利益者，实为威雅可查。彼最近三十年间，对于诺簪攀收希铁道会社之森林财产，为事实之代理者。该会社之管理人，实党于彼，以其饫地，贬价而卖诸威雅可查，约百万英亩。每一英亩，价止六美金耳。未几威雅可查卖其土地四分之一，每一百六十英亩，现价七万六千美金，二三年间，而利逾二十倍。故此等狡狯之交易，与无代价者无异。而所志未已，更转起西北地方，继复渔密西西比流域之利，后乃蚕食西部地方，其间或因卖买，或因其他手段，以获得西北部之土地。千九百年，更买收属于诺簪攀收希铁道会社所有之西方土地全部，约百万英亩，每一英亩平均值六美金，以是交易，获二千万美金之利益云。"

据右之事实，则人固有徒手倚借土地而成巨富者，以视拥有若干之债券、株式者，其为富何如？而如美之林业，其始为国有而保存，则皆垂涎而莫利，及法令有阙，则猾者乘之，而数十亿之富量，入于一人之手。然则土地问题，与资本问题，其孰轻孰重亦可知矣。又梁氏谓："资本家固非必其皆有土地，往往纳地代于他之地主，借其地以从事生产。而未尝不可以为剧烈之竞争。"此亦强词夺理者也。今姑即美国论之，其最大资本及为最剧烈竞争者，若航业大王，其船厂、船澳、码头之地，问为其所有者耶？抑借诸人者耶？若煤油大王，其矿山及所恃以运输之铁道，问为其所有耶？抑借诸人者耶？其他若牛肉托辣斯牧牛之地，烟草托辣斯种烟之地，面粉托辣斯种麦之地，亦问为其所有耶？抑借诸人者耶？乃若借地于人而独能大获者，则间亦有之。英伦之西看温加顿有卖花者，租地为贸易，人以为此微业也，而不知其赢甚多。卖花者乃身与妻子为敝服，以欺其地主，使不为加租之议。及地主廉得其情，而卖花者已富。此所谓漏网之鱼也。至梁氏屡震惊于外资之输入，吾意彼以商工业为重，则尚成问题。今其言乃曰："黄浦滩地，每亩值百数十万元，除税关及招商局两片地外，更无尺寸为我国人所有权。"然则梁氏之深痛大恨者，乃外国人之夺我土地所有权，而使我国人不得享地主之利耳。若土地归国有，不能以为卖买之品，则彼外人何自而得我土地所有权者？（如外人租地营业者，朝满而契约解除，所营建大抵归诸我国家，如今英威公爵者然。纵令外人投资几何，何害于国？吾恐此时中国国家，富过威公爵不知几千万倍耳。）故梁氏此言，直为吾人土地国有主义增一解而已。惟其下有"中国没有资本家出现，故地价没有加增"云云。记者骤阅亦不解所谓，继而审之，乃知因读本报第十号演说词误字所致。演说词第十一页云："中国现在资本家还没有出世，加以几千年地价从来没有加增，这是与各国不同的。但是革命之后，却不能照前一样，比方现在香港、上海地价，比内地高至数百倍，因为文明发达，交通便利，故此涨到这样。假如他日全国改良，那地价一定是跟着文明日日涨高的。""加以"二字，出版时误作"所以"，然原演说词之意，系以资本家未出现与地价未增相提并论，初非谓资本家不出现，为地价不涨之原因，故下言上海、香港地价之高，为文明发达、交通便利而起。又云全国改良，地价必随文明而日涨。（演说词"全国改良"四字，所包甚广，即政治、法律改良，亦在其内。故"文明"二字，所包亦甚广也。）同页十二行又云："那地将来因交通发达涨至一万。"自始至终，皆以"文明发达、交通便利"为地价腾涨之原因，而不及资本家之力。故上文一字之误，细心读书者，必能以意逆志而得之。梁氏立于反对之地位，其不及此，亦不深怪。而徒以崇信此误字之过，遂至力主张资本家出世为地贵之原因，而与其评论欧洲经济社会历史之语大起挑战，杀伤相当，是则非梁氏之负本报，乃本报之负梁氏也。（又梁氏于彼文有云，质言之："文明进步，资本进步谓也。"以资本包括一切文明，可称奇语。此又因缘误字视为师说，谓地价之加增由资本家之出现，然则资本家者，可称为一切文明之代表欤？究之此说万难自完，实不如梁氏所云："全欧土地本在少数人之手，全欧资本自然立〔亦〕在少数人之手。"及谓"生产三要素，其一已为少数人独占，贵族即兼为富族"等语，浏亮多矣。）

原文："嘻嘻，是即孙文新发明之社会革命的政策耶？吾反覆十百遍，而不解其所谓，请一一诘之。不知孙文所谓定地价的法，将于定地价后而犹准买卖乎？抑不准买卖也？彼既自言为土地国有主义，则此问殆可无庸发，不过费索解已耳。姑舍是（按此数语其梁氏所谓自论自驳，无一可通者，幸而姑舍是三字尚善于解围耳），则不知政府于定地价时，随即买收之乎？抑定地价后，迟之又久然后买收之乎？若于定价时随即买收之，既买收后即不复许买卖，夫物之不可交换者，即无价格之可言，此经济学之通义也。土地既非卖品，则初时以一千收入者，得强名为值一千，以二千收入者，得强名为值二千耳，而何从有价涨至一万，赢利八千以归国家之说也。若迟之又久，然后买收之，则何必豫为定价？其所以豫为定价者，恐此地于未买收以前，因买卖频繁而价地〔涨〕，而将来买收之费将多也。殊不知既定价之后，则买卖必立时止截。如甲有地定价二千，因交通发达，而乙以四千购诸甲，及政府从乙手买收时，则仍给原订价二千耳，如是则谁肯为乙者？故定价后迟之又久然后买收者，谓以财政所暂不逮，而姑为先后斯可耳，若既定价后则土地立失其有价值之性质，而断无涨价至一万，赢利七千以归国家之理，又可断言也。"

驳之曰：此以下梁氏以吾人社会革命的政策，为不能行之主要论据也。孙先生言："定地价之法，如地主有地，价值千元，可定价为一千，或多至二千，其地将来因交通发达，涨至一万，地主应得二千，已属有益无损。赢利八千，当归国家。于国计民生，皆有大益。"其言明自易晓，而梁氏谓反覆十百遍而不解，吾始亦疑之，然继观梁氏所言，则经济学中最浅之理，梁氏亦未之知。以此头脑，而强与人论社会革命政策，虽反覆千万遍，庸能得其解耶？吾以是哀梁氏之愚，而又未尝不服其胆也。梁氏曰：物不可交换者，即无价格之可言。此似足为其稍涉猎经济学书之据，然正惟其随手剿来，未尝知其意义，故谬援以驳人，而不知贻识者之笑。吾今为梁氏正之，梁氏其亦肯俯首受教乎？夫谓物之不可交换无价格可言者，非谓不可买卖者，即无价格之可言也。土地归国有定价后诚不可买卖，然非禁人之租借利用也，有其租借利用者，则必有地代（租），地代者，对于土地使用之对价也。（此伊里氏所下地代定义，其他学者亦复相似也。）其地代为若干，即知其使用之价格为若干，盖租地者之出地代（租），而使用其地者，即交换之事也。故经济学所指不可交换即无价格可言者，为一国法令所绝对禁止不容交换之物，如盗赃之属，不谓明明有使用交换之土地，而亦无价格也。吾国习惯，所称地价者，则为对于土地所有之对价（即买卖之价）。此价由其使用之对价而来，如普通地代（租）之价格为六元（年租），其所有之对价，可值百元，则其地代（租）若增至十二元者，其所有之对价，亦必增一倍。无论若何涨落，皆可比例而得。故当国家未定价以前，曰甲之土地，其价值一千元者，必其地代（租）先有五六十元之收入者也。租六十元者，其价千元，及其增租为六百，则无异增价为一万。虽其时土地皆为国有，不许买卖，然以租之价格，即可以推知地之价值。如国家有银二千，其岁收利子不过百二十元，今以买收甲值千元之地，买收之后，其租立有至六百，是国家以二千元之土地，而得等于万元利子之收入也。故曰价涨一万，赢利八千，以归国家也。此无论于定价时即行买收，及定价后随时买收，其理皆不异土地。谓："定价之后，则土地立失其有价值之性质。"曾不知地代（租）亦为一种之地价，不许贵卖，而许租用，则土地使用之价格自在。又普通人皆知，土地买卖之价，因于地租，而梁氏之意反之，故不信定价后国家赢利之说。今吾之剖柝〔析〕如是，梁氏其犹有所不解耶？则再质问可也。

原文："如是则国家欲仪此而于财政上得一时之大宗收入，万无是理，而惟有责效于将来。将来之效如何，则国家自以地主之资格征地代于民，即彼所谓但收地租一项，已成地球最富之国是也。然收租之率，将依买收时之价值而勘定之乎？抑比例交通发达之程度随时而消长之乎？……吾为彼计，厥有二法：一曰国家自估价者，如此地当买收时值价一千，其地主岁收租一百，今估量交通发达之后，此地应值一万，则国家岁收租一千，此一法也。然官吏能无舞弊以厉民否耶？民能服官吏所估之价与否耶？夫现在各国之收地租，大率以地价为标准，如日本所谓土地台帐法是也。政府略勘定全国之地价，第其高下，而据置之以租，经若干年，地价既涨，则改正而增收之，所谓地价修正案是也。然必有交换，然后有价格，有价格然后可据为收租之标准，而民无异言。若土地国有后，无复价格之可言，则除估价之外实无他术，而民之能服与否，则正乃一问题也。二曰参用竞卖法，国家悬一地以召租，欲租者各出价，价高得焉，此亦一法也。此法最公，民无异言。然豪强兼并，必因兹而益甚，且其他诸弊，尚有不可胜言者。”

驳之曰：梁氏欲以此言而难吾人之社会政策耶？则吾嫌其未免太早计也。盖梁氏于一田主佃人之事，且未之知，而自论自驳，自苦乃尔。此真出吾人意料外者。今使梁氏而有地数十亩于社会，则吾亦问收租之率，将依买收之价值而勘定之乎？抑比例交通发达之程度，随时而消长之乎？度梁氏亦将哑然失笑也。又使梁氏有地若干亩，其始收租一千，而值一万，今其租再涨至五千，则其值亦必涨至五万，或不幸其收租额降而为五百，则其值必降为五千。梁氏虽欲株守一定之价值，以求租额与之相当，不可得也。故国家收买土地之后，必视其租之升降如何，而后能估量其值，安有估值而后收租者？盖租为使用之对价，视其土地之收益及社会之需要而定，租地者初不问其地之值如何也。（孙先生为言，梁氏昔刊其广智书局招股章程，有云：“将来股分之值愈高，则分息亦缘之多。”先生力辩其谬，梁氏乃已，不谓今复萌故智也。）至梁氏举现在各国之收地租为比，则尤令人绝倒不置。夫日本之收地租以地价为标准者，此吾国所谓地税也；吾国所谓租，乃日本所谓地代也。其性质大异之点，则地代（租）为以地主之资格对于使用土地者而收之，地租（税）则就土地之收入所课于地主之租税也。（此定义，本日本高野博士，其他学者，亦复无甚出入。）梁氏亦知定价收买后为国家以地主之资格征地代于民矣，而又云：“必有价格然后可据之为收租之标准。”引各国之收地租为证，然则梁氏亦始终不识此二者之区别而已。若夫竞卖法之弊，梁氏既未详言，则吾人亦无从驳诘。大抵其所依据者，亦当如上云云，无有驳论之价值也。

原文：“要之，无论用何法，谓国家缘此得莫大之岁入，可以为财政开一新纪元，则诚有之，若绳以社会主义所谓均少数利益于多数之本旨，则风马牛不相及也，何也？必有资本者，乃能向国家租地，其无资本者，无立锥如故也；又必有大资本者，乃能租得广大之面积与良好之地段，而小资本则惟局蹐于硗确之一隅也。……不过现行之地代，少数地主垄断之，土地国有后之地代，唯一之国家垄断之，其位置虽移，其性质无别也。而资本家实居间以握其大权，盖纳地代而得使用国家之土地者，资本家也，给赁银而得左右贫民之运命者，亦资本家也。"

驳之曰：梁氏以土地国有为财政上问题，无关均少数利益于多数之旨，吾人不暇致辨。但〔但〕即以梁氏次版之语折之：现行之地代，少数地主垄断，土地国有后之地代，唯国家收之。夫国家者何？国民之团体人格也，少数地主之利益而移诸国家，犹曰于均利益于多数之旨无关，其性质与在少数地主之手无异，是惟以语诸专制之国，其所谓国有制度，但以政府专其利者，则可耳，非所论于将来之中华立宪民国也。资本家与地主之关系，及其势力之如何，上文已详言，而尚有当再陈者，则地主与租地者，其事不可同日语也。地主惟坐食社会文明之赐，不须费何等之经营；租地者则先须纳租于地主，继后须除赁银利子之额，然后为其所得，则其经营不得少懈。此其不同一也。既为地主，则无论其所有地若干，非国家强制收买，或其人得过当之值，而愿售之，则他人永不能动其毫末。而租地者，国家可因为制限，如其既租而不能用者返收之，则其业可得制限也；虽永小作人，亦附以三十年或四十年之期间，则其时可得制限也；故无垄断于私人之患。此其不用〔同〕二也。地主既以安坐而获，而又得乘时居奇，持一般资本家劳动者之短长；租地者则断无牺牲多数之金钱拥旷地而不营之理，而国家又得禁其转贷于人者，则永绝居奇之弊，此其不同三也。凡是三者，皆在土地私有时代，各国经济家所共忧之弊，而在国有时代则无之。梁氏亦能比是二者而同之乎？又梁氏谓"必有资本者乃能向国家租地，无资本者，无立锥如故"云云。吾不知所谓无资本者，将绝对的言之耶，抑相对言之耶？若绝对的言之，则其人倘并锹锄斧斤之属而亦无之，其不能不为他人作嫁固耳，若其有农具之资本，足以施于农事，则自可向国家请愿而租地。凡各国制度永小作料（以耕牧为目的，而使用他人土地者，曰永小作人，其所纳使用土地之代价，曰永小作料），皆以不必前纳为原则，必其继续二年以上不能纳者，地主始请求废其契约，然则虽甚贫之佃户，不患无耕地也。若云大资本者能租广大面积良好地段，小资本者不能，引以为病。则吾闻诸师矣，曰："人民初移住于未开之地者，必择其地味及位置比较最优之土地而耕作之，其时土地无优劣之差异，地代未成立也。然人口繁殖，不能仅以第一等土地之收获满其欲望，而谷米价格腾贵，则第二等之土地，亦将见用。以第二等地比于第一等地，收获虽少，而谷物腾贵，其收获足偿其生产费，且由于报酬渐减之法则（土地之生产力，不应于所投之劳动资本而增加者，曰报酬渐减法则。如十人耕之，而得生产百石，二十人耕之，不能增为二百石，则为劳动之报酬渐减。今年所施肥料，增于去年二倍，而所收获不见二倍于去年，则为资本之报酬渐减。盖达于一定之程度，则为此法则所限也），比之对于第一等地而增加资本劳动，则不如投于第二等地收获反大也。假定第一等地产米二石，第二等地产一石五斗，其差五斗，即为第一等地之地代，而第一等地之所有者得之。其时使用第二等地者，得收获之全部，而借用第一等地者，约五斗地代，其所得即同为一石五斗。既而人口更增加，米价益腾，则虽耕产米一石之第三等地，而亦足偿其生产费，而其时第一等地代为一石，第二等地代为五斗矣。"据此，则梁氏所谓或得良好之地，或得硗确之地者，犹犹此所云第一等地、第二三等地也，其第一等地诚良好矣，而其纳地代必倍于第二等，第二三等地虽比较的为硗硝〔确〕，而其地代或得半额，或直免除。则各除其地代与其生产费，三者之所获，将无几何之差异。见得第一等地者而羡之，见得第三等地者而病之，而不知有地代一物为平衡于其后焉，则惑矣。且将来中国农业，必不患为大资本家所垄断者，则尤有说。据新农学家言，农业异于他事，比较以分耕为利。盖农事之大部分，必须人工，而机器之用反绌。取美国用机器之大农，与欧洲小农所耕之地，每亩而衡之，则美农之所获，不过欧农四分之一。彼美洲之大农，所以乐用机器者，则以一时得耕多地为利也。就其私人资本计之则便，而就社会资本计之实非利也。（法国经济学家李赖波刘氏痛论美国农业，谓其粪田及其他农功，皆视欧洲大陆为远逊云。）国有土地之后，必求地力之尽，则如小农分耕之，可获四分者，以为标准，而收其半或三分之一以为租。而大农之用机器合耕者，乃每亩而得一分，非其私人所有土地，而须纳之以为租，则不惟无利而有损。故资本〔土地〕国有之制行，而不患资本家之垄断农业，此非反对者所能梦见也。（梁氏谓吾人尊农为业，排斥他业，此语谬绝。夫重农则岂必排斥他业者？梁氏以其奖励资本家，则牺牲他部分人之脑筋臆测之，故有此语耳。梁氏岂能得吾人排斥工商业之证据乎？若夫以重农为病，则又大奇。

今世界各国，工商业发达莫如英，重工商业者宜亦莫如英，然前年爱耳兰田案通过，则每年由政府拨一万万二千万以与农民，重农如是。梁氏岂亦以为多事耶？）

原文："抑孙文昔尝与我言曰：'今之耕者，率贡其所获之半于租主，而未有已，农之所以困也。土地国有，必能耕者而后授以田，直纳若干之租于国，而无复一层地主从中朘削之，则可以大苏。'此于前两法以外为一法者也。此法颇有合于古者井田之意，且与社会主义本旨不谬，吾所深许。虽然，此以施诸农民则可矣，顾孙文能率一国之民而尽农乎？且一人所租地之面积有限制乎？无限制乎？其所租地之位置，由政府指定乎？由租者请愿乎？如所租之面积有限制也，则有欲开牧场者，有欲开工厂者，所需地必较农为广，限之是无异夺其业耳。（按谓工厂需地广于农，费解，工厂广袤百亩已称大工，而小农亦耕百亩，大农则千亩以上，比较孰为多耶？）且岂必工与牧为然，即同一农也，而躬耕者与用机器者，其一人所能耕之面积，则迥绝其限。以躬耕所能耕者为标准，则无异国家禁用机器；如以用机为标准，则国家安得此广土？如躬耕者与用机者各异其标准，则国家何厚于有机器者，而苛于无机器者？是限制之法终不可行也。如无限制也，则谁不欲多租者？国家又安从而给之？是无限制之法，亦终不可行也。要之，若欲行井田之意，薄其租以听民之自名田，则无论有限无限，而皆不可行。何也？即使小其限至人租一亩，而将来人口加增之法果，终非此永古不增之地面所能给也。复次，如所租之位置由政府指定之也，则业农牧者欲租田野，业工商者欲租都市，政府宁能反其所欲而授之？若位置由租者请愿也，则人人欲得一廛于黄浦滩，政府将何以给其欲也？是两者皆不可行也。"

驳之曰：此又梁氏所据以难土地国有不能行之说，其言絮絮不绝，若颇善发疑问者。然实按之，则皆不成问题。盖如梁氏所引述孙先生曩日之言，亦谓土地国有，小民有田可耕，及非能耕者不得赁田，直接纳租，不受地主私人之朘削而已。非谓苟能耕者即必授以田，又非谓凡人皆必授以田，而使之耕也。梁氏夙昔好言论理学，试取"必能耕者而后授以田"一语细解之，当无误会。故谓此法颇合于古者井田之意可也，谓即古者井田之法则谬也。夫必能耕者而后授以田，所以使田无旷废，此意岂惟可行于农地，即工厂建物之需地者，苟非能用之者，亦不任其虚拥之也。此则非吾人之创作，今日各国，固已有行之者。而美行之于全国及其领土，梁氏倘不知耶？梁氏谬认吾人所主张者为即井田之法，而其所言，亦仅足以难欲复古井田制之辈而已，非可以难吾人之社会政策也。盖井田之法为数理的分配，吾人社会政策为心理的分配，此其大异之点也。国家为唯一之地主，而国内人人皆为租地者，则其立脚点为平等，至其面积则不妨依其业异其标准，而为之制限。如用机者，得租可以用机之地，能耕者，得租可之躬耕之地，则各如其分，何所不平？此犹饥者得食，寒者得衣，是之谓平。若皆授以衣，或皆授以食，则反为不平耳。故限制之法，无不可行也。即无限制，亦不患其多租。何者？凡农地之租者，不得废耕，业场之租者，不得废业。（此为产业之制限，与期间之制限，皆不可少者，至面积之制限，则犹视之为宽，近世学者所言，亦往往谓无须制限也。）则无资本劳力以经营者，自不能久拥虚地，而社会上亦必无愿掷黄金于虚牝者。梁氏云："谁不欲多租者，国家又安从而给之？"则吾问梁氏于上海仅以广智书局卜地一廛，何不欲多租者，而局踏至是？此言者不闻之而失笑者乎？故无制限之法，亦未尝不可行也。又如所租之位置，梁氏谓："若由租者请愿，则人人欲得一廛于黄浦滩，政府何以给其欲？"此言尤堪捧腹。夫政府为惟一之地主，若人人不欲得地于黄浦滩者，或其所忧，若人人欲得，则政府亦视其能出租最高者，贷与之斯已耳。岂人人欲得地者，即必人人而与人耶？梁氏而忧此，则何异代资本家忧其利子之厚，代企业者忧其利润之丰也？盖梁氏始终谬认吾人之政策，为即古代井田之法，故有"薄租以听民自名田"之说。不知土地国有之后，其异于私有时代者，则租之涨落一应需要供给之自然，而无有为地主者居奇垄断，以使贵逾其真值，则民已大利。非必强抑其租额与强肥腴硗确之地，租于同等，而后利民也。梁氏惟识数理的分配，而不识心理的分配，此其所以四冲八撞为说自困，而无可通也。

　　按：以上所引驳各节，皆梁氏所谓中国不能行社会革命之说也。吾人社会革命之政策，为土地国有，土地国有之办法，为定价收买。梁氏既谓社会革命为不能行，舍谓定价收买法之不可行外，实无以自完其说。今梁氏于此，已不闻只词之反对，而徂〔但〕置疑于土地收买之后，此岂非已承认土地国有主义，而徂〔但〕欲相与研究此后之施行手续法者耶？故就令梁氏所献疑为当，已不得谓土地国有为不可能，而况梁氏之地租地价论，谬想天开，得未曾有。如谓"可租之土地已失有价值之性"，谓"国家必估价而收租"，"以地租拟于地税"，"忧人民之欲租多地，而国家无从给之"。其言殆庶几可为今日沪上粤中滑稽小报之资料，而供人笑柄耳。盲人扪烛，而以为日，欲正告之，则不能免于词费。此吾人所以哀梁氏驳论之无聊也。梁氏而必谓国有土地为不能行，则宜更有以语我。

　　是故综三节而言之，知吾国经济现象之不足恃，而当消患未然者，则社会革命不必行之说破。知国家为大地主、大资本家而外资无足忧者，则社会革命不可行之说破。知国有土地主义其定价买收方法，更无驳论者，则社会革命不能行之说亦破。而吾人之言，非只以自完其义也，所以解一部分人之惑，而期此主义之实行也。孙先生曰：民生主义一名词，当为 Demosology 而不为 Socialism，由理想而见诸实际之意也。故当世而有愿与研究商榷其得失者，皆吾人所乐欢迎也。

　　以上反驳梁氏之说，而引申正论者，已毕。此外尚有与本旨无大关系，而梁氏以为能抵本报之瑕隙，自鸣得意不已者。己所不知，辄谓人为误，不有以正之，梁氏将大惑终身矣。故此以下，不惜更纠其谬。而所言亦多关于经济之问题，非徒笔舌相斫，阅者当亦乐为仲裁裁判也。……

《中兴日报》发刊词

　　南洋同志寄书，言方发起《中兴日报》，属为之词。且曰：吾人之宗旨，在开发民智，而使数百万华侨生其爱国爱种之思想者也。惟夫言论之始，则务求平和，以徐导之，子其不以为谬。予维今日之识薄吾种民者，辄谓英伦之氓，所至之地虽百数十人，而自治整齐，俨如敌国。若吾华侨居南洋者数逾百万，而所至乃恒不免为人臧获，其言不可谓非事实矣。然彼实未深思其所以然。夫谓吾华人生而猥下无自治之性，而彼皙种人独擅之，则盍观之东瀛三岛之国，其初见轻蔑无异我华者，今且敖然伸其头角，所至莫敢犯，而几与英美人齐等，抑何道耶？故吾求华侨所以颓弱不振之故，而得其二因焉：其一曰国力不足以覆之，而政府亦无意于覆之也。自各国领土权发达以来，属人之治一变为属地之治，国家之权力不能伸张于他国领土之上，然为其自国人民之利益而有所拥护争持，则于积极、消极之二方面，隐作后援，无殊本国之自为卵翼，盖个人之所以能竞者，视乎其群，更视乎其群之丽属也。彼人皆有国力以为之盾，少有不平，举国以争，则其气日扬，而志日遒上。吾华不然，虽极憔悴颠危，遇困虐而无所呼吁，纵呼吁之，亦无所应，国又不竞，群之所丽属外人，恒易视之，则姑抑其志气，逊让不遑。阅几岁时，遂以卑屈从顺者为其天职。而所以养成此种习惯者，宁敢谓为个人种性之罪耶！其二曰：教育之不及也。吾华之出族于外者，其始皆蹙逼于惟生计困绝谋食无所之氓也，未尝涵煦于教育。而其初至厥土，辛苦经营，惟日不足，衣食住之外无暇他求，曾无足怪。洎乎生计稍丰，知务教育，其子弟亦不过为其营生之利便，使略习外国之语言文字而止。若夫道德伦理之教与政治法律之学，则未之有睹。故南洋群岛其工商重大之业，未尝不操诸吾华侨之手，而政治之权则悉皙种人得之。其政法之极修整，无有待遇不平等者，华人固乐于服从，其稍不然，有阶级之异视者，华人亦不得不戢戢以就范。故泛言工商之天才，则吾华人可睥睨五洲无愧色，惟政治之思想能力独为缺点。因是缺点，而吾华侨今日之位置乃无术以更进，而推究其本，则皆基于教育之不逮。今世之论者，不探求是二者而思矫治之，不能得则诟厉不置，以为吾人种性之病，何其陋也！余杭章太炎先生居恒相语，谓南洋之华侨，其所短乃在无自尊之性，斯性也，吾华内国之民，则固乏之，然游于东者，犹过半不失，其或曰妄自尊大乎，犹贤于妄自菲薄者远矣。余深韪此论，今试执南洋之华侨，而语以民族之大齐，国民之大义，使求个人团体将来安身立命之所，则什九皆惧避席，谓吾侪小人不足以及此，此所谓妄自菲薄者非耶？其或操业稍裕，家蓄余财，求所以表异于众者，不可见则纳资出粟沽翎顶于伪朝，以为焜耀。然所得至虚假，习久亦生轻厌。其黠而无赖者，乃教以尽心献曝于异族专制之君主，以海外保护之为名，为异日幸分荣禄之阶梯，愚者信之，不惜附和，虽其持之无故，言之不成理，亦姑与为缘，企其义之或信，及其伪终不可掩，蒙欺太甚而悔悼已无及。嗟乎！使其人自始无倚赖之心者，则必不至是，而不识主奴之易位，从盗我者乞其余，甘叱逐而不耻，妄自菲薄至兹而极矣。凡是之属，救之之道，惟在日聒以言，提撕其自尊之心，使求自立之道，其智之未开，则觉之；其智既开而惑于邪也，则正之。人人自发挥其能力，以爱种爱国，则异族罔得为制于内，而我华神明之胄光复中兴，以此民族厕于他种人之间，则无或敢轻视。举凡今兹所含忍，不敢以为不平者也，他日将勿争而自祛。是则《中兴报》所为奋然竜然，思尽其言责者也。惟夫吾同志所谓平和，则当与世俗之论差异，俗论所谓平和者，曰责人以还我河山，此强以所必不应也，非平和也。又曰：以就现在之君主，而修其政法为宜，盖以争言民族之辨者为非平和，而能姑息偷安于他族宇下为平和也。若《中兴报》，则以爱国爱种为惟一之揭橥，惟平和其声，而引道以渐，譬之行路，此虽徐行而必至于大道，彼则以歧途为趋者耳。故平和与激烈为程度之分，而非性质之别，或昔以为激烈而今日为平和者，则今日所谓激烈，转瞬亦视为平和，因乎其时代，因乎其时代社会之观察，而非持一定不易之故，孩提之童不能教以疾趋，而离于乳抱者曾不待教，此吾人所谓平和之道也。余嘉南洋之创此报，而多数之心理将自是开发转移，因书所怀抱寄之，俾为发刊之词。（《中兴日报》1907 年 8 月 20 日，署名"汉民"）

汪精卫

驳《新民丛报》最近之非革命论（节选）

顷见《新民丛报》第四年第三号《开明专制论》第八章，论开明专制适用于今日之中国。其第一论纲云：中国今日万不能行共和立宪制之理由。其发端数语曰：

"中国今日，固号称专制君主国也，于此而欲易以共和立宪制，则必先以革命；然革命决非能得共和，而反以得专制。"（第八章第十一页）

嗟夫，论者亦中国之一人也，而乃为是言，是乌可以无辨？

方吾之为此驳论也，下笔时，心滋不悦。盖论者吾仇也，非私仇，乃公仇也。与吾仇笔墨相见，非余所欲也。然吾之为驳论也，非第欲以折论者，将以质诸天下之人，而决其是非也。故论者虽吾仇，姑强抑吾怒，平其心以立于相对辨论之域。

于是当定驳论之范围。原著有云：

"请先将波伦哈克学说，及此数纸中狂夫之言，一一遵论理，据历史，推现象，以赐答辨。"（四十六页）

又曰：

"答辨本章，固所欢迎，若欲驳《开明专制论》者，则请俟全文出版，乃赐教言，否则恐枉笔墨也。"（同上页）

吾今乃即以此为驳论之范围。先辨波伦哈克之说，所以破革命不能得共和反以得专制之妄也；次驳论者之非革命论，所以破中国革命不能得共和反以得专制之妄也。此为本论之主点。

中有对于论者之开明专制论，加以驳议，盖论者既盛言"今日中国国民非有可以为共和国民之资格"，则必以开明专制望之今日政府，故吾不能已于言。固知全文尚未出版，然苟使论者见之，庶不至于枉费笔墨也。此为本论之从点。

最后乃对于论者理论上不完全之点，及其作茧自缚之苦处，稍加纠正，俾今后之毋易其言也。此非本论之之必要，故为附论。

其他在驳论之范围外者，则概不齿及。举二例以言之。（一）论者有云：

"某报（此指本报）凡发刊两号，而其文殆无不自相矛盾，如此文（此指本报第一号所载《论中国宜改创共和政体》）与前述某氏之说（此指本报第二号所载《民族的国民论》中所述孙君之言）即其极矛盾者也。"（四十四页）

夫文成于一人之手，而自相矛盾，此可讥者也。文成于二人之手，而意见不同，此不能以为矛盾也。此二论文，一为思黄之作，一为吾之作，吾与思黄之所见，不必尽同，此不能咎为党见纷歧也。使当决议时代，则定于一，而入于实行；使当讨论时代，则人各得自由以发其思，今宣示于报章者，为决议乎？为讨论乎？矛盾之消，何无因也，故吾今为驳论，亦第就论者与吾相论难之处，为之辨诘，然使吾说果足以破论者之根据，则论者更无以难思黄也。

（二）论者有诋諆民生主义之语，当别有专论者，不在此驳论之范围。

以上皆定驳论之范围，今以次入于本论。

第一　关于波伦哈克学说之评论

论者言革命不能得共和反以得专制，其唯一之论据，在波氏学说之一片段。然则论者所以"由美洲来而梦俄罗斯者"（此论者自述语，见《新民丛报》)，皆波氏为之主动也。原著辞繁不杀，而其所深恃笃信者，只波氏之说而已。然则谓波氏之说，为论者脑海之主宰，亦不为过，苟破波氏之说，则所谓"革命决非能得共和而反以得专制"者，其根据可谓全破，而论者亦将无他说以非难革命也。

凡对于他人之说而下驳论者，与其寻其枝叶，不如叩其根据，即如波氏之说，穷革命之流弊，可谓备矣。吾若绍介他学说以与之对抗，则亦能历数革命之良果，如佛兰西法学者仙治罗氏所著《宪法要领》，即为纯粹之革命论者也。而政治学者亦谓国家至不能以改良政策达其目的时，则当以革命为例外手段。是故革命者，应于国家活动之必要而生者也。由是，则历史上所示革命之良果，革命家当思循而则之，而革命之恶果，当思鉴而避之。撷其良果以鼓吹革命，与撷其恶果以非议革命，均无当也。故吾辨波氏之说，不与辨革命之流弊，而与辨非难革命之根据。

波氏立说之根据，论者曾译其一二语云：

"共和国者，于人民之上，别无独立之国权者也。故调和各种利害之责任，不得不还求之于人民自己之中。"（十一页）

此实波氏立说之根据也。彼以为共和国之人民，利益竞争，舍自己之外，更无他人能调和之。使其自力不能调和，则必破坏纷扰，而不得不复归于专制。故曰："因于革命而得共和政体者，往往酿成民主专制。"其所以得为此结论者，根据使然也。

今所最宜辨明者，则波氏之根据果正当否。欲下判断，当先研究波氏所云"共和国者于人民之上别无独立之国权"，其意义若何，此当参考波氏所著《国家论》，方能得其完义者也。

波氏之国家论，以君主为国家统治之主体，而以领土及臣民为国家统治之客体。其原著第二编，论专制君主政体，略谓专制君主政体之本质，在以国家之人格，归属于君主之一身。故路易十四世尝云："朕即国家。"即此义也。然从政治上之侧面而观，则当以腓列特列大王之言补之，王曰："朕乃国家之从仆。"盖国家乃为集合体而存故也。（第一部第一章第一节）其第二节论立宪君主政体，略谓立宪君主政体，以国家之人格，归属于君主之一身，与专制君主政体无所异，故其归结之语曰："国家之人格，不外于君主之国法上之人格。"是故波氏者，乃以君主与国家同一视之者也，而土地人民则以为国家统治之客体。（第二编第二部）人民各为利益，而相竞争，君主则立于利害关系之外，而超乎其上，以判断之，故能以平衡的正义，调和社会各种利害关系之冲突。若夫共和政体，则人民之集合体，与国家自体为同一；而人民相与之关系，错综分岐，欲人民自能调和此等利害关系之抵触，必不得也。故共和政治，较之奉戴超然于利害关系以外之君主者，遥为困难，因之而陷国家于不断之革命，至于不能贯彻共和政体之目的者，不一而足。（第一部第一章第二节）此波氏对于国民主权国家所下之论评也。而其谓由革命以得共和政体者，将复归于专制，亦不外于此标准求之。是故总括波氏之大旨，以为国家之目的，在以平衡的正义，调和社会利害关系之冲突，君主在利害关系之外，故足以调和。人民则自为利害关系人，未有能调和者也。然问君主何以能在利害关系之外，则谓君主之人格，即国家之人格，而人民乃国家统治之客体故也。君主与人民之关系，为主体与客体之关系，故能超乎其外，立乎其上，而判断之也。然则波氏之根据，乃在以君主为国家，而以人民为国家统治之客体也。

以上述波氏之学说，以下就于其学说而下论评。

自来关于国家之性质，学说颇繁，大别为二：（一）国家客体说；（二）国家人格说。国家客体说，复有二别：（一）德国学者济惕尔（Seydel）所倡者，以领土及臣民为国家，谓君主之于国家，犹人之于所有物也，故君主为权利之主体，而国家为其客体。（二）即波伦哈克所倡者，以领土及臣民为国家之客体，而君主即为国家。二说虽稍异，然其以君主为统治权之主体，而国家为客体则相同也。国家人格说，则其观念全与上二说相反，以国家为人格者，自为统治权之主体也。关于二说之优劣，余虽不文，窃欲绍介一二学者之说，暨闻诸师友者，以告天下。

国家客体说，自欧洲中世家长国之思想而生者也。中世时代，封建制度盛行，以领土及臣民为君主之所有物，处分抛弃赠与继传一惟其意。泊乎近世，此种观念，久已变迁，而一二学者，犹欲维持之。彼济氏、波氏，即其人也。然久为学者所不容，攻击唾弃，如矢之集，其最中的者则为左之诸点：

（一）波氏认君主为国家，此最不能明国家之性质者也。国家之性质，非如分子说所谓国家如器械然，由个人所制造；亦非如有机体说所谓国家如生物然，能自然而成长。盖既有自然必至之关系，亦复借人为而发达。详言之，则人类苟欲自由活动，必不可一日无国家，而国家之所以生，由于个人之有规律的意力。翕各个人之规律的意力，萃而为合成意力。此合成意力，固以个人之意力为其分子，而自独立存在者也。彼分意者固有人格，而总意亦有人格。前者曰单纯人格，后者曰合成人格。国家即合成人格者也。故国家自有意力，非借他力而存。民权国之国会，君权国之君主，乃发动国家意力之最高总揽机关耳。非即国家也。

（二）苟认君主为国家，则君主死亡，不得不谓为国家灭亡。然此固波氏所不承者也。彼之言曰：君主虽死亡，然由于君位继承法，新君主即继其位，是故为自然人之君主，虽有死亡，而为国家之君主，则亘久不变，以新君主非新得人格，乃继续前君主之人格故也。虽然，为斯言者，正陷于论理学之循环论法者也。夫前君主所定之君位继承法，何以于其死后犹有效力耶？不能明其所以然，则不能主张前后君主之同一人格，而猥曰新君主之得与前君主有同一之人格者，乃依于前君主所定之君位继承法故，是非以问答问者耶？况君位继承法，非规定前后君主之同一人格，乃规定继承君位者之范围及其顺序耳。

（三）波氏以国民为统治之客体，亦谬见也。国民之全体及其个人，皆非统治权之目的物。盖国民非奴隶，乃人格者，为权利义务之主体，其服从统治权，乃义务之主体，非统治权之目的物，明甚也。在民权国，国民全体为国家之最高总揽机关，其非统治权之客体，固不待言。即在君权国，而既认国民为国家之构成分子，则固为人格者，非如物之为人之所有权之目的物，亦不待言也。

综上而言，则波氏之认君主为国家，而以人民为统治之客体，其谬灼然矣！如是，则其谓人民无君主则不能调和竞争者，其根据已破。如是，则其谓革命之后，人民各为利益而相冲突，无以调和，卒返于专制者，其根据亦已破。盖如国家人格说所言，则君主不过国家之总揽机关，构成此机关之人，各国异其制：在法国、美国，则国法学上、政治学上皆以国会为国家之总揽机关；在英国，则国法学上以君主为国家之总揽机关，而政治学上以国会为国家之总揽机关；在普国，则国法学上、政治学上皆以君主为国家之总揽机关。如是，则人民之利益冲突，国家之机关当调和之以谋其发达。盖国家之机关，常超然于利害关系之外，故能得平衡的正义。若君主则不过某国构成某机关之人耳。无君主则人民利益不能调和之说，已失其立足地也。在以国会为总揽机关之国，其选举被选举为国会之议员者，固国民也，然既以议员构成国会，则国会对于国民，乃以国家机关之资格，而非以构成分子之资格。至于国会为国民之代表与否，则学者尚有歧说。如：德国学者耶陵尼（Jellinek，当世之公法学大家）之说，则以国民全体为作成机关，而国会为被作成者，故为其代表机关；拉攀（Raband，亦德国之公法学大家）之说则曰国会为人民之代表云者，非法学上之观念，乃政治学上之观念而已。夫此二说，皆非波氏所能折驳者也。使国会而非国民之代表者，则其在利害关系之外，不待言也；使国会而为被作成机关，则必能顾其作成机关之国民全体之利益，而不偏徇其一部分之利益，如是则正足以调和人民之利益竞争也。故波氏之说，所能诘难者，惟古代之议会观念耳。古代之议会议员各代表其选举人，各代表其选举区，各谋其部分之利益，而遗全体于不顾，故利益之冲突常起，而波氏之言乃中矣。然今日之议会观念，与昔相反，议员虽由各选举区中举出，而决非其区之代表人，此至普通之法理，当亦论者所已知也。然则波氏谓舍君主而外，更无能调和人民利益冲突之人，其立足地又已破也。

波氏之学说，法学的方面也。故吾亦自法学的方面以为辨。论者而犹有言，则亦宜定驳论之范围，更讨论之。

第二　对于论者非革命论之驳议

论者非议革命，有事实论，有法理论。其法理论无他言，惟波伦哈克之学说而已，已辨之于前，论者而无以难也，则可谓全北。至其事实论，则絮絮数千言，要皆对于本报第二号《民族的国民》范〔篇〕中所述孙君之说而致辨诘，兹逐段驳之于下。

抑吾于为驳论之前，有当言者。吾之目的在得民权立宪政体，此或非论者所欲闻也。然观论者有云："以开明专制为立宪制之豫备。"（原著第十一页）然则论者最终之目的，亦在于立宪也。然则民权立宪，非论者所欲闻，而立宪则固论者所怀望者也。顾以吾策之，则以为今日之中国，不革命决不能立宪，此有二理由。

一曰不为政治革命者则不能立宪。此其理由，本报第三号《希望满洲立宪者盍听诸》一篇已详言之。世界各国，无论民权立宪政体、君权立宪政体（不曰君主、民主者，以君民皆非国家之主体也），要其所以能立宪之故，莫不由于革命。革命者，谓于其政体上生一大变动也。使不能于政体上生大变动，则虽杀人如邱、流血成河，其进行时可云革命，而其结果不可云革命，以其于政体上无变革故也。反之能于政体上生变革者，则为革命。然有国于此，所以能由君权专制政体，变而为民权立宪政体，或变而为君权立宪政体者，何也？非其君能自变革，乃民权发达之结果使之然也。民权发达而实行革命，因所遇之敌不同，而结果有异。前文已胪举历史以为证。故吾之意，以为欲得立宪，必民权发达，有革命之能力然后乃得达其目的也。

二曰不为种族革命者，则不能立宪。此其理由，于本报次号赓续《希望满洲立宪者盍听诸》篇中详之，今提其要结。世界各国有以一民族构成一国家者，有以数民族构成一国家者。以一民族成一国家，其民族之观念与国家之观念，能相融洽，故于政治之运用，无所窒碍。使以数民族成一国家，则当察其能相安同化与否，果其相安同化，则亦能式好无尤，如其否也，则各民族位置不同等，势力不均，利害相反，各顾其本族而不顾国家，如是则惟一民族优胜独占势力，而他族悉处于劣败之地位，专以压制为治，犹足苟求一日之安，欲以自由、博爱、平等之精神，施之政治，必将格格而不能入矣。中国今日满汉不并立，人所同知者也，故非种族革命必不能立宪。

据此二理由，则中国苟欲立宪，舍革命外，更无他策。革命者，建立宪制之唯一手段也。知非革命无以立宪，则惟当奋起而实行革命。使所遇之敌而坚也，则虽艰难百折，终求达其目的；使所遇之敌而脆也，则事半而功倍。目的既定，不以敌之坚脆而殊其趋也。使怵于敌之坚，而趑趄退伏，以为不如希冀有开明专制之一日之为愈，斯则大逆不道，而中国之罪人也。至于革命之际，流弊或所不免。然但当思患豫防力求所以免之者，不当以革命之有流弊，而至于不敢革命也。且天下岂惟革命乃有流弊？世界一日未至于至善之域，则无事不有流弊。世之言曰："两害相权取其轻，两利相权取其重。"此就比较上言之也，若自根本上言，则革命者建立宪制之唯一手段也，立宪者当望之国民不当望之君主，当望之本族，不当望之异族故也。而革命之后必为民权立宪，何也？其时已无异族政府，只有一般国民故也。

以上为主张革命之根据。以下为对于论者之非革命而下驳议。

本报第一号《民族的国民》篇中，所述孙先生之言，乃约举其要点，其宏纲巨旨，当别为专书，非本论所能详也。兹惟对于论者所辨诘者，一一驳之。

论者第一之论据，以为约法不足恃也。然论者之诘难约法也，非能就约法之本体，一一指其利害得失也。第曰苟无其人，虽有约法，亦不足恃而已。故一则曰：首难革命者，其果能有此优美高尚之人格乎？二则曰：彼佐命者，能皆有此优美高尚之人格乎？三则曰：他之革命军，能同此宗旨乎？四则曰：人民果能安之乎？絮絮数千言，进退数十步。噫，可哀矣！驳他人之议论，不能于其根本上着想，而为此假定以侥幸其或然，何蒙稚若是也！夫论者能假定为无其人，吾亦能反证为有其人，此论者之所虑及也，乃曰使无其人，则我据胜着，使有其人，则我让步也。故其为论也，乃进退失据若此。今吾将一扫假定之说，而于国民心理上论约法之能行，论者其谛听之。

夫中国历史上革命军之蜂起屡矣。彼发难者，语其公心，则曰诛无道，拯民水火也；语其私心，其志之大者，则如黥布之言曰：吾欲为帝，其志之小者，则如陈婴之母，曰：事成犹得封侯也。彼反抗革命军者，语其公心，则曰忠君卫社稷也；语其私心，则曰立功名，以博取人间富若贵也。夫使我国民而长葆此心理，则约法诚可废弃。虽然，国民之心理，有变迁者也。畴昔吾国民有国民思想矣，然专制之毒，足以摧抑之；有民族思想矣，然君臣之义，足以克灭之。今欲使国民心理发达变迁，则当葆其固有者，而去其沮遏者。去沮遏之道，在声专制君主政体之穷凶极恶。吾民备受苦痛，徒以为君臣之义，无所逃于天地之间，故隐忍安之，今辞而辟之，必霍然惊觉也。而国民思想、民族思想，则我民族之所固有者，道在发挥光大之而已。使民族主义、国民主义而大昌明也，则约法者乃应于国民心理之必要，而不能不发生者也。

今言其理：法之为物，自表面上观之，则意力之强者耳，换言之，则有强制力者耳。然问法何以于诸意力中而为最强，何以有强制力？则当知法之发生，非存于具文，而存于人之心理。心理有二：一曰个人心理，二曰社会心理。社会心理，个人心理所合成者也。根于社会心理所生之意力，曰合成意力。合成意力强于其分意力，以其乃以团体之资格对于其分子故也。而此合成意力，即法之本质也。然则欲问个人肯服从于法与否，当先问此法是否由个人心理所表现。如其然也，则法乃应于其必要而生者也。故曰使民族主义、国民主义而普遍于国民之心理也，则约法乃应于其必要而生者也。而普遍之之法，则如前文所言，教育与革命。教育者，于革命之前、革命之时、革命之后，皆一日不可缺者也；至于革命，则有豫备时代，有实行时代。在豫备时代，所以浚发其心理，而使生爱情者，仍不外乎教育。若在实行时代，去专制之苦，尝自由之乐，夷阶级之制，立平等之域，国民主义、民族主义昔存于理想，今现于实际，心理之感孚，速于置邮而传命也。故辨论此问题最主要之点，在民族主义、国民主义，果为人心之所安与否。而如以上所述，则非空想，乃实想也。至于虑反抗者之为梗，则又论据之最薄弱者也。论者文中举洪杨曾胡之事以为例，今即就此例而辨明之。洪、杨之始起也，犹是帝制自为之思想。而其所揭以号天下者，则为民族主义；一时从之而靡者，职是故也。而方其攻城略地，俘虏满洲官吏命之降，有不为屈者晓之以大义，则曰彼虽异族，吾既委贽而为之臣，义当死之，当时授命者，最纯洁之心理皆如此也。此吾所谓种族思想为君臣之义所克灭者也。彼曾、胡者，亦即此辈中之一人，彼岂不尝读王船山之书，而服膺于黄太冲之言论？然彼以为事君不敢有贰心，故当为之尽力。此在民族主义未昌明之日，无怪其然。且即使民族主义昌明，而国民主义尚未入于人心，则彼犹将知忠君而不知爱国。如此二主义而昌明也，则曾、胡之在今日，吾可决其为革命军中之一人也。若夫怀蓄私心，思屠同种，以博富贵者，则尤无足虑。何也？天下有为义而死者，有为名而死者，至于为利而死者，盖鲜。盖利莫大于生命，苟其死之，则利益之主体已无所属故也。故好利者流，其好官爵，不如好货财，好货财不如好妻子，好妻子不如好性命。岂死亡之不足恤，而富贵之是图？有远虑者所不为也，此非有力之反对派明矣。是故吾之意，以为国民主义、民族主义而大昌明，则反对革命者，只满洲人与其死党，不足以当一碎，然则革命之时日不必甚长，一方扶义，万里响应，合谋分举，指顾而定，即使不然，终不以此而馁却也（至于谓革命可以召瓜分者，尤似是而非之言，以论者文中未言及此，故不辨，他日当更为专论论之）。而欲决革命之成功与否，当决民族主义、国民主义之昌明与否。然推过去，察现在，审将来，民族主义、国民主义之必昌明，既班班如上所述，则革命者应于国民心理之必要者也，则约法者革命之际应于国民心理之必要而发生者也。

论者第二之论据，以为即使革命亦不能得共和也。原著有云：

"凡国民有可以行议院政治之能力者，即其有可以为共和国民之资格者也。"（三十三页）

"今日中国国民，未有可以行议院政治之能力者也。"（三十八页）

"故今日中国国民，非有可以为共和国民之资格者也，今日中国政治，非可采用共和立宪制者也。"（同上页）

今对之为驳论，先问论者所下议院政治之解释，果正当乎？原著有云：

"综美、法、瑞三国，其异点虽有多端，而有一大同者焉，曰议院政治（政权全在议院谓之议院政治）是也。"（三十二页）

"然则仿纯粹之美国制，以宪法限定行政首长之职权，其宪法无明文者，一切不得专擅，如是则大统领势将变为立法部之奴隶。……于斯时也，苟立法部与行政部生冲突，则国事将无一能办。何也？无立乎其上以调和之、判断之者也。故虽以美国之老于共和，而迄今已不得不变成议会专制。"（三十一页）

"纯粹之美国制，若为国家永远计，固万不可采，以其戾于主权不可分之原理也。"（同上页）

如论者所言，则议会政治者，政权全在议会之谓，故其结果遂为议会专制，此一论据也。三权分立之制，戾于主权不可分之原理，此二论据也。更证诸论者之论变相之开明专制有云：

"政权之欲趋于一，如水之就下然，其性则然也，或执行机关压伏监督机关，或监督机关压伏执行机关，而遂不免于变相之开明专制。"（第九页）

证以此语，论者之论据，益显然矣。虽然，凡治学问者，不当以自己之理想，主张他人之术语，不独法学为然也。吾于法学，毫无所闻知，故下笔时，殊赧言法学。然每观论者之伸纸摇笔，汩汩而来，未尝不惊其胆之巨。虽然，论者若利用法学，以为行文之壁垒，如妇人女子之于其首饰焉。则吾虽孤陋寡闻，亦不得已当起而纠正之，盖论者怀抱成见，而以法学自文，揭其所文饰者而去之，则论者之真相乃见也。

论者举君权立宪政体、民权立宪政体，皆谓之变相之开明专制，虽以共和制如美国，亦谓之议会专制，且自法理上以立言，此巨谬极戾者也。论者知直接机关之特质，不立于他机关之命令权之下，关于其作用之内容，全然独立之谓也。（此德国耶陵尼氏所下之定义，他学者虽有异点，然谓直接机关为独立不羁，则皆无疑义也。）是故一国之内，有二以上之直接机关时，则机关与机关立于相关系之地位，而非立于压伏之地位。如是一机关以外尚有他之不可犯之机关，其异于专制者此也。使如论者所谓"政权全在议会"，又曰"议会专制"，是非以民权立宪政体与民权专制政体同一视之耶？夫自政治论以言，则国权诚有畸重于一机关者，如论者所译穗积氏《立宪制下之三大政治》，即为此说者也。然彼自政治的方面以言，故不害为一家之说，而论者乃自法理的方面以言，不知自法理论以言，则立宪国必不容有专制，不能强词附会者也。原著有云：

"既解兵柄，颁宪法，则虽旧年〔军〕政府之首领，复被举为行政首长，而亦必须行动于新宪法权限之内，不然，则违宪也，大逆不道也。而此新宪法者，无论采美国，采法国，采瑞士，而其议院政治，皆足以苦行政首长。……然则其所定宪法，广行政部之权限，认议会为补助机关耶，则大反共和之精神。"（三十八页）

此其立论，纯自立法上言，乃宪法上之立法论也。夫既为立法论矣，乃以政治上之观察判断之，是混法理论与事实论为一谈也。无他，不知国法学与政治学之区别而已。通观全篇，其论美、法、瑞三国政体之异同，则用宪法上之解释论，就中国前途之共和宪法着想，则用宪法上之立法论，然又忽参以一大段政治论，又参以一大段非法理论亦非政治论之奇谈，使读者如在五里雾中，百怪杂逻毕现，亦可谓恶剧矣。敢告论者，须知国法学与政治学之区别，不然徒枉费笔墨耳。

至于论者谓纯粹之美国制，戾于主权不可分之原理，此则语有所本，不如上之离奇，然亦非确论也。美国宪制，采三权分立主义。三权分立之说，盛于孟德斯鸠，孟氏而后，学者多左右袒，然自法理论以言，则三权分立之说实为完全无缺。学者虽有讥为损国家之统一者，然耶陵尼氏近著（*Das Racht des Modernen Staates*）有云："国家之意思，固须单一，然国家之意思，非必依于唯一之机关而发动。虽二以上之机关可共同而发动国家之意思也。"笕克彦氏《法学通论》亦曰："孟氏非欲损国家之统一者，以为三权分立，而互相监督制限，则其结果足以防专制，而使国家之统一。"故以孟氏之说，为法律上国家人格之分离者，误也。而自政治论以言，则国家之作用，不可不统一，故孟氏之说，终当有以补其缺点。卢梭之说，则谓政府、国会、裁判所，皆为独立机关，而国会立乎二者之上，而统摄之。君士丹之说，则谓国会、裁判所、政府，皆独立，则君主立于三者之间而调和之。近今各国，则此权或归之君主，或归之国会也。

要之，论者之评判议院政治，不外抄袭穗积氏《立宪制下之三大政治》一篇。然使为纯粹的抄袭，则犹不害为一种之政论，而论者乃杂以法理论焉，此其所有非驴非马之奇观也。

夫中国即使模仿美国宪制，三权分立，而以议会为总揽机关，固亦能举行民权政治之实。故上之所争，都非要点，吾之持论，与论者绝异之处，乃在"中国国民非有可以为共和国民之资格"一语也。吾之意，以为中国国民，必能有为共和国民之资格者也，故望以民权立宪。论者之意，以为中国国民，必不能有为共和国民之资格者也，由是而非难革命，由是而望政府以开明专制。夫论者之主张开明专制也，吾前数年，固已料其必然。盖保皇党日日盛言国民能力不足以革命，而偏苦苦望中国以立宪，于是章君炳麟辟之曰："夫谓国民不可革命，而独可立宪者，何也？岂有立宪之世，一人圣明于上，而天下皆生番野蛮者哉？"此其说实足塞彼辈之喙，而令其穷无复之。故论者为自完其说计，不得不主张开明专制，其当然之结果也。虽然，学者之论开明专制，本有广狭二义。语其广义，则专制之善良者，悉谓之开明专制。日本笕克彦氏所谓中国汉、唐盛时，亦得谓之开明专制时代也。语其狭义，则必政权生大变动之后，权力散漫，于是有以立宪为目的，而以开明专制为达此目的之手段者，德国那特硜氏所谓近世擅制政治，如法兰西拿破仑第一时代是也。由其前者，意义宽泛，由其后者，则发生于政权变动之后。思黄所谓革命之后，先以开明专制者也。吾与思黄所见稍异，今姑不辨，而于论者之主张开明专制，则绝对排斥者也。盖论者以为今日之中国，万不可革命，则其以开明专制望之今日之政府，章明无疑者也。然论者须知行开明专制者必有二条件：第一，则其人必须有非常英杰之才；第二，则其人必须为众所推戴，如法之拿破仑第一，普之腓力特列第二，是其例也。日本所以能行开明专制者，则以其天皇为万世一系之故。今日之政府能具此二条件之一乎？盈廷老髦，弥缝苟且，求保一日之富贵，而种族之间，轧轹愈甚。铁良、良弼辈，奋修军政，布警察，汲汲于巩固专制政府，以力追俄罗斯，而奕劻领袖政务，荣庆把持学务，其政策犹是康、雍以来之政策，形式虽稍变而精神如故也。此时正满洲人瞿然惊觉之时，惕惕然虑纲纪废驰，广揽权力，以求固位，而千百汉奸方且挟其所学，归而助之。吾敢决言曰：循是以往，不出十年，中国必如俄罗斯，专制政体益进化，益巩固矣。（此自其对内言之也，若其对外，能有俄罗斯之强力否？又别为一问题。）而论者犹吁之以开明专制，噫！不必辨理，试抚衷自问，良心其汝容乎？而猥曰："经开明专制后十年，乃开议院可不至有此。"（三十七页）夫谓政府之开明专制，则十年效见，而国民之自动，则数十年，数百年，而犹未有成绩，则又何说也？专制之利，国家机关之行动，能自由，能迅速，此人所知也。然世界各国，其自由民，宁伏尸流血，以求易专制为立宪者，岂太愚耶？诚以专制则治人者为恶可以自由，而立宪则不能为恶也。夫道德之异于法律者，在有强制力与否。今劝专制者曰："汝不可为恶。"此道德上语也，彼竟为恶，将奈之何？若夫立宪，则机关之行动，依于法律，违法则无效，是虽欲为恶，而不能也。夫为政者，虽欲为恶而不能，则国家之安宁秩序，可以长保，此立宪之精理，所以优于专制万万也。诚欲得完善之专制，则必专制之人有善无恶始可，故亚氏目为理想的政体。理想者，言非实想也。（理想与实想之别，论者当已知之，故不下解释。）若征之于事实，则人安能有善而无恶，况授以自由为恶之权，又从而望其不为恶乎？至于谓专制可以大行干涉政策，增进人民之幸福，此似采十七八世纪学者之幸福说。虽然，自学理之沿革上观之，则论者又将不免于错综颠倒之诮者也。夫论者而采幸福说乎，则须知幸福说之所由来。十七八世纪之学者，谓国家由人民所构成，以个人为单位，而国家不过个人之集合，所谓国家器械说也。唯其视国家为器械，故谓得以人力谋其进步发达，此幸福说之由来也。迨国家有机体说出而反对，以为凡有机体皆自然发达，不能以人力助长，故极排斥干涉政策。如斯宾塞尔之著书十九明此义，《干涉论》《将来之奴隶》诸篇，尤极言之。洎乎十九世纪之后半，则国家主权说（即上文所言国家人格说）发达之结果，能调和幸福说与法律说（其说谓国家第当以法律保护人民，而去其阻遏，不当干涉之，故名法律说），而兼采之，而其根据，则国家为自有人格，非如国家器械说，或以君主为主体，或以人民为主体也。其沿革之大要如此。论者既谩骂国家器械说（二十六页），则不宜自同于幸福说也。何也？其根据地已失故也。然谓论者采国家主权说乎？则又不然。证之原著有云：

"吾向下开明专制之定义曰：以所专制之客体的利益为标准，斯固然也，然所谓客体，亦可柝〔析〕而为二，其一即法人之国家，其二则组成国家之诸分子。"（《开明专制论》第四章）

是明明国家客体说也。然则谓论者主张有机体说耶？文中固尝屡用之，然论者何以又采干涉政策？论者所主张之学派，吾读其文至六七遍。终大索而不可得也。无他，必其獭祭群书，于此一掬焉，于彼一撮焉，参伍错综，以成此文。生物学家发见一种蝇取草，谓之为动物则非，谓之为植物则又非。论者为文，毋乃类是。此固论者之自困，抑亦读者所深苦也。且论者既采国家客体说，而以为行开明专制者，当以客体的利益为标准矣，然使专制者不以客体的利益为意，且从而蹂躏之，而惟以自己之利益为标准，则将奈何？此非假定之辞，乃自然必至之结果也。何也？以无能制限之也。论者至此，并不能援波氏、穗积氏之说以自解，彼固主张国家当有宪法，既有宪法，则机关之行动，一准于法，法于某种机关予以广大之权限，则其自由活动之范围，乃得优裕耳。而论者之主张专制，则无宪法以定其范围，故穗积氏等之盛言大权政治，固与论者殊科也，如是则论者何以自解耶？且自被专制者以言，其憔悴无聊，尤不堪言。立宪之国民，依于宪法，有一定之权利、一定之义务，故意思得以自由发舒，而经营共同事业必奋。专制政治下之人民，有服从的消极性，凡百放任，无所设施，干涉愈甚，能力愈缩，徒驱之使归于劣败之林而已。

故吾就开明专制而下案语曰：开明专制者，待其人而后行，然欲得其人，非能自然必至，乃偶然之遭值而已。且治国者，不徒恃有治人，而兼恃有治法，开明专制，有治人无治法者也。彼非无法，而法之力不足以限制之，则犹之无法也。故开明专制，非适宜于今日之中国，尤非能望之今日之政府者也。此寥寥数行语，已足扼论者之吭，而尽撤其藩篱。论者苟无以难，则自此绝笔，而前稿则拉杂摧烧之可也。

论者以开明专制，望之今日之政府，吾则以民权立宪，望之今日之国民。论者之所望者，吾既辞而辟之矣，今更进而主张自说。

其第一之论据，则以为国民之能力，终远胜于政府之能力也。盖凡改革之际，当一面策进国民之能力，一面策进政府之能力。然其大部分，终注重国民，以国民为国家之分子，分子良则机关亦良，且未有分子不良，而机关能独良者也。但今日之政府，岂惟已绝无可望，直国民之仇雠而已，故吾惟绝对的期国民之策进其能力，若政府则所欲颠覆之目的物耳。况国民之能力，虽未纯粹，而与政府之能力相比较，固已优之万万。且以所处之地位而论，彼政府者其对内政策，犹是防家贼之手段，其对外政策，犹是利用列强之嫉妒心，以其为异族专制政府故也。是其所处之地位，只能与国民为敌，不能与国民为助明矣。故吾不以改革之事望诸政府，而专望之国民。国民既能改革矣，则民权立宪当然之结果也。（所以不云共和立宪者，以共和一语有广狭二义，其广义则贵族政治，亦色〔包〕含在内。故不用之。）

其第二之论据，则以我国民必能有民权立宪之能力也。论者诋我国民无民权立宪之能力，以为英、法、美之民权，养育至千数百年，我国民何能以十年、二十年之力追及之。（节录二十五页大意）信如是也，则我国民欲享民权，必当先历欧洲古代国家专制之状况，次历中世寺院专制之状况，而后乃能有近世民权发达之能力乎？是直颠言耳。一言以蔽之，则可谓不知人类心理之作用者也。人类所以灵于动物者，以其有模仿性也。故当锁国时代，无所感触，则安其习惯，数千年未之有改。迨乎与外界相接，其始如戴着色眼镜，觉所触者，皆生恶感，其继则因比较而知长短，于是模仿作用乃行，而心理之变迁至速。然又当视其所模仿者为何如，苟其不适合于人类之普通性，而为某种人之特长，或其固有之惯习，则模仿之，或久而生厌；苟其适合于人类之普通性，则将一锲而不能舍。自由、平等、博爱三者，人类之普通性也，特其所禀受之量，有多寡之殊而已。论者虽武断，敢谓我国民自有历史以来，绝无自由、博爱、平等之思想乎？但观贵族政治，至战国而荡尽，我国民之精神，宁可诬者？夫我国民既有此自由、平等、博爱之精神，而民权立宪，则本乎此精神之制度也，故此制度之精神，必适合于我国民，而决无虞其格格不入也。论者当知立宪各国，各具其特有之精神，又各具共通之精神。所谓特有之精神，如英人对于巴力门之观念，日本人对于万世一系天皇之观念，皆其历史上所遗传之特别之原因结果也。所谓共通之精神，如国家对于人民，有权利、有义务；人民对于国家，亦有权利、有义务；其国权之发动，非专注于唯一之机关，而人民有公法上之人格，有私法上之人格，凡此皆立宪国所同具者也。我国民而为民权立宪也，固亦有特殊之精神，不必强学英、法、美也，非唯不能学，抑且不必学也。至其共通之精神，则立宪国所皆有者，而证诸历史，我国民固亦有之，较诸英、法、美，非有与无之区别，乃精与粗区别耳。从而浚发之，模仿作用必捷，非诞言也。盖凡模仿者自无而有则难，自粗而精则易。何也？此有而彼无则未知二者之性质果相同否也，若此粗而彼精，则性质同矣，所不同者，其程度耳，性质同则模仿易。

今举例以言之。民法、商法，勒为法典，中国前此所无有者也。然国之所以有民法、商法者，在维持私人之生活，而平均其权利也，此为人生所不可缺者。故中国关于民事、商事，有繁富之惯习，有错综之单行法，不过其精密之程度，较之欧西而有愧色耳。他日中国若制定民法、商法，则必当采各国共通之法理，衡本国特有之惯习，二者不能偏废者也。论者不能谓我国之民事、商事，与外国之惯习大殊，遂必不能采之以自益也，尤不能谓我国民惯习，既与欧西大殊，遂谓我国民无享有民法、商法之能力也。何也？共通之法理，不以国为域者也。此举私法之例以言也，若举公法之例，则尤有说。公法者，关于国家之权力之发动之法也。中国自尧舜以来，已知国以民为本，三代之书莫不勖王者以敬天，而又以为天意在于安民，王者当体天之意求有以安其民者，不然，则降之大罚，故三代之际，对于王者之制裁力，遥视后世为强，此中国道德法律之精神也。泰西公法学者，至今犹有维持国之元首对于神而负责任之说者，自其尊君的方面观之，则君权专制国国民之心理也，而自其保民的方面观之，则公法之精神也。且吾国之历史，易姓改号，覆辙相寻，故人民认君主为国家之观念，亦最薄弱，若枚举学说，则更仆未可终，要之，亡国与亡天下之别，其最著也。古以中国为天下，所谓亡天下，即亡中国之谓；而所谓亡国，即易朝之谓耳。且贵族政体，至战国而尽废，故人民皆得发舒其能力，为国家而活动。由是以观，我国民于公法之基础观念，未尝缺也，特其精密之程度，较之欧西而有愧色耳。他日中国若制定宪法，则亦必采各国共通之法理，衡本国特有之历史。而各国共通之法理，其荦荦大者，即上所指立宪国共通之精神也。论者敢谓此种精神，乃我国民所必不能有耶？论者尝历举证据以实其言矣。曰今日之国民"非顽固之老辈，即一知半解之新进"（三十四页），又曰："试观去年东京罢学事件，与上海罢市事件，何如矣。"（四十六页）论者之侮视我国民，如此其极。吾今不从举他例，即就上之二事而观，则知我国民心理之变迁，与模仿作用之进行，章章不可掩也。东京罢学事件，其理由，其办法，今已成陈迹，不复深论，要其揭示之主义，则曰有辱国体也，此足以证我国民之有国家观念也。上海罢市事件，在欲主张国际上之权利，而不知所以主张之方法。要之国际观念已生，国际观念，本于国家观念者也，此又足以证我国民之有国家观念也。夫吾之意，深不愿我国民之仅有浑括的国家观念而止，不待言也。然观其能由个人权利观念而进于国家权利观念，则知其必能由浑括的主张，而进于条理的主张也。夫能进于条理的主张，则我国民之能力大可恃矣。而当此摸〔模〕仿作用滔滔进行之际，去其阻力，而予以佳境，则能力发舒，一日千里，目的之必达可决也。吾持是标准，以观察种种方面，敢信我国民终有民权立宪之能力也。惟使如论者一派所主张，利用满洲政府，导以进化的专制，则真足以死国民方新之气，百喙不足以辞其责者也。

论者第三之论据，以为种族革命有专制无共和也。原着〔著〕有云：

"公等欲言种族革命也，请昌言之，且实力预备之，公等既持复仇主义，而曰国可亡，仇不可不复。吾哀其志而状其气也。虽然，切勿更言政治革命。夫政治革命者，革专制而为立宪云尔。君主立宪耶，则俟公等破秦灭项、絷彭醢韩之时，言之未晚。共和立宪耶，则请先将波伦哈克学说及此数纸中狂夫之言，一一遵论理、据历史、推现象以赐答辨。"（四十六页）

其所主张者，以为政治革命与种族革命不能并行也，而其所以不能并行之故，未尝一言也。至于谓吾党欲主张君主立宪，则本报具在，稍通文者，皆能了解，不能强加以诬捏也。至于谓共和立宪之必不可得，则波氏学说，为论者脑中唯一之主宰，而吾已辨之于前，所谓"此数纸中狂夫之言者"，亦已一一答辨。然皆关于革命论之辨诘，非关于种族革命论之辨诘也。论者既大书曰："欲为种族革命者宜主专制而勿主共和。"（四十八页）而其理由未一言也，故吾亦无从加以论难，则亦惟有等诸狂夫之痛语而已。然吾尚有一言者，则种族革命与政治革命，皆中国今日所不可缺者也。今之政府，异族专制政府也，驱除异族，则不可不为种族革命；颠覆专制，则不可不为政治革命。徒驱除异族而已，则犹明之灭元，于政界不生变革也；若徒欲颠覆专制而已，则异族一日不去，专制政府终一日不倒。故种族革命与政治革命岂惟并行不悖，实则相依为命者也。本报同时提倡民族主义、国民主义者，以此而所发挥说明者亦在此。

论者第三〔四〕之论据，以为欲为政治革命者，宜以要求，而勿以暴动。其理由云：

"如欲为政治革命也，则暂勿问今之高踞中央政府者为谁何，翼其左右者为谁何，吾友也不加亲，吾仇也不加怒，吾惟悬一政治之鹄焉，得此则止，不得勿休。有时对于彼几谏焉，如子之于其父母，有时对于彼督责焉，如父母之于子，然此犹言而已。若其实行，则对于彼而要索焉，如债权者之于债务者，不得则尽吾力所能及，加相当之惩罚，以使之警，此各国为政治革命者之成例也。然要索必当量彼所能以予我者，夫然后所要索为不虚；惩罚必当告以我索汝某事。夫既先语汝而汝不我应，故惩汝，以警汝及汝之侪辈，使今后毋复尔尔，夫然后惩罚为有效。"（四十七页）

此其理由，尚言之详，非如驳种族革命之惟有谩骂也。虽然，细按之，则不通之论而已。

夫要求者，有所挟而求之谓也，故凡言要求，必有实力，要求之际，实力固已具矣，特未发现耳，要求而不获，则实力遂显。是故要求云者，其表面为请愿书，其背面则哀的美敦书也。论者所举三例，其第一例，为子之几谏其父母，此乃乞求，非要求也。何也？求而不遂，无可如何也。论者欲以政府为父母，而日日几谏之，则好自为，伏阙十年，庶几一当可耳。若夫第二例为父母之于子，第三例为债权者之于债务者，则皆有实力存于其间。父母对于未成年之子，而有亲权，子不得父母之许可而有所为，能取消之；债权者对于债务者而有债权，请求而不履行，则有强制执行损害赔偿以随其后，是皆有强制力使然也。论者试思，今日人民对于政府，力足以制之否？力不足以制，而言要求，能有效乎？论者又言，要索之而不得，"则尽吾力所能及，加以相当之惩罚"。然则论者之意，以为要求而不获，则继以惩罚也，吾不知所谓惩罚者果何所指也。狙击之耶？论者所不谓然也。革命军耶？尤论者所排击也。无已，其不纳租税乎？此欧人所谓不出代议士不纳租税者也。然苟欲为此，犹非有实力不可，力不足以反抗，而欲不纳税，徒重罪戾，而不免于刑罚耳。然则论者所谓惩警者，果何所指耶？若夫各国政治革命之成例，则吾固闻之矣。法要求路易十六以改革而不应，则继之以大革命；美要求母国承认其独立而不应，则继之以七八年之血战，此其大者也。语其小者，则普鲁士柏林三月之变，日本覆幕之师，亦前例也。是故人民欲政府之顺其要求，必其力足以制政府始可，而制之之术舍革命军固无他也。论者又言："要索必当量彼所能予我者。"夫吾力若不足以制彼，则予我与否，彼之自由也；吾力若足以制彼，则轻重予夺，我之自由也。彼政府之所以能专擅者，以其权力足以束缚人民也，人民苟不能脱其束缚，则其发言悬于政府之听否，无丝毫自主之权也。不汲汲养成民力，而惟望其要求，各国政治革命之成例，恐无此儿戏也。况我国民对于满洲政府，义不当要求。何也？彼为刀俎，我为鱼肉，二百六十年于兹矣，譬如絷豕于牢，乃对于操刀者摇尾乞怜，天下有此不自量者乎？然此种义理，非怀抱民族主义者，不能喻。吾今唯对于论者所谓"要求"者直驳之曰：要求者，有所挟而求也，汝何所挟而求？又对于论者所谓"惩罚"者直驳之曰：所谓惩罚，舍革命外尚有何术？呜呼，图穷而匕首见。论者虽有苏、张之辨，亦将不能以理胜也。

今以极简单之语结本论曰：吾之目的，欲我民族的国民，创立民权立宪政体（普通谓之民主立宪政体）者也，故非政治革命、种族革命，不能达其目的。（各国革命，有至君主立宪而止者，而我国今日为异族专制，故必不能望君主立宪。）惟有民权乃能革命，惟革命乃能民权立宪，而我国民之能力，若葆有精进，则实足以举之。此本论之大旨也。

吾驳论者之文，列举其主要之点，而一一辨之。未尝有枝辞蔓语。论者而犹有言，亦宜就本论之主要，而定驳论之范围。

附论（略）（《民报》第四号，1906 年 5 月 1 日，署名"精卫"）

驳革命可以召瓜分说

自民族主义、国民主义昌明以来，搢绅之士，荷篑之夫，稍知爱国者，咸以革命为不可一日缓，此国民心理之进步，而国家盛强之动机也。然尚有鼓其诐说，诋毁革命者，其立说皆脆弱而不足以自完。其稍足以淆人听闻者，不外二说。其一，谓今日之政府，已进于文明也。然凡稍知民族与政治之关系者，皆知主权苟尚在彼族之手，则政治决无由进步，故此说决无成立之理由。其二，则谓革命可以召瓜分，以谓各国方眈眈于我，一有内乱，必立干涉，而国随以亡。为此言者，自托于老成持重，而以逆臆之危辞，恫喝国民，沮其方新之气。于是别有怀抱者，乐于便托此说，以自文饰，即真有爱国之诚者，亦荧于听闻，而摇惑失志，其流毒所播，不可谓细也。今欲外审各国对于中国之方针，内度国民之实力，瘏口极论，阐明革命与瓜分决无原因结果之关系，且正因革命然后可杜瓜分之祸。愿爱国者相与研究此问题，而恍然于解决之方法也。

本论分二大段。前段论瓜分说之沿革，后段论革命与瓜分之关系。

第一　瓜分说之沿革

瓜分之原因，由于中国之不能自立也。中国之不能自立，何以为瓜分之原因？以中国不能自立，则世界之平和不可保也。各国争欲均势力于中国，势力相冲突，常足以激成世界之大战争。于是有一国谓势力之不均如此，不如分割之，俾各得其所，于是倡瓜分主义。又有一国谓势力既不平均，若言瓜分，更滋蔓也，于是倡开放门户保全领土主义。甲午以后，庚子以前，瓜分说极炽之时代也。庚子以后，至于今日，开放门户保全领土说确定之时代也。一言以蔽之，中国未至于瓜分者，列国势力平均主义之结果也。（庚子以前，因势力不均，而至于言瓜分；庚子以后，因势力不均，而至于言开放保全，始终均势问题也，而解决之法，后与前异。）以上举其概要，以下逐项释明之。

（一）中国不能自立之原因　　自立者何？能自以内部之力完全独立之谓也，故自立与孤立有别。持锁国主义，孤立无邻，谓之自弃可耳，决不能自立于今日国际团体之内也。而自西力东侵以来，我国陷于旋涡之地位，既无复孤立之余地，又不能自立，国力颓丧，瓜分在人，保全在人，岌岌然不可终日，国民所已知者也；而其所以致此者，实惟满洲人秉政之故。盖我国民之能力薄弱，固亦不能无过，而厉行锁国主义，鼓舞排外思想，见靡外侮，驯致于危亡，犹复调唆列国之冲突及其嫉妒心，使势力平均主义亦将不能维持者，实惟满洲政府独任其咎。盖自满洲篡位以后，禁绝中国人与外国人交通，以通商为厉禁，放逐传教师于国外，戮人民之私奉外教者，人民有迁徙于他国者，处以死刑。其与外人交接也，觐见之礼，以三跪九叩首为一大问题，初以献俘之礼待之，后以藩属之礼待之，此康熙以来之政策也。道光之际有鸦片之役，咸丰之际有联军之役，光绪之际有甲午之役，中更丧乱，贱外之心，变而为畏外仇外。于是奖励义和拳，宗室王大臣为其首领，揭扶清灭洋之帜，以招八国之兵，迨乎北京失守，狼狈西遁，此后又一变而为媚外。然交欢于甲，失欢于乙，朝三暮四，外交之丑劣，至此为极。

综满洲政府之对外政策，不出二端：前者为倨慢无礼，后者为反覆无耻，以至有今日。然则瓜分之原因，由于不能自立，不能自立之原因，由于满洲人秉政，可决言者也。闻者疑吾言乎？试取外国人之言论以证明之。古芬氏著《最近之支那》第四章《支那之外交》有云：

"一六四四年，满洲人征服支那，而建清朝，专从事于鼓吹国人之排外思想。今日欧美人恒言，支那人之排外思想，为其固有之性质，不知鼓吹激动此思想者，实满洲人也。盖满洲人欲以少数之民族，制御大国，永使驯伏其下，因而遮断外国之交通，杜绝外来之势力，其结果遂致使支那人有强烈之排外感情。勃克曰：'满朝势力之确立，全由于锁国政策，然其衰落，亦恐坐是也。'可谓名言矣。"

以上古芬氏之言也，亦可谓旁观者清矣。更观庚子之役，联军既破北京，各国会议善后处分，德国首议处罚元凶，美国答之曰：

"此役暴徒之首魁，即政府诸宗室元老也。故宜先改造清国政府，后乃议处罚之。"

此言诚洞悉当日事变之真相者。去年日清谈判之际，日本进步党首领大隈重信于东邦协会演说有云：

"支那之政府，专以苟且姑息为治，惟企革命之不起，欲割地事人，以保社稷。谓外交上柔能制刚，利用列国之冲突及其嫉妒心，而无信义。故日英同盟，虽实行支那之保全开放列国之机会均等主义，然战国派之外交，可惹起内部之变动。"

此其言于满洲政府之心事可谓洞若观火矣。上所引证，皆非出于我国人之口，乃出于外国人之口者也。满洲政府一日不去，中国一日不能自立，瓜分原因一日不息，外国人尚能知之能言之，乃我国人而反昧乎？

（二）各国对于中国之政策　　满洲政府实足以召瓜分，既如上所述，然各国之由瓜分主义一变而为开放门户保全领土主义者，非满洲政府能使之然也。一由于各国间维持势力平均，二由于知我国民之情实，虑瓜分之难行也。盖欧亚交通以来，道光时有鸦片之役，咸丰时有联军之役，其战争之目的，欲击破锁国主义，得以自由贸易而已，非有瓜分之观念存于其间。迨乎甲午一役以后，情见势绌，而各国之殖势力于中国者，至不平均，所得丰者思保持之，所得歉者思挠夺之。于是德国首倡瓜分之议，于一八九七年，以海贼的暴举占夺胶州湾。于是俄借口以租借旅顺口大连湾，英租借威海卫，法租借广州湾。此外又屡有不割让地之设定，瓜分之论，极炽于是时矣。然终以势力未平均之故，瓜分适以滋扰。于是美国首提议门户开放主义，英、日固同此主义者。于是自一八九九年至一九〇〇年，英、德、俄、法、日、伊六国皆表同意，宣言对于中国以保全领土开放门户为主旨。此为各国对清政策之根本也。未几而有庚子之变，自有庚子之役，列国益维持前此之政策，而知瓜分之难行。无识者以为庚子之役，乃瓜分之机会也。然须知北京已破，帝后远遁，而各国会议，乃汲汲于善后处分，及媾和条约者，何也？此有二原因在：其一，由于各国之政见有相违也，日、英、美志于保全，俄、德、法志于侵略。联军统帅华德西欲进兵太原，英军帅加土里不奉令，谓有政府之命令，不许进兵，华德西无如何也。各国龃龉若此，俄瞰知之，乃扬言曰：俄国出兵之目的，欲扫荡拳匪救援北京而已，今宜讲善后策，维持清政府，缓处罚元凶。盖于一方博宽厚之名，以市恩于满洲政府；一方萃兵于满洲以为占领之计，遂由是而生日俄战争之结果。此由平均势力之使然也。其二，则各国于此一役，知民气之不可侮。盖拳匪之愚妄，虽可笑咤，然所以激而至此者，仇外之感情使然也。

今北京虽残，东南诸省犹无恙，使行瓜分，非亿万之兵力长久之岁月，不足以集事，故有所惮而不敢发也。且因是之故，外人知暴烈的手段，予吾民以难堪，适以激动其排外之热。自是以后，由劫夺主义一变而为吸收主义矣。以此二原因，故俄国首倡退兵，各国无梗议，旋归和好。尔后俄包藏祸心，并兼满洲，终酿日俄之战。尔来瓜分之说，已如烟消云散，不复有称道之者矣。

然则为今日之中国计，正宜利用此均势之机会，以奋然自立，勿谓门户开放、领土保全可以苟全也。受人之保护，不得谓之自立。不能自立者，不能生存。然中国不能自立之原因，由于满人秉政，故非扑满不能弭瓜分之祸。何也？各国虽取均势主义，然今日之满洲政府，其外交政策，在煽动列强之嫉妒心，而利用其冲突。于是各国中有狡者，以诈欺恫喝之手段投之，无所往而不得志。一国有所获独丰者，则均势之政策不可维持，终必出于分割而后已。盖满洲政府既谩藏诲盗，又反覆无常，其究极必破坏均势政策，而使各国不得不出于瓜分。分而不均，则各国相战；分而吾国民起与为敌，则各国与吾国相战，世界无宁日矣。此岂惟吾国之不利，抑亦各国之不利也。故中国今日，宜亟谋其地位之安全，而行正当之外交政策，然后足以自立，抑亦中国之自立，有关于世界之平和也。然则排满而自立，乃弭瓜分之祸者也。乃有以为召瓜分者，于下辨之。

第二　革命决不致召瓜分之祸

世之诋毁革命者，动辄曰：革命军起，外人干涉，瓜分随之。此言几于耳熟能详矣。然问革命何故足以惹起瓜分，大概不出二说：第一说谓但使革命军起，则外人必干涉也。第二说谓革命军有取干涉之道也。而此二说之中，所主张之原因，又各不一。吾今搜罗列举之，一一加以辨驳，使其说无复立锥之余地，庶几真理乃显也。兹分论如下：

（一）谓革命军起即被干涉者　　为此说者，以为不问革命军之目的行动如何，但使内变一生，即为干涉之媒介也。夫国有内乱，外国可以干涉与否，本为国际法上一大问题，今亦无须于法理上多着议论。惟须知外国所以干涉者，固必有其原因，而革命军所以被干涉者，亦必有其原因。究其原因之为何，最切要之问题也。而世所举干涉之原因，综计之不外七说。

（甲）谓革命军足以妨害各国之政策。为此说者，必其不知各国对于中国之政策者也。今日各国对于中国之政策，即上所举开放门户保全领土主义也。革命军起，于此主义果有何妨害？此反对者所不能置一辞者也。（如谓革命军苟以排外为目的，则于门户开放政策有妨，此则非独立原因，乃附随原因耳。何也？苟革命军无排外之目的，则此原因不发生也，故曰附随原因，于下论之。此专论主原因耳。）如谓各国之抱此政策，乃其貌托，而非本心，则须知各国之抱此政策者，非有所爱于中国，乃均势问题使之然也。英，美、日固认此政策为有利者。其怀抱野心者莫如俄，而方新败，谋休养。法汲汲于言平和。德之心事，最为阴险，其地位亦最足为人患，然各国瞬伺，不敢独轻于发难也。故开放门户保全领土政策，乃为各国所同认。然则革命军之起，倘如义和拳之高揭扶清灭洋之帜，则为自取干涉，使各国虽欲不干涉而不能。若夫革命之目的，单纯在于国内问题者，而谓义师一起，即于各国之政策有妨，此则稍知各国之大势者，皆能斥其妄也。

（乙）谓各国借口于内乱而行瓜分。此说所谓小儿之见也。今分二段释明之：第一，各国苟欲瓜分，不必有所借口。凡欲亡人国者，质直坦白宣言于众曰，兼弱攻昧，取乱侮亡而已，非有所报而求有以借口也。且今日各国之不言瓜分者，非患无以借口，一由于维持势力平均，二由于知中国民族之大未可遽言并吞也。第二，各国即欲有所借口，亦不必借口于内乱。今日满洲政府之政治，可以借口者多矣，随时随地，何不足以借口，必坐待有内乱起，然后有以借口乎？举实例言之，台湾之割、朝鲜之割、缅甸之割、安南之割，曾以内乱为借口乎？胶州湾之失，旅顺口、大连湾之失，威海卫之失，广州湾之失，曾以内乱为借口乎？至于庚子之役，则尤非借口。彼拳匪之宗旨，为扶清灭洋，非与满洲政府为敌，乃与外国为敌也，则外国与之为敌，何怪其然？且各国苟欲瓜分，则联军入北京时诚机会矣，于彼时不为，而欲于他日求有以借口乎？故各国之不瓜分，有所惮而不敢为也，非因无内乱以为借口也。

（丙）谓使革命军成功，则各国前此由满洲政府所得之权利，将尽失之，故各国必维持满洲政府，而与革命军不两立。为此言者，由于不知国际法之过也。于国际法，凡国家间由于条约而生之权利义务，条约之效力未消灭，则权利义务依然继续，旧政府虽倾覆，新政府固当继承之。何也？条约［以］国家之名义缔结之，非以私人缔结之故也。故为此言者，自不知国际法之原则。不然，则欲以欺不知国际法之人也。（至于谓满洲政府，外交丑劣，与各国结种种不平等之条约，宜筹撤改者，则固新政府之责任。然非因政府新旧嬗代，而失条约之效力。故此两事不可混为一。）

（丁）谓使革命军成功，则中国将渐至盛强，非如满洲政府，可以为傀儡，故各国为外交上之阴谋计，宁扶助满洲政府，而锄除革命军。为此说者，必卑鄙狡黠之小人，未尝知外交之政策者也。大抵外交政策，贵于熟知各国之情实，定各国不可不由之准则，使己国蒙其利，而又非各国所嫉，乃为善于外交者。若夫操纵［横］捭阖之伎俩，期于簸弄颠倒，以博目前之小利，则未有不自戕者。俄罗斯喜用之，卒受巨创。盖各国林立，必不容一国独专其利，利之所萃，即害之所萃也。彼满洲政府，诚甘为人之傀儡者，然傀儡只一，而欲利用此傀儡者，有七八焉。一国乘间利用之而独享其利，此六七国者，旁皇嫉妒而不能堪，非求利益均沾，则相与攘夺耳。今日之中国，为各国所注目，而为之政府者，乃供人傀儡，得者骄盈，失者怨望，战争之祸，所以不息也。使中国人奋起而扑去此傀儡，卓自树立，行正当之外交，则不必求他人之保全，尤非供他人之傀儡，东亚问题解决，均势问题亦解决。故中国之独立有关于世界之平和。各国息其觊觎，全球得以安燕，较之利用傀儡以生战祸者，其相去何如，而谓人不知所取舍耶？

（戊）谓革命军起，虽非以排外为目的，然经年转战，商务受其影响，各国为保其商务计，必发兵平乱。为此言者，似甚远虑，而实蒙稚可笑，其智识殆如小儿观剧，谓出兵之事，至易易也。不知在古昔专制之国，其君主穷兵黩武，且有因苜蓿天马之故而苦战连年者。洎乎世进文明，战祸愈烈，战事愈少。且在立宪政体之下，虽有好大喜功者，亦不能妄于兴戎。盖战事至危，所牺牲者国民之生命也，所耗损者国民之财产也，故非关于国家大计，非兵力不足以维持者，不轻言动众。试观英、杜之战，其原因之伏，非伊朝夕。金矿主久怀兼并之志，一九〇五年，英将露迷臣率兵驻杜，受金矿主之意旨也。杜人尽俘之，全英舆论沸腾，犹未出于战。后以争占籍问题，始决裂。杜人口止廿余万，而英人占籍者已十余万，故杜决议拒绝。英遂示威，杜立下哀的美敦书，战祸乃作。初年英败绩，益愤，前后发兵四十万，死伤六七万，耗帑五十万万，至今英人以为得不偿失，故今岁选举，主战党势力失坠。由是观之，战事岂得已耶？商务固足重，然以此单纯之原因，而遽出于战，毋乃易言之乎？揽最近统计表，英人在中国者五千六百人，美人二千五百人，德人一千六百人，法人一千二百人（半为教士），日本人五千二百人，葡人一千九百人，为此等人营业之故，而动各国之兵，彼政府议会何轻举妄动若此也。是故革命军起，各国派兵保护彼商民，意中事也。然此基于国际法上之自卫权（例如南昌教案起，法遣兵舰保护是也。国人不知，以为示威运动，由不知国际法上之自卫权故也），不可谓非。至于谓各国因保护商务之故，而联万国之众，以来干涉，而实行瓜分，则真如小儿观剧，而叹战事之易也。

（己）谓革命军崛起，必倚一国以为援，革命军之势盛，则此国之势亦盛，各国惧破均势之局，乃不得不出而干涉，遂至于瓜分。为此说者，较前诸说稍坚，而亦有其证据，以谓希腊之独立，求助于英；意大利之独立，求助于法；民党必连与国，然后可以胜利也。然此视敌之何如耳，希腊之敌为土耳其，意大利之敌为奥大利，其政府之威力，十倍于独立军，故非有奥援，不足自立。若中国则异是。使民族主义、国民主义而普遍于我民族的国民之心理，则与革命军为敌者，只满洲人及其死党而已。灭此朝食，无所于疑也。至于各国之同情，固革命军所希望者，然所希望者，消极的赞成而已。起事之际，欲其承认为交战团体；成功之际，欲其承认为独立国。然欲得其承认，虽由于外交，实专恃乎实力。已有为交战团体之实，然后彼从而承认之；已有为独立国之实，然后彼从而承认之。所求于彼者不奢，故其后患不生也。要之，此说之前提，谓革命军必倚一国以为援，使革命军纯任自力，而不求助于人，则此说不能成立也。

（庚）谓革命军起，政府之力，既不能平，则必求助于外国，外国出兵助平乱，因以受莫大之报酬。为此说者，以谓贱胡无赖，苟求保其残喘，必出于借兵平乱之政策也。夫虏之为此谋，容或意料所及。然使其借兵于一国耶，则虏先犯各国之忌，各国虑破均势之局，将纷起而责问，是徒自困也；使其借兵于各国耶，则各国之兵，非虏之奴隶，非虏之雇佣，无故为之致死耶？如谓虏以利啖之，彼将为利所动。不知各国苟欲攫利，其道甚繁，奚必出于助兵平乱耶？（有以英遣兵助攻太平天国事为证者，然此事别有原因，放后论之。）试以最近事证之，英兵之初入九龙也，乡民鼓噪逐之，英兵退回香港，电总理衙门，檄两广总督，饬何长清剿平，英兵安坐而待也。广西游勇，尝二次窜入安南，一在马头山，一在高平牧马，法兵安坐，檄苏元春平乱而已。虏借外兵耶？毋亦外人以虏为傀儡耳。谓外国利于报酬，而不惮动天下之兵，亦见之未审而已。

以上七说，皆谓革命军起必被干涉者，所以为口实者也。其言之者非一人，其流行也非一日。吾今乃聚而歼之。抑吾之所言，非侥幸于外人之不干涉也，以本无被干涉之原因也。其所言非以意假定也，外审各国均势之大局，内察国民之实情，而后立言也。夫各国之均势，前屡言之矣。至于国民之意力，今将言之。大抵国内而至于革命，必民族主义、国民主义极炽之时也。人人怀亡国之痛，抱种沦之戚，卧薪尝胆，沉舟破釜，以求一洗其革命之目的物，至单纯也。而对于外国及外国人，守国际法上之规则，此在我国民已毫无被干涉之原因矣。而为外国者，设因欲保商务，欲得报酬之故（上举原因之二种），连万国之众，以来干涉（此为假定其干涉之言），斯时为我国民者将如何？其必痛心疾首，人人致死，无所于疑也。则试约略计各国之兵数，庚子一役，为战地者，仅北京一隅耳，而联军之数，前后十万。今若言干涉，言瓜分，即以广东一隅而论，新安近英，香山近葡，彼非有兵万人，不能驻守，即减其数，亦当五千；以七十二县计，当三十余万，即减其数，为二十万，至少十万，而其他沿江沿海诸省当何如？至于西北诸省则又何如？计非数百万不能集事。而我国民数四万万，其起义也，在国内革命，而无端来外人之干涉，满奴不已，将为洋奴，自非肝脑涂地，谁能忍此者？我国亡种灭之时，即亦各国民穷财尽之时也。而问各国干涉之原因，则曰因欲得报酬欲保傀儡之故，虽至愚者，亦有所疑而不信矣。且世勿谓我国民甚弱，而各国之兵力至强也。练兵不能征服国民军，历史所明示矣。普、佛之战，佛练兵尽矣，甘必大起国民军，屡败普军，为毛奇所不及料，不敢出河南一步。古巴之革命也，金密士以数十人渡海入古巴，振臂一呼，壮士云集，前后以四五万人，与西班牙兵二十万人，鏖战连年，而美、西战事起，古巴遂独立。菲律宾之革命也，壮士十人，以杆枪六七枝，劫西班牙兵五百人营，夺其枪五百，扑战累岁，西兵驻防于菲者，凡二万人，无如何卒赔款二百万；其后西政府失信，战事再兴，美西之役，美提督载阿圭拿度再入菲律宾，与美合兵，阿圭拿度以兵数千人，俘西班牙兵万数，卒立政府；其后美复失信，菲人以所获于西兵之枪万余，择其可用者六七千，以与美精兵七万战，数年始定，使凭借丰裕，则美非菲敌也。英杜之战，杜与阿连治合兵三四万人，英兵四十万，前后三年，乃罢兵。如上所述，以国民军与练兵角，皆以十当一。况中国人数，非菲、杜比，凭借宏厚，相去千万，外侮愈烈，众心愈坚，男儿死耳，不为不义屈。干涉之论，吾人闻之而壮气，不因之而丧胆也。外乘各国之均势，内恃国民之意力，既无被干涉之原因，即使事出意外，亦非无备者也。内储实力，外审世变，夫然后动，沛然谁能御之？

如上所述，谓革命军起即被干涉者，当关其口矣。在革命军未尝无被干涉之豫备，然内有国民之实力，外乘各国之均势，决无被干涉之原因也。然则谓革命可以召瓜分者，其言已摧破而无存立之余地也。

（二）谓革命有自取干涉之道者　　此说与前说不同，前说谓凡革命军起，必遭干涉；此说则谓革命军起，本不致遭干涉，惟因革命军有自取干涉之道，使外人不得不干涉故。其所言，非独立原因，乃附随原因也。使革命军而无自取干涉之道，则必不致于被干涉明矣。而其所指为自取干涉之道者，谓革命家固以排满为目的，又兼有排外之目的，故革命之际，或蔑人国权，或侮人宗教，或加危险于外国人之生命财产，于是乃召外人之干涉。为此言者，若以施之义和拳，则诚验矣。义和拳以扶清灭洋为目的，于是杀公使、毁教堂、戕人生命、掠人财产，以致联军入京。以排外为原因，以干涉为结果，固其所也。吾人所主张之革命，则反乎是。革命之目的，排满也，非排外也。建国以后，其对于外国及外国人，于国际法上以国家平等为原则，于国际私法上，以内外人同等为原则，尽文明国之义务，享文明国之权利，此各国之通例也。而革命进行之际，自审交战团体在国际法上之地位，循战时法规惯例以行，我不自侮，其孰能侮之？谓革命军有自取干涉之道者，其太过虑也。

抑犹有宜深论者，今日内地之暴动，往往不免含排外的性质，此不能为讳者也。然此等暴动，可谓之自然的暴动，乃历史上酝酿而成者也。吾国历史上以暴君专制之结果，揭竿斩木之事，未尝一日熄。第开明专制之时，政府威力方张，民间隐忍苟活，即有骚动，旋被平靖，故其表面有宁谧之象。泊乎衰朝末季，纪纲废堕，豪杰之士，乘间抵隙，接踵而起，峰屯蔓延，弥满天下，此历代之末同一之现象也。即以清朝而论，内乱未尝中辍，康熙时则有三藩之役、台湾之役（其初定台湾之役，不得谓之内乱。其再定台湾之役，则属于内乱）、武昌兵变之役；乾隆时则有台湾之役、临清之役；嘉庆时则有川湖陕之役、畿辅之役、川陕乡兵之役；道光时则有海盗之役；咸丰、同治时则有太平天国之役、捻之役；光绪时则有义和拳之役。内乱继作，未尝少休，凡此皆自然的暴动也。洎乎近日，感外界之激刺，与生计之困难，其势尤不可一日居，此为历史上自然酿成，无待乎鼓吹者。此等自然的暴动，无益于国家，固亦吾人所深虑者也。以中国今日决不可不革命也如此，而自然的暴动之不绝也又如彼，故今日之急务，在就自然的暴动而加以改良使之进化。道在普及民族主义、国民主义，以唤醒国民之责任，使知负担文明之权利义务，为吾人之天职，于是定共同之目的，为秩序之革命，然后救国之目的，乃可以终达。夫既由自然的暴动，而为秩序的革命矣，则滔滔然向于种族革命、政治革命以进行，而毫不参以排外的性质明也。然则吾人之主目的，固非在避外人之干涉，而自无自取干涉之理也。

综上所论者而括之，则革命决不致召瓜分之祸，明白无疑矣。然尚有引证一二事实以为辨者，今复疏解之如下：

问者曰：法兰西大革命之际，各国不尝共同干涉耶？幸而法能战联军而退之，否则法之为法，未可知也。今中国之革命，能独免于干涉乎？应之曰：法兰西大革命而各国群起干涉者，以欲抵抗民主之思潮故也。盖法之革命，实播民权自由之主义于全欧，各国君主，思压抑之，故集矢于法，其共同干涉，实抱此目的也。尔后之神圣同盟，亦本斯旨。故比利时之独立，亦被遏制，卒令建君主立宪政体而后已。由其时各国以扑灭民主思想为目的故也。若今日则情势与昔大殊，中国革专制而为立宪（指民主立宪），与各国无密切之利害关系，不能以法之前事为例也。

问者又曰：太平天国之被干涉者何也？应之曰：太平天国有自取干涉之道也。洪秀全之破南京也，英即遣全权大臣波丁揸来，欲缔结条约，此为承认其独立，良机会也。惜洪氏不知国际法，犹存自大之余习，命其觐见行跪叩礼，波氏不肯，遂拒绝不见，只见杨秀清，失望而归。其后洪军至上海，犹立两不相犯之约，及曾军破安庆，自长江而下，遂围南京，左军破浙，李军发上海，洪氏大事已去，英始袒清助攻洪氏。故干涉之原因，由洪氏有自取之咎，使洪氏能知国际法，早与结纳，不至若此也。且其时英人初欲殖势力于东方，故谋助兵平乱，冀借此以增拓势力。至于今日，则情势迥异，承认独立与借兵平乱二者，皆遥难于昔日矣。

问者又曰：今者外人相惊以中国人排外，遇有小警，辄调兵舰，如南昌教案，法调兵舰矣，广东因铁路事官民交讧，各国亦调兵舰矣，凡此岂非干涉之小现象乎？应之曰：此非干涉，乃防卫也。国际自卫权本分二种，一为干涉，一为对于直接之危害而用防卫之手段。若内地有警，各国派兵舰防护，可谓之防卫之准备行为，与干涉不同也。盖国家于领域之内，不能自保，而使外国人蒙其损害，则对之可以匡正。匡正之法，国际之通则有二，过去之赔偿与将来之保障是也。然使蒙急遽之危害，依此通则，有缓不及事之虞，则可以用防卫之手段，用强力于他国领域内，此国际法所是认者也。然则使内地有变，而危险及于外国人之生命财产，则外国派兵保护，以捍御灾难，不得谓之非理。然此与干涉固不同也。至于屯泊兵舰，以备不虞，则只可谓之防卫之准备行为，尤不必以干涉相惊恐。乃内地之人，既鲜知国际法，而诋毁革命者，又借此以号于众曰：此瓜分之渐也，干涉之征也。其心固狡，其计亦拙矣。外国领事既察吾民之隐情，于是遇有小故，辄征调兵舰以相恫喝。即如近日拒约之会，美领事日以调兵相胁，而实则美国自大总统以至国中名流，多不以苛约为然，方且借华人拒约之坚，有辞以对议会，且提议当禁欧工，以示平等矣。要之若云干涉，非得各国政府之同意，联军并进不可。而革命军无被干涉之原因，既如上所述，至于防卫，则以保全其人民之生命财产为目的，征调兵舰，一领事所优为非出于其政府之意，革命军但当守国际法而行，尤不必谈虎色变若此也。况吾人之革命以排满为目的，而非以排外为目的，在己固可自信，而外人亦未尝不渐共喻。最近英国《国民报》（于政界最有势力之报）倡论曰：

"支那人排满之感情与排外之感情，大有分别。其政府必尽力导排满之感情，变为排外之感情，此最宜防者也。"

旁观之言，明白如此。使革命军起，而循乎国际法，则更予人以确证此事固在我而不在人也。

故吾敢断然曰：革命者，可以杜瓜分之祸，而决非可以致瓜分者也。

（《民报》第六号，1906 年 7 月 25 日，署名"精卫"）

再驳《新民丛报》之政治革命论（存目）

（《民报》第七号，1906 年 9 月 5 日，署名"精卫"）

驳革命可以生内乱说

本论之主旨，在研究内乱发生之原因，以明革命时固有可以不生内乱之道，其意在于说明，非徒以折驳为事。然凡推论事理，多设为问难，以便了解，故杂采《新民丛报》中指革命为内乱之说，一一折之，非欲以唇舌相斫，欲即以人加诸我之诋諆，以为吾研究之问题而已。此非独本论为然，即如该报自今年第三号以来，对于本报之宗旨，多所非难，虽其所言者多恣睢谩骂而不成理，然本报则借此而获说明数问题焉：一曰政治革命当与种族革命并行，二曰社会革命当与政治革命并行，三曰革命不至于召瓜分，四曰革命不至于生内乱。前后十余万言，而未有艾。所以如是不惮词费者，岂欲以塞反对者之口，乃借此以为贡言于国民之机会耳。前二问题，为关于宗旨之本体者，县解论之尤笃，反对者已无辞矣。后二问题，则关于实行宗旨时所缘附而生之现象。对外关系，汉民、梦生已详论之。至于对内关系，前者虽略有所陈，今将一竟其说。

革命之事业，以建设为目的，以破坏为手段者也。以言种族革命，则以光复民族的国家为目的，而破坏异族之势力，则其手段也。以言政治革命，则以肇造民主立宪政体为目的，而破坏今之恶劣政府，则其手段也。以言社会革命，则以实行国家民生主义为目的，而破坏不完全之社会经济组织，则其手段也。

革命事业必有所破坏，既如上述，而内乱者，则破坏时所生之恶现象也。破坏现象，有良有恶，其良者谓之拨乱反正，其恶者谓之内乱。

破坏之现象，何以或良或恶？一曰建设之目的良，则破坏之现象亦良；建设之目的恶，则破坏之现象亦恶。二曰建设之目的良，而破坏之手段，适于为其驱除者，则良；建设之目的虽良，而破坏之手段，乃与之相反者，则恶。

然则革命时，其破坏现象，为良为恶，革命者所当自择也。使能择其良者，而慎避其恶者，则革命必不至于生内乱也。

今逐次说明于下。

第一，由建设之目的以论革命可以不生内乱

曷言乎破坏现象之良恶，由于建设目的之良恶也？曰：所谓革命者，其事非止于破坏，徒以破坏为事者谓之无意识之破坏，不足以云革命也。革命者转移之谓，而非破坏之谓，其所以用破坏之手段者，除旧以布新而已。二物不能同时存在于一空间，必去其一，存其一，乃不相冲突。故革命者，非徒抉旧目的物以去，且将载新目的物以来，而所欲破坏之目的物，与所欲建设之目的物，其性质必相反，此适宜于社会，则彼必不适宜于社会。是故使所欲破坏之目的物，而适宜于社会欤，则破坏之非也，随而所欲建设之目的物亦必非。又使所破坏之目的物诚不适宜于社会矣，而所欲建设之目的物，又未必适宜于社会，则破坏之诚是也，而建设之，则不可谓当。然则革命家有不可不辨者焉：一曰我所欲破坏之目的物，诚不适宜于社会者；二曰我所欲建设之目的物，诚适宜于社会者。如是则破坏之际，举不适宜于社会者，抉而去之，而又有适宜于社会者，以随乎其后，其现象固有良而无恶。盖不惟所建设者，固社会继此所必需，即其破坏之时，已使社会失其痛苦矣。是以革命之事，有百利无一害也。今之言革命者，其所欲破坏者，异族钤制之势力也，专制之淫威也，社会经济组织之不完全也，凡是皆不适宜于社会者也；而其所欲建设者，民族的国家也，民主立宪政体也，国家民生主义也，凡是皆适宜于社会者也。破坏其所不适宜者，而建设其所适宜者，本乎建设之目的，以行破坏之手段，其现象乌得有恶乎？

而论者乃有不推原乎建设之目的，徒执着破坏之现象，以决中国革命之必无良果者。如《新民丛报》《中国历史上革命之研究》篇中谓："中国历史上之革命，有私人革命，而无团体革命。有野心的革命，而无自卫的革命。有上等下等社会革命，而无中等社会革命。革命之地段，较泰西为复杂。革命之时日，较泰西为长久。革命家与革命家自相残杀，因革命而外族之势力因之侵入。"以此之故，指革命为徒以生内乱，而无补于国家。呜呼！是足为知言者乎？中国历史上之革命，其颠覆政府也用力少而为时暂，其争帝也用力多而为时久。若是者何也？颠覆政府乃其破坏之手段，而帝

制自为则其建设之目的。故革命之生内乱，非其手段使之然，其目的使之然也。今举历史以实吾说。

中国历史上，其可称为国民革命者，只四时期：一曰秦末之革命，二曰新莽末之革命，三曰隋末之革命，四曰胡元末之革命。其他则权臣篡夺、藩颠〔镇〕分裂、外夷侵入而已。而此四时期之革命，其颠覆政府之时与力，恒逮不如争帝之时与力之甚。略举于下：

秦二世元年七月，陈胜、吴广起兵于蕲；九月，刘邦起兵于沛，项梁起兵于吴；二年八月，赵高弑二世，立子婴；子婴立四十六日，楚将刘邦入关，子婴降。自发难至于灭秦，为时一年有余而已。及灭秦之滠（后），自汉元年（此从《史记》系年，即秦二世二年也）十月，刘邦兵先入关，至五年十月，汉王与诸侯兵共击楚，围之垓下，项羽走死，前后凡四年。若是乎灭秦之时日短，而楚汉相争之时日长也。且秦亡以前，其足称剧战者，惟章邯与项梁、项羽之相遇而已。岂若楚汉相争之世，瘁天下之力，以供二雄角逐之资耶？然则岂惟为时倍蓰，即用力亦倍蓰矣。由斯以言，则秦末之革命，所以内乱若是之亟者，非破坏之手段使之然，实由项、刘诸人，其建设之目的，不外于帝制自为。项之言曰，彼可取而代之；刘之言曰，大丈夫当如是。是故争王争霸而流毒于无既也。

王莽地皇三年，刘縯、刘秀起兵于宛；明年二月，立更始。更始元年九月，三辅豪杰共诛王莽，传首至宛，相距一年有余而已。莽灭以后，刘秀徇河北，破王郎、铜马、大肜、高湖、重连之属；建武元年以来，破赤眉、张步、延岑、刘纡、隗嚣等；至建武十二年，吴汉拔成都，破公孙述，天下始定。前后凡十二年有余。群雄角逐之时，较之天下共起诛莽之时，其久暂相去至是。自光武起兵于宛以前，虽有新市、平林、赤眉之属，然其势尚微，不足齿数，及光武起兵而后，其定刘氏与王氏之兴亡者，惟昆阳一役而已。以视建武元年以后，十二年以前，龙战鱼骇，盖不侔矣。呜呼，使共起诛莽诸豪杰，无争天下之志，则扫除新莽，不过年余间事，何事酿成此脓血充塞之战史哉？

隋自炀帝大业九年，杨玄感起兵以来，天下遂乱。及大业十三年五月，李渊起兵于太原，十一月渊入京师，立代王，改大业十三年为义宁元年；及二年五月，渊篡位，相距一年而已。虽自大业七年，窦建德等已肇乱，然其初起，不过聚众高鸡泊，弄兵潢池，苟求自活而已，久乃渐盛。其手创大业者，实惟李渊父子，而渊之亡隋，前后不逾一年，取之若反掌。及武德元年以后，破薛仁杲、刘武周、窦建德、王世充等，连年征讨，靡有宁息；至武德六年，刘黑闼被杀，天下乃定。其亡隋也，为时一年，而其翦除群雄也，为时五年有余。其亡隋也，一战而得之，其剪除群雄也，耗四海之力，与秦末、新莽末之革命，如出一辙也。

元末之革命，稍稍变例。顺帝至正八年，方国珍起兵于台州；十一年，徐寿辉起兵于蕲水；十二年，郭子兴起兵于濠州；十三年，张士诚起兵于泰州，明太祖起兵于滁州；二十八年，明太祖即帝位，徐达率师入大都。前后二十年，似与前三者殊矣，然细察当时史事，可谓异其形而已，未尝变其实也。盖楚、汉、后汉、唐之始起也，皆先颠覆政府，而后翦除群雄，独明太祖之始起也，则先翦除群雄，而后颠覆政府。故以时之久暂而言，则似革命之日长；而以用力之多少以言，则其革命所用之力，较之翦除群雄之力，不及十分之一也。试观明太祖于至正十三年起自滁州以东，为其劲敌者，张士诚、陈友谅而已。及二十三年，友谅败死；二十四年，友谅子理降；二十七年，执张士诚，方国珍亦降，天下大定矣。然后以二十七年十月，命徐达率师北伐；二十八年十二月，徐达入大都，为时一年有余而已。先群雄而后胡虏，故其革命之时期，似长而实非长也。且元胡于群雄，亦未尝多所战争，惟知以官爵媚之：以方国珍为左丞相，以张士诚为太尉。狐媚取悦，以求苟延残喘，是以群雄皆轻视之，不以为意，先相戕杀，而后语驱除也。使当时群雄，咸以驱除鞑虏恢复中华为任，而无王霸之志，则元胡之殄灭指顾间耳。

综上所言，中国历史上之革命，其颠覆政府也，用力少，为时暂；其争帝也，用力多，为时久，亦易见矣。夫颠覆政府，革命时代所必有事也。至于以争帝之故，而互相屠杀，则由于其建设之目的，不外乎帝制自为，故有此结果。然则内乱之故，非由其破坏之手段（换言之，颠覆政府之手段）而生，乃由其建设之目的而生耳。使今后中国之革命，其建设之目的，非在帝制自为，则颠覆政府之后，革命家必不致相争；争夺不生，则内乱必不作。如是则其所沿袭者，惟历史上颠覆政府时之现象而已。而此现象，为时甚暂，用力甚少，故曰革命可以不生内乱也。抑颠覆政府与翦除群雄，其难易之差若是者，固有其理由。盖一朝之末，政府罪恶贯盈，又复情见势绌，而国民蓄怨郁怒，待之既久，一旦爆发，势莫能御，故驱除之事，至为易易，所谓顺天应人者也。而群雄之崛起，则非独欲拨乱诛暴而已，实各抱帝王思想，故各不相下。其未起也，不可以合谋，其既起也，非惟不可以联络，且不免于相仇视。政府虽覆，丧乱滋多，天下纷纷，不定于一，则不可久。故汉光武、唐太宗、明太祖之汲汲剪除群雄，非徒为一身谋，即为天下计，亦不得不如是也。然则革命之事业，非破坏之手段足以生内乱也，乃建设之目的足以生内乱。诚使建设之目的可不生内乱，则革命遂可不生内乱也。

而今之言革命者，其建设之目的：（一）民族的国家，（二）民主立宪政体，（三）国家民生主义。斯三者，其共同之精神，曰自由、平等、博爱而已。至其条理，则非斯篇所能尽。要之，苟知其精神为自由、平等、博爱者，则其合于正义人道，而必非足以生内乱，盖至易明也。使今后之革命，而以此三者为目的，则历史上群雄相争夺相戕杀之迹，可以尽除，而为中国革命史开一新纪元，可决言也。

迩者，《新民丛报》对于此三者，皆致非难，以为足以生内乱。其诋諆国家民生主义，则曰："杀四万万人之半，夺其田而有之。"此本报第五号论《社会革命当与政治革命并行》所详辨者。其诋諆民族主义，则曰："民族主义非救国之手段。"此本报第五号《续希望满洲立宪者盍听诸》所详辨者。其诋諆民主立宪政体，则曰："中国国民无为共和国民之资格。"此本报四号《驳新民丛报最近之非革命论》及六号、七号《再驳新民丛报之政治革命论》所详辨者。迩来彼报于民生主义、民族主义，已无反对之辞，惟于民主立宪政体，犹稍示反唇。录其言于左：

"吾所以认暴动主义为足以亡中国而深怵之者，全以其破坏之后，必不能建设。吾所以断其必不能建设者，以其所倡者为共和政体，而共和政体，则吾绝对的认为不可行于今日之中国者也。共和政体为历史上之产物，必其人民具若干种之资格，乃能实行，而不然者，强欲效颦，徒增扰乱。此征诸法国及中美、南美诸共和国，覆辙相寻，皆历历可为殷鉴者。而吾中国今日之国民程度，决无以远优于彼等，加以我幅员之辽廓，各省之利害不相一致，故实行共和，视彼等尤为困难。……大统领为一国最高政权所在，苟大统领以四年改选者，则每四年全国当起一次大革命；苟以三年或五年改选者，则每三年或五年当起一次大革命。不宁惟是，以我国幅员之辽廓，我之一省，足当人之一国，故省之总督，其政权亦庞大，而可为争夺之媒。苟总督而由民选者，则每当改选之时，其省之起革命也，亦如之。"（该报第十号《暴动与外国干涉》）

此其所言，愈不足以自完，且前论已足折其所说，本无事于再辨。然微闻近者有少数舆论，亦深察乎民族与政治之关系，谓满洲政府不可以不除，然怵于民主政体之不可能，则谓革命之后，宜使民族的国家，建君主立宪政体。此其为论，固与该报宗旨大相径庭，然以吾思之，中国革命之后，万不可更奉君主。何则？苟奉君主，则争夺之事起，而历史上群雄相斫之恶迹，又将复见。此最可深惧者也。且君主之为物，所以犹存留于近世文明国者，历史使之然，于正义人道皆无所取也。一旦革命，二百六十年来满族之势力坠，从而四千年来君主之制度随以俱坠，岂非至善之事？而论者乃主张革命后之君主立宪，岂非深虑民主政体不可行于中国，故有此政见耶？使其知民主政体之可适用于中国，则此论不攻自解也。今即就该报之非难民主政体者，一一辨解之，以明其所以然。其谓"共和政体为历史之产物"，夫历史者，过去之事实之谓也，语其远者，远溯诸洪荒以前可也；语其近者，凡属过去，皆成历史。谓我国昔者无民主之制度则可，谓无实行此制度之精神则不可，此本报第四号所已言矣。且诚使今日之士，认民主制度为必要，而努力为之，则今日之事实，即他日之历史也。况乎人群心理之变迁，因乎历史，尤因乎境遇。于同一境遇中，其心理变迁迟，境遇变易，则心理变迁骤。故自交通以来，中国社会之进步，决不可与锁国时代社会之进步为同比例。例如中国四千年来，视外人为夷狄，晚近数十年，国际思想沛然生矣。凡此皆境遇使之然者。故专泥历史以论社会心理者，一偏之见不足以言论世也。又其言曰："必其人民具若干种之资格，乃能实行。"所谓"若干种"者，未知何指，得毋即该报第三号所谓议院政治之能力者耶？若然，则本报第七期已辨之矣。又其言曰："法国及中美、南美诸共和国可为殷鉴。"夫法国者，欧洲民权之先导，世界之第一等强国也。论者乃引为殷鉴，何耶？彼报第七号谓"今日之法国国民吾犹认为无共和资格"，此言不值一笑。法国自一八七五年一月三十日，宣言共和政府之成立，及其年二月，制定共和宪法以来，其为共和国，亦已久矣。宁待论者之承认耶？乃观其所证实者曰："法国当十七八世纪，为全欧第一雄国，及十九世纪，惟拿破仑时代，有昙花一现之光荣，后此遂日即于弱，今殆已失第一等国之位置。数月前摩洛哥问题，谈判将破裂。德国报纸嘲之曰："法人欲与我战乎？请先复帝政，乃议战争之准备可耳。"其谓法国日即于弱者，亦无所指。法国自败于普鲁士以后，以一八七三年九月，尽偿赔款，世界惊之。自后振军备、理财政、兴教育，数年之间，复以富强闻于天下，此稍治西史所能言者。论者乃以德国报纸之嘲笑，而指为确证，宁非可异之事耶？徒以欲力证革命不能得共和，遂并法国而抹杀之，所谓心劳日拙也。至于南美、中美诸国，则与我国情势迥然不同比例。且其微弱，亦非必由民主。以南美、中美为因民主而弱，犹谓印度因佛教而亡，同一误其观察也。且研究民主政体者，首须区别其为民主专制政体，抑为民主立宪政体。民主专制政体，以国民全体为唯一之机关以总揽统治权，斯其专断，与君主同，所异者，一人与多数人之区别耳。如论者所谓"共和之制，最高主权在国民，此外并无他机关，超然于国民自身之上，故调和其利害冲突甚难"。此语若指民主专制政体以言，则犹无误。而吾辈所主张者，则为民主立宪政体。国权之行使，必分诸独立之三机关，故无一机关专断之弊。而论者之所难，为无因而至矣。且于同一民主政体之中，又须区别其有代议组织与否。以国民总会为最高机关者，于极小之国，始得行之，亦有虽用代议组织，而仍存直接民主的组织者，所谓国民总投票之制是已。美国诸州即行此者也。而吾辈所主张者，则为学法国美国之制，以代议会行使统治权，与该报所指斥者大异。是故徒怵然于民主政体之难行者，以为一语民主，则必全国人民，皆有直接干与政事之权，如是则将立致大乱。曾不知所谓人人有参政之权者，言其资格而已，其法律上之权利，唯选举行为，至于立法、司法、行政之事，皆有国家机关以司之，而此机关又必分立，权限井井以相辅相济，而非相矛盾，何尝有扰攘腾掷，人人奋臂以夺政权之幻观耶？苟详察乎民主政体之种类，而进考其机关组织，且持以与君主立宪政体相较，则共和难行之说，庶可破矣。（共和与民主，意义范围不同，然论者所谓共和，即指民主。故此文亦往往用共和二字，当解为狭义的共和即民主也。）论者又言："大统领为一国最高政权所在，苟

大统领以四年改选者，则每四年全国当起一次大革命。省之总督亦然。"是
何奇语，令人骇然！大统领者，在民主国中，为行政之长官耳，其权之重，
远不如议会，人所易知者也。以争大统领之故，而全国当起大革命，然则
以争议员之故，不更当起大革命耶？如论者言，凡民选之制，不必以选举
之法行之，惟以屠杀之法行之。宁有是理耶？斯其立说之谬，不待言也。

要之，谓民族主义足以生内乱者，其言为至易破。盖民族主义之实行，
唯驱除鞑虏而已，于汉人固无所损也。至于国家民生主义，则骤闻之者，
杀越人于货之观念必生。民主立宪主义，骤闻之者，争政相戕之观念必
生。此无他，徒知其主义之公正，而未知其法则之繁备，于是以简单之观
念裁判之，以为不能适用于社会，亦犹长者大老，未知自由平等之真，而
恶之若蛇蝎也。使知夫研究民生主义及民权主义，固有一种之科学，而千
经万纬，实足以周于社会，则必可以释然无疑。此研究之事所以不可一日
已也。

第二，由破坏之手段以论革命可以不生内乱

谓建设之目的为足以生内乱者，其立说为坚，非讨论证明则不足以摧破
其说。至于谓建设之目的良善，徒以破坏之手段与之相反，因从而攻之者，
则其立说缘附支节，而无以独立。盖苟改良其手段，则谋谋可以不作也，
然《新民丛报》于此，颇斥斥焉。其第三号第十页以下（文繁不具引），大
旨举法兰西大革命恐怖时代之事实以为证，谓革命之际，秩序破坏，民党
相斫，内乱偾兴，莫此为甚，可以为殷鉴也。夫语佛兰西之革命，徒举其
恶现象，而不举其良效果，不可也；徒举其恶现象而不举发生此现象之原
因，尤不可也。今将以次论之。（论者所举者，为一七八九年至一七九五年
之革命，故此文亦只就此次以立言。）

（一）法兰西大革命之效果

（甲）黜专制伸民权　　法自路易十四世以来，历行专制主义，蹂躏民
权，赋税繁重，朘民之脂膏，以供其奢侈，又肆其刑戮，使人民之生命自
由，咸不可保。及路易十六世，财政计画又复失败，举国骚然，民不聊生。
及乎一七八九年至一七九一年之国民议会，一七九一年至一七九二年之立
法议会，一七九二至一七九五年之国民集会，其所摧残者，专利〔制〕之淫
威也，所发生者，民权之基础也。举其荦荦大者：国民议会时代，立民选

之官吏，保出版言论集会之自由，制定一七九一年之宪法，实行三权分立主义；立法议会时代，废灭王政；国民集会时代，宣言共和政治成立，谋内政之改良，制度风俗，焕然丕变。凡此皆革命之赐也。若乎民权自由之焰，腾播一世，唤起全欧之大革命，则受其赐者，正不独法兰西一国而已。

（乙）夷阶级为平等　法兰西革命以前，贵族僧侣，别为一级，权利特殊于平民。土地财产之分配，尤不平均。贵族僧侣人口至少，而享有全国土地之半，且多不纳税者，骄侈狂恣，压抑平民，无所忌惮。平民有土地财产者寡，而租税至重，生计困穷，且失其自由。及乎一七八九年五月，开设国会，平民主一院制，贵族僧侣主二院制，互不相让。于是平民议员与贵族僧侣分离，自组织国民议会，贵族僧侣，谋反抗之，遂有七月及十月之变。贵族僧侣，惧祸之及，自愿放弃其自封建时代相沿之特权，于是一七九〇年，遂立宗教自由之制，没收寺院之不动产，至一七九二年，而废除贵族之阶级。盖至是而全国人民，皆有平等之地位矣。由是以言，法兰西之革命，尊人权贯自由平等之精神，于政治社会、经济社会生一大变革，世界所以有今日之进步者，法兰西之革命为之也。而论者不以为法，乃以为戒，岂其于法兰西革命之效果独未睹耶？

（二）法兰西大革命之乱象

（甲）各国之干涉　一七九一年以至一七九二年间，法兰西革命之机方炽，而奥大利、普鲁士联合军来侵，法兰西发兵击却之。一七九三年，同盟军来侵，法兰西以伽尔罗为将，北破英吉利、德意志之连合军，南破西班牙之师，及督政官时代，且发兵征讨奥大利矣，及拿破仑时代，且发兵蹂躏全欧，以传播民权自由之主义矣。在法兰西固未尝受干涉之苦，且益以发扬其武烈。而论者乃引为中国革命前途之殷鉴，何也？且论者亦尝研究外国干涉之原因乎？彼时诸国，所以引法兰西为公乱者，为拥护君主政体，抵抗民主思潮故也。在乎今日，黜专制，申民权，为万国之通则，必不足以成干涉之原因。无此原因，即无此事实。法兰西之前事，安能复见于今日也？

（乙）民党之相斫　民党之相斫，为恐怖时代之主原因。保安委员革命裁判所之暴状诚无足为讳，然抑知此所以致此者安在乎？外有各国同盟之干涉，内有国王贵族之诡谋，其刺戟国民之感情者至烈，而温和、急激两党，意见复不相中，故决裂至此。若夫今后中国之革命，其无被干涉之原因，已如别论所述，而满洲人与其死党，为一国之最少数，驱除至易，其外界之刺戟，已无复法兰西当时之剧烈。然则最当注意者，惟民党内部之调和而已。而党派固非绝对的不能调和者也。大抵以利害相反之故而各树党派者，其调和也难，若帝后党与人民之争，贵族与平民之争，甲民族与乙民族之争，皆利害相反者，非一胜一负，一兴一仆，则其争不解。若夫利害共同，徒以意见相反而分党者，则其调和也易。盖其利害既已共同矣，则两党之间，即可以此为共同之基础，由是而生共同之目的，由是而生共同之组织，此因乎自然，而可以利导者也。故近世政治学者，多主张两大政党间，宜有共通之基础，庶关于国家大计，可以为一致之活动，盖以此也。即如法兰西，其急激、温和两党，利害初非相反，未尝不可以调和，而终不能调和者，此诚其缺点，而千秋万世所宜引以为鉴者也。顾彼之缺点，必非不可补苴，诚使今后之中国革命，尽力于民党之调和而避其轧轹，则恐怖时代，可以不复见也。

如上所述，佛兰西大革命，有可为后人法者，亦有可为后人戒者。举以为革命必生内乱之证，其浑而无当，益显然也。

由破坏之手段，以论革命必生内乱者，尚有一说，此说无以名之，名之曰贪生恶死之说而已。如《新民丛报》第三号所谓"我列朝之鼎革，其屠戮之数，今虽无确实之统计，而一役动逾数百千万，史上之陈迹，尚可略考而推算也。是故杀人流血之祸，不可以不怵，而革命则不能免此"。（节录二十八、二十九页之大旨）噫！沮革命者，乃以杀人流血相怵耶？夫中国今后之革命，与前此之革命，不可同日而语也。前此之革命，其目的在于帝制自为，牺牲亿万人之生命，以供一私人之欲，谁其不惜之者？今后之革命则不然，其目的在于救国，为国而死，不爱其生，此国民之天职也。胡乃以流血杀人相怵？夫理之可由自觉而知者，其说明至易。今执一人而语之曰，尔其杀身以救国，度其人苟有爱国性者，必慨然应之曰诺，无所踌躅也。一人之心理如是，亿万人之心理何独不然？若夫慷慨以杀身成仁自命，而谓他人莫吾若者，此则自尊而卑人，非忠恕之道也。更进一步以言，革命不免于杀人流血固矣，然不革命则杀人流血之祸，可以免乎？革命之时，杀人流血，于双方之争斗见之。若夫不革命之杀人流血，则一方鼓刀而屠，一方縠觳而就死耳。为国而死，则吝惜之；为野蛮异族政府所蹂躏而死，则忍受之。何死之不择也？顺治时扬州、嘉定之屠杀，乾隆时之宰肥鸭（宰肥鸭者，乾隆时，虏最贪诈，恶租税厚敛，有黩货之名，且不能不归诸府库，乃时时蠲租以市惠。而阴纵督抚，使括民财，及其满盈，则以事籍没之，入内务府，其间接所得，什倍租税。四海困穷。及其未〔末〕年，有川楚之乱，自是天下骚然矣），已成陈迹，姑不深论。吾今只约计现在每年人民横死之数，则有死于刑者，死于兵者，死于弃民不顾者。死于刑者，亦有数种：其一由法律之未备者。凡文明法律，以改良为主义，非以残酷为主义。以残酷为主义，则民多滥死。此为死于法律，居最少数。其二由裁判官之肆虐。现今所谓裁判官，其吞噬人，甚于狼虎，宁杀无辜，不欲以之逢上吏之不悦；宁杀无辜，不欲以之伤同僚之感情；宁杀无辜，不欲以之益听讼之劳。此为死于裁判官，居次少数。其三由于胥吏差役之凶恣。孟子有言，矢人惟恐不伤人。今之胥吏差徭，其操业与矢人等，不杀人不足以自养。此为死于胥吏差徭，居次多数。其三〔四〕由于监狱之凶秽。今之监狱，惨不可道，大抵凡属死囚转得聊生，以其须俟秋决也，若其他囚犯，号为瘐毙，实则非死于狱卒，即死于饮食耳。此为死于监狱，居最多数。夫诉讼之事，各地咸有，而所蹈者不出此四死法。以一县为单位而累计之，每年死人之数，当得几何，不待统计而后知也。说者谓今者法律修纂之事已兴，此弊可免，不知法律愈备，杀人愈多。例如清国前此无诉讼法，今者诉讼法既定矣，依条文之规定，凡审讯凭证据不问口供，此岂非文明之法律？然地方官吏，不从事于检证，惟幸于不取口供可以定罪，杀人之事，益见其易。由此类推，死文徒法，真官吏杀人之具也。死于刑者陈陈若是矣，死于兵者，则又何如？军兴所在荼毒，宁逢赤眉，不逢太师，此为意外之变不必言。若夫每年死于兵者，其数尤可骇。有所谓清乡者，捕获所得，军法从事，不必咨于刑法，以是滥杀之事，习为故常。凡遇剧盗，久未弋获者，大吏督责急，则辄以重兵临之，往往因捕一剧盗，而围一乡村，纵开花炮，鸡犬无孑遗焉，报曰贼党悉就诛，受上上赏。若是者，一岁之中，省辄数十起。其有拥众负隅者，覆巢之下，无一完卵，波及邻村，又不足论已。至于死于弃民不顾者，有若凶年水旱，所在有之，熟视无睹，闻邻国有灾，即不惮发内帑以求媚悦。又若授刀外国，使助焚杀，若檀香山之华人街，为美国所焚；俄罗斯蹙东三省人六千，使尽入鸭绿江，斯亦一死法已。然尤当注意者，以上诸死法，皆以处我汉人，于满人无与也。刑法之适用，汉〔满〕汉不同，《民族的国民》篇中所详言矣。若夫军兴，则满人为杀人之人，而非杀于人之人；清乡不及城中驻防，又显然也。至若弃民之事，则满人恩宠终其身，其不罹此戚，固无足怪；然曩日俄人肆虐东三省，满人亦不免，斯则彼虏所无可如何者。嗟夫！以上诸死法，我汉人每年死于此者，虽无确实之统计，然其数必在数百万以上，不俟言也。然此犹直接之残杀而已。至于租税捐输，脂膏告竭，老弱填沟壑，丁壮为盗贼以死者，何可胜数？自嘉庆时，我国人口号四万万，迄乎今日不见其进，惟见其退，籍曰未退，然止而不进，则固退矣。试观宇内各强国人口统计表，岁益增加，我国则江河日下若此，长此安穷，我汉人其无噍类乎！与其为野蛮异族政府蹂躏而死，孰若救国而死。吾侪不幸，生当今日，荆天棘地，托足无所，死固当上从祖宗于地下，下有以贻子孙于将来，使吾侪以报国之故，杀身流血，而后人继起，得籍手以光复宗国，则含笑以入九原，当亦无怍。呜呼！兴言及此，我皇祖轩辕之灵，昭昭在斯，不佞虽懦，亦将执戈以从汪锜之后矣，况神州多豪杰之士耶？彼以流血杀人怵我者，辱我国民，斯甚愿一洗之也。

吾之论于是终。要之，斯篇大旨，非徒斤斤然避内乱之嫌疑已也。自消极的方面观之，革命无害于国家，则自积极的方面观之，其有益于国家章章矣。世之有志于革命者，要当沉毅用社，百折不挠，以求达其目的，固无所惬怯于中耳。（《民报》第九号，1906 年 11 月 15 日，署名"精卫"）

申论革命决不致召瓜分之祸

近日忧时之士，怵于国力之弱，外侮之烈，惴惴然相惊以瓜分，而不知所以救之。则以为中国无内变则已，内变一作，适足为外侮之媒，于是咸以革命必召瓜分为虑，此不独反对党常言之，即深明民族民权之大义者，亦往往以对外困难之故，咨嗟却顾，而不敢遽赞同革命之业。故仆尝于《民报》第六期，著《驳革命可以召瓜分说》，举当世之说，谓革命军起即召瓜分之祸者，与谓革命军起，虽不遽召瓜分之祸，而举动不如法，则终必致于被干涉者，一一辨而解之，诚不敢谓是非不谬于贤者，然知无不言，言无不尽，固对于国民之责也。抑吾思之，革命与瓜分，本无关系，诚可不待烦言而后解，盖使满洲政府而为强有力者，则各国虽欲取之，而无其隙，势必乘其内乱，而侵入焉，始可以一当，于是而有持内变足致外侮之说者，为犹当于理也。然今之满洲政府则不然，陆军之力，尚不足以自守，遑足言战；海军则自甲午一役以后，并海军衙门亦复裁撤，萧条至今，始创复兴海军之议，而犹未着手，其所谓海军之菁华，则杨士琦旧岁所率以炫耀南洋之两小舰，是其代表矣。是则中国今日之海陆军力，其衰弱真无以复加，而不足当各国之一碎。使各国而有瓜分中国之心也，则何时不可动兵，何必待其有内乱，而始敢从事哉？此至显之理，人人所能解，然则各国之不遽为瓜分者，固必各有其原因，而非坐待中国之有内变，亦至明矣。是故惊心外患，而至于不敢望国内有事者，诚不深审宇内之事变者也。故吾兹于前说之外，更举所见，以申论之，凡前说已陈者，则不复及，读者倘能合前说而观之，则幸甚。本论凡分三段：第一段论凡事当先计是非，而后计利害，故议革命者，须先研究革命之合于公理与否，苟革命而合于公理也，则徒执瓜分之说以沮人者，惟只计利害，不计是非，其说已不能自立，况乎其所计之利害，又大谬不然也。第二段论数十年来革命军未起以前，瓜分之祸，已见于中国，革命党因惧瓜分而起革命，非起革命以召瓜分也。第三段论中国今日不自立，则瓜分中国之祸一日不息，故各国瓜分之策，今犹进行，此后十余年内，中国之能复为汉人所有，抑竟为各国所有，则全视我国民之能革命与否而已！

第一段

夫革命党之宗旨，欲恢复中国人之中国，而建立民主立宪之制也，而论者徒以瓜分沮之，是不咎其理之不可行，而惟咎其势之不能行也，是直以利害之见，窒其是非之心也。无论其所陈之利害，为无当于事实，即使当于事实矣，仍无足以服人，盖人之恒情，是非之心，常胜于利害之见，其天性然也。譬之盗杀主人，而据其室，主人之子，日磨刃而寻仇焉，有告之曰：邻右有剽贼，方伺汝隙，而欲行劫，汝宜释仇，且托仇以自庇。则主人之子，非甚无耻，必力斥而不听。何者？复仇出于是非之心，而防劫则计校利害之见耳。世有明于公义者，必不置是非而重利害也。是故古今之革命党，实行其志，百折不挠，决无震于利害，而抛弃其生平之主义者，试观其对于本国伪政府之状态而可知矣。夫以民党之势力则〔与〕伪政府之势力相比较，不止一与百之差也，伪政府虽曰篡夺之贼，然其盘踞之久，已历二百六十余年，制四百兆之人民而为之奴隶，据十八省以为己有，其势非不庞然大也。民党手无寸柯，又无一席之地以为进退，而能蹶然奋起，以与之抗，所恃者何？亦曰以正义与人道，为国民之精神，抱持之正，感召之速，终非惟恃蛮力者所能敌耳。对于本国伪政府既如此，对于各国政府亦何莫不然？国民自适己事，而行革命，既不扰人，人亦毋强预我事，斯理之至正也。脱有横逆，亦复毅然当之，无所馁却。盍观法兰西之大革命乎，方法民之窘其王路易第十六也，其王则乞援于各国，各国则大起同盟军，以援王室，剿民党；法民党不因之而罢革命之计划也，且大起国民军以应之，且宣言于各国曰：各国之人民，有求自由者，我其助之。又曰：我其推行共和之制于全欧！呜呼！法民党之对待外国干涉，其举动俊伟如此，世乌有自由之民党，而甘屈于强暴者乎？日本民党之覆幕也，法兰西皇帝拿破仑第三密告于日本幕府曰：大将军苟有意借法兵平内乱者，我法当能为力。此语一传，非惟民党倍其激昂之气，即向之中立者，亦趋而附于民党，不宁惟是，即幕府之参谋者，亦隐然为民党助，而大将军势益孤，终不得不乞降于民党。日本民党之对待外国干涉者，其举助俊伟又如此。瓜分云云，讵足沮革命党进取之心，而爝其气耶？此无他，人惟有不甘服从强暴之心，始奋然自投于九死一生之民党，不知者顾以强暴来相恐吓，噫！此无耻之言，须还向无耻者语之，毋污我正直纯洁之民党也。

以上所言，以论者往往不计是非，只计利害，惟知执瓜分之说，以恐吓革命党，故为此言以破之，以明人苟欲伸公理，则虽有强暴加我，亦无所惮也。虽然，以今日中国与各国之关系观之，则知革命者，决不致召瓜分之祸，而适以杜绝瓜分之祸将者也，其理由于次段详之。

第二段

夫忧瓜分之祸，而思有以救之者，则不可不先详审各国所以瓜分中国之原因，知原因之所在，抉而去之，则瓜分之祸，庶可以息。瓜分之原因安在乎？一言以蔽之曰，满洲之卖国而已矣。交通以来，瓜分属国，瓜分海军港，约定瓜分各省，何一非由满洲之手以卖于外国？呜呼！瓜分之历史，实即卖国之历史也！盖中国本非其所有，故无辛勤爱惜之念，犹彼盗贼，于其攻剽所得之赃物，恣意挥霍，曾不少吝，盖人之对于劫来之物，其恒情往往若此。论者不察，顾谓各国挟其帝国主义而来，又其国力富强，为所欲为，以积弱之中国当之，势不能不有所退让，即使非满洲政府，亦不能免有割地辱国之事。呜呼！为此言者，外貌近似而实谬也。使满洲政府而有爱惜中国土地之心，则一度失败，当必戒慎恐惧，创深痛巨，发愤为雄，何故因循苟且，失败频仍，而不知恤耶？昔人之诗曰：种瓜黄台下，瓜熟子离台，一摘使瓜好，再摘使瓜稀，三摘犹为可，四摘蔓抱归。外国之于中国土地，不止三摘四摘矣，而满洲政府，熟视而不为之动，虎兕出于柙，龟玉毁于椟中，是谁之过欤？其证一也。使满洲政府而有爱惜中国土地之心，则其失地也，必至国势极蹙，苟非割让无以图存之时，然后不得已而为之。如是，则天下犹或曲谅其心，乃观其失地之历史则不然。以土地为饵，既阴许甲国矣，又明授乙国，利用各国之嫉忌心以扰乱世界之平和，卒之不能不更以其他之土地补偿甲国，于是丙丁诸国，亦从而生心，割地不已，驯致于亡，非满洲以土地为饵之咎而谁咎？其证二也。使满洲政府而有爱惜中国土地之心，则其于失地也，必计穷力尽，计无所出，而后隐忍以退让。乃满洲政府，于各国之请求割地也，不论是非，不校利害，率其媚外之性，慨然赠与，曾无吝色，谓非慷他人之慨而何？其证三也。失地之原因，厥有三种：一曰割让，二曰租借，三曰设定势力范围；乃有于三者之外，不动声色，而丧地数千里者，非割让，非租借，非设定势力范围，无可指名，第于互订条约之中，慨然掷其领土主权于不顾，如咸丰八年以来，与俄国所订之条约，其尤著者也。纵曰不知外交，不识地理，亦何致豪举若此？犹曰是非浪掷，谁其信之，其证四也。以兵败而割地者，事之无可如何者也，亦有不折一矢，而举其领土授之他人者，问其致此之由，则王公大臣，以受贿赂而卖其国土也，其最著者，如胶洲湾之役是。呜呼！卖官鬻爵，犹骇人听闻，乃有公然卖国者！左传谓：戎狄贵货贱土，土可沽焉。信不诬矣，其证五也。使满洲政府而果有满汉一体心也，则于汉人之土地，与满人原有之土地，当同一视之，何故日俄战争以后，见日本用全力以经营东三省，则秘密乞哀，愿以福建换回？噫！此真司马昭之心，路人共见者也。东三省为其祖宗发祥之地，原有之物也，福建则汉人聚族于斯，非其所顾惜，乃甘心卖尽福建之土地、福建之人民，以换取之。质直坦白如此，而犹有谓满洲政府无偏袒其族之心者，汉奸之口，真不择言，其证六也。具此六证，则知满洲之盗卖中国，其罪实无可逃，吾人苟欲扑灭瓜分之原因，当先颠覆此卖国之罪虏，此诚不得不然之手段，亦唯一之手段也。今略述满洲盗卖中国之历史如下，俾读者了然于瓜分之原因，与疗治之方法焉。

方今国际团体中，最以富强著者，为英、法、德、美、俄、日本六国。满洲篡夺中国以来，与各国开国际交涉，以俄罗斯为最早；道咸之际，英法殖民于海外，因遂与中国有交涉；日本与德美皆后起，故交涉亦较迟，此各国与中国交涉之先后也。然俄国与中国，虽有康熙二十八年之尼布楚条约（一千六百八十九年八月廿七日），雍正五年九月七日之恰克图条约（一千七百二十七年十月二十一日），乾隆三十三年九月十九日之恰克图条约追加条款（一千七百六十八年十月十八日），然不能得其志。英法与中国缔结条约，虽后于俄，然因鸦片之役，而有道光廿二年七月廿四日之江宁条约（一千八百四十二年八月廿九日），因英法联军之役，而有咸丰八年五月十六日之天津条约（一千八百五十八年六月二十六日），据此条约，英法两国殖民政策、商业政策，皆得达其目的。其视俄之所得，远胜之矣。然俄施其狡诈之外交政策，遂得缔结咸丰八年四月十六日之爱浑条约（一千八百五十八年五月十六日），及咸丰十年十月二日之北京条约（一千八百六十年十一月十四日），据此条约，而俄遂大得志于北方，侵吞中国之政策，因以确定，世界自此多事矣！盖江宁条约、天津条约之性质，与爱浑条约、北京条约之性质，大不相同。前者为商业之性质，而后者为侵略之性质。今略举各条约主要之内容而观之：江宁条约之结果，割香港于英也，开福州、厦门、宁波、广州、上海五处为通商口岸也；天津条约之结果，开牛庄、登州、台湾、汕头、海南五处为通商口岸也，凡此皆伸商业政策之目的者也。爱浑条约之结果，俄国全获黑龙江以北之地，由乌苏里江至于海之地，为清俄之共有地，而并获得黑龙江、松花江、乌苏里江之通航权，至是而俄始得由西伯利亚以进窥满洲矣。北京条约之结果，俄国举昔日与清国共有之乌苏里江、兴凯湖、白棱河、瑚布图河、浑春河、图们江以东之地，而独占之，南并朝鲜及日本沿海数千吉罗米达之广野，且得海参威以为海军港，至是而俄国南下之势已成，远非他国所可颉颃矣，凡此皆伸侵略政策之目的者也。呜呼！读者诸君，其详审之！

自此条约缔结后，而瓜分中国之端，于是乎作矣。此其原因有二焉：其一，俄欲南下，而适得此形胜，遂得借为根据之地，以大肆并兼之略，而中国之北部，遂若可直撄之于掌中。其二，欧美各国，方新与中国相交涉，若一旦中国为俄人所独有，非但东邻之日本将随以沦亡也，俄得中国，则大帝国之势力，欧美诸国莫之能抗，亦将相继以就沦亡。故各国忧之，起而力与为敌，以为俄若得中国一尺之地，他国亦将略取一尺之地以相抵，必使在中国之势力与俄平均，然后俄人不得以肆其志，此在各国之自为计，固当如是也。第为中国计之，则中国为各国所分有，与为俄国所独有，其亡国均耳。然欲使中国不为各国所分有，必先使中国勿为俄国所独有而后可。诚以最先发起侵略之野心者为俄国，则最宜视为仇敌而力抵之者，亦为俄国也。无如满洲政府，则偏视俄国为独一无二之亲友，宁尽举其所有以媚之，遂以挑拨各国之嫉妒心，而横生各国之争夺。自举黑龙江以北乌苏里江以东之地赠之俄国，于是日本皇皇然谋吸收朝鲜，以争衡于满洲，于是法国汲汲殖势力于安南，于是英国汲汲殖势力于西藏缅甸，此为瓜分属国。自举海参威以赠俄，又阴以胶州湾许之，既而复以赠德，遂不得不更以旅顺大连湾赠俄。于是英不得不取威海卫，法不得不取广州湾，英又不得不取九龙，此为瓜分海军港。自与俄国立密约，许其力征经营于东北，于是英不得不要求长江沿岸各省不割让，日本不得不要求福建不割让，法国不得不要求两广、云南及海南岛不割让，此为设定势力范围，即为约定瓜分各省也。然则中国所以至有瓜分之祸者，虽曰作俑于俄，而为卖国之主人翁者，则满洲政府也。满洲政府所以乐于卖我中国者，其理由具于前述之六端。今详举其事实，以见所证之不诬。满洲政府对于俄国，为如是之厚赠，诚足令天下之人愕然不知其所由。据爱珲条约及北京条约，清国丧失领土，凡数千里。夫丧失领土者，国家穷耻极辱之事也，非至国家危急存亡，非牺牲一部之土地，则不能保全国命之时，则必不出此。顾当清国与俄国缔结此条约之时，两国交际无有冲突，亦无有不和及过失事足以令人借口者，而徒以立约勘界，遂于揖让俎豆之间，丧失数千里之领土，此宁非绝怪可骇之事耶？今考其原因，则缔结爱珲条约之年，清廷适与英国失和，干戈已动，俄国乘其扰攘之际，请求清廷，相与遣使勘定境界，清廷以黑龙江将军宗室弈〔奕〕山为使，与俄使定约。弈〔奕〕山者，贪黩无耻，惟利是视，俄探知之，乃厚其贿赂，以饱其欲，遂定此约。俄使初意欲北以黑龙江为界，东以乌苏里河为界，弈〔奕〕山惧招物议，乃以黑龙江以北之地赠之俄，而自乌苏里河至于海之地，则与俄国共有之。而卖国之事，遂成于立约勘界之中矣！（上文所举第四、第五诸证，即指此事。）至于缔结北京条约之原因，则尤奇幻。咸丰十年八月英法同盟军大举攻击天津，进破北京，伪帝狼狈，奔至热河，诸大奴从之。同盟军欲媾和，而清廷君臣逃避一空，竟成无政府之态，失谈判之对手。其时太平天王已即位于南京，于是英国公使持议废清帝，以太平天王代之。俄国公使利用此机，一面婉阻英国公使之议，一面密告清酋恭亲王，使出而议和。恭酋怯，不敢出，俄使甘言慰抚，力任保护，恭酋始敢与英法公使会见议和，以定咸丰十年九月十一日之北京续约（一千八百六十年十月二十四日）。此皆俄公使之赐，故清廷君臣感谢不已，俄公使乘之而与缔结北京条约，于是俄国积年之希望，一朝得达，从容谈笑，而攫乌苏里河至于海之地矣。以吾观之，当时英法同盟军之目的，不过于打破清廷锁国主义之迷梦，初无利其土地之心，故同盟进击之中，请和于清廷者，前后凡四次，虽覆其京都，而无占领之意，惟急于议和之善后，使清廷而明于外交，则出而议和，固同盟军之所希望也。乃清廷君臣，始则如鸟兽散，继则如稚子畏见严父，深匿不敢出，俄公使洞悉两方之情意，乃出而调停，以市恩于清廷，而清廷君臣遂如孤子之依慈母矣。彼其心以为身已垂死，俄公使生死人而肉白骨，故得以保此余生，而不知议和之意，实出于英法，而俄使特假此以致其殷勤也。由是苦避通商主义之英法，而昵就侵略主义之俄罗斯。盖至是俄国乃弄清廷君臣于股掌之上，试观清廷以战败之结果，乞和于英法，而北京续约中，其所损失者：（一）以广东九龙之一部，让于英国；（二）偿金八百万两；（三）开天津为通商口岸。以视北京条约举数千吉罗米达之地奉之俄国者，其大小多寡，相去抑何远耶？英法同盟军战胜之所得，远不如俄使之一言；俄之外交，诚操胜算，独怪清廷其厚赠和事人之礼物，乃远过于战败之赔偿，非别有肺肠，必不由此。（上文所举第三、第四诸证，即指此事。）然而宇宙之大变，与中国北方之巨患，于是乎始矣。吾之所以缕述爱珲条约及北京条约之原因如是其详者，正以此条约实启瓜分中国之局，盖此后之瓜分属国、瓜分海军港、约定瓜分各省，皆以此条约为之倡，而不可不知者也。夫俄得志于北方，其为中国患，不待言矣，然同时尚有一国，亦懔懔然有灭亡之惧者，则日本是也。日本与朝鲜为邻，而朝鲜与东三省接壤，俄苟占领东三省为根据地，则朝鲜将不旋踵而为所并吞。朝鲜亡则日本随之，故日本视俄国之经略东三省，实无异对于己国而肆攻击也。次于日本而抱隐忧者，则为英国。昔者制土耳其海峡，使俄人不得南下者，非英国乎？今俄不得志于西，乃遑遑于东，而支那大陆则正英国所新与通商以发展经济政策者也，俄苟肆其鲸吞之毒，则与英国之利益将有大冲突，此英国之所顾虑踌躇者也。（当时法方经营安南，德未起，美尚守门罗主义，故利害关系尚浅。）日本感之而求自强，谋为政于朝鲜，进取满洲，以扼俄国南下之势。遂以甲午之岁（清光绪二十一年，日本明治二十八年），与清国交战，战胜之结果，使朝鲜独立，并使清廷割让辽东半岛，与台湾全岛及澎湖列岛（光绪二十一年三月二十三日之媾和条约）。所以使朝鲜独立者，欲使脱清国之屏藩，转而为日本之屏藩，所以割据辽东半岛者，欲杜绝俄国之觊觎也。故此条约对于俄国南下之政策，实为一大阻力，强横之俄罗斯，断不能坐视，而清廷之外交手段，则又专以挑拨列国之嫉妒心为目的者也。闻日本有割据辽东半岛之意，乃密告于俄国而乞其干涉，此适如俄之意旨，遂有俄德法同盟干涉日本交还辽东之事，日本新起，自顾其力不足以相抗，则隐忍屈从，还辽东半岛于清国（光绪二十一年九月二十二日之奉天半岛交还条约）。当时俄以所以出此干涉之举动，其理由上文已详言之，至法国之所以赞同俄国者，则以自战败于德以来，久与俄国有密切之关系，为同一之行动，又自顾在中国南方之势力，远不及英，则亦与俄国同取侵略之主义，今兹与俄国协力，无足异也。德国新起，欲伸势力于中国，而苦无其机。今干涉日本还辽，自信为发展雄略之端绪，且侧目于俄法同盟者已久，今亦乐与之协力以和其感情，要之其无所爱于中国，则三国均也。自三国干涉还辽之后，清廷益感俄之恩惠，引为同盟，与之缔结密约，其后生无穷之变（下详），盖其嗾俄干涉，本近于前门拒虎、后门进狼，而其与俄同盟，则尤所谓引虎自卫者。而观其于割让辽东半岛，则多方设计，以求苟免。而割让台湾全岛及澎湖列岛，则漠然视之，曾不少有争执，其意向之显有轻重，人所共见。盖辽东半岛，近其祖宗发祥之地，故以死力争之。而台湾澎湖，则忍于默然视其土地及人民转鬻于他国。呜呼！台湾澎湖之土地人民，一亡之后，今再亡矣，追怀郑成功之遗事，令人不知涕之何从也！（上所举第三证、第六诸证，即指此事。）

日本怀侵略朝鲜及满洲之志，实因清俄所缔爱浑、北京诸条约所逼而然，前文已详之矣。惟三国干涉还辽之结果，日本非惟不得遂经营满洲之志，即欲殖势力于朝鲜，亦为俄所嫉妒，相与争衡，而不能决；而其时适有逼各国不能不瓜分中国者，则清廷之亲俄是也。光绪二十二年八月与俄缔结条约：（一）俄国西伯利亚铁路，得通过爱浑、齐齐哈尔、伯都讷、吉林、浑春等处，以接续于海参威。而于铁路之附近，得屯驻俄之军队。（二）租借胶洲湾于俄国，以十五年为期。（三）若遇战争事，许俄国集兵于旅顺及大连湾。（四）旅顺大连湾不得割让于他国。（条约内容甚多，兹举最最要者。）据此条约，则满洲已在俄国势力范围之内。彼惟以俄为可依，托以重实，而不知已纳身于虎狼之吻也。此条约实清廷使李鸿章与俄公使喀希尼秘密缔结于北京，复以贺俄帝戴冠式为名，命李鸿章携此密约草案，以使于俄，与俄财政大臣域堤相会于莫斯科，而定此约，其不使外务大臣与之相会者，所以避各国之嫌疑也。约已定，赍归北京，朝野哗然，俄公使喀希尼广行贿赂于亲王及太监李莲英等，以厚结于虏太后，遂得批准。盖受贿而卖国，诚清政府之特色。俄侦知其情，遂无发而不中，然俄之目的在取旅顺、大连，今舍此不取，而愿租借胶州湾者，非其本意，特愚弄清政府之诡计耳。自定此约后，俄阴嗾德国使占领胶州湾者，德国遂以山东杀二教士为名，于光绪二十四年正月发兵至胶州湾，据之。国际法学者名之曰海贼的举动，当斯时，使清廷稍有知识，当能力争此事。纵曰力不足敌，然苟以此提议，要请各国之判断，度必有能持正义者。盖当时除侵略主义之俄法外，其他各国无有以此举为合理者也。德国亦知久延时日，必将滋各国之异议，乃以八十万金，行贿赂于总理衙门大臣，遂于二月十四日（一千八百九十八年二月六日），与德国立租借胶洲湾条约，至是而俄罗斯有责言矣。清廷初约租借胶州湾于俄，今忽举以赠德，亦自知其背约，乃不得不更以旅顺大连湾租借于俄，以为之代。当时英国极力提出抗议，一面忠告清廷曰：必毋以旅顺大连湾许俄，以召分裂之祸；一面对于俄政府而抗议曰：俄苟以军事上之理由而占领旅顺，则英国之通商，蒙其危害，北京政府受极重之压力，中国瓜分之端，将启于此，英国断不承认。当时英国为此强硬之反对，清廷大可借以却俄国之要求，而不患无辞。乃清廷悠忽置之，遽于三月初三日，与俄国定租借旅顺大连湾之条约。英国闻之，遂直要求租借威海卫，其理由则以为东方政策上，当与俄国平均势力，今俄已占领旅顺，英不得不占领威海卫，以牵制之，不如是，则均势将不可保。清廷拒之，英公使曰：贵国能使俄国不占领旅顺，则英国自不占领威海卫，清廷无辞，遂于五月十三日，与英国立租借威海卫条约。于是法国遂以五月念七日，要来〔求〕租借广州湾矣，于是英国又于六月初六日，要求扩张九龙租借区域矣。数月之间，中国海军港瓜分殆尽，分裂之祸，未有烈于此时者也。而寻其瓜分之原因，诚足令人气塞，始则以媚外之故而误国，继则以贪赃之故而卖国。对于内则掠卖中国之人民，对于外则破坏世界之均势，至是而瓜分之祸，迫于眉睫矣。当时俄国据光绪二十二年八月之条约，事实上已置满洲于势力范围之内。德国胶州湾租借条约（该条约之内容，不止租借胶州湾，山东省之利权让与，亦有规定），亦画势力范围于山东。而英于一千八百九十八年二月（光绪二十四年正月），要求长江沿岸不得割让与他国，法国于一千八百九十八年四月，要求两广、云南及海南岛不得割让与他国，日本于一千八百九十八年四月，要求福建不得割让与他国。所谓不得割让于他国者，即设定势力范围之谓也。所有设定势力范围者，谓对于其地不容他国之干与，而其结果，将使其地渐变为己之领土之谓也。然则设定势力范围者，瓜分之豫备也，各国将欲瓜分中国之领土，而虑以纷争之故，互起冲突，故先各画定其势力范围者，庶瓜分便于着手。是故直谓之约定瓜分，亦无不可。凡此瓜分海军港，约定瓜分各省，皆成于光绪二十四年，此诚为觳觫以中国土地分赠友邦之绝大纪念日，而我国民所旦夕不忘者也！（上文所举第二证、第三证、第五证，即指此等事）

综观以上瓜分之历史，则知野心勃勃为瓜分之主动者，莫如俄国，而德法附和之。英国以商业政策为目的，瓜分之事，非其所欲，然在中国之内，其已有之势力与利益，必保守而谋其进步。设有一国，起而割据中国一部分之领土，则大势骤易，欲维持所有之势力与利益，必不可不与彼国保其均衡。所以列国中除侵略主义者外，其处心积虑，皆以为中国如能保全则可安之；若其不能，而至于为一国侵略其土地，则己国亦必割取相当之土地以保均等之势力。盖为国家者，皆以自己之国家为本位，而无所爱于他国也。日本与中国相邻，其易受俄罗斯之侵迫，与中国同，故殷忧内结，极力自强，又深审中国虽利害相同，而清廷积弱疲玩，无唇齿相依之资格。遂奋然有制驭朝鲜、割据辽东半岛之举，其意欲借以为自国之屏蔽，迨受三国同盟之压迫，非惟不得遂其志，反使俄国得假手以市恩于清廷，而从容以攫满洲，即于朝鲜亦常与俄争势力之消长。东亚之危，不绝如发，日本国民忧之，竭一国之力，以修战备，谋与俄罗斯决生死，争胜负，举国一致，真有卧薪尝胆之风，此实当时各国之情状也。反观清廷，际危难之时，日见侵略主义之国，霍霍磨刀相向，而漠然不动其心，旁观日本之忍辱图强，亦不知所感发。其昧昧然于是非利害，无足道矣，尤可骇者，率其戎狄贱土之常性，受贿卖国之事，不绝于书。使侵略主义之国，无所往而不得餍其欲。冒顿有云：地者国之宝也，奈何予人？清廷之智，其冒顿之不如乎？重以为异族政府之故，不关心于中国之土地与人民，日日实行其宁赠朋友勿与家奴之政策，其结果非但使侵略主义之国，得乘隙以进，即其他诸国，亦以破坏均衡之故，不得不相率而趋于割据之一途。试计光绪二十四年，一年之内，所丧失领土主权者共几何，则可知以卖国之罪坐之清廷，谓之为招致瓜分之罪魁祸首，固百喙不容辞也。而于此时，中国有志之士，外鉴各国兼并之略，内察虏廷卖国之实，深维根本之计，知非除卖国之渠魁，率国民以发愤为雄，必无以弭瓜分之祸。于是始有革命党之组织，革命军之发起，读者诸君当忆孙君起义于广州之年，适为乙未，正清廷战败于日本之后一年也。自时厥后，长江、两广，革命思想，已渐普及，皆由内忧外患逼迫而来。可知革命党之兴，实惧瓜分之祸将作，而谋有以救之。而汉奸者流，乃反其辞，以为革命一起，必召瓜分之祸。吾今胪举事实以证之，历史不汝欺，当有以塞其口也。

以上所论列，欲使人知瓜分之祸之所从来，至于中国所以未至瓜分之祸，与革命所以能杜绝瓜分之祸者，其理由安在，将于次段详之。

第三段

本段内容甚繁，今举其要目有八：一曰，中国未至于瓜分，以各国维持势力平均之故。二曰，各国欲维持势力平均，故用开放门户保全领土政策。

三曰，各国既定此政策，故虽有义和拳之乱，尚不至于瓜分。四曰，俄国强行侵略政策，遂有日俄之战。五曰，维持势力平均及保全领土云者，不过中国乘时自立之机会，而非可恃以为长治久安。六曰，各国以协约解决均势问题，故协约即为他日实行瓜分之本。七曰，吾人当于各国未能实行瓜分之时，速使中国自强独立于世界。八曰，非革命无以达自强独立之目的。今顺述于下：

前段所述，中国瓜分之祸，至光绪二十四年而最亟，其势岌岌然不可终日，然所以迟迟至今，吾国人犹得苟安偷活于旋涡之中者，何也？谓满洲政府有斡旋之能力耶？则其时满洲政府已如傀儡，随人转移，有促中国之亡耳，安能有所裨于中国？谓民间无暴乱之事耶？则义和拳之肆扰，为古今未有之奇变，各国果欲以内乱为借口者，又安患无辞？然则光绪二十四年来，各国分途竞进，着着进行，而忽相约敛手者，其必别有故矣。一言蔽之，则以各国之势力尚未平均也。盖当时各国殖势力于中国，北部以俄为最盛，南部以英为最盛，德法自顾势力决不能与英争雄于南部，则赞同俄之侵略政策，盖所得既歉，则以侵略为快，此亦人之恒情矣。英在中国，其商业经济实冠于各国，其不欲中国之破裂，固无待言。且果使瓜分，英国据长江沿岸之地，而俄据东三省，德据山东，以雄视其北；法据两广、云贵，以逼处其南，固未可安枕而卧也；至于日本，为其国之存立计，势不能任俄之据满洲。利害冲突，至为激烈，使各国果从事于瓜分，则其所与为敌者，不独有中国人之抵抗而已。各国争夺，先不免于相戕，此则常人所能知者也。俄德法自审其力不足以制英日，故不敢轻于发难，然英国自以在中国之商业，有第一之位置，若倡言保全中国，徒招他国之猜忌。而日本新胜，割取台湾，欲望已餍，则尤不能以倡导和平自居。于是美国于此时而起主张开放门户之说。美国者，守门罗主义，当各国争殖势力于中国之际，美国独超然于利害关系之外，然自开国以来，农工诸业日以发达，国力充实，渐着手于世界商业，虽其时在中国贸易之额，尚远不及英日，然此大陆之足以为角逐之场，固不待智者而后知也。傥坐视各国扼要占领各港口，有贸易上特别之权利，而他国不能均沾，则非其国商业政策之利明矣。若夫瓜分之无益于美国，则尤不待言。故美国鉴于此，奋然以中国开放门户之议，提出于各国，其所主张者，谓各国之于中国，其以势力范围或租借之名义，而得特别之权利者，固无所妨，然于其权域内之各港，当使各国得通商上之均等利益，盖依此政策，将使中国为世界交通之公共市场。而排除国际纷争之危险原因，故开放门户政策，实为瓜分土地政策之反对，夫持侵略主义者，在于均分土地，持开放主义者，在于均分财产，使中国不自立，则开放主义亦不足以维持其生存，然均分土地，舍死战外，无他对付之政策，至于开放门户，则中国苟能自强以为经济竞争，未尝不足保世界和平之局，斯不得谓非中国之利也。此提议在一千八百九十九年（光绪二十五年），由九月以至于十二月下旬，得英、日、俄、法、德、奥、意七国之同情，而开放门户政策，遂为各国所同认矣。

各国承认开放门户政策之翌年，而中国有义和拳之乱。义和拳者，起于中国北部之会党，其秘密结社有年，势力滋伟，感于外国侵迫，仇外仇教之观念，日以炽盛，不逞者从而附和之，势乃益炽。山东巡抚毓贤，素富于排外思想，见义和拳之盛，思利用之，密奏于清廷，虏太后、端亲王、刚毅、荣禄、裕禄等皆大喜，以为义和拳者，有神术，能避枪炮，各国不难一战而定也。令揭扶清灭洋之帜以起，而以官兵助之，杀外国人，焚教堂屋宇，发掘坟墓，戮外国人之尸，通饬各省视义和拳为义民，命官兵与之合力，务令中国之内，绝外国人之迹。内廷传旨，发官兵，与拳匪连合，围攻各国公使馆，且命官兵杀德国公使于途，复邀日本公使馆书记生杀之，京师及直隶、山东、山西之间已成一片之战场，于是英、法、俄、德、美、日本、比利时、西班牙、奥大利、意大利、荷兰十一国，连兵以进，攻陷京师，虏太后母子狼狈出奔，诸王大臣亦鸟兽散。是役也，虏太后及亲王亲贵躬为拳匪之魁首，以与各国为敌。其唯一之目的，在尽杀外国人而已。是无异揭其野蛮之情实，以宣示于天下，而为各国所不容者也。北京既破，君臣俱逃，又成无政府之状态，使各国因而取之，其事至易。盖此次之乱，由于灭洋，有可以为借口，一也；首都既覆，天下丧其元首，人心瓦解，二也；北部诸省，当时已为各国铁骑所纵横，由北而南，因利乘便，三也。情势若此，各国宁不知之？然北京甫破，美国即移文各国，以保全中国领土为约，而各国皆诺之。北京陷后十日，而俄国已提北京撤〔撤〕兵之议于各国，越两月，英德协商，对于中国，确定开放门户全保领土之政策，而得各国之承诺，于是中国将亡而复存，将绝而复续。天下之人见此事变之

亟如彼，而底定之易复如此，多有骇然不知其所由者。呜呼！是不明是于
世界之大势者也！夫忧心于瓜分之祸者，不当问中国之能被瓜分与否，而
当问各国之能行瓜分与否，盖以中国之弱，即无义和拳之变，各国句〔苟〕
欲取之，可决清政府必无抵抗之能力，故其能被瓜分与否，不成问题也，
惟各国苟欲瓜分中国，则于中国之内必惹起各国之大争夺，势必至于不能
相容，则是以势力不平均之故，而不能遽然瓜分中国之原因也。此原因不
以义和拳之事而有所变易，故虽十一国联军占领北京，而仍无一国提起瓜
分之议者，美国素以保全中国为政策，虑列国有乘此次事变而逞其野心者，
故首以保全领土之议，要求各国之同情，各国审度情实，知瓜分之未遽能
实行，因亦相率允肯。俄国素持侵略主义者也，然既知各国之内情如是，
则不如最先提出北京撤兵问题，以市恩于清政府，冀得厚酬于将来，此诚
俄国惯用之手段也。（当时各国已窥破此意，故美、英、德、日均以为时尚
早，拒其请。）

　　至于英德协商，则不惟决定两国之方针，且同时使世界之舆论，归于
一致，而对于怀抱野心之国，实无异示以抵抗之意。盖当时英国遣锡摩将
军督师至长江。长江者，英国所设定势力范围者也。德国见之，疑英将变
势力范围为领土，而遣德大将华德西率重兵屯于北方，英国亦疑其有蚕食
之志，乃互相约束，以制其野心。且英俄对抗势力于中国，今者俄国大得
志于东北，乘义和拳之乱，出重兵于满洲，以英国之独力而干涉之，未见
其必有利。德国者，素与俄法为同一之行动，今若与德协商，则殊足杀俄
国之势，两国同意，他国必无有生异议者，此英与德协商之本意也。德固
欲专有山东省之利益者，然以比之长江沿岸，则其范围之广狭，与利益之
厚薄，相去不可以道里计，此德国所舍嫉者也，且德商务日盛，船舶衔接
于长江，其贸易额虽远不如英，而德亦非无望者，与其以长江流域之利益
归英国所专有，毋宁从开放门户之政策，以与英分其利之为得也。况可借
此以与英国结其亲交耶，此德与英协商之本意也。故一千九百年十月十六
日，而协商成立。日、美、俄、法、奥、意皆承诺之，各国政策既已决定，
故议和之事得以迅速告其成功。于是震撼天地之风潮，一时归于平息，而
中国之人，痛深创巨，转瞬已忘，文恬武嬉，复还故态矣！吾尝论之，义
和拳之扶清灭洋，不过召各国干涉而已，而清政府之外交政策，实足惹各

国之瓜分。夫义和拳之举动，诚为各国之公敌，而各国对付之政策，亦惟出兵以平靖之而已。纷扰既定，和平旋复，于各国平均势力政策无所妨也。惟清政府之外交政策则不然，无与强国联盟之资格，而顾乞怜于其邻，使一国独沾其厚利，此为破坏各国之均势。故授一利权于甲，而乙丙丁戊皆不得不起而求相当之利权，以为之偿，遂以启瓜分中国之局，其为害烈于义和拳十倍！故光绪廿四年内，割地之事，不绝于书。而义和拳之役，则讲和谈判，易于决定，其故皆由于此。夫义和拳虽曰内乱，实无异于对外而宣战，而以其无伤于各国之均势，虽被干涉，犹不至于召瓜分。况夫革命军起，堂堂正正，以破坏世仇民贼之政府为目的，而对于外国，一切照国际法以行，并无被干涉之原因，更何致有召瓜分之结果？事实具在，来者难诬，世之以瓜分恐吓革命党者，宜知所返矣！

义和拳之变，各国因维持均势之故，终执开放门户保全领土之政策已如上所述。此之政策实各国审势度力所不得不然者。设有一国，起而反对此政策，则有妨害于各国之安宁，而必至为各国所不容。愈以知均势世界，一国独逞野心之难也。观于日俄之战事，愈足以证前所言各国苟欲强行瓜分之事，则必先启各国之大争夺者，为至当而不易矣。俄国因义和拳之乱，驻重兵于满洲，虽因各国定保全领土之政策，不能显然以行其志，然满洲撤兵之议，迟之又久，迁延不决，又要胁清政府缔结密约，使让与满洲之实权，实隐示各国以久占领满洲之意，英日忧之，以一千九百〇二年一月三十日，缔结英日同盟条约，自结此条约，日本与俄之交涉，益以强硬，明治三十六年七月二十八日，提议于俄政府曰，俄国苟欲永久占领满洲，不惟破坏机会均等主义，即清国之领土保全，亦为之破坏，而于日本，则利害关系尤为重大。盖俄国而雄据满洲，以瞰乎朝鲜之侧，则朝鲜之独立，蒙其所迫，而俄国伸张势力于朝鲜，有加无已。夫朝鲜者于日本防护线为至要不可缺之前哨，故朝鲜之独立，有关于日本之安宁而日本在朝鲜所有政治上及工商业上之利益与势力，实不可不特殊于他国，为日本计，决不能让之他国，且不能与他国分有之者也。故观于俄国之行动，实使日本不能坐视云云。（以上节译日本外务大臣小村氏令驻俄公使栗野氏抗议于俄政府之语。）而俄政府对于日本之协商，惟以迁延推宕为事，日本要求协商之条件，其最要者有三：一曰尊重清韩之独立及领土保全，二曰调和日俄在朝鲜之势力冲突，三曰调和日俄在满洲之势力冲突。而俄国初答以尊重朝鲜之独立及领土保全无异议，日俄对于朝鲜之问题亦可互相参酌，至于清国独立及领土保全与满洲事件，则付之不议不论之列，且告日本曰，俄国与清国之交涉，不愿有第三国出而与闻，亦不容其干涉。日本再三促之，则承认日本在朝鲜有优势之利益，而满洲问题仍不置答。此为俄国之狡计，盖姑听日本之得志于朝鲜，而己则充拓势力于满洲，迨满洲已定，则朝鲜可不劳而下也。日本亦知其意，以为满洲问题不解决则朝鲜问题亦无由解决，相持不下，谈判迁延，亘于半年，终至破裂。遂以一千九百零四年二月日本与俄罗斯开战，世之昧者谓俄不过侵略满洲，于日本有何关系，不顾倾全国之兵，以交战于满洲之野，有苦于不解其意者。又有谓日本为义而战，以保全中国者，是皆不审当时之情势者也。俄占领满洲，不独中国受其害，即日本亦不免于危亡，盖日本以朝鲜为屏蔽，而朝鲜以满洲为屏蔽，无满洲是无朝鲜也，无朝鲜是无日本也。故日本苟［欲］救其国之危亡，势不能不与俄决胜负于满洲之野，此为自卫其国，非为中国而战也，读者观于此而知各国均势之故矣。颇有人疑各国苟欲瓜分中国之士地，宁不能各画其所欲取者而取之，何必同争一着者。不知各国依于其国势，必不能不趋于同争一着。例如俄欲南下，不能不取满洲，日本欲固其国之藩屏，亦不能不取满洲。此所谓同争一着者也。又如日俄势力冲突于朝鲜，尝提议于朝鲜领土在北纬三十九度以北之部分，视为中立地带，日俄均不得引兵入之，以避彼此之冲突。（名曰缓冲地带，言设此地带使彼此之冲突为之弛缓也。）此则于同争一着之中，而巧设方法，以避相争者矣，然仍不见效，终不能不解决于兵力。由是知两国势力未均而强行瓜分者，必至惹起两国之大争夺，日俄战争之事，诚其先例矣。自日俄战事一起，而瓜分问题，欧美国际社会间罕有提者，此诚清政府所得而偷安苟活之时代也。

　　然则以各国维持均势之故，而中国门户开放领土保全，遂可以长治久安矣乎？是则不然。中国乘各国未能遽行瓜分之际，急起而谋自立，以雄飞于世界，则诚千载一时之机会，若以此为可以永保无虞而委心任运，听其自然，即必亡之道也。今述其义如下：

　　（一）保全领土之真解如何？就表面观之，保全领土，固极平和之语也。就反面观之，中国领土不能自保全，而顾待人之保全乎，是则中国虽有领土主权之空名，而已失其实力矣。且保全与否，其权在人，各国能保全中国之领土，反言之，则亦能不保全中国之领土，是保全在人，则分割亦在人也。法国能保护安南，则亦能宰割安南。日未〔本〕能保护朝解〔鲜〕，则亦能宰割朝鲜。各国言保全中国，其保全之字义，虽与保护不同，然其无独立之能力，而至于借他国之力以保全，则一也，故中国若不能脱除受外国保全领土之名，则不可以一日独立于世界。

（二）维持势力平均之真解如何？所谓维持势力平均者，言不使一国在中国得特殊之利益也。各国争势力于中国，若有一国所得独多，则不均矣。欲求均势，有积极、消极两方法：消极方法曰，不使有一国所得独多。积极方法曰，如有一国所得独多，则其他各国，亦各起而取之，以求相当。例如光绪二十四年内，德国一取胶州湾，而各国即群起竞取，此积极方法也。此后相约以保全领土，俄国欲起而强取，则力制之，使无所得，此消极方法也。此皆从各国关系着想，而非从中国着想。其不至于瓜分者，以有同一之地域，而为两国所同欲，既不能独取，又不能分取，遂相约以彼此皆不得有所取耳，如一旦各国思得新法，以解决此难题，则行积极方法，各尽所能，各取所需，不复相制，而瓜分之祸成矣。

由是以言，所谓保存领土平均势力云者：中国决不可恃以为安，亦至明矣。吾以为中国处此时会，正如人方受缢，其绳忽松，正乘机脱难之时，若以其弛缓而安之，延颈以嬉，若忘绳之犹环其颈者，则其人不至于缳首不止，此真至愚之夫也。吾观清政府在日俄战争时期中，侈然安枕，如醉如梦，而叹其心之已死。彼以为各国以维持平均势力之故，而保全中国之领土，此诚太平无事之时矣，曾不知各国独无方法以处此乎！

试观日俄之战，以势力冲突而战也，及其战罢，而遂有日俄之协约。盖既以势力冲突而开战争，则其事后，必求所以免势力之冲突者。于是乎以均势之目的而发生协约，日俄之关系定，则其对于中国之关系亦定。其协约第一条云："两缔约国与清国所订现在实行条约，两国所已得之权利，应互相尊重。"其所以规定此条者，何也？日俄战争以前，两国争势力于朝鲜及满洲，今日本以战胜之结果，而得优越之势力，然野心之俄罗斯，固非因是而绝望于东方侵略者，则改其方针，用全力于外蒙古，然满洲、蒙古地相接近，两国恐又以是而生冲突，故为互相尊重其权利之约。依此约文，日本在满洲之行动，俄当尊重之，俄在蒙古之行动，日本亦当尊重之，两不干涉。所谓尔无我诈我无尔虞者，如是始可免第二次之战争也。其第二条云："两缔约国当任清国之自主，及其帝国土地之均一，以及各国工商业之平均，并设种种方法，务求和平。"所谓任中国之自主者，与上文所述保全领土之意义，同一解释，可不复及。然彼日俄固尚有深意存乎其间者，盖当斯时日本用全力于朝鲜及满洲，俄用全力于蒙古，经营未竟，势尚不能更进一步以蚕食于内地，此国势所使然也。蚕食未及于内地，而惧两国中有一国独逞其野心者，则均势之局又将破坏，故豫为规定，而有"土地均一"之约。浅言之，则曰以朝鲜、满洲及蒙古之经营，全功未竟，故内地暂置为后图也。深言之，则曰于未竟满洲、朝鲜及蒙古之功以前，已豫为后日侵略内地之计画也。日俄协约缔结以前，日本先与法兰西协约云："保全清国独立及其领土，并保护各国在支那之商业，清帝国诸地有接近于日、法缔结国所有主权保护权及占有权之领域者，亦必保持其秩序。"日、法所以为此协约者，则以安南之地，为法所踞，日本久已垂涎。日本参谋总长儿玉源太郎为台湾总督时，曾著论日本取安南之法，法人为之惊心动目，近者日本大得志于朝鲜，为俄人所隐恨，法与俄同盟之国也，日本惧其协〔约〕以谋我，故为此协约。其目的可以一言蔽之，日本不干涉法国在安南之行动，法国不干涉日本在朝鲜之行动而已。其约中保护清国云云，前已述其义。所谓主权领域者，日本之台湾，法国之安南西贡也。所谓保护权者，日本之朝鲜，法国之安南、东京等处也。所谓占有权者，日本之关东，法国之广州湾也。所谓清帝国诸地有与之接近者，如朝鲜接近于满洲，台湾接近于福建，广州湾接近于两广、海南，安南接近于两广、云南皆是也。就此约文观之，日法两缔约国所有主权保护权及占有权之领域，互相尊重其权利，而不相干涉不待言矣。即清国诸地有与之接近者，亦相与保持其秩序。所谓保持秩序云者，亦以其地为现在之势力所未及，故置为后图而豫相约束。是故日本用全力于权力所及之地（朝鲜等），而法不出而干涉之；法用全力于权力所及之地（安南等），而日本不出而干涉之。正与日俄协约同一精神，而为善避势力冲突之良法也。

日俄协约缔结后，英俄亦有协约，其关于波斯、阿富汗者，可勿论。关于西藏者，则云："两国政府协约，承认清国政府对于西藏之宗主权。"夫英俄之均势力于西藏也久矣，今举而还之清国者，则以两不相下，与其一国力取，一国力争，毋宁两不取之为愈也。然清国之能保有宗主权与否，则视清国之能力如何。无能力而强言有宗主权，我终见为朝鲜之续而已矣！（此协约关系较轻，故不详论。）

日法、日俄、英俄三协约，皆成于一千九百零七年四五月之际，盖在日俄战争之后，各国鉴于均势之世界，决非一国所能强起而破之。果如是，不独无以达其目的，徒以贻国家无穷之戚，故戢其独利之野心，而为此两利之方法，此协约所以为应于均势政策，而不得不发生者也，至于协约之关系于中国，可不言而自喻。然前此各国虽有要求某某省不割让之事，而皆与清国交涉，以其地为清帝国之领土也。今日法协约中有"清国诸地与之接近者，亦必保持其秩序"云云。此为有关涉于清国之领土权，为清国所当与闻者，然日法两国，直相与缔结，未尝一商之于清国，此外交上罕见之事也。必求其似，则如甲午战役以前，日本初与朝鲜交涉，承认朝鲜之独立，其后又与清国缔结种种有关于朝鲜之条约，而皆不待朝鲜之承认。夫日本既认朝鲜为独立国矣，则其与清国缔结有关朝鲜之条约，断无不待朝鲜承认之理，而日本顾乃若此，是视朝鲜如无物也。故自清日战争、俄日战争以后，而朝鲜遂为其被保护国。今日法协约中有关于清国之规定，而竟不待清国之承认，直情径行，举动如此，吾人为将来计，安得不长虑却顾也。

粗观协约原文，似日本所经营者在朝鲜，俄国所经营者在蒙古，法国所经营者在安南，于中国国土，尚无关系，可勿为杞忧者，虽然，读者诸君亦念及包围之状乎？由外而内，渐逼渐紧，前进一步即深入一步。吾愿诸君当日本经营朝鲜之时，勿忘福建之危急也；当俄国经营蒙古之时，勿忘北方诸省之危急也；当法国经营安南之时，勿忘两广、云南之危急也。读者诸君思之，俄国侵略满洲之时，未尝有一弹丸及于日本三岛也，而日本已动兵于满洲，与之决战，诚以待其定满洲，略朝鲜，进窥日本时，而后言战，则已战无可战，故不如即于此时决战之为愈。谋国如此，可谓能见远者矣！然则吾国人当日法、日俄两协约缔结后，若以与无关于内地，而漠然置之，岂必待其深入内地时始为之备乎？若然，是直欲为台湾、海参威、广州湾之续也，岂不哀哉！

　　夫能知日俄法于底定朝鲜、蒙古、安南后其前进之方向如何，则不可不于其未能前进之时，起而〔遏〕止之，而能遏止之与否，则视我国民之能力如何为断。远则决之于二十年以内，近则决之于十年以内，使此二十年或十年中，我国民之自立程度，日进一步，则外国之侵入程度，日退一步，如是则中国终必至独立于世界。不然，则外国之侵入，将无已时，及势之既成，虽有智者，莫之能挽，此诚中国存亡之问题也。

　　外象之危急，既如此矣，反观乎内，则更有令吾人不能一日安者，盖外国之侵迫由外而至，彼清政府其初固亦由外而至，而今则盘踞于内，视为己有。是则外国之侵夺，尚有将来，而清政府则固于既往及现在，有侵夺中国之实者也。呜呼！吾中国人可以为大清之顺民，即可以为大法国之顺民、大日本之顺民、大俄国之顺民。不观台湾人之日本德政碑乎，前之称颂大清深仁厚泽者，今称颂大日本深仁厚泽矣；不观海参威人之大俄圣德颂乎，前之以抚有六合颂大清者，今转以颂大俄矣；又不观庚子联军入北京乎，昨犹驯伏于大清之下者，今则改称各国顺民矣！吾国民何以若此，则以清与日俄等皆外国，故惟强是从也，然则欲吾民不为外国之顺民，必自不为清国之顺民始。

　　况乎中国所以有瓜分之祸者，如第二段所述，何莫非清政府所致，是则清政府不特夺中国为己有，且更以断送于他人也，是一亡而再亡之也。故吾人得以一言断之曰：欲消除瓜分之原因，当先扑灭满洲之政府，是谓革命以杜绝瓜分之祸。

　　最适于为中国革命之事者，其在今日乎！乘日俄法三国方有事于朝鲜、蒙古、安南，而于中国内地势力犹未平均之际，急起直追，使中国由亡而存，由弱而强，由危而安，谁能禁之？不此之务，而优游玩忽，日复一日，坐使各国之势力关系日就调协，分配均洽，则何难更立一协约，以分取内地者。至此时而始起革命，则缓不及事，有相率以为强权者之鱼肉而已矣。或问曰：外交之失败，满政府实尸其咎，诚如子所言矣。今日舍改造政府，实无他策，而改造政府，固有二方法：以激烈方法而得之者，革命是也；以平和方法而得之者，要求立宪开国会是也。诚能达要求之目的，亦足以救亡，不愈于革命之劳而后获耶？应之曰：为斯言者，有三不可。吾辈〔辈〕在今日，宜使国民皆知中国为中国人之中国，苟无此观念，则自甘为亡国之民而已。二百六十年前，清之为外国，与今者俄、法、日本之为外国同也，清以外国，入据中国，吾国民势穷力屈，不得已而抑伏其下，斯固无可如何耳。若与之言立宪，是表其忠顺之意。而置恢复大计于不顾也，是忘中国人之中国也。如是，则他日俄、法、日本起而代之以施行宪政于中国，吾国民其亦安之乎？此一不可也。

今日之言立宪者，其意欲调和满汉两民族之感情，此所谓倒因为果者也。夫民族调和而后可立宪，非一立宪而民族即可调和。奥地利非立宪国乎？何以立宪之后，诸民族仍争竞不已，而国会政治归于无效也；瑞典、挪威非立宪国乎？何以立宪之后，仍以民族不同之故，而至于分离也。然则民族不调和，决无能立宪之理，即使粉饰观听，布宪法，开国会，适成为死文徒法而已，此征之历史而可知者也。满汉两民族相水火于中国，满洲人以小数而居征服者之地位，汉人以大多数而居被征服者之地位。正刚毅所云：汉人强满人亡，汉人疲满人肥，固绝对无相容之理也。此二不可也。

即使如希望立宪者所言，民族终可以调和，然此事固非可以易言者，考之历史，两民族相遇，虽素无恶感，犹必相安既久，始能渐以同化。盖其精神体质，本不相同，故融合之难如此。况两民族之有世仇者乎！今汉人之于满人，结九世之仇雠，亘二百六十余年之积怨蓄愤。两民族之间，若有巨浸横断之，使不得相合，以言调和，期之远者，吾不得而知之，然欲如希望立宪者所言，三年之内，可开国会，或言七年，或言十年，或言二十年，吾则可断言其无效。何者？既往之历史，已固结于人心，而目前之情实，更令人不能一日安，而欲其消融于短期之中，固必无之事也。夫欲救中国之再亡，不可不于最短时期之内而解决之，此前所已言者也。然于〔最〕短时期之内，决不能得满人之同意，以救中国之亡，事实明白如此，然居今之世，而犹汲汲然言融和满汉者，果何心也？譬之人家，猝遇火灾，当其呼救时，必望其邻里、亲戚、朋友之相救，而无有望仇人之相救者。盖邻里利害相关，而亲戚朋友则休戚相共，故望其相救，为人情所宜然。至于仇人，则固无望其有矜怜之意，向之乞救，未见其能许诺也。即使乞救之言足以动听，亦必不能如邻里亲朋之易诺，再三以求之，恐未得其诺，而家已烬矣；况夫纵火以焚其家者，即为仇人，而顾望此仇人之来救，此真非天下至愚者，必不出此。今忧中国之垂危而思救之，其救之不容缓，无异见家之被焚而呼救也。提倡民族主义，欲合同胞以救中国，无异呼邻里、亲戚、朋友以救火也。满洲既亡我中国，又将举中国而授之外人，乃反望其立宪，无异呼纵火之仇而使照旧之救火也。

　　吾今欲问反对者一语曰：外国侵入之势，危迫如此，我等将于此最短时期内谋解决之方法，此当恃汉人为之乎？抑当恃满人为之乎？如曰：欲恃满人为之，则吾将更问之曰：于此最短时期内，能得满人之同意欤？知必不能得其同意，而顾妄冀其或然，坐使外患日深一日，至于莫救，则亡中国者，必此人也。夫满洲政府之不足与言，历史固有证矣。例如康有为之徒，专以乞求清政府为事者也，甲午乙未以来，设保皇会，乞求归政而不应。己亥庚子以来，设保皇会，乞求归政而又不应。丙午丁未以来，设帝国宪政会，乞求立宪，至今而终不应，虽其间清政府震于革命党之进取，有预备立宪之伪说，而其顽固之实际，仍如故也。夫康有为之徒，享乞求之生涯者，十有余年，而无效若此，然则再期以十年之久，何能有济？徒欲导一国之人民，放弃责任，惟以乞求为事，今日乞求而不得，更俟明日，今年乞求而不得，更俟明年，当吾民摇尾乞怜之时，即外国鼓刀竞进之时；蹉跎荏苒，以待瓜分，及瓜分之时机已至，则对于清政府之乞求，庶几可息，又将以乞求之故态，对于外国矣。是则谓乞求立宪者，实助成瓜分之祸，无不可也！

　　或者又曰：外国侵入之大势，其例如此，于此时而起革命，或外国乘机以来干涉，或清政府情急而请求外国之干涉，皆意中事，然则革命不更足以促瓜分之祸乎？应之曰：外国以维持势力平均之故，而且夕不致起瓜分之祸，此前所已言者也。未能解决均势问题，则中国虽有内变，亦不致以启干涉，此证诸义和拳之事而可知也。若犹以为未足，则请更引最近革命军之行动，与其对外关系以证之：去年以来，革命军一起于钦州，再起于镇南关，三起于河口，是皆广东、广西、云南之边境，而与法属安南接壤者也。河口之役，革命军不独与安南之老街击柝相闻，且举滇越铁路而为军队权力之所及。法国者，素与俄国同抱侵略主义，为人所骇视，今得此机会，宜有以借口，以肆其兼并，乃不惟严守中立而已，清政府与之借兵，且固拒而不从，然则吾前谓各国非能瓜分中国，实清政府召其瓜分，此得以为证矣。至于清政府请求瓜分而犹不应，则吾前谓苟无破坏均势之局，虽有内变，亦必不至于干涉，又得以为证矣。使非云南之清兵妄杀法国士官及其军人，则并法国之要求赔偿，而亦无之。试观自钦州起事以来，以迄河口之役，凡亘一年有余，法国曾无何等之要索，则知此次因杀士官而生交涉，实清国所自取，而不可以之责人，此为理之不容逃者。论者咎法国要求之巨，妄谓革命军有以致之，曾亦思清廷为此蛮暴之行为者，果革命军唆使之乎？抑革命军有能禁止之权力乎？且清廷以乞求法国干涉革命军之故，至不惜牺牲利权，以为报酬，则其无爱惜国内利权之心，已不啻与人以共见。政府而无爱惜利权之心，则利权之断送，等于唾弃，视土地、铁路、矿山之价值，曾不如革命党数人之头颅。得罪国民，莫此为甚。乃论者徒伤心于利权之丧失，而不追究断送利权之政府，更不推考此政府用心之所存。吾观于此，而叹所以亡国至二百六十余年之久者，良非无故也！故观于政府轻掷利权之事，而吾前谓清政府无爱惜中国土地之心，又得以为证矣。

或者又曰：日本、俄、法诸国协约以谋中国，无论如何之政府，皆不能以力相抗，非独清政府为然，今谓非革命不能杜绝瓜分之祸，岂知虽革命亦不能免瓜分之祸乎？应之曰：当今之世，一强国必不能与数强国相抗，如德、法、英、日、俄、美六国并立，设五国同攻日本，则日本必亡，设五国同攻俄罗斯，则俄罗斯亦必亡。然势不出此者，何也？凡一国立于世界，必与他国有利害关系，其利害相反者，则常存仇敌之心，其利害相同者，则常存联结之心，此各国所不能免者。故日本则与英国同盟，俄国则与法国同盟。此无他，一国不能孤立于世界，必连合利害相同之国，然后能制人而不为人所制，此各国之自为计，有不能不出于此者。顾清国独不能得他国同盟者，何也？其始贱外，其继仇外，其终媚外。贱外仇外时代，无与他国同盟之心，他国亦无有与为同盟之意。至于媚外，则虽欲与人同盟，而人亦不屑与为伍，盖天下未有媚人而能助人者，国之所以求同盟，欲其相助也。媚人者已无自立之能力，何能助人，人亦何乐乎其为助？故前虽与俄国同盟，实无异为其傀儡，以其不能自立也。以是之故，各国中虽有与清国利害相同者，而迄不能成辅车唇齿之势。于是各国与清国之关系，惟各国自定之，或协谋以定之，而清国不能稍参末议。保全在人，分割亦在人矣。今列国对于清国之方针，可分两派：一曰保全派，二曰侵略派。就日本而言，此二派均有势力。保全派之言曰：日本国小而强，既为欧美所嫉妒，虑小敌大、寡敌众，终不足以持久，将欲立弘远之规模，则不可不与亚东之大国相提携，以并立于世界，故中国之保全，实日本之大利也。设如侵略派所言，与各国协谋，以实行瓜分之策，纵令得割据一二省之地，然各国近在肘腋之下，关系密切，利害冲突，无异投本国于旋涡之中，非谋国者所宜出也。侵略派之言曰：清国不能自立，故各国竞起而取之，中国亡而日本瓜〔孤〕立于东亚，此日本之大患也。清国既无能力以维持东亚之平和，日本为自固其国计，不得不首握东亚之霸权，以日本之势力与形胜，出而经路〔略〕东亚，决非他们所能及，设日本亦因循坐视，则他国将先起而为之，斯时东亚之霸权，将属于他国，而日本不免于受其侵迫，所谓当取不取必受其咎者也。此二派者，所见各异，然欲问何派得以实行，则纯视中国之现状如何以为断。使中国而能自立，则保全派必胜，此非有所爱于中国，日本固以此为得计也。使中国而不能自立，则侵略派必胜，此非有所恶于中国，日本固以此为得计也。例如日俄战争以前，俄伸张势力于东亚，则日本起而争之，及战胜之后，日本遂夺俄之势力以为己有，且变本加厉焉，此则侵略派所当先他国而取之者也。夫知中国不能自立，则必不免于侵略，然则中国若能自立，其不致于无以解侵略之忧，亦至明矣。彼之斤斤焉以各国侵略为虑者，正由未知各国侵略之原因，故闻有谓革命可以杜绝瓜分之祸者，而不能遽解耳。是故国民革命是一事，外国瓜分又是一事，两者初无关系。然苟不革命，无异于坐待瓜分，外国苟至于可以瓜分之时，无有不实行其侵略。今若乘其未能实行侵略之际，亟起革命，力致中国于富强，则不独中国之长治久安必由于此，即世界和平之局，亦必由于此，二者惟国民择之而已。

　　吾之论于是终，全篇所言，引证事实，陈述所见，无有杜撰，亦无违心之语，甚望海内君子，进而教之。若反对党以为不然，更相与诘难，以明真理之所在，亦吾之所乐受也！（《中兴日报》1908 年 7 月 28—31 日、1908 年 8 月，署名"精卫"）

革命可以杜绝瓜分之实据

吾前申论革命决不致召瓜分之祸，历引数十年来清国与外国关系之历史事实以为证，继睹《总汇报》驳难之标题，初以为必有足资研究者，不料其所言者，于吾之文字，尚未细读，遑问足以成为驳议。吾乃为三次之正告，冀其稍悟，迨观昨报，则知其冥顽不灵，已无可救药。如其论借兵，于数月前清国请求法国出兵，助平滇事，而法国拒之。与比国留学生之电告，上海《神州日报》之传扬，日本留学生之开会倡议云南独立，皆付之不见不闻。又如论闹教扰害商务等语，于一年以来，革命军之文明秩序，与两广总督张人骏电奏，谓革命军所过，秋毫无犯，及《安南法报》论中国革命军，合于正义与人道，亦皆付之不见不闻，甚至于《总汇报》六月二十二日之纪事，详载云南革命军之守规律，与清兵之残暴，凡三百余字，而《总汇报》记者亦可以付之不见不闻。夫彼报记者向于不能驳本报文字之时，则诈为聋瞽，以求苟免，已成惯例。至是则于最近之事实，为天下万国所共知，及清国所承认，彼报所承认者，亦复诈为聋瞽而不辞，如是之人，而犹与之辨理，则真所谓不可与言而与之言者也。彼既无辞，即本报惟有对于读者而尽其言责，因念前文所论，专以中国革命为范围，未尝涉及他国革命之事，今观于土耳其及摩络哥近事，有足为革命可以杜绝瓜分之实据者，故次论于下，以备读者之参考。

万国并立于世界，其文明而强者，相与为平等之交际，此不惟理所宜然，亦势不得不然者也。文明而强者，对于野蛮而弱者，动辄曰，兼弱攻昧，取乱侮亡，此则理所不宜然，而势所不得不然者也。盖国家有争存之性质，弱昧且乱，则不足以争存，先自亡而后人从而亡之，此例之无可逃者。然有国于此，弱矣昧矣乱矣，而且夕未至于亡者，此由于虽有可亡之道，而未值可亡之时也。所谓未值可亡之时者，盖一国不能孤立于世界，必直接间接而与列国有利害关系焉，而列国之间，又各有其利害关系，一国亡而与有关系之列国，皆蒙其影响，而以利害各殊之故，势不免于争夺，则战事将循环于无穷，列国虽不为他国计，要当为自国计，遂不得不使此垂亡之国，仍其现存之状态，以保列国之平和，此均势主义所以发生于国际团体间也。然其国有可亡之道，而徒恃均势以仅存者，必不可以长久，终必有解决其问题之一日，断断然也。特解决之道有二：一曰自为解决，二曰他人为之解决。所谓自为解决者，自起此垂亡之国，而措之于不亡也，如是则无以启他国之野心，而均势问题可以不作。所谓待他人为之解决者，列国能使之亡而无伤于均势也。既无伤于均势，则可以瓜分而无所惮。伊古以来，国家兴亡之故，略具于此矣。土耳其、摩络哥，皆所谓有可亡之道也，其所以不至于亡者，则以各国均势问题未能解决故，土耳其受欧洲列国之干涉，几不免于瓜分，其情状与今日之清国同。摩络哥初受法国之保护，继受欧洲列国之保护，其情状与今日之高丽同。是两国者，已处于将亡之地位。乃少年土耳其党，倡革命以期实行宪法，而欧洲列国皆泯其干涉之念；摩洛哥新王一跃为战胜者，而欧洲舆论为之变动，无有欲行其干涉者，此则可谓善于自解决存亡问题，而足为革命可杜绝瓜分之确证者也。今请先论土耳其事，而次及于摩络哥。

土耳其国于巴尔干半岛，国内最大民族为突厥，最高权者亦为突厥，人崇尚回教，与欧洲列国既有种族不同之故，而情谊为之疏远，又以其教之故，夙与耶苏教国为仇，其受欧洲列国之嫉视，已非一日，重以彼为君主专制政治，暴戾污败，为人道所不容，遂有东方病夫之号。（其后以此号赠之清国，遂名土耳其为近东病夫，清国为远东病夫。）夫欧罗巴强国林立，其弱小者，亦薰文明之化，独有土耳其者，殊族异教，且野蛮无人道，以虱于其间，此已易为众之所排挤矣。况其时俄罗斯方欲以舰队由黑海越土耳其海峡，以出地中海，席据形势，以遂囊括之志。日夜谋扼土耳其海峡，而攫君士但丁（土京），其心必欲吞灭土耳其而后已。然俄之野心，夙为列国所心忌，苟遂其欲，则俄得伸势力于地中海，长驱南下，欧洲均势之局，为之破坏，故英国以利害迫切，遂出而反对，俄罗斯患之，一千八百四十四年，俄皇尼古拉士第一游英京伦敦，说英政府曰：朕之内阁，对土耳其之政见，分为二派，一谓土耳其将死，一谓土耳其已死，然无论如何，决无能挽回其命运之告终也。一千八百五十二年，又谓驻俄京英公使曰：吾辈对于土耳其，宜协谋所以掩葬之法。（见法国诗洛坡氏《欧洲近世政治吏〔史〕》。）此为俄欲与英合谋以瓜分土耳其也，然英固抗之，俄遂断然独行其志，借口宗教问题，发大兵临土耳其，将灭此而朝食。英乃与法国拿破仑第三合兵，助土以制俄，撒的尼亚王国亦发兵助英法联合军，于是有一千八百五十六年苦里米亚之战事，俄兵败乞和，于巴黎缔结条约，禁其张海军于黑海，俄南下之计画，为之一挫。迨至一千八百七十年，普法战争，法一败涂地，俄乘此际，亟起而攫黑海海权，土固无有抗之，英以势孤亦不能制，是为俄得意之日。一千八百七十六年，迫土耳其君主，制定宪法。越明年，又借口宗教问题欲因而遂取之，遇土耳其人顽强之抵抗乃已。然土之不亡于俄者，实恃列国维持均势，始得以苟延残喘，而君臣上下，苟安偷活，列国屡干涉其改良内治，终莫之应，于是瓜分土耳其之说，又盛倡于欧洲，如埃及之分离，及巴尔干半岛中之希腊、卜加利亚、塞尔维亚、罗绵利亚、罗美利亚、孟颠匿古鲁诸国，凡有欲脱离土耳其之压制而独立者，欧洲诸国多以兵助之，使其领土以渐而瓜分，土国人民知非自强不足救亡，而其政府终不足以语此也。遂于前月大起革命，少年土耳其党，实主其事，宣言土帝若不实行立宪，则将进兵于君士但丁。于斯时也，土帝穷蹙，不得不应其要求，而欧洲列国，亦为之动色。非惟无借口内乱以行其干涉者，即最富野心之俄国，且宣言土君臣若能实行新立宪之政策，而俄国可以确言各国全不干预其事。是则革命之结果，非独君主不得复行其专制，并外国干预内治之危殆耻辱，亦得以消除于无形。此为月前之事，可不费吾人之详说者也。（按作者著此论时，土国革命军尚未废除其皇哈美，故未论及之。）观夫土耳其之情势，有绝与中国相类者，一为近东病夫，一为远东病夫，其政治之腐败，国势之疲弱，同也。与列强并立，而不知竞存，致强者从而生心，置之旋涡之中，而莫能自拔，同也。国力虽不振，然其国之存亡于均势大局，绝有关系，遂致各国不得不保全其领土，同也。俄罗斯怀兼并之志，利土耳其之积弱，欲握黑海〔海〕权，以利其南下，不得，则又利清国之积弱，欲由西伯利亚以进取满洲，于是两国危，而有关系之列国随以俱危，同也。俄欲握黑海海权，而英法制之，遂有苦里米亚之战，欲进取满洲，而英日制之，遂有日俄之战，而土耳其与清，则惟恃人以为安，同也。屡受外界之激刺，曾不知变，以致外国将进而干涉其内治，同也。土与清之情势，其相同者且如此，存亡之机，间不客〔容〕发，今日者土民已能自奋，而解决存亡问题，而中国则恢恢如故者，何也？亦惟在于能革命与否而已。土国革命党知疲玩之政府，非威以兵力，断无屈从民意之望，故不惮出于革命，又知土国所以屡召外国之干涉者，全以政治腐败之故，非为政治之革命，终无以排去干涉之原因，内治既整，外侮斯去，革命非止安内，且以御外也。而中国之人民则不然，受数千年专制之毒，益以二百六十余年积威所劫，其视民贼政府，若神圣不可侵犯者然。于是有保皇党者，专导人民以为摇尾乞怜之事，对于内既无推倒政府之能力，对于外复不知求杜绝干涉之根本方法。猥以为国内一起革命，即召外国之干涉，由其未考察干涉之原因，而徒恐怖干涉之现象，故惶惑若此，率其卑劣之政策，以鼓动国人之恐怖心，而苟且之念，即由之而生，为革命前途之梗，即为强国前途之梗，推其所极，将使中国瞠乎在土耳其之后，而莫能前进，斯真百死不足以蔽其辜者也！

问者或曰：土耳其之情势既与中国相类若此，然则土耳其之革命，以立宪为止步，中国其亦可以效法欤？答曰：土与中国情势之相类者，前已言之，然尚有其异者，则民族问题是也。土耳其国内诸民族，以突厥民族为最多数，今之握君权者，固突厥人，而为革命之主动者，亦突厥人也。故君民之际，易于调和，及得宪法，而目的已达。若中国则不然，握君权者，为满洲人，而乞求立宪者则汉人，非满人也，此大异于土之以革命得立宪者矣。土之革命，而马士多利亚人赞同之，马士多利亚人之意，欲以少数民族附庸于多数民族以自存也，今汉人宁能附庸于满人以自存乎？故即使今日有满洲人以强力要求立宪，而我汉人仍不得附和之。况乎出死力以阻挠立宪者，正为满洲人，是真所谓利害相反者，而谓我汉人可如马士多利亚人之所为乎，故以汉人所处地位计之，当如希腊人之谋独立，乃为合于正义。希腊以文明民族，而被征服于土耳其，与汉人被征服于满洲同也。希腊民族，受土耳其压制之时，知谋独立，不知望土之立宪，惟其民意如是，故终有独立之日，此真与现时中国革命党同一心事，而亦中国人所当同趋于此一途者也。不惟希腊而已，卜加利亚人、塞尔维亚人、罗绵利亚人、罗美利亚人、孟颠匿古鲁人，其以异族受制于土，与希腊同，而其谋独立，亦与希腊同，是可谓尽民族之天职者矣。中国人对之，其知愧乎？其可自同于马士多利亚人乎？中国之解放民族问题，其与土耳其异者如此，留心民族与国家之关系者，当不以吾言为谬也。

夫自民族之现象以观，中国必不可不革命，已如上所言矣。即专自政治之现象而观，亦非革命必不能达其目的，此证之土耳其近事而可知者。土耳其民族问题，易于解决，所注重者，在于政治问题，而仍必借革命之力，然后得之。依保皇党之所见，则必曰，少年土耳其党胡不乞求开国会，而必出于革命。不知土民之所急者，不在于空文，而在于实权。若云空文，则一千八百七十六年，土耳其固已宣布宪法矣。其条文悉模范欧洲，于内阁、国会（上议院、下议院）、裁判所之权限组织，规定齐备，固俨然一立宪国也。然迢迢卅二年之久，迄未实行，政府何吝此一纸，而人民亦何取乎得此一纸者，担负虚名？以至今日，而始于革命之力，促宪法之实行，于以知人民欲获实权之难也。盖必人民先有事实上之权力，然后得享法律上之权利。详言之，未革命以前，实权在于政府，革命以后，实权在于人民。实权既在于人民，乃于法律上确认人民之权利，而国会于以发生，是则其时人民已有监督政府之权力，乃设为国会以实行之。而必非政府于人民未有权力之时，为之开国会，以自受其监督，固理之易明者也。然则人民于未有实力之时，而徒事乞求一纸之空文，此真无聊之事，即使幸而得之，其复何裨于实际者？况乎清政府今方言预备立宪，并一纸之空文，犹未草就。以视土耳其一千八百七十六年之际，即宣布宪法者，彼何慷慨，此何吝啬也？昧者不察，方以十年开国会之消息，厚自慰藉，以为逢政府施舍之时，而为乞求，故得如愿以偿。曾亦知土耳其于宣布宪法之年，即开国会乎，此其神速，较之清政府期开国会于十年之后者，相去抑何远甚？当时土耳其依于宪法，使维新党人物组织新内阁（按此犹今日清国之张袁也，然彼已为立宪内阁，则其荣尤甚），使各省总督为上议员，使阿附皇室之小人为议院议员（按斯犹今日清国之保皇党也，然彼已充议员，异于斯之徒怀希望者），其情状殆与傀儡登场无异。未几，新内阁颓然而倒，而国会亦寂然如鸦雀无声矣。欧人群讶其儿戏，而俄罗斯即于明年，大发兵以临其境，是则土耳其立宪之明效大验也。问其至是之由，时以当时土耳其之人民，尚无事实上之权力，而其政府徒欲虚应故事以塞责，故遂留历史上之奇谈。吾国人亦欲为是乎？则远东病夫，继近东病夫而演笑剧，亦后来作史者之资料也！（中国官场最工于为是，戊戌变政时，清谕各省设立学堂，两广总督谭钟麟，命悬广府中学之门匾于羊城书院，至今人忆之。）如吾国人而犹有耻心者，则当知国民之目的，在乎获实权，而非在乎得空文。而又当知欲获实权，必恃武力，毋恃乞求。知是，则于少年土耳其党之实行方法，庶无异议，而政治革命之不可已，亦可不待言而自解矣。尚有当注意者，立宪可以要求，而恢复主权，则必不可以要求。斯义梁启超亦知之，故其言曰，若责其还我河山，是彼所必不能应者。而吾人之目的，则正在于还我河山，斯而不能应，则舍以武力恢复之外，别无他法，是吾人所以专言革命也。土耳其革命之际，依保皇党之所见，则又必曰，土耳其国势疲弱，欧洲列强每思乘机干涉，今革命以生内乱，是促其干涉，以召瓜分也。（按保皇党平日诋革命党之言，尽可适用于此，因两国情势相似也。）然而革命之际，不闻有内乱，亦不闻有外侮，得安然以达其目的者，何也？盖自内而言，则革命之理，入于人心，同情者日以多，反对者日以少。故革命起于军队，人人不复肯为政府用，旬日之间，而土崩瓦解之形已著，政府遂不得不屈于人民之下也。由是推之，世苟无忘亲事仇推刃同气之人，则革命之际，决不致生内乱，如洪杨初起，长驱疾进，使无曾左起而与为敌，则何致有同种相残之事耶？况洪杨之事业，为英雄之力征经营，而今日革命之事业，则出于国民之责任心所发，事固未可一概论也。故欲革命不生内乱，必自扑灭保皇党始；自外而言，土耳其蒙外国干涉，由其内治不立之故，内治不立，则无以自存，不能自存，则人得而亡之。而其存亡，又有关系于均势之局，故土耳其存亡之问题，一日不解决，则欧洲之和平，不可得而保也。以是而外国乃不得不行其干涉，欲求免于干涉，其根本的解决，在于自改良内治而已。故少年土耳其党决然从根本着手，傥使彼亦震怖于干涉之祸，而苟安偷活，惟冀弥缝于一时，则上下因循，干涉之祸，终不可免，徒坐待各国之代为解决，使亡而无伤于均势，有为犹太波兰之续而已。今者以革命之故，不特外人无借口以行干涉，且并前此干涉内治之举，亦为之打消。彼震惊于外国干涉者闻之，其感情当何如耶？中国今日之情势，与土耳其同，以彼证此，洞如观火，安用一闻革命起，即恐怖皇骇，发声若雌鸡，而相惊以瓜分为也。以中国土地之广，人民之众，其势力非土耳其所得拟比，一举一动，关系世界均势者至巨，蹶然奋起，为自立而战，欧人之动色相告，将有什百重视于土耳其革命者。土耳其独立，不过关系于欧洲之和平，而中国之独立，则关系于世界之和平，吾人安可妄自菲薄耶？否则以中国之大，而无自强独立之时，非惟欧人所弃，抑亦突厥民族所深鄙也！

摩洛哥者，非洲之一小国，其民为阿剌伯种，其地北与欧洲相对，仅隔六十里之海面。西班牙在其北，于其北境，占一部分之地，筑炮台而守之。其东南则与法国属地亚剌芝利亚接壤，故法国谋兼并之。日俄战争以前，英与法缔结条约，承认摩国归法国之势力范围，以示德国，德无异词。盖自普法战争后，法国虑德国之侵略，乃深与俄国相结，欲借以御德，及俄法同盟，而德国欺藐之心稍杀，摩国问题既与德国无利害关系，又不欲挑法之怒，此德之所以无异议也。及日俄开战，俄兵屡败，至波罗的海舰队覆灭，而俄之兵力已不可复振，于是德以法之同盟国，已以战败而失势力，乃明示以轻藐。德皇威廉第二游摩国，说摩人以抗法，而示以德可为之助，公然不承认英法条约，法举国骇怒，舆纶〔论〕骚然，然法政府自以力不足，虽得英政府许助兵二十万，亦不敢主战，法外务大臣地利加斯辞职，政府执退让主义，以摩国问题提出于欧洲会议；遂开会议于亚利芝士拉（西班牙南境），决议以摩国归于欧洲之势力范围，受欧洲公共保护，法兰西、西班牙与摩境接近，特许以如摩国有乱，二国得最先出兵。此如甲午战争以前，清日相约，如高丽有乱，清日得同时出兵也。此为法国以退让之结果，无异以掌握中物，出而公诸列国，而摩人受法国干涉未已，更至受欧洲干涉，国人愤怒，骚动遂作，排斥欧人，攻击政府，于是法兰西、西班牙皆派兵代平内乱，国人益愤，大起革命，立新王武黎哈佛，以与旧王鸭都亚丝战，且与法兵、西班牙兵战，苦战至前月，而胜负大定，新王武黎哈佛借全胜之势，以君临全国，旧王遁于法境。夫旧王固为各国所承认而保护，且为之发兵代平内乱者也。而新王则内乱之魁首，为各国所干涉者也。然今者胜负已决，而欧洲列国之方针为之一变。德国宰相标劳王之机关报，宣言对摩政见：（一）须由摩国人民自择其君，（二）法国对摩之政策，宜明白宣示。而法国政府则宣言新王须依三条件，始得承认：（一）须承认亚利芝士拉条约，（二）代旧王还私债，（三）法民在摩之损失须赔偿。新王承认此三条件与否，虽未可知，然法政府无力助旧王之意，则甚明白，炎凉态度瞬息变易，其类势利之小人。然此无足怪者，凡谋国者皆以自国之利害为本位，他国之事变，有妨害于自者则必所不容，苟其无所妨害，则直以局外视之耳。前此为旧王代平内乱，非有所爱于彼也，特维持己国之现行政策而已。若新王而无破坏其现行政策之举，则其视之亦如前者之于其旧王耳。旧王之仆，新王之兴，与彼法国初无利害关系，何必劳其干涉乎？虽交涉之结果，今尚未知如何，然由是以观，亦可得其概矣。假使摩人当缔结亚利芝士拉条约之后，虽深怨极愤，而以列国联合干涉之故，虑内变一起，即受分割，相戒隐忍而不敢动，则惟有坐视旧王为人傀儡，而己则为奴隶之奴隶，安能成今日革命之功？又使革命既起之后，法兰西、西班牙合兵干涉之时，摩民相惊以瓜分，迎风解散，则死灰不可复燃，供他人之鱼肉而已。又安能成今日革命之功？惟摩民爱国心重，勇猛直前，百折不挠，不以旧王之有外援，而丧其气，不以强国之来干涉，而沮其势，冒百险，排万难，以行其志，今者卒能蹴政府而倒之，而外国亦因其势之既成，而泯轻侮之意，斯亦革命可以杜绝干涉之实据也。

夫摩洛哥小国耳，不足与中国相比拟，且当时之危殆甚于中国今日。当其归法国势力范围时，甚类今日之高丽，及其受欧洲公共保护，则几于无所往而不遇宗主国矣。摩民于此时而起革命，真所谓死中求活者，而能毅然无所恐怖。中国之土地广于彼，外侮之烈轻于彼，而乃瞻顾濡忍，以无动为大，若以为动则得咎者然，滋可耻也。摩民之起革命，固已受外国之干涉矣，旧王开门以迎敌师，俾代平内乱。而摩民犹能竭智尽勇，支持强敌，而无所怯，中国若起革命，必非有干涉之来也。（其理由前已著论详之。）而于未然之事，豫为恐怖，畏外如虎，以为虎卧穴中，人行穴外，将惊其睡，必来噬人，外人犹虎，势足以噬中国，宜驯静以事之，一有变动，立召分割。呜呼！为斯言者，目光如豆，胆小如鼷，纵不自惭，独不患摩洛哥人笑于旁乎！

上所论次土耳其、摩洛哥之事，在土耳其，则以不能自立，致为外国干涉其政治，乃起而革命，其结果不惟无以革命而召干涉，且并因以杜绝外国干涉政治之祸者也；在摩洛哥，则［以］不能自立，已入外国之势力范围，乃起而革命，其结果遂受外国之干涉，然革命进行不已，卒反杜绝其干涉者也。由是以观，则知国无大小，其民族有自立之性者，必能以自力建其国家，而外界之风潮，曾不足为我阻力，惟视自力之强弱而已。自力不强，虽无外患以撄之，犹是寂寂如死灰也。自力而强，虽有外患，决不能阻我之自立。然则当自立以祛外患乎？抑因外患而不敢自立乎？愿有血气知廉耻之人类，为我一决此言也。

　　孟子有言：人必自侮，然后人侮之，家必自毁，然后人毁之；国立〔必〕自伐，而后人伐之。杜牧有言：灭六国者，六国也，非秦也；灭秦者，秦也，非天下也。所谓自伐自灭者无他，其民族失其自立之性而已！失其自立之性，则必自灭其国。呜呼！中国人而忘中国为中国人之中国，则是失其自立之性也，是自灭其国也！外人恒言曰：支那民族为和平之民族，为易于被人征服之民族，设有他国人征服其地，临之以威，使之知畏，怀之以恩，使之知感，则帖然安之矣。斯言也，盖实有见于吾民族被征服于满洲，因而确知其驯而易狎，实遂由是而生瓜分之野心也。是故我汉人若甘驯伏于满洲之下，则是无异对于万国，而表示其丧失自立之性，且与之以确证也。则是无异导万国以瓜分我也。昔吾游安南，华侨黄君述法兰西人语彼之言曰：中国人性驯易使，能耐劳苦，若加以训练，可成精兵。并言咸丰时法国与英国联军进攻京津，招募中国人当兵，勤锐无前，临阵杀敌，踊跃过于法兵，此足为中国人能当兵之证。终乃仰天笑曰：此惟中国人为然，若以法兰西人处之，宁断其手，不肯向其祖国发一弹也。嗟夫！中国人闻此言者，其感情当何如？夫吾民应募之时，其心中不过欲得金钱与酒食而已；以金钱酒食之故，甘于为他人出死力以攻击祖国，戕杀同胞，一往而不顾，此在外国人眼中观之，宜其且骇且笑，而知其国之易亡，民之易驭也！吾知读者诸君见此数行，亦多伤心流汗，概〔慨〕叹中国人何无良至此。虽然，此宁足为奇乎？二百六十年来，固已习惯成自然矣。吴三桂不为满洲尽忠，以屠杀同胞，则不得为平西王。曾国藩不为满洲尽忠，以屠杀同胞，则不得为毅勇侯大学士。彼之为法国尽忠，屠杀同胞以求得金钱与酒食者，其心事与吴三桂曾国藩无丝毫之异也。金、元、清与俄、法、日本同为外国，若能悬富贵为饵，募中国人以杀中国人，自彼汉奸观之，则皆主人耳，国号之异，曾何择焉？求足以致富贵而已！是故中国人今日若肯当清国之兵，则他日亦必肯当他国之兵，今日对于清国肯设立保皇会、帝国宪政会，则他日对于他国，亦必肯设立保皇会、帝国宪政会。总而言之，民族失其自立之性而已。庚子之岁，各国联军攻入北京，万民皆插顺民旗，或书大俄顺民，或书大法顺民，或书大日本顺民，至今谈者耻之。然试观嘉定屠城记，载清兵入城，居民皆以黄纸书大清顺民四字揭于门楣，此事正与联军入北京，如出一辙。噫！顺民二字岂真为我民族而设耶？何其二百六十余年，犹牢记而不忘，且能因时而适用也？其始畏其威而以顺民为救死之具，非心事之也，迨拊循而被以恩惠，则怀其德而为之死，非惟以身事，直心事之矣！迨至旧主人踣，新主人来，其威较重，其惠较深，则以事旧主人者事之，斯则顺民之心理也。呜呼！斯即中国人导万国瓜分之根本的原因也。吾请以一言断之，欲不为他国之顺民，请自不为大清之顺民始！

欲不为大清之顺民，其道将何由？曰：惟复我民族自立之性而已。苟复自立之性，则不安于亡国，而必欲还我国人之中国。是即对于大清而发愤不为其顺民者，即无异于对万国，而表示必不为其顺民也。是革命所以能杜绝瓜分之故也。

夫国不自亡，末〔未〕有能亡之者。民族而有自立之性，决非外来之强力所能屈而服从之也。昔者拿破仑第一，摅其雄略，蹂躏全欧，击破意大利、奥地利、普鲁士、西班牙等国，分王其子弟。当其时，拿破仑之兵力，横绝一时，各国练兵，迎风而靡，莫敢与为敌者。然西班牙人不忍其国之亡，大起民兵，以与之角。夫新起之民兵，与拿破仑百战百胜之练兵，其强弱之势，不啻卵之与石也。然民心日固，百析〔折〕不挠，拿破仑殚其兵力，终不能定。其后英国知其可与有为，乃命威灵顿将军率兵助之。当拿破仑之将伐俄也，以西班牙为后顾忧，留驻大兵数十万，因是征俄之战略，受其牵制。说者谓使拿破仑不留兵西班牙，则从征战士多数十万，必无全军深入兵无后继之患。即使自莫斯科班师，亦不患无援兵接应。如是，虽不得胜，亦不甚败也。惟留兵西班牙，实足困拿破仑之战略，终至为俄人所厄，一败涂地，欧洲各国始群起以困之。然则拿破仑霸图之隳跌，实西班牙之民兵为之梗也。嗟夫！拿破仑之武略足以扫除各国之铁骑，而不能锄西班牙之民气，以此知人爱其国，决无有其能沮之者也。更征之普法战役，法自绥丹之败，皇帝被擒，全军溃坏，普兵直逼巴黎，其时法国兵力已尽，非惟无以为战，抑且无以为守，所谓存亡危急之时也。各地人民知国之将亡，各就所处，团集民兵以与普军为敌，普名将毛奇之战略屡为所困，巴黎虽破，终与定讲和条约而还。夫普乘全胜之势，铁骑所蹂宜若可以墟法之国而虏其民，然计不出此，徒以割地赔款为已足者，何也？盖普军所能胜者法之兵力，所不能胜者法之民心。法国当时兵力难熸，民心未去，使普有吞灭之志，法民必宁死不为之屈，旷日持久、劳民竭财，以攻必不可破之人心，普亦知其难也。知其不可取而后舍之，法之仅存，非其侥幸，实民心固结足使之不亡耳。惟其民志如是，故和约既结，收合余烬，以定其国，不数年间，复以富强闻于天下。然则民心未死，其国虽可破，而必不可亡，观此益信矣。是故立国于国际团体之内者，其民必不可无自立之节，内以团结同胞，外以熸消他人觊觎之志。即使一旦不幸而有战事，又复不幸而败，然民心如故，则国家之元气亦如故。世之爱国者，欲其国一存而不复亡，一安而不复危，则未有不留意于此者也。

反观吾国，二百六十余年以前，所亡于满洲者，虽曰满洲之亡我，要亦自亡之而已。彼吴三桂、洪承畴之流，身为汉奸，以屠戮同类者无论已，其他大多数之民，则人自为计，胡骑将至，各谋奔越，久置国家于不顾；当其时，民族自立之性，澌灭尽矣。即有忠臣义士，奋起义师，以图恢复者，而外侮未至，已内相倾轧，自底于亡，至于无耻者流，一闻清兵入城，竞用黄纸，书"大清皇帝万岁""大清顺民"以揭于门者，望相属也。吾尝读扬州十日、嘉定屠城、广州三日诸记，深讶吾同胞，与其坐待屠城，如何出而巷战；与其悬梁堕井投河撞壁而死，何如力战而死；与其俯受清兵之屠割淫辱而死，何如力敌而与之俱死？而尤足讶者，数十难民，聚匿屋隅，骈伏榻下，清兵一二人入，一一饮之以矛，咸震栗就死，无敢少动，又或三五清兵，驱百余难民，若群羊就牧，无敢脱者。夫百数十之难民，虽枵腹空拳，亦何惧于三数之清兵？文之错曰：如墙而进，多而杀两人，彼百数十人者，已知临命，倘群起而攒击之，清兵虽持矛握刃，寡能敌此势如狂潮之众怒者？以扬州城内被屠杀者八十余万人计之，使人人皆能战而死，则清兵必无幸也。惟其不能如是，城破之后，人人已无敌忾之勇，而又各蓄怕死之心，苟求幸免，各不相顾，平时人心已如散沙，而又惊于风鹤，魂魄亡失，耳闻胡骑鸣啸，固已全体如僵石矣，宁尚有齐心向敌之志乎？然而屠城洗村，终不免同归于尽，虏之惨酷固可恨，而吾民之怯懦无志，亦至可怜也！向使人人皆如史可法、瞿式耜、郑成功、张煌言及殉节诸君子，则中国可以不亡。不然，而使人人皆如江阴全城死敌，则神州千有余县，终非鞑虏所能一一征服，而中国亦可以不亡。然则中国之终至于亡者，正坐中国之人，非能皆有以殉死中国之心耳。世之爱国者，欲其国由亡而复存，一存而不复亡，则又安可不留意于此也。夫欲使中国亡而复存，所以有排满之事，欲使中国一存而不复亡，所以有自强之事。盖满人为已亡吾国者，故对之谋驱除而光复；外人为将亡吾国者，故对之谋独立而自强；所对待者虽不同，而其志则一也。此志实根于民族自立之性而发生，故不知排满者，可决其必不知自强。何也？对于已亡吾国者，犹不知痛，更何有于将亡吾国者乎？故吾辈观于反对排满之人，而决其自立之性既已灭绝，且从起灭绝他人自立之性，因以决其甘为清国之顺民者，必无不甘为他国之顺民。行矣保皇党，吾见汝揭顺民旗，以迎外兵之有日也！悲夫！或问曰：满洲之侵入中国，信如吾子所言矣，然其侵入已历二百六十余年之久，且今日之大患，在外国之瓜分也。然则与其先排满而求自强，何如与满洲同心合力以求自强之为愈乎？应之曰：恶是何言也？亡国之惨，二百六十余年如一日也，决不能以其久而忘之，吾人之所以排满者，非徒因满洲人之祖宗于二百六十余年前尝屠戮吾汉人也，夫使仅其祖宗尝为屠戮之事，而与其子孙无关系，则其情犹易忘（例如罪人不孥），而满洲则不然，彼之祖宗屠戮中国之人，以夺中国之主权。于是以中国之土地，为其产业；以中国之遗民，为其奴隶。身死之后，传于子孙，其子孙凭借祖宗之威权，所以压制束缚我汉人者，固与其祖宗无稍异。然则我汉人欲恢复中国之主权，非向其子孙索还，将向谁索乎？（例如其父杀人，而夺其产业，以传之子孙，则被害之业主，不得不向之追还故物也。）索还而不应，且以刀锯斧钺相向，则其凶逆，与彼之祖宗，正同一面目，吾人不仇之而将谁仇？是故复仇云者，非徒复既往之仇，正以复现在之仇也。既往之仇不能复，因而有现在之仇，若现在犹不知复，则转瞬又成既往，吾人安有复仇之日乎？且即既往之仇而论，有感情之人类，亦未易遽忘。魏时，嵇康被杀于司马昭，其子绍，终身不仕晋，山涛劝之曰：天地四时，尚有消息，而况于人乎？绍乃出仕。君子曰：绍孝子，而山涛教人忘亲事仇，犹率天下而无父。今之以仇满为不必者，得毋山涛之类乎！至于惊心外患，而欲与满洲同心御侮者，则尤为谬想。夫甘为清国之顺民者，必无不甘为他国之顺民，此义前已言之矣。抑亡国以来，吾民以威权所压，于表面上不能不顺从于彼，而仇恨内蕴，乘间辄发，以谋光复，此类被缚之人，以缚急不得自由，而其心未忘脱缚也。若翻然与之同心共事，则安其缚矣，宁尚有自振之日乎？且我国民亦思满洲之果可与同心共事否也？彼满洲者，张其凶焰，以与汉人相水火。盗憎主人，势无两立，利害相反若此，而可与言同心合力乎？往者满洲欲联俄以制日，而卒受俄害，天下皆笑其愚，盖俄无亲清之心，而徒欲以为傀儡，供其利用，故清之亲俄，直同授之以刃，而延颈就戮也。今者汉人欲与满洲同心御外，其智更出往日满洲亲俄之下。何则？俄心不可测，情不可见，易为所愚。若满人之于汉人，则二百六十余年之历史，足以证其无相合之理矣。而犹存同心之痴望，复何为者？与其言同心，毋宁言就死耳。且汉人之愚者，亦尝欲与满人同心矣，庚子之岁义和拳与政府合，扶清灭洋，是其前例也。从前清廷行事，大都以专制之力，逼人以不得不从。独其与义和拳合谋，则由虏太后、亲王、大臣等，与义和拳大师兄同心合力，相辅而行。王大臣躬为拳魁，凡围攻各国公使馆，及戕德国公使、焚教堂、杀外人等事，由清政府调遣官兵，与义和拳协同行事，此真可谓同心御侮者，顾其效可睹矣。清政府无时不欲导汉人排满之心以排外，汉人近者已觉其诈，若今犹蹈之，是欲为义和拳之续而已。且外人之视清政府，犹傀儡耳，而傲然以临于吾民之上，彼外人方利用此傀儡以钤制吾民，而吾民乃反欲亲此傀儡与之同心御外，此其愚呆不止，如晋惠帝凶年思食肉糜而已也！要而论之，以复国之正义而言，则不当与敌人同心；以汉满利害相反而言，则不能与满人同心；以满人冥顽狡恶而言，则不可与小人同心。呜呼，自强之业，惟专恃汉人，彼满人者，舍荼毒汉人外，无所事事。凡我汉人，但求所以免其荼毒者，斯可耳。若欲仰借其力，以谋自全，吾诚不知彼于荼毒汉人之外，更有何能力也？

以上所言，因论土摩革命之事，而推论及之，欲使人恍然于革命之不可已，以激发其自立之志，而无虑于外来之干涉，则斯论之本旨也。《中兴日报》1908 年 8 月、9 月，署名"精卫"）

朱执信

论社会革命当与政治革命并行

社会革命者，于广义则凡社会上组织为急激生大变动皆可言之。故政治革命，亦可谓社会革命之一种。今所言者，社会经济组织上之革命而已，故可谓之狭义的社会革命。

社会革命与政治革命当并行者，吾人所夙主张者也。方将著为长之论文，备究其相关系各方面之利害，且付于其施行之各政策之得失，加以批评，使我国民咸了于此义。则当与政治革命并行之旨亦自明了，不俟别为之论。第此其程功不得甚速，而恐未之知者讥议蜂起，故先简短言之，其详仍俟他日也。

近日《新民丛报》于本志土地国有之主张，恣为讥弹，本论实亦感之而作。然本论之主旨，在使人晓然于社会革命当与政治革命并行之理由，不专为对彼辨论而作。故篇中皆以主张为答辨，不与驰逐于末点也。

《新民丛报》所以评社会主义者要有四端：社会革命终不可以现于实际；而现矣，而非千数百年之内所能致，一也。行土地国有于政治革命时，同于攘夺，二也。利用下等社会必无所成，而徒荼毒一方，三也。并行之后，无资产之下等握权，秩序不得恢复，而外力侵入，国遂永沦，四也。其前二者，非本论范围，故将以他篇辟其谬说，而本论则就后二者之立论。

由是首明社会革命之原因；次举社会革命与政治革命相关之场合；次中国现在可并行之理由，所以破其利用下等社会必无所成之说；次并行之效果，所以解秩序不复，国遂永沦之说也。

论者于社会主义多所诋諆，羌无理论根据。假令一一拾取其凶秽之词，还加彼身，恐彼亦无缘能自为解。顾此非吾辈之所屑事也。至其误谬之原，则吾可揭之以告于天下。盖世每惟不知者乃易言之，又易而攻之。惟不知而多言之，复不自省，乃生自为矛盾之结果。然后有以今日之我，与昔日之我挑战之一说，以为解嘲。曾不知苟其不知而言如故者，虽百反复，其结果一而已，安事此挑战。为见一新说以为可以诧于人，则弃其旧说而从之，无所顾惜。实则其不知新说犹是也。而其旧说所以弃之若是其易者，则正以其始绝未知其实际，而遽易言之故也。故往者昌言经济革命断不能免，绍介圣西门学说（今论写作仙士门，意论者犹未知为一人耶），惊叹濠洲新内阁，以为二十世纪大问题。曾不过再期，而遽以为空想妄论，世之人当亦同评之。第令略知其始之主张，全不知社会革命之真。今之排斥，亦信口雌黄，则亦当失笑也。慎言君子之德，固非所以勖于论者。惟世之人知其妄言而不为所迷感〔惑〕，则所庶几耳。

抑尤有妄诞可慨者，论者目不通欧文，师友无长者，世所共知。而冲口辄曰世界学者之公论，世界学者之公论。将依论者涉猎所及之一二书以为断乎，抑知学派有异同，学说有变迁沿革乎？夫往者诚有排社会主义者，顾其所排者非今日之社会主义，而纯粹共产主义也。若是谓今日不能即行，吾亦不非之。顾自马尔克以来，学说皆变，渐趋实行，世称科学的社会主义（Scientific Socialism），学者大率无致绝对非难，论者独未之知耳。而吾辈所主张为国家社会主义，尤无难行之理。论者但观一二旧籍，以为世界学者之公论尽是，虽欲不惊其妄诞又焉可得耶？假此可为世界学者之公论，则十七八世纪中霍布士、马奇斐利亚辈之说，亦尝风靡一时，何不执以谓君权不当限制之说，为世界学者之公论也？

彼又述孙逸仙先生之言，谓社会革命当与政治革命并行者，政治革命时死者太半，易于行社会革命，意将以怵世人而巧获同情也。然先生当时语，彼实只云政治革命之际，人多去乡里，薄于所有观念，故易行。左证具在，何尝如彼所云乎？妄诞不已，继以虚诬，吾不知其所谓信良知者果如何也。此皆于事实有不可诬者，故附论之。至于其主张之理由，及实行方法，俟诸他篇。

（一）社会革命之原因

穷社会组织经济之弊，以明社会革命之所由来，非为社会革命则不可者，非一二页所能尽，亦非本篇之所事也。

然方言社会革命，当与政治革命并行，则不得不先言社会革命原因之存在。苟无此不得不行之关系，则社会主义束置高阁可也，复何用詹詹炎炎为？故于此虽不暇分析证明，而断不可不知者。社会革命之原因，在社会经济组织之不完全也。凡自来之社会上革命，无不见其制度自起身者也。此必然之原因也。至其他有所借而后暴发者，偶见之事，固不能谓社会革命绝不缘是起，而言社会革命无必然之关系，则非所论也。而今日一般社会革命原因中最普通而可以之代表一切者，则放任竞争，绝对承认私有财产权之制度也。今日之社会主义，盖由是制度而兴者也。因其制度之敝而后为之改革之计画者也。于英，于法，于德，于墺、意等，无不皆然。而俄罗斯则独小殊，谓之例外可耳。于此二断案之当证明辨论者不鲜，今俱略之。惟有不可不置一言者，世之知社会主义而言之者，必归于社会贫富悬隔而起，此其言固无误也。岂惟无误，先辈诸大家实主张之。余辈未尝非之也。顾今不言社会贫富悬隔，而言社会经济组织不完全者，是有三故焉：

（1）贫富悬隔者，社会经济组织不完全之结果也。此最易明者也。凡学者言救贫富悬隔之弊者，莫不更求之本原。所谓本原者，放任竞争、绝对承认私有财产制是也。夫绝灭竞争，废去私有财产制，或不可即行；而加之制限，与为相对的承认，则学理上殆无可非难者也。惟放任竞争一不过问，故其竞争之结果，生无数贫困者，而一方胜于竞争者，积其富，日益以肆矣。假如放任论者所言，竞争之胜负，一准于能力之多寡，则其败者只缘己力之不竞，宁不类于至当。然实际竞争之优劣，以能力而判者，至鲜。能力诚足以为竞争之助，而非一视之以为优劣者也。然则决不得以应能力多寡，享富多少之适宜，证放任竞争之必归于适当也。此原其始以言也。一度有优劣之分以后，胜者鞭策不胜者，使匍匐己下，而悉挹其余利以自肥。此少数已胜者与多数已不胜者，更为竞争时，既立于不平等之地位，而往者之竞争，其胜负决于种种之偶然事实，今乃一决于资本之有无，必同有资本或同无资本始有真平等竞争行其间耳（亦或有起家寒素而卒致巨万者，为仅少之例外。即有之，亦非大多数之福利也）。此少数富人间亦复相为竞争，必至富归于三数人之手乃止。故放任竞争，与贫富悬隔有必然之关系者也。抑不由放任竞争，固不得致贫富悬隔也。贫富悬隔，由资本跋扈；不放任竞争，则资本无由跋扈也。更从他方面以观，则无私有财产制，不能生贫富固也；有私有财产制，而不绝对容许之，加相当之限制，则资本亦无由跋扈。即于可独占之天然生产力，苟不许其私有，则资本之所以支配一切之权失矣。故必二者俱存，而后贫富悬隔之现象得起。（独占者，排斥他人之竞争者也。而所以得为独占者，由从政者以为排斥，亦竞争之一方法，而放任故也。）言贫富悬隔，则决不能离此使之悬隔者。故言社会经济组织不完全，而放任竞争，绝对承认私有财产制，为社会革命之原因，非过也。（尚当注意者，放任之竞争，决非自由之竞争。旧学派主张自由竞争，而贵放任者，以当时干涉使不自由，故为有当。今则缘不干涉乃反不自由，故不得以彼说左吾说也。）

（2）虽未至贫富悬隔，可为社会革命。盖社会革命者，非夺富民之财产，以散诸贫民之谓也。若是者，即令得为之，曾无几何之效果，可谓之动乱，不可谓革命也。既为均之，复令为竞如昔，则无有蹈覆轨而不颠者也。诚为革命者，取其致不平之制而变之，更对于已不平者，以法驯使复于平，此其真义也。故假其不平之形未见，而已有可致不平之制存，则草〔革〕去其制，不能无谓之社会革命也。此固推极以言。然就中国前途论，则此决不可忽也。中国今日固不无贫富之分，而决不可以谓悬隔，以其不平不如欧美之甚，遂谓无为社会革命之必要。斯则天下之巨谬，无过焉者。当其未大不平时行社会革命，使其不平不得起，斯其功易举也。而常人不易知其必要，逮于不平既甚，则社会革命之要易知矣，行之乃难。于其难知易行之代得知而得之，则不远胜于难行易知之代不得已乃行之乎？故言苟有是制，即当为社会革命，视言贫富悬隔，尤直截耳。

（3）社会革命尚有不因于贫富悬隔者。盖社会革命之名，于往代之经济制度变更，亦当用之。然则如自封建时代之经济制度，变而为放任竞争制度之际，亦可言社会革命也。普通言社会革命固不含此义，然自理论上言，则实当函之。是固非由贫富悬隔起者，而言社会经济组织之不完全，则无所不包也。

（二）社会革命与政治革命相关之各场合

既有革命原因之存，则不能不为之矣。于是乃生当与政治革命并行否之问题。此可就社会革命与政治革命相关系之各场合而分论之。

于两者中仅一之原因存在之场合，则无社会革命原因者，惟为政治革命而已足。此于往者革命最常见者也，其例既至多，不悉举。

若仅社会革命原因存在之场合，则反之，而不必为政治革命。虽社会革命之结果，生社会上势力之消长，从之政治上势亦有变更，顾不得以谓此即制度之变更也。固亦有以势力之消长，使其制度变至不良者。若是者，社会革命可为政治革命之原因。第此事实极少，仅可得之想像。至于近今，实难遭之。缘政治组织与经济组织相分离久，即有富族势力显于政治上，亦不过其最小之一部分，甚不足道（此就现在以言，过此以往，则不可知也）。决不因其势力消失，而致有根本之变动也。欧洲之列强，今日大抵处此地位。如法，苟为社会革命，其必无改共和立宪制，可必也；如德，苟为社会革命，其必无改联邦君权立宪，可必也。其根本既无改矣，则其枝叶有变动，亦改良进步而已，非革命也（如以财产额、纳税额而令选举权有多少之制，既为社会革命后，则此阶级终至消灭，而为之设之制度亦归无有，此即其变动之最大者，然亦不能以谓根本之变动也）。

要之，凡仅一原因存者，无并行之场合。

至于两原因既并存矣，则如何始可并行乎，乃方今所当研究者。于此可从其革命运动之主体、客体，而分别为数场合。（主体者，革命运动之力所从出；客体者，其力之所加也。故探源以论革命之客体为一制度。所以为革命者，固非仅欲祛此阶级之人，实由欲去其有此阶级之制度也。然则言革命客体为一阶级者，近于不论理。但自实际之方面言，革命者，阶级战争也。自革命之方立〔面〕言，则为此运动之阶级主体也；对于此运动为抵抗压制或降服退避之运动之阶级则客体也。今所言用此义也。）

凡政治革命之主体为平民，其客体为政府（广义）；社会革命之主体为细民，其客体为豪右。平民、政府之义，今既为众所共逾〔喻〕，而豪右、细民者，则以译欧文 Bourgeis 、Proleterians 之二字，其用间有与中国文义殊者，不可不知也。日本于豪右译以资本家，或绅士阀。资本家所有资本，其为豪右，固不待言。然如运用资本之企业家之属，亦当入豪右中，故言资本家不足以包括一切。若言绅士，则更与中国义殊，不可袭用。故暂锡以此名。至于细民，则日本通译平民，或劳动阶级。平民之义，多对政府用之。复以译此，恐致错乱耳目。若劳动者之观念，则于中国自古甚狭，于农人等皆不函之，故亦难言适当。细民者，古义率指力役自养之人，故取以为译也。

由是可由革命运动客体之位置，别为二场合，曰：（甲）政治革命运动客体，与社会革命运动客体为同位之场合。（乙）政治革命运动客体之〔与〕社会革命运动客体为异位之场合。

于（甲）之场合，两革命运动之客体为同位，故其革命必要并行。盖豪族而居政府，以其经济上之势力，助政治上之暴，因施为法，益增其富。而此蚩蚩者，既苦苛暴，复逼贫饿，益不能自聊。此非并行政治革命、社会革命，终无能苏生之日，决不可以谓既得其一，斯当知足而止，余更俟之他日也。其政治革命与社会革命，两相依倚，成则俱成，败则俱败者也。令政治革命幸得成功，而不行社会革命者，则豪右之族跋扈国中，不转瞬政权复入于彼手，而复于未革命以前之旧观矣。又令不为政治革命，而为社会革命者，则彼挟其政治上势力，可为己谋便安，制为专利彼族之法，社会革命之效果，亦归于无有也。抑当是时苟力足为政治革命者，亦即能为社会革命无他阻挠之可虞者也。故曰，必当并行。今日之俄罗斯居此状态者也。俄国之经济制度，尚未脱封建时代之状态，其挟经济上势力者，大抵为贵族、僧侣、地主，而是三者固皆有政治上势力之阶级也。故俄国之革命，皆并行政治革命、经济革命者也。（俄人有自诩其经济组织，不落于自由竞争制度之惨状中者。然其不竞争，乃禁制一般人民，使不得与地主、僧侣等争耳。是固非大多数之幸福也。故其改革，必不可已者也。若其改革，得能直为共产制乎？抑仅制限竞争而犹于相对范围内认私有财产制乎？尚有问题。虚无党等所主张为绝对的共产主义，余辈亦不能无疑之也。）

于（乙）之场合更可分之为二：（1）政治革命运动之主体，为社会革命运动客体之场合；（2）不然之场合，是也。于（乙）之（1）之场合，政治革命与社会革命不能并行者也。何则？政治革命运动之力，出诸豪右之手，而不出诸细民之手，则是时社会革命运动虽欲起而无从也。（所谓革命运动之力之所出，谓主要之部分。故往有豪右对于政府之反抗，而劳动者参加之者，其力不能不谓自豪右出，又非发起鼓吹之谓。如马尔克、圣西门皆非窭人子，其所鼓吹者，固大有造于社会革命，然社会革命运动之力，亦不得谓从彼出。盖其鼓吹者，不过兴发其力，而非力之本体也。）借欲为社会革命，则反以利政府，而两无所成也。故两者不可不牺牲其一。而欧洲十八世纪之末，以至十九世纪之前半期，凡有革命，皆牺牲社会革命，以成政治革命者也。于时，虽有社会革命运动，而皆不得成功，良由此也。而以是之果，致今日欧洲诸国不得不更起第二次之革命，其幸则以平和解决，不幸则希查标柱之惨状，旦夕间见矣。夫其初之不能不牺牲其一，欧洲之不幸也。而今日之危机，殆亦当时为政治革命者所未尝梦见者也。苟无彼欧洲之不幸之原因，无政治革命运动主体为社会革命运动客体之事实，而误援欧洲之历史以自偶，无故而使社会甘其惨祸者，是亦敢于祸社会也已。

次（2）之场合，两革命原因并存，而社会革命客体与政治革命无涉，则利并行者也。政治革命运动之客体，虽非社会革命运动客体，而社会革命运动，不为政治革命运动之妨，则以一役而悉毕其功者，其必胜于因循以贴〔贻〕后日之悔者明矣。夫政治革命与社会革命，其运动之客体往往殊，而其运动主体则今无多异也。苟其政治革命之力，自大多数人出者，此大多数人之必什九为社会革命运动主体。于是时，政治革命而奏功者，则同时以其力起社会革命，非甚难事也。抑惟政治革命时，人心动摇，不羡巨富，于是垄断私利之念薄，而公共安全幸福之说易入于其心也。逮事既平，则内顾慊然，不自足于饱暖，而进思兼人之奉养，乃苦谋所以得之者，则必求便己营利之制。语以人各百金者，不以为喜；语以百人而其中一可得万金者，则雀跃从之；常私自诡必得，而不虑其不得之困矣。惟在患难，乃于公共之利害明，而为一己冀饶获之念不切。故行社会革命于平时者，其抗拒者必多；以与政治革命并行，则抗拒者转寡。此吾人主张并行之第一理由也。岂有死止强半，乃利于行之说哉？

（三）中国现在当并行之理由

熟观上所列举之各场合，则中国现在是居中之何等乎？得以社会革命与政治革命并行乎？吾人乃可得为之答曰：中国社会革命与政治革命原因并存，而居上举（乙）之第二之状态，社会革命宜与政治革命并行者也。谓两革命原因同时并存者，政治革命之不可以不行，既为一般所知。至谓中国有社会革命原因，则往往有憾而不信者，此误信社会革命原因惟由贫富已大悬隔之故也。贫富已悬隔，固不可不革命；贫富将悬隔，则亦不可不革命。既有此放任竞争，绝对承认私有财产制之制度，必生贫富悬隔之结果。二者之相视，为自然必至之关系。然则以有此制度故，当为社会革命无疑。余辈前此所以不言社会革命之原因在贫富悬隔，而言在社会经济组织不完全，以此也。而中国今日固已放任竞争，绝对承认私有财产制者也，故不得不言中国有社会革命之原因也。然而俱有其原因矣，乃其革命客体绝不相关，故不得为上举甲之状态，此即中国革命所以有殊于俄罗斯之点也。今者，老朽之政府，诚亦各蓄货财，顾其富或缘贵得，而决非与贵有不可离之关系，此自古而已然。至入虏廷，则尤忌以多财闻。自乾隆行最阴险之计略，以吸集金资（乾隆纵督抚贪婪，俟其满载归则籍没之，谓之宰肥鸭。彼无丝粟强取之名，而汉人膏血已尽矣），即富者亦不敢扬声于外，而实际有财者皆远于政府。咸同以后稍稍变，然决不得谓有财者必为官吏也。若彼满洲之族，则以禁营业故贫困太半，是以政治革命运动之客体，决不与社会革命运动之客体为同物者也。两者既非同位，则必居乙之（1）（2）两场合中矣。而今日社会革命运动之客体，果为政治革命运动之主体否乎？中国并行政治革命、社会革命之利害问题，视以解决者也，而余辈不惮答之以否。何则？中国历史上无如是之状态。即现时革命运动，亦绝不以豪右为中心点故也。中国往代揭竿之事，多起于经济之困难，于汉、唐、明之末季尤著，此最当注意之点也。由此以扩充之，则经济组织能早完善，不致召今日之社会革命，未可知也。惟图苟且之安，而无百年之计，政府未覆而戴新主，及其功成，相与休息，吏〔更〕不闻有为谋大多数衣食完足之道者，此致足惜者也。然中国革命运动之力不出于豪右之族，证左亦以昭矣。至于今日革命之运动，则尤易见。自南都沦丧，唐桂二王先后不禄，中国悉委于腥膻。而东南会党，所在团结，蓄力待时，二百六十年如一日。此其组织者为何等人，亦当为世所共知矣。今后革命，固不纯恃会党，顾其力亦必不出于豪右，而出于细民，可预言者也。故就中国今日之状况而论，决不为乙之第一之状态，而当属于其第二之状态。从而由上节所论之理由，以并行政治革命、社会革命为最有利。

然而非社会革命之说者则曰："以之（社会革命）与普通之革命论并提，利用此以恃一般下等社会之同情，冀赌徒、光棍、大盗、小偷、乞丐、流氓之悉为我用。惧赤眉、黄巾之不滋蔓而复煽之，其必无成，而徒荼毒一方，固无论也。"此其论绝武断而不举其理由，固莫知其何以为蓍龟而卜筮是。顾强从其不条理之论议中为之整调，则论者所以为是言之由，亦致易测。盖论者认社会革命为强夺富民财产而分之人人者也。故谓甲县约法之后，乙丙诸县，虽如晚明之扬州、嘉定而不能下也。又谓行民生主义，其地方议会议员，必皆为家无担石、目不识丁者而已。盖其意为富族畏避而贫民专政，则将以社会革命妨政治革命也。夫社会革命固将以使富平均而利大多数之人民为目的，而决非如论者所意想之简单者也。从制度上而为改革者也，既有善良之制，则富之分配，自趋平均，而决无损于今日之富者。何则？偃鼠饮河，不过满腹。生养死葬，各得其所。白余之富，皆赘而已。今日营营于富者，叩其本心，果何所谓乎？恐其什九以惧贫之不可

堪，而非以富之可乐也，为避贫而后为富，然则使菽粟如水火，无不足之
虑者，又安用此过量之富为。故就终局而论，则社会革命固欲富者有益无
损也。至于其进行之手段，则各学者拟议不同，要之必以至秩序、至合理
之方法，使富之集积休止。集积既休止矣，则其既已集积者不能一聚不散
（凡富无不散者，即在欧美富之集积盛行，而一面仍因相续等事散之也）。
散则近平均矣。此社会革命之真谊也。故其进行之时，亦无使富者甚困之
理也。今日欧洲豪右所以甚恶社会革命者，彼自恐惧于绝对共产主义之说，
乃一切深闭固拒。又一方以值承平，储蓄之望盛耳。中国现在无此原因，
则其畏避之情当减。第既为社会革命矣，则固亦豫定豪右之必为抵抗。第
有之，亦决不足为政治革命之阻。何则？凡对于社会主义为抗抵者，必甚
富者始力，而中产者乃中立无所属而已。而方政治革命之际，彼素封之家，
先已望尘畏避，何俟社会革命之驱之耶？大抵中国富族，对于政治革命什
九持两端，视政府利则从政府，洎革命军捷，则又从革命军耳。其所欲者，
惟在保其现在已集积之富，而不在希望将来之巨获。社会革命富人所失者，
为将来可幸致之巨获，而非已集积之富。（社会革命固亦行以渐分散已集积
之富之策，然分散者合理的分散，不可言失。）彼既避政治革命，则与社会
革命无与。若其来归，则亦必不以将来可幸获之失，伤现在已集积者之保
护明甚。故谓富民畏避，为政治革命之阻说，非也。次其言贫民当政，则
直不通之言也。试问贫无担石储者，何以无为议员之资格乎？议员一用贫
民羼入，则秩序立乱乎？犹是横目两足，犹是耳聪目明，独以缺此区区阿
堵，故不得有此权利，吾不知其何理也。使此说而正也，则桓灵卖官之
政，乃真能应富以官人者，唐虞明扬仄陋，直秕政耳。捐纳之制，其可永
存；而平等之说，直当立覆也。试以叩之天下具五官百骸者，恐除论者外，
无一人而不应之曰，否矣！且今日诸国议院，无不有多数出身贫民之议员。
即如此次英国新选举，劳动党所选者，强半出身工人。论者又将何说以云。
至云目不识丁，则尤可笑。普通选举之际，于被选选举者，未尝不可定教
育之资格；岂有悉选无教育者之理乎？论者岂不曰，地方议会，使富民占
优势，固专偏利富民；使贫民占优势，亦有偏利贫民之弊。然须知贫民者
居大多数，不如富者之居少数也。居少数者欲自利，则可背公而为不正之
议决。若为大多数之人代表者，则其议决势不得私。盖地方议会可议决之

事项有范围（府县会之权力决不能比北美各州，此沿革上使然者也），于此范围以内，谋大多数之利益，则不能屏富者使独不可享也。故贫民之专擅，决不必虑，而因贫民专政以妨政治革命进行之事，更无有也。

抑于中国尚有利于速行社会革命之理由二：即中国今日富之集积之事不甚疾，一也。中国社会政策于历史上所屡见，不自今日始，二也。中国经济上放任竞争之制虽久行，而贫富今尚不甚悬隔，此由物质进步之迟，大生产事业不兴，而资本掠夺之风不盛，从而积重难返之患，社会革命之业轻而易举。不及早为之图，则物质的模仿且晚行，而此利便为全失矣。抑中国古以兼并为罪，盖沿封建之余习，而其言为儒者所称道，因之深入人心。汉代诏敕，尊农贱商，亦本制富集积之旨者也。自是以降，虽不必常奉斯旨，而凡谋抑富助贫之策者，亦率以善政称。顾是皆流于末而无探其本原以为救济之策，其可称真为根本之计者，独荆公之青苗之法耳。不幸而奉行不称厥旨，遂以重祸。然当时所訾于新政者，除苏轼之无知妄论外，大抵皆攻击其办法之不善，而不能言其制法之意之非也。要之，抑豪者而利细民者，中国自来政策者之所尚者也。因而改善之，以为根本之改革，决不能谓为非适合社会心理者也。由此二点以观，中国今日实最利行社会革命之日也。而此最便行之机，稍纵即逸者也。然决不能无为政治革命而径行之。何则？行之必借政治上权力，而非有政治革命，平民不能握此权。然则言社会革命，当与政治革命并行，当然者也。更就土地国有论之，则此观念亦于中国自古有之，地税至唐称租，即显国家为地主之义，而其称有土者，不过有永小作权者而已。自两税法行而此表现失矣。然虽唐以后，庶民对于地税之观念，与他种税之观念，终不能谓无别也。更举近世之例，则于明初屯卫之制，其田皆国有者也。明初所以得行此者，亦正以政治革命之从易为功也。现于其后欲赎取已卖之田，犹患费无所出。乃其初设时若甚轻易举者，斯亦可知其故矣。行土地国有于政治革命之际，果何事强夺耶（明尚有皇庄之制，然为君主私产，非国有者也，故不能以为例）。

（四）并行之效果

既曰以并行为便矣，则其并行后见如何之效果乎，决不可不一言者。然此当注意者，并行之效果，谓社会革命及于政治革命之影响，政治革命及于社会革命之影响也。若政治革命、社会革命自身之效果，则非今所论也。

难并行者之说者曰："充公等之所望成矣，取中央政府而代之矣。而其结果，则正如波伦哈克之说，谓最初握权者为无资产之下等社会，而此后反动复反动，皆当循波氏所述之轨道而行。其最后能出一伟大之专制民主耶，则人民虽不得自由，而秩序犹可以恢复，国犹可以不亡。若无其人耶，则国遂永坠九渊矣。即有其人焉，或出现稍迟，而外力已侵入而蟠其中央，无复容其出现之余地，国亦亿劫而不可复矣。"此彼所以为最后之论点者也。而吾不得不惊条理之错乱，论据之自相缪反。盖论者之旨，以为并行则秩序纷乱，而外力侵入也。其所言虽若两，而实则根据于一。破其秩序纷乱之说，则外力侵入之说，亦无从立也。乃问其言秩序纷乱之由，不出波伦哈克数语。此可谓奇谬矣。夫波伦哈克之说，久为学者所摈固无论；今假波伦哈克之说为正，亦政〔正〕足以为社会革命当与政治革命并行之证左，而不得以为攻之之器械。何则？波氏所论，为未行社会革命之前之国家故也。波氏之所根据者，法国之历史也。而法国之大革命，绝无社会革命之分子存于其间者也（不惟然且有助长竞争及绝对承认私有财产权之点，此可从人权宣言中见之者也）。惟未为社会革命，故有贫富阶级，代嬗以秉政权之说也。社会革命以阶级竞争为手段，及其既成功，则经济上无有阶级。虽受富之分配较多者，亦与受少同等，不成为特别阶级，故绝不能言一阶级（经济的）握有政权，更不能言自此阶级移之彼阶级。由其无两，故不得称阶级，亦无彼此可言也。故决不能由波氏之说，以证社会革命有害于政治上秩序。则波氏之言之本不实，乃更无庸辩也。

以余辈观之，则社会革命与政治革命并行，有相利而无相害，此可分两方面言之。

（甲）社会革命及于政治革命之影响。此质言之，则政策不受社会经济上势力之摇动，而无为一私人经济上利益牺牲，为大多数幸福计之政策之事，是经济阶级不存之所利也。

（乙）政治革命及于社会革命之影响。此之利社会革命者，于方行时既已有前述之便，而在既行之场合，亦尚有之。即已有政治革命者，社会革命后之完备组织，无为政治不良而被破坏之虑是也。借欲行至完美之组织于专制政〔府〕之下，则缘被以阶级为制度之精神，故必两不相容。于是两相激荡，专制之败幸也，其胜则此制湮矣。故欲其制之安全永久，亦必政治革命已行而后可得也。

　　要之，本篇之论重于破邪。而以欲破邪说，故不能不根据于社会革命之原理。故简单举之而未暇致其曲。略欲一一发挥之，则非十数万言不能明其崖略，非此区区数千言所可尽也。故证明推论之事，皆让之他篇。世有有志社会革命者，尚当徐相与研究之也。（《民报》第五号，1906 年 6 月 26 日，署名"县解"）

就论理学驳《新民丛报》论革命之谬

　　于欧洲言论理学，必溯诸希伯来人以前，至亚里士多德勒以为集大成矣，后儒加之，文缘而已。中国则自明李氏译《名理探》始，暨艾氏译《辩学启蒙》，皆不行于世。严氏译《名学》后，世乃知有一科学，为思之法则尔。然吾窃观世之读名学者，什九震于严氏之名而已；以云深喻，殆未可也。然则中国之人，自来无有论理学。（坚白之论，实不与论理学同物，特论理之应用而已。）宜其为论，常逾越轨范矣。乃刺取古人立论之方，绳以论理学之法，又未尝数谬。转而察之彼大秦之国，论理学成一科，业二千余年者，其抵牾亦未尽绝迹也。昧者以为大惑，虽然，是奚足怪！凡一学科，其应用恒先于纯理，又其纯理既明以后，应用之亦未尝无陷于偏颇之忧也。奈端未发明地球引力，而人知置器之为安。方程之术，始见《周官》。其前此错糅之数，遂无发生之事乎。钻燧而取火者，神农之道，是时物理之学，两物摩荡而热生之理，固未尝见知也。乃至精神之学，尤无不然。盖凡学者，皆根据于吾人之理性，以发生自然之法则也。其至简者，夫妇能喻。而其繁赜之点，专门之士，所不及周知。然常人应用之者，固在简不在繁也（如汽船应用物理学、化学、机械学等各专科，司船者固不必一一知其穷极，然不碍于航海也）。故论事而求不悖于论理学之大原则者，常人所能决，不得以能之自矜，犹食粟之不得为异众也。及其繁赜之点，欲应用之，固非专治之者不可。借其非然，动辄成咎。此所以虽欧洲今日，不无戾于论理之说也。此实至常之理，无足诧者。乃吾视今之人，往往以为论理非吾侪所知，亦已孙让失衷矣。奸者乘之，而袭论理之外形，以自文其浅陋，抑尤足为痛恨者也。盖近今张言知论理学，而数胪之矜以为珍鲜者，无过于《新民丛报》，故不惜沘笔一发其覆。若夫探索幽隐，则固专门家事，非所敢妄为论议耳。

《新民丛报》于寻常论议，率陈三段式（严译连珠），而其于告白，自赏扬其特色，亦数遵据论理焉。意者三段论法，惟彼知之耶。然三段论式，或为人所不习知，若其原理，则固童稚所得喻者。与儿童言桃李为植物，植物生物也，则彼必能决言桃李为生物，不待甚智者乃能知之。若仅得知之，遂以自豪者，是儿必极鲁钝，而不可教，以其难之也。三段论之在论理学，犹"全大于其分"诸题之于几何学。于是招而举之以为能，宁得不为之失笑哉。昔有荐举者，以有操守为言，其人遂不答。由有操守者士之常，以有操守为殊者，其操守亦不可恃也（见汪龙庄所著书）。今之言论理学，无乃类是乎？盖论者初不知论理学，獭祭之余，偶习其式，以为人之不知亦当如我，则以文饰吾论，或亦足以欺人。一身为之，而莫之斥。不惟自满，又以骄人。乃有"请遵论理赐答辩"之狂语，曾不知其见丑于识者也。利用一般人不敢自信知论理学之道德心而欺之，既复睥睨一切，为社会计，亦决不能无摘〔擿〕发之也。

论者之不通论理学之点，皆每言辄见。特缘论者自不知论理学，即亦无从自知其有误谬。实则其自为抵牾，路人所能语者也。今固不暇一一匡其谬，特就其言论理学之点，为天下暴之而已。傥论者从此不言，亦藏拙之一道也。由是自其误谬之重点，分之为三：曰认识之误谬，曰形式之误谬，曰内容之误谬。下分言之：

所谓认识之误谬者，于事物之义解不了然，而强附会之以为根据，或攻击之也。于是其根据为无实，其攻击为无当。即如彼论根据《星台遗书》："苟可达其目的者，其行事不必与鄙人合也"及"鄙人所主张固重政治而轻民族"二语，遂谓星台之视种族革命，不过以为间接补助之手段。苟有他手段焉，足达政治革命之目的，则此手段不辞牺牲之。此则陷于二重之误谬者也。盖其言行事不必与己合，为革命目的不可牺牲，手段可牺牲者，谬也。星台所言，自为革命以外者发，观其文义，自当了然。盖《星台遗书》自"不必与鄙人合也"以前，言人所当为。下乃言己所怀抱，文义截然。而此"不必与己合"一语，决不为与下所自陈诸说异议者发。其所谓同目的者，指救国之共同目的也，承上文"亟讲善后之策"云云以为言。顾不能谓此为目的，他皆手段；又不能以为惟政治革命得为救国手段也。盖苟同有此救国目的者，则可于社会上种种方面为活动，而不必于政治界为之之谓也。然而己之政治革命之目的，则固与种族革命、社会革命之目的，各立并行，相为关系，而不相为手段，即亦无有一可为牺牲者也。言人之行事，虽不妨不与己合，不能以谓为己所抱持可为牺牲。犹构大厦，或集材木，或从事版筑，或斧削而雕刻之，其相视皆不妨不与己合，以有建屋之共同目的故。而己之目的，固不以有他而牺牲。星台之意，亦实若是。同为欲救国者，可为教育家，可为实业家，可与革命两不相妨。至于同为革命家者，固非此言所及。若实畏选不敢为，而姑妄言革命者，尤非星台所屑与言也。又其言重政治而轻民族，以种族革命为间接手段，亦谬也。星台言重政治而轻民族者，谓其言革命之理由，为政治之利害，非民族之感情；不谓其为革命之目的在改政治之组织（政治革命），不在改其组织之内容（种族革命）也。论者须知种族革命与政治革命并举，为偶然沿用之名，绝非除种族革命于政治问题以外之谓。言种族革命者，固有以社会上之理由（复仇）者，亦有以政治上之理由者。星台所谓轻民族，谓民族间之感情而已。夫吾辈主张社会上理由，谓感情之已睽，则我族不得雪其沉冤，社会终无发达之望。星台不与之同，诚为不幸。至其政治上理由，则星台与吾辈所主张同一，观其前后著书，已大可了解，即遗书中亦既言之矣。其曰："至近则主张民族者，则以满汉终不两立。……岂能望彼消释嫌疑，而甘心与我共事乎？欲使中国不亡，惟有一刀两断，代满洲执政柄。"又曰："政治公例，以多数优等之族，统治少数之劣等族者，为顺；以少族〔数〕之劣等族，统治多数之优等族者，为逆；故也。"即此可知星台对于种族革命之观念，实为最后决心，一定不摇，以为目的，而非以为手段。又可以见吾言星台言革命（种族革命在其中）之理由，在于政治利害之非谬也。论者不之知，而以种族革命非目的为根据，而攻击以种族革命为政治革命手段者之非，其言固一无所当耳。凡论中认识错误之点，类此者不可胜数，今亦不暇悉为论。特以为论理之前提者之误若是，即其论理之内容可知，故摘发之如此。

　　所谓形式之误谬者，其为论理对当之误谬，及其证明己说方法之误谬也。其大者有二点：

　　首为驳"不为种族革命不能立宪"说之误谬。盖言"不为种族革命不能立宪"一语，从严格之论理，则只一全称否定革命题（严译谓之全谓否词）而已。第从此命题以推测则必别有一"有为种族革命者能立宪"之一特称肯定命题（否词严译谓之编谓然词）者存。盖凡言物上于两端言，不为种族革命不能立宪，则能立宪者必存在于为［种］族革命之场合中矣。苟欲对此为驳理者，则只可言有不为种族革命者能立宪，则可破前之全称否定命题。不然，则当言凡为种族革命者不能立宪，则可破后之命题也。然观《新民丛报》之论，固未尝言此二命题，而直接用归纳法。夫归纳论理以证己之是而已，苟欲适用归纳法以破他人之说，则必先立与他人之说反对或矛盾之主张（论理学上言反对与矛盾不同，详大西博士《论理学》第一编第三章中），乃以归纳法明己说之是，决无有如彼之错乱者也。乃继观其所以为论证者，则尤足异。盖其可为"有不为种族革命者能立宪"之证佐者，仅问者曰，以下十行（《中国存亡一大问题》第八十七八页），而其不可用既如后所述，而在其前之三十七行（同八四页至八七页），张言类同法、差异法，乃无一字可为足破吾辈所主张之两命题之证佐者。其所得证者，有非不为种族革命不能立宪，次则证有已立宪者仍生种族问题而已。如言日本、法、普、西、葡诸国，往者非不为种族革命。（甲）而不能立宪（呷），此但证"有非不为种族革命者不能立宪"而已，不可以破"不为种族革命不能立宪"之命题也。此得为不能，彼未尝不得为不能故也。又不可以破"有为种族革命者能立宪"之命题也。虽同非不为种族者，而有能立宪者，亦未尝不可有能立宪者故也。次举明为种族革命不能立宪，其所得证亦与前同，止于有为种族革命者不能立宪尔。然则其不能破吾辈所主张，亦犹是也。次就其南非二国以论，则尤可笑。波、亚二国未败于英之前，固已非专制矣，是则立宪而后有种族者也。其所可得证者，既立宪犹须为种族革命止耳，与"不为种族革命不能立宪"之言，真犹风马牛不相涉也。故此三十七行中，无一字足破吾辈之主张者也。（尚有彼于类同法标称之下，用差异的研究法亦一笑柄。虽无关宏旨，亦足以觇论者于论理学之深矣。）

世有疑吾言者乎？则吾更可至浅近之例明，无事如论者之罗列干支，故令人难解为也。记有之："玉不琢，不成器。"此命题亦当无不承认者矣。然以论者之归纳施之则如何？试以论者所谓类同法（实差异法）之例推之，则可云："某玉非不琢者，何以不成器。"此足以破前说乎？必不然也。盖言

"玉不琢，不成器"者，不言"玉非不琢者即成器"也。犹言"不为种族革命者不能立宪"，非言"凡非不为种族革命者皆能立宪"也。又依于论者所用差异法之第一例推之，则又言"某玉者不琢，今琢矣，何犹不成器"。此亦不足以破前命题也。无他，玉固有琢而不成器者，然而不琢则无有能成器者。犹非不为种族革命者，亦有不能立宪之时；而不为之者，则决无能立宪时也。又从其所举第二例以观，则南非二国，已有宪法而不为种族革命，犹玉已成器，而不更琢也。以有已成器而可不琢者，而谓玉不必琢乃能成器，其准据果何存乎？真非知论理学者所能了解也。若是之论理，宜闭门觅数三同调共领悟之，毋以溷世也。

　　次其主张证明之误谬，在彼所谓"戊"为"呷"之最高原因之点。盖析此断案，可得二命题：一曰"凡为要求皆能立宪"，他曰"凡不为要求者不能立宪"也。以其不认有不为要求以外之不能立宪原因，即君主之不欲，亦归责于不要求故也。然欲于前后文要求索其证明，殊不可得。盖有立说者，最易为特称命题，以只举一二证据而已足自完其说，由是狡辩之人喜为之，缘其知论理学深也。至言全称，则必举多证而后可。况论者今立两全称命题乎？故为此论之证，必历举非要求者之不能立宪，要求者无不立宪之事实，乃观其前后文，初未尝有是。第曰，各国不能立宪者，或其君主误解立宪，以为有损于己；或其人民大多数未知立宪之利益，而不肯要求而已。夫此固一断案，而非一事实也。不证明此，而依据之以立论，则不如无有也。是谓窃取论点之似而非推论（Assumqtjon on qrobada），论理学所不能容者也。且彼所谓要求何乎？其义本至不了。从彼《开明专制论》，所谓要求者与暴动相对待：为要求者则不为暴动，为暴动者则非要求，从而征之各国之历史，殆可谓之"凡为要求皆不能立宪"。何则？其立宪以前，必有暴动。法、普等人所共知，毋论已。乃至论者所举之西班牙、葡萄牙亦若是。西班牙自一八六八年九月起革命，逐女王而迎新君，后又改为共和政体。逮一八七四年，始迎立阿尔芳苏十二世（Arqhosno XII）而为君主立宪政〔体〕。葡萄牙则亦于一八二四年逐故王子米固尔（Miguer），而立其兄女马利亚棣格光黎龙（Maria de groria）亦成立宪政体。其他诸国，无暇悉数。假如是，则论者之言，乃论理学上所谓"同品遍无"者，为肯定之命题，即大谬也。抑姑认论者今日言要求与前日异，自相挑战之结果，取消前说，则宜从此勿更排暴动为是申申也。且即令如是，论者之误谬，犹不可免者也。何则？要求者，非己为之之辞也。故凡民主立宪者，皆不能以要求论。即立宪而后迎君主者，亦不能以要求论，如比利时是也。（比利时于一八三〇年十月，离荷兰独立，自制宪法；然受神圣同盟之影响，不能为共和组织，故强立王，使批准之。其实宪法现存在，其批准特形式而已。）故虽欲宽假之，彼亦不能自圆"不为要求不能立宪"之说也。而云"凡为要求者能立宪"时，则必附以暴动之条件，而实无异避"暴动"之名而名之以"要求"，度论者亦必不尔也。故此亦形式之误谬之一也。

至所谓内容之误谬者，则指其以为归纳材料之事实之不当也。夫为归纳，必取同类之事物。而彼所举以为归纳之材料，得合于形式者，惟奥匈一例，既如前此所述矣。然则检查其奥匈之例，果得为正当否乎，即彼真妄之所由断也。然而彼以为奥匈不解决种族问题而能立宪，此大误也。故以为内容而归纳，亦无不误。何则？从严格言，奥匈之种族问题，固未解决，而亦不得谓已完全立宪之运用，此已如别论所言矣。而苟认奥匈为已立宪者，则亦不能不认为已为种族革命者也。盖彼于一八四八年以前，奥大利属中，惟匈牙利有宪法，有代议院。盖其始，匈之合于奥也，全以抗土耳其之故，而其旧治，奥悉承之不改。奥之他属，不如是也。然由匈之旧法，其贵族院无大权，权在代议院与君主。故既戴奥君以为君主，则君主与代议院争权恒相冲突，然代议院势恒不敌，而奥君益张，遂使匈人自治权失。匈之所谓种族问题者如是，其有宪法而实不能谓之立宪者亦缘是也。匈之宪法精神既然奄没欲尽，际二月革命之起，匈牙利人亦倡义欲以匈独立，惟戴奥君为君，他皆不得与；而同时改选举之法，使全国民有选举、被选举权，但附少条件而已（前此之代议院由市选出之十二名，及从以贵族构成之选举会委员者，而构成之）。盖令此得行，则匈之立宪制已完矣。然不得请于奥，举兵又不胜，奥益削其自治权。至一八六七年奥战败，乃思和国内之感情始与匈议会约，两国平等，各独立，有自治权，惟由共通利害之关系相结合。故于共通事务，有共通机关处理之，余则各不相涉。此亦一大变革也。盖奥匈始终以共同利害相结合，而非以一国灭他国者；特以权归于奥君，故渐为奥政府所支配，而匈人自治权利尽。匈人所谋复者，其自治权而已。得回复此自治权，则可谓为种族革命。若其犹君奥君者，固亦为称［种］族革命之有未毕。然匈人之所以为病者，本不在此。缘始以共同利害而君之，无恶感焉也。匈欲立宪，不可无自治权。得自治权，得宪法乃可立。故匈之谋立宪，其着手专在种族革命之成不成功。立宪须得自治权，即不可关种族革命。而一八六七年之约，实令匈人有自治权，故此即为种族革命，有是乃能立宪也。若谓是种族革命犹未毕行者，则其不毕行之敝亦自见，第以其主要之部分，只在己族得有自治权否，故不害其为立宪而已。顾以是不毕行，犹有害立宪，种族问题能决为立宪梗可也，然不能以其已太半行而未毕者，足以立宪，证全未行者之亦足以立宪也。彼盖误认种族革命为必以武力颠覆政府者，始足当之。而不知凡种族阶级间之竞争，无日无之，而其阶级间权力急生根本的变更，则通谓种族革命，从其种种关系而有要用武力否之殊。匈之取争，仅在自治权，而两族间初不以恶合，故得不以武力而能决，固不得谓非种族革命也。若中国，则种族问题固不如匈之简单，亦不得无用武力而解决者也。故彼匈牙利不为种族革命之说既非，则其证据悉破。何则？其前诸种种已谬于形式，而其惟一之不谬于形式者，又以不相当之事实为内容。故自论理学上言，彼之攻击不为种族革命不能立宪之说，亦谓之悉破可也。

尚有足为内容误谬者，则其云西班牙当一八〇九年以前云云是也。此虽小节，亦一足以见其妄矣。西班牙自一八〇八年并于法，中有自立之谋，亦未尝遂也。至一八一二年，始有宪法，然寻废。至一八三六年，始再立宪，行之至于革命之际。今宪法，则一八七四年迎立新王始布之者也。故言不能立宪者，可数一八七八年革命以前，可数一八六四年以前，可数一八一二年以前，而不可数一八〇九年以前也。言非不为种族革命耶，则可数一八〇八年，而不可数一八〇九年以前也。以其非为同类异类区画之界限故也。此亦可以证其立言之率而无所当矣。

以此三误谬，行之遂无往而不错。论者何自苦乃尔。苟因任常识，不为炫耀，则前之诸谬论，当不妄发，噤口无言。谓食肉不食马肝，亦犹可也。徒以人为可欺，遂至自白其谬于天下，计毋乃太左乎？今为正言以锡若曰：自此以后，慎毋谈论理学。从道德论，自欺欺人，为大罪恶。此楮或若所自忻而不暇省。从利害言，绝口于思考之原理，亦藏拙之道。若应亦不能恝然置之与继此若犹欲为遁词者，则当谨佩吾箴。事实如是，不若诳也。

（《民报》第六号，1906 年 7 月 25 日，署名"县解"）

土地国有与财政：再驳《新民丛报》之非难土地国有政策

《新民丛报》既不得志于攻击排满之论，乃退为蹐瑕之谋，思致难于吾辈之土地国有论，此亦倔强泥沙应有之现象也。既逢掊击，不获一申，斯亦可以已矣。而必怙其前非，更远攀名家之学说，以张己军，谓可无恐。曾不知彼为梁氏所援之学说，方且见驳于通人，况能为梁助耶？盖近世学者对于土地国有之非难，率从管理方法等方面立论，而不能探土地国有之本源以立反对之论据。所以然者，文明日进，地租日增，虽理嘉图之例，以征证不足，诎于圭列，而地租增进之事实，诚不可掩（以一国一种地言，则时有减退，如下言英耕地是也。然举其全体言，则为进也）。由此渐增之趋势，推测土地为一二私人独占之效果，因谋其救治之术，而令其渐增之益归之社会全体，则可以达社会政策之目的。斯亨利佐治土地单税之说所由贵也。微言不昌，富室弥恣。一世之学者，竺〔笃〕于时而不能通，真理以晦，即令智足以瞩是，而又不能胜其哗俗取宠之念，以是狼狈迁就而不得安。欲以真理为敌，又非所能为也。则姑不问其大节之是非，而徒指摘其难行之点。以是上不得罪于巨室，下又不召大非难，而其责毕矣。承学之子，狃于师说，益以离经道怪相诫。梁氏本无学殖，妄肆剿袭。不幸而所依傍者非人，不能有所益于辩。剿袭所不逮者，济以舞文，庶一得当以报称于虏朝，亦以自慰万一。顾世不乏明目者，无聊之论，适增其丑耳。顾对于一般人吾辈有发奸摘欺之责，且指其违谬，亦足以发明吾辈所主持。故著为此论，以释众惑。

梁氏于《新民丛报》第十八期《再驳某报土地国有论》文中，专就财政以攻击吾辈之说，其论点凡十有五，叩其根据则当归于左之诸点：

（一）　以英国田租之额不足供国用，证中国地租不足供国用。

（二）　中国地租不得有八十万万，故不足供国用，复分为三：

（甲）田赋岁入不足四千万；

（乙）不加额不可得四万万；

（丙）地租不过六万万。

（三） 以土地单税非租税制度之良策。

然其所为论据者，失实而多欺，今分而辩之。复着其不涉重要之点而驳之，为附论。

第一　驳麦洛克氏之说

梁氏之驳土地单税论，首引麦洛克氏之说曰：英国全国借地料不过四千九百万镑，而英政府经费每年六千八百万镑有奇。然则虽没收全国地主所收借地料全额，而国库尚生一千九百万镑之不足。以是证土地单税不足供国用。然麦洛克氏者，纯任自然之进化论者也。其主说大致谓社会进化当以一部分人为牺牲，据之以排斥社会主义者所主张。以为劳动者大多数之阶级，当为少数资本家牺牲，不必为谋，亦不能为谋也（此种学说将别著论辩之）。其持论偏颇如是，则其排斥土地单税政策，自无足怪。然事实者，事实也。英国之田租统计，决不足以推翻土地单税之论据。缘英之幅员，本至狭隘。考一八九八年统计，英之耕作地，英伦、威尔斯合二七、五八四、二六四英亩，苏格兰共四、八九二、七六七英亩，爱尔兰共一、三九〇、九四一英亩，全国共不过四七、七九二、四七四英亩（内含小岛耕作地）。而每十五英亩半当中国之一顷，故每英亩当中国六亩又三十一分之十四（即小余四五、一六一、九〇三）。故四千七百七十九万二千四百七十四英亩，合中国三百零八万三千三百八十五顷四十二亩。而此四千余万英亩之中，其过半为草生地，种谷类者，不过八百八十一万余英亩耳。此所以有食不得继之忧也。除此耕作地外，荒地尚多，试取科利所制百分比较表证之。

国	耕地	草生地及牧草地	葡萄园	森林	荒地
比利时	59.5	13.8	—	16.8	9.4
法兰西	53.7	15.0	5.3	17.0	9.0
日耳曼	51.2	11.5	—	27.2	9.9
不列颠	39.0	27.9	—	4.7	28.4
匈牙利	35.9	25.4	1.4	27.1	10.2
荷兰	32.8	37.0	—	7.2	23.0
奥地利	31.4	28.3	0.8	32.6	6.9
意大利	25.2	25.8	6.6	16.1	19.3
爱尔兰	28.6	56.3	—	1.7	13.4

然则英之土地既狭，不垦又甲于诸国，而麦洛克氏据以驳土地单税论，其不可据已明矣。

虽然，麦氏之说不可恃，有更甚此者。英之耕地租近年急剧下落，此其原因固不一而足，要之其下落之景况，决非长久者也。至于近岁国人渐知农业政策之要，则耕地地租之总额增加，为至易决者。试举不列颠全国土地收入统计表以证之（租税皆在其中）。

年	英伦	威尔斯	苏格兰	不列颠全国
1842	37，794，000 镑	2，371，000 镑	5，586，000 镑	45，753，000 镑
1852	38，587，000	2，596，000	5，499，000	46，582，000
1862	41，962，000	2，648，000	6，715，000	51，326，000
1872	46，137，000	2，871，000	7，363，000	56，372，000
1882	45，151，000	3，251，000	7，573，000	55，976，000
1893	36，996，000	3，065，000	6，251，000	46，313，000

就此表以观，可知英之地租减退之急剧。而此表所列只不列颠各地，而不及爱尔兰暨余诸小岛。查此诸地耕作总额，当英全国耕作地面积三分之一，则其租税总额最低不下六千镑可知。而麦氏之统计又较此为少，此非故举最少之额以抑土地单税论者而何？假其以此论法，推之一切经济现象，则农学未发达之际，固有赤地千里不有籽粒之获者，持此将谓地方之不足养人也耶？夫统计者，通数十百年以为计，知其趋势何若，大率若干，以此推经济现象之前途于一事一物当收更良之效果欤，抑得更恶之结果欤。其价当腾当跌〔跌〕，抑循此以往，利害相剂，平均不可逾越之中数如何，所以足重也。执一二年以为论，则其根据薄。择其尤便己说者以为证，则天下曲说戾辞，安往而不可得证于统计？借各执其一以为论，又安从判断其是非耶？故假令麦氏统计而正确，犹是执持英国耕作地租总额最下落时以为证，不足据也，况其实又未必正确耶（英国千八百九十七年为所得税而调查之表，甲种中土地之收入五千四百八十万余镑，即示其渐复高之趋势也）。

何言麦氏统计之不精确也？英国近年地租虽低落，决不至减其三分之一。而依前统计，三十年前英伦、威尔斯地租四千九百万镑，十年前降为四千万镑，斯亦可谓急剧矣。而如彼说则不过三千三百万镑，虽以英国地租跌落之趋势，决不能尔也。推其致此误谬之由，则必由不计税，纯计租。

盖英国之土地所负担之税有三种，乍观地税之额甚微，若无与于收入。实不然也，英之正称地税者，最近收入额不过八十余万镑。此地税之税率，名称收益五分一，实则相去悬绝。若第据此以言，则略而不论，诚亦无大关系。顾英之所税于土地者，不止此也。于土地之收入，别以所得税之甲种、乙种之名目课之，其额较之地税额为大。凡此皆国税也。国税之外，别有地方税；地方税中含有地税。而依波留氏之说，则此税为地方直税额之七分三，其总额又数倍于国税。合此三项，其额盖大矣。依波留氏所推算，则一八七三年英之地税名目征收者二千七百五十万法郎克，以所得〔税〕甲种名目征收于乡村地主者二千八百万法郎克，以所得税乙种名目征收于农夫者八百万法郎克，以地方直税名目征收者二万三千三百万法郎克，合二万九千六百万法郎克。以一法郎克合英九便尼半计之，则等于英一千一百三十八万镑。而当时计算英之地税收入为一百一十万镑。后以种种变更，至千九百年为八十一万镑。则他种税亦容有轻减。而要之，综英之土地负担税额不下千万镑，而以加麦氏之不及五千万镑者，适与吾所略算者等也。而此不计税纯计租之统计，欲以推翻土地单税论，则为奇谬。盖此税之负担既在农地，则土地国有之后，必能并之租额之中而征收之，不得除去之以论土地国有后之收入也。故曰，其统计不精确，而其"所差镑在千万镑内外也"。以上皆就耕作地言也。而吾人所以主张以土地为国有者，其主之目的全在宅地，此可征于前后之论以明也。而麦氏之说，惟证耕作地之地租不足供国用，未尝论及宅地租只字。岂以宅地为无租耶？实欲以统计二字迷世人之目，而执耕作地租即田租以概一切地租。此其舞文之术，足以为梁氏师矣。夫在进步之国，房屋之租，太半为地租。然英国房屋，自一千八百二十年以来，至于千八百九十四年，其租额实增七倍有余；据墨尔化氏万国国力比较表列之于左：

年	房屋数	租额	价额
1821	3，572，000	20，300，000	338，000，000
1841	4，775，000	41，500，000	692，000，000
1861	5，131，000	61，200，000	1，020，000，000
1881	6，485，000	117，500，000	1，960，000，000
1894	7，360，000	149，600，000	2，493，000，000

依此表，千八百九十四年房屋租总额一万四千九百六十万镑，而此中三分之二当为对于土地之租，故宅地之租，应为一万万镑内外。又依波留氏所计算，所得税中税房主者百四十余万镑，地方税税诸房主者约千四百一十余万镑，合千五百六十万镑内外。而自波氏著论以来，房租所增几半，则其税亦必应之增，少亦有四百万镑之增收。而以房屋税之名目征收者，于一千九百年其额百七十余万镑，合之当得二千一百余万镑，此税皆土地所负担也。以加前一万万，则一万二千一百余万为土地所出，确无所疑，其额正倍于耕作地之租税总额。不取此租额为倍之宅地，独据彼租额仅少之耕作地，自可成为驳耕地单税论之一说耳，未足尸土地单税反对论者之席也。

然而梁氏则依据麦氏之说以为言，且曰：

以吾所闻英国最高之地代与吾国最高之地代相较，平均统算，大率我以十而仅当其一耳。以我本部面积与英本部面积比，我约十一倍于彼，而彼地代价格约十倍。两者相消，其地代总额应略相等。在英不满五千万镑，在我充其量不过五六千万镑止矣。（第十八期第六页第七至十一行）

又曰：

然则英国全国之地代总额，犹不过合库平银三万五千万内外。我国本部面积十倍有奇于英国，故就令我国地代价格所值与英国同率，其总额亦三十五六万万，而断不能至四十万万。今彼报谓有八十万万，然则我国地代价格不已两倍于英国耶？（第十八期第十页第八至十一行）

夫彼于此所谓地代者，专指耕作地以言耶，抑兼宅地、耕作地言之耶？不解决此，则吾诚无从与为辩。顾彼前后所论，率单称田赋，不论宅地，则此所指其必为耕作地租可知。夫地租之最高、最低，不特英国之数难详，即吾国中亦不易得悉。第彼由此以断言中国地租价额不过英之什一，则武断实甚。考尼可孙之统计表，英国一千八百七十八年之地租，每耕作地一英亩，平均得租三十先令。而千八百七十八年者，英国耕地租价额最高之年也。而依每英亩当中国六亩又三十一分之十四之计算，则每亩租四先令七便士又十分便士之八。依梁氏之计算，每先令当三钱三分三厘有奇，则英之耕地，每亩平均不过一两五钱四分内外耳。假其十倍吾国，则吾国地租不已降为平均一钱五分四厘内外耶？然则有百亩之田者岁入犹不过十五两四钱，殊不易度日。而颜回仅拥五十亩负郭之田，更何怪于贫饿以促其生也。然以吾粤地租言之，则中地岁租自二两三四钱至七八钱不等，平均当在二两四五钱间。征之乡农，所言颇不相远。以与英较，则我之多于彼者近一两，而彼不过居吾五分之三耳。即令他省不能如是，其必不甚少，而等于英之什一，易知也。梁氏日言人大胆，吾不知其造言英国地代价额十倍于我时，其胆量为何如耳。昔人谓李天生杜撰故实，汪钝翁私造典礼。夫杜撰、私造，止于故实、典礼，又何足言者！惜夫毛大可之未见梁氏杜撰统计，私造地代价格也。

夫中国地租，虽不倍于英，而决不下之至于居其数十分之一，既如前述矣。而尤不能谓中国不有两倍于英国之地代价格，即不能有八十万万之租。何则？英之宅地、耕作地，租税总额达于一万八千万镑，等于中国之十二万万两。则八十万万者，不过英之六倍有奇。而中国平均地代价格，纵居英之三分二或五分三，犹优足以得八十万万也。

是以麦洛克之说，可以为英之耕作地单税反对论，而不能为英之土地单税反对论，尤断不能以之推倒土地单税论之根据。而梁氏据之以谓吾国行此单税，其不足用，亦等于英，则不衷于理之甚者也。至于于麦氏之说以外，杜撰英国地代价格十倍于我之说，则尤谬之谬者也。（梁氏自言吾粤赁地而耕者，上地岁租不过四两，下地不及一两。则其平均价格，亦当为二两余也。易页之后，乃为此说，其忘之耶，抑以为英之地租每英亩平均可得二十六七镑也？）且彼谓国费比例国境而增，吾之国费当十倍英。不知英之国费中，最大宗之国防费，实为全国费中十分之四有奇。其次公债费亦居十分之二有奇。国防之大部分，用以防卫全领土，非比例于本部领土。国债费尤无关于领土广狭。而据一千八百九十八年之决算，则：

（一）国债费　　　　　25，323，000 镑

（二）海陆军费　　　　40，094，000

（三）内治费

　　　内治行政费　　　7，586，000

　　　教育费　　　　　10，399，000

　　　地方的性质之费用　3，281，000

（四）其他　　　　　　2，995，000

　　　合计　　　　　　89，678，000

观此，知英之海陆军费（国防费）及公债费额，凡六千五百余万镑，余二千四百余万，乃他种经费，可比例于国境而大小者耳。梁氏之说又安足信耶？（尚当注意者，英国别有地方费，其额几等于国费。而麦氏言六千八百万，则与国费、地方费之数两无所合，不知何所指也。）

以上对于麦氏之说，驳击略尽，未尝稍杂意气之词。梁氏其将仍固执之耶，抑又觍然曰：吾无为麦氏辩护之义务也？

第二　驳中国田赋岁征不及四千万之说

梁氏之为论议，所持秘诀，不外欺瞒读者，虚词恫喝，冀一得当。忽遭驳诘，意气荼〔荼〕然矣。则又幸人之素未习闻，摘举繁难之事实，故为确凿之词，以坚人之信。其论证之方，若较前为进步也。而其对于读者之罪恶，则尤大。何则？前者之暴论，错缪百出，矛盾并进，可以目脑筋瞀乱，于刑法上为无责任之举动，等诸醉客之叫号，狂夫之跳梁，加之钳束，施之疗治，其瘳可望也。籍令不瘳，亦颠狂院之前辈，慈善家之所致怜也。原其操术，不得谓恶。今则异是，于其所知不便己说者，故隐之；于其己知不确者，喜其便己说，则故引以为证。淆乱耳目，颠倒是非，此乃类酷吏之舞文，罪不容诛矣。其证据则在《新民丛报》第十八期第八页，曰：

现在中央政府所收田赋总额，据赫德所调查，则其纳银者二千六百五十万两，纳米者三百十万两，合计为二千九百六十万两。据上海英领事夏美奴所调查，则其纳银者二千五百〇八万八千两，纳谷者六百五十六万二千两，合计为三千一百六十五万两。我国无确实之统计，二说未知孰信。要之，其总额三千万两内外近是。

夫梁氏于八页以下，斤斤引《赋役全书》，则非不读《赋役全书》者也。且即自不有《赋役全书》，而于至普通之《会典》，度必为崇尊供养，日夜梦魂缠绕焉者也。而于赋额则独不引官书，而据外人之所调查，此何意也？夫近世赋额虽为官书所不载，而乾嘉赋额，则官纂之书，类载之。梁氏虽浅陋，亦尝供职虏廷矣，于其聚敛之方，宁不熟习之耶？而曰忘之，则是前此之孤忠自许者，恐亦未可恃也。如其不忘，则明为欺读者以为无知，而以谩语进也。是则其心术之不可问也。且吾固知彼之必非真忘之也，于其后之屡引官书，而此舍不引，知之也。凡官书无不屡载赋额，而各省赋课率或载或否，载亦一度止耳。能查取此各省赋课率，决无绝不睹乾嘉赋额之理也。

抑凡言地租地税者，有田租，有山林、矿地租，有宅地租（含工场、仓库等）。三者之外，若池沼溪涧之地，皆可有地租地税。吾辈之言土地国有，本指全土地言，而尤重宅地。即令田赋不满四千万，如赫德、夏美奴所说，仍不足以破吾说。以彼所考证非地税全额故也。然而赫德、夏美奴之说，固明为不可据也。言中国田赋者，有额征之数，有实收之数。额征者，总天下土田法定正供之总额；实收，则各省每岁实报收于户部之数也。额征依于法，故有定；实收视其征收所得成数，故无定。而实收中又含有蠲缓、流归、带征之款，故尤不可以一年为准。赫德、夏美奴所得调查者，或一年之实收而已，额征非彼所得知也。实收之中，又只以地丁名目报部之项，彼知为田赋耳，其他亦非彼所知也。然而欲据之以证田赋不足四千万，至愚之人所不为也。（梁氏既根据之，又硬派吾辈亦根据此说，因谓吾辈改三千万为四千万。然吾辈先言地税四千万，后引赫德言，意义划然不相涉。未必梁氏脑筋瞀乱一至于此，特欺读者为不晓文理，故敢尔耳？）

满政府之定田赋，本分银、钱、粮、草四种赋课，而银之数值为最多，粮次之，钱、米并少。至其岁入总额，则常例七项之内，地丁居其过半。粮为粮收之大部分，而各地有额征钱者，其额亦不少。粮除供漕以外，并归本省自用，草亦供本省用。然无问本省用，抑解部，皆为应行奏销之款，即吾所谓达于中央政府者也。此外更有杂税一门，中有田房税契之款，亦为地税。其他漕折、灰石折（江浙诸省课之）额难〔虽〕小，亦地税也。而耗羡归公之后，其额特多。虽然，此在官吏所滥收，不过其十余分之一，而官吏既纳之，视同规费，益肆婪索，政府亦因利之，不复过问矣。自伪雍正年间，已定耗羡之额，文武养廉二百八十余万，皆取给焉，与定为赋额盖等耳。更查伪光绪十年户部奏颁各省汇报出入款项册式，银收册（收册中分银收、钱收、粮收、草收四项）内，除地丁外，杂税中田房契粮、漕粮、粮折中皆有折色（漕而折银者，归此类，否则归粮收册），并续完地丁耗羡五项，皆地税也。钱收，有小部分属地税，粮收、草收册则除为屯田所纳之少数外，皆为地税。凡皆赫德、夏美奴所未及详也。今取刘岳云所编《光绪会计表》摘其十三年、十五年、十六年、十九年四年之所列各省汇报总额，列之于下（粮每石折银二两四钱，亦依梁所计算也）：

年	地丁	粮　收		耗　羡	总
		石数	折银		
丁亥	2322，8150	563，7201	1352，9282	304，4033	3980，1455
己丑	2282，2508	461，3644	1107，2745	292，0805	3681，6058
庚寅	2373，7114	454，8137	1091，5528	301，2583	3766，5225
癸巳	2332，9533	449，3075	1078，3380	303，6735	3714，9648
平均					3785，8096

　　观此表，知即地丁、粮收、耗羡三项，每年平均已可得三千七百八十余万两之收入。而银收册中杂税、漕粮、粮折、续完四项，并有巨额之地税，以非全为地税，又不可以意测度其居若干分之一，故不能列入。而表中粮收不属地税者，亦可剔出。以此两者相偿，必犹有余。然则满政府岁收地税，必不下于四千万。此其数，赫德、夏美奴固无从知之也。且此皆以其实收言耳，若论其赋额，则决不止于四千万两也。试就伪《通考》所列以计之，则乾隆三十一年，天下赋银二千九百九十一万七千七百六十一两有奇，粮三百八十一万七千七百三十五石有奇。依之以粮折价，得一千九百九十六万二千五百六十四两有奇。合纳银之额，得四千九百八十八万零二百二十五两有奇。外征草五百一十四万四千六百五十八束。然则当时由〔田〕赋总额过五千万两矣。而道光末年，天下田赋额征银三千三百三十四万八千零三十七两有奇，粮米称之。视乾隆时尤进（据王庆云《熙朝纪政》），而光绪十一年户部具奏正杂赋税额，额征总数岁计三千四百余万两，而近年实收仅二千三四百〔万〕两云云。查其时每年征收杂税，岁收百六十万两内外。杂税虽多吞蚀，然以额微，故鲜不及额。度其额亦不过百六十万两内外。而此三千四百余万两中，除百六十万两，余三千三百万两内外，必为地丁征银之额。以视道光年间，虽不能加，未尝减也。粮、草两项，以银之比例，亦不当少于乾隆时，而其折价当为二千万两内外。合之为五千三百余万两。而耗羡一项，常为税额之什一，亦当五百万两矣。加余诸税，则其额当为六千万两弱也。而依下所论，此实收不能如额之由，实在官吏之种种侵蚀，非土地之不能负担此税也。

第三　驳中国地税不加额不可得四万万之说

梁氏此论，其贯于始终之巨谬有一，不知田赋与地税内容之有差别是也，以地税即为田赋故也。审其说然，则除田以外无地也，三尺之童亦当谂其说之非矣。而彼顾敢以之欺人，是真视诸读者不若三尺童子也。彼之驳赫德四万万之说，即从此论以来。则其谬于真理亦不可以道里计。夫吾辈引赫德之说，谓中国倘能经理有方，则不必加额为赋，岁可得四万万。意取喻指，不示其详细之剖析，宜梁氏阅而不解。第吾辈论土地国有，已可从种种方面证其能供国用，则赫德之说存而不论，固无不可。而彼既睹此论，即絷地税于田赋，以指擿吾辈之说，则亦可就而驳之。盖吾人所以测中国实征于民之数，固自有所，不必纯恃赫德之说。即赫德之说证左不完，吾辈亦有他方法能证其所说之近真。特以赫德之说，众所习知，聊取便于喻解耳。彼既不能明中国税地共有几何，而姑就田赋以为论，则即令其所言之数悉确，何足以病吾说乎？今者田赋以外，房捐为各省岁入之一大宗，论者亦知之否乎？试剖析房捐之性质，渠能屏之地税以外乎？凡房捐之终极负担者，皆其土地也。特房主必兼地主，故不见耳。设假定房主与地主异人，则其税必土地之方负担之矣。然则独以田赋一项立论，非视不见睫者而何？抑即就田赋以论，彼亦无精确之论据。第曰："财政上舞文中饱之弊，厘金为最，而田赋反稍逊。"以冀蔽读者之耳目。又以"不过六千万""一万二千万止耳"二语抹杀一切。不知彼言六千万、一万二千万之根据，在岁收三千万之说，而如前所证，既已不衷于事实矣。至田赋舞文作弊稍逊之说，更不知其证据何存也。且稍逊者，吏较之辞，不示厘金中饱之率，又安知稍逊于厘金之不为多也耶？考今日官吏于田赋侵蚀之方，大者有四，列之于左，未尝见其何所逊于他种税也。

（一）滥征　梁氏谓平余、火耗皆有定额，不能滥征。此盖根据官书颂美之词，以为贪吏辩护耳。实则凡官州县者，无不从事滥征。滥征所入，不尽自得之也，亦以供上级之种种侵蚀也。自州县征收以达于户部，其间每有一度解交，即须有足具一度侵蚀之款。即达部之际，犹须多额之费用。则州县所收可知矣。中国旧定税率本极轻，故虽加倍征收，民犹不觉其重耳。此之事实，梁氏亦未尝不认识之也。故曰：就令与法定金额埒，亦不过六千万。是则其前言总额三千万之结果也。然使果依此以为论，犹可言也。乃方于此言六千万，而相距不二千字，遽复依三千万以立论（十二页）。此其舞文之术固工矣，如世人之目未尝睐何。盖依吾辈所推度，则州县所取于民者，约为正供之二倍半，虽有过不及者，其平均相去不远矣。至其特多征者，亦数见不为鲜。然非常率，可姑无论也。盖赋有轻重，地有肥瘠。赋重地瘠者，不能及额，或至赔垫（非不及法定之额也，不及备侵蚀之额耳。其实已逾正供而几及倍矣）。而在赋轻地饶者，则多收之亦事所宜有也。今举广西之一例证之：广西之田赋，每额一两，藩库额收银一两三钱五分，而州县粮差收于民者率至二两五钱。马丕瑶官广西巡抚，乃定限每额一两收钱二千五百文，其值已等于二两矣。而其后粮差更寅绿〔缘〕作弊，其取诸民乃至每额一两收银三两五钱，是税额之三倍半也。而泗城府之凌云县乃收至四两有奇，则四倍矣。马树勋（云南人）为令其地，乃思革去宿弊，榜令限依旧额收二两五钱以便民，而见恶于岑春萱〔煊〕之弟。乃援马抚定章，以浮收钱粮黜去之。夫依马抚之章，则是二倍于额也，而以为轻减。凌云县之限收二两五钱，亦既为定额二倍半矣，而犹以之得罪于土豪。然如马树勋者固不多，则是民常求纳二倍半之税而未得也。则吾辈谓其滥收之数，常为额之二倍半者，必非过实矣。

（二）吃荒　垦地不报部，而私取其地升科所征税，是谓吃荒，近代州县之通弊也，其所入不下于滥收。盖垦地纳税而不报于中央政府者其额少，亦与报垦之数相等。自丁银摊随地征以后，丁口之数骤倍，非以无丁税而易孳生，只缘丁无税则不隐匿耳。丁税如此，地税亦然。或实垦而报已荒，或既熟升科而不报，皆州县所优为也。以是群起相效，以吃荒多寡为缺分肥瘠。虽日言清丈，徒具虚文，具报升科者卒鲜闻也。此有甚易证明者。盖土地垦辟之数，当与人口之进步为正比例，与农事技术之进步为反比例。更以微分之式表之别如左：

土地面积 $=z$　　　　人口 $=x$　　　　每亩产额 $=y$

则　　　　　　　　$z=f(x, y)$

而　　　　　　$dz=\dfrac{T_Z}{T_x}d_x+\dfrac{T_Z}{T_y}d_y$

依此式可知田地面积，为人口与每亩产额之函数。而当人口无增减时，依每亩产额之进退之微分而变动。每亩产额无变时，依于人口增减之微分而变动。双方俱有转变，则依于双方之微分而变动。此众函数之被变数之性质，当如是也。而中国近百年来农业未尝进步，故言土地面积增减，必当求其征于人口。据伪清《通考》《通典》及《熙朝记政》，乾隆二十三年，人口一万九千零三十四万有奇（其时户口已绝少隐匿）。二十四年，田土六百零七万八千四百三十顷有奇。同二十九年，人口二万零五百五十九万有奇。三十一年，田土七百四十一万四千四百九十五顷有奇。嘉庆十七年，人口三万六千一百六十九万有奇，土田七百九十一万五千二百五十一顷有奇。人口之增加已倍，而地之加垦不过什三。逮于今兹，人口四万万有余，而田土更不报垦。夫农事既未尝进步矣，若绝无吃荒，垦必报部者，则此四万万人中之半数之食，将于何求索乎？明为垦而不报耳。然而垦荒者孰得免于征收耶？明为州县之取之耳。故被吃荒之地，其面积当与报垦之面积等。中国人数证之有余矣。而此地所征地税之额当不大减于报垦之地所收税也。

（三）吃灾　今征额银三千三百余［万］两，而实收常不过二千三四百万者，其重之源因，在于因灾蠲缓。蠲缓之数，岁可千余万，非不征也，官吏利之不达于政府，则不见于实收耳。大率报灾请蠲请缓之事，岁必有之，且常居赋额之四分之一以上。既缓之赋，率径数年而题蠲，以是终不登于岁入。然蠲缓伪谕，初不着何乡、何国、何甲，蠲免若干、缓征若干也。官吏则因而影射，应蠲不蠲，应缓不缓，其所得率以肥己。蠲既无复须解，缓者亦必于免，则永无败露之日。习以成风，不复怪诧矣。此即田赋实收不能如额之大原因，而民之所以重困也。

（四）捏完作欠，征存不解，交代宕延　此三者皆地方官之积习，以欠久必得豁免，故虽已完之款，仍报未纳，而干没其银。此谓捏完作欠。旧例每征收银米，限三日起解，不能有诛〔殊〕。然日久上级官吏怠于催促，则有但具报已征，存库而不起解。存库之后，挪移费用，无复存留。积久成习，而其银米遂不入实收矣。及其任满交代，则本应以所存银粮移交后任，然以负债成习，不复可偿，上司无可如何，即勒令后任设法弥缝，不为发觉。及其既泄，则案径数十年，无从诘究矣。此亦实收不能如额之一大原因也。

前二者，所以使法定额少，而民纳多者也。后二者，所以使赋额虽多，而实收终不能及额者也。前计赋额可六千万，则此后二项所侵蚀，已为其三之一，当实收之半矣。然赋额既有可考查，则此后二项之侵吞如何，可不具论。但以六千万而论，滥收者，普通当正额之二倍有半，故此项征诸民之实数，当为一万五千万两矣。而未以升科报部之各田，面积既当与报垦者等，则其取诸民之数，少亦不下一万二千万两也。是知但以田赋言，毫不加额，犹可得二万七千万两之收入。而梁氏六千万、一万二千万之说，固一无所据也。

田赋之外，宅地、山林、矿产、运河、铁道等，皆有税。其税亦略可以属于地税中。而此数者中，宅地尤重，不待言矣。中国迩年田虽不大长，而宅价大增。其增也，非以建筑之精良，皆建宅之地之价腾致使然也。则价加之税者，宜亦为地税（日本地租，即并宅地征之）。近年各省次第举行房捐，其收额皆不公布。然第假定每省数百万，十八行省中可得六七千万之款，非虚想也。而房捐隐匿、延欠之弊实多，实收不过半额，假令充其额，宜可得一万二三千万两。更自他方面以观，中国文明虽不甚发达，地价虽不甚腾，然总全国宅地收入，犹当半于耕地。而房捐之率虽各省不同，要之，其率平均，亦当与田赋相去不远。则其额亦当半于田赋，而为一万二三千万两也。合之田赋、其他赋税额决不下于四万万。赫德之数，与真相近。而吾辈之说，亦绝不赖赫德然后为确也。要之不加额而可得四万万云者，非就四千万言其十倍也，综一切土地所负担之额以衡之，而知其额当如是也。虽其中亦或报告不确，传闻异辞，要其大较不可逃矣。梁氏既昧于此，乃悍然倡论曰：

夫使如赫德所言，照现在赋额不加征一钱，而实数可十倍于今日。则据《赋役全书》所载，其至重之赋，有每亩征至六钱者，而政府所得，不过人民所出之十分一，然则人民所出不已六两耶？

夫吾辈固言不加额可得四万万，不言出此四千万之人本出四万万也。言满政府所收总额为民所出十分一，非言满洲责取一者，官吏必取其十也。此间界限至微，不可不察也。且如梁氏说，第举至重之赋以为证，则又安足以概一切乎？夫州县之滥收，各称其所欲得，与民之所能出，安所得全国划一之比例，以为滥收之标准者？举一不能十倍者以言，正未足以证余之不可十倍也。况余辈固未主张，是谓地税可得四万万，不过推测言之。

则现所收田赋居此十分中之几何分，未定也。田地之中已报垦田所出几何分，未报垦田所出几何分，亦未尝言之也。即报垦之田中，三分之一所纳赋，为官吏所侵蚀，不达于政府，余则得达，此中孰负担几何分，又未明言也。而如梁氏说，必假定为田以外之地，官不取其一文，即未报垦之田，官亦不取一文；乃至报垦之中，经官吏侵吞，其所纳税无余之部分，亦必视同未纳，而后独撰此余三分二之人，使承纳十倍税之名。世界虽大，文体虽众，宁能容此种论法乎？然而不如是假定，则六钱为六两之税无自而生。盖田以外，有地税则四万万非独取诸田。假未报垦者可被征，则非徒为此报垦之田所出也。假知政府实收不过定额之三分二，而被征之地实不止此，则出此四万万之地，犹为税六千万之地，非税四千万之地也。不宁惟是，此一小部分之纳税地中，自有税率高下之殊，纵令负担十倍之地税，亦必不能不依其比例而少有假借。籍其不然，六两之说，仍无着也。故令梁氏不依此假定，则其说本已不成为问题，无俟反驳。若必依此假定，则吾辈前言破其根据有余，不烦更言之也。

要之，梁氏不知田赋与地租之区别，故误认地税四万万为田赋四万万；不知报垦地与未报垦地之区别，则又误以田赋四万万为报垦地征收四万万；不知税额与实收之别，而以实收之四千万，抹杀赋额之六千万。因以四千万较四万万得十倍，而发生此六钱将为六两之奇论结。意将谓可以窘人也，其愚不可及已。

第四　驳地租总额不过六万万之说

梁氏于中国地税、田赋、征额、实征、实收之五者之区别，既混淆不清矣，又以其杜撰的论法臆定中国地租总额。其言曰：

国家现在所征田赋，为地代价格十分之一。现在田赋总额三千万，其地代总额三万万，约当英国价格十分之一。（此句甚奇，或者四万万为英之［地］代价格十分一耶？）此数当不甚远。即曰所征者有不实不尽，更益以十八省以外之地代，充其量能将此数加一倍，则亦六万万极矣。

夫彼言总额三千万，根据固已误矣。而谓租不过赋额之十倍，则尤谬。彼徒据地丁银米征率最高最低数，与租之最高低率相较十倍，而因以推定田鲜〔租〕总额亦为赋之总额十倍，此大谬反于事情也。地之科最高率税者极鲜，而科最低率者极众。彼所举最高租率，则为田租所恒见。故即最高低率相较如是，亦不足证地租总额，与地税总额相较亦如是也。凡言税率之比较，只当言平均额，不能言最高低额。查伪清《会典》所载，广东田土总数三十二万八千八百三十二顷九十三亩，赋银百二十五万七千二百八十六两，粮三十四万八千八十九五石，各有奇。依此算之，每亩平均赋银为三分八厘二毫三丝五忽弱，粮值银二分五厘四毫零六忽弱（依梁氏计，每石二两四，以乘三十四万八千八十九五石，得八十三万五千四百二十八两，以亩数除之得此数），合为六分三厘六毫四忽强。而依乾隆三十一年统计，田土七百四十一万余顷，而赋银半合计值约五千万两，平均亦每亩六分七厘内外。而去彼所举四钱内外之高率远矣。是知十倍之言，为无据也。且吾辈所谓二十倍者，实征（民所实出）之二十倍也。彼所谓十倍者，实收之十倍也。若其说为确，则必政府不得其税者（缘侵蚀蠲免），地主亦不得收其租而后可，不然，则总额不止十倍。又必官吏一无滥征、隐匿而后可，不然，则十倍于所纳者，非十倍于政府所收也。然而皆必无之事也。今试如梁氏说以推其结果，尤有足使人骇笑者，如广东之税率，平均每亩六分三厘六豪〔毫〕四丝强矣，令租十倍之，则一亩平均亦不逾六钱四分。虽梁氏自闻，当亦不自信矣。况此中尚须纳税，而催科之吏，不如梁氏所拟议者之忠厚，势必收至二倍有余。而此六钱四分者，所余仅四钱七分有奇，为地主所实得。然则通常百亩之地主所入，曾不逮一佣奴耶？（粤之小使月俸，稍高者六圆，岁七十二圆，尚多于此所计百亩之租四两余。）抑如粤地，数亩之池，亦得十两之租。然则地主胡不悉坏其地以为洿池，以求数倍之租，又免重税，视以艺五谷尤胜也。况田地以外，宅地如许，山林如许，其可得租几何，梁氏胡不一计耶？是知六万万之说无往而可通者也（梁氏言不实不尽，只能指隐匿，不得解释为包括其余也）。

　　梁氏又引吾粤地税及苏松四府地税，谓每亩之租八十两至一百二十两，为断不能有，以攻击吾辈租二十倍于税之说。然此八十两、百二十两之租，虽所未尝有，而二十倍于实征税之租，固不难有也。盖梁氏此论之病，与论实收不得四万万同。（一）不知田赋以外有地税；（二）不知田有隐匿不报垦；（三）以租税之比例为划一不动。故其结论如此。既破其前说，则此说亦无庸辩也。况吾辈言租二十倍于税，不过约略之辞，即于实际八十万万少有所灭〔减〕，吾说亦未尝为之摇也。

且如广东之田，中地每亩可得二两四五钱之租，而税率不过六分有奇，以实征二倍半于额计之，亦不过一钱五分九厘一豪〔毫〕内外。而田租约计平均可二两四五钱，为实征之十六倍弱。此他山林、池沼税皆极微，不过租之百一。而房捐一项，如前所言，实际不过二十分之一。参伍计之，即不能二十倍于税，犹当为其十七八倍。而合各省平均计之，虽减于八十万万，亦不多矣。盖证吾辈之说未尝误也。

第五　驳土地收入不足供国用之说

以上所论，皆只就现在所可有之租言耳。而吾辈所以言土地国有后财政巩固者，非谓政府得此八十万万而遂可用之也。吾辈主张土地国有之原始理由，在地租之自然增加，而所欲取以为新政府之收入者，亦在此浴社会的自然恩惠而增加之额。故曰，此增加一倍之八十万万为新政府所有，不言其本来之地租与增加之地租皆为政府之收入也。而彼报不察，则为言曰（十七页以下）：

彼报之土地国有论，既主定价买收之说，则买收时不可不给以代价，明矣。吾试与彼核算，其共和民国政府所应支给之土地代价共需几何。据彼所核算，则全国地代总额八十万万。夫地代非地价也。……然则地代总额八十万万之土地，其所有地价总额应为一千三百万万元有奇。……共和政府无点金术，不知何以给之。即曰如日本收铁道为国有之例，不必支给现金，而付以公债证票。……以新造政府第一着手，即负担十倍于法国总额一千三百万万余元之国债，天下有如是之财政计画耶？……且凡募集国债者，当其募集之始，不可不豫计及所以偿还之途，及其每年给付利息之财源。现今普通之国债，最廉者亦须给利五分。则每百元者，岁给利五元。而地价值百元，其地代不过岁六元。国家拥此百元之所有权，而所收入六元之利益。以六分之五付诸债权者，而仅自有六分之一。然则果使有八十万万之岁入者，则每岁不可不以六十五万万余为国债利息，即吾所计算谓地代总额为六万万者，则每岁不可不以五万万为国债利息。天下又有如是之财政耶？

此其立论，包含二个之误谬：第一，误解吾人之说，以为吾辈将现在八十万万之地租以为收入。第二，武断吾辈之国有方法，为以公债买收；又以消费的国债拟此买收国债，而不以起业国债拟此买收国债也。以下先就此第二之误谬而驳之，以次及于第一之误谬。

　　吾人前言土地国有，未尝论及以如何之方法使为国有也。他种财产之为国有，固常以买收之方法。而如土地之价值总额过大者，决不能以单纯一时收买之方法为满足。此于实际稍加考虑者，所能知也。既已明知土地之将来增价可至数倍，而此数倍之增价，由社会之进化以生，不由劳力资本。则取其将来之增价，补偿现在所有土地者之损失，而此地价增加之益，遂归于国家，则可以胜于一时收买之无谋。于是有相辅而生之两方法：先给国债券，而后偿还，一也；划定价值后，有增价悉以归官，然后随时依价收买，二也。此两法可并行不相悖，而第二法尤便利。何则？现在土地鲜属大地主。数十年间，必有交易。若划定地价，则交易必更频繁。而土地之买卖，必涉于官，无从欺匿。故划定地价之后，有交易止以原价归卖主，而其增价属国家矣。如此，国家可不费一钱而收增价之益。以此收益供买收之用，优有余矣。

　　所以先定地价，则土地之买卖必频繁者。凡地主之吝卖其土地者，一惧损失，二希厚利也。既划定地价矣，地主不患不得售其本价，又无从希额外之利得，故苟有欲买者，虽以国家之力强制之可也。借令其不欲卖而自纳其增价之额，亦可也。要之，有地价可增加之事实，则必有欲求买者。而无论其买卖之成立否，国家皆受其增价之益。而地主初不抗拒。其不抗拒非为势抑而然，亦自计其利而已。故一方用国债买收之策，一方用此策，则买收之财源决不患其乏也。

　　然梁氏只知可以公债买收，而不知此法，则其为驳议之无所当，固宜耳。且即如彼所论，有此千三百余万万之国债，其结果于财政亦无丝忽之危险。何则？凡论公债之结果，其最要之点，在其公债有生产的性质与否。其起债而为生产的者，为起业公债；非然者，则消费的公债也。而现在各国之国债，多为消费而募集。其尤重者，以事战争、供赔偿。夫以公债供战争、赔偿之用，则是其费终不可复，而于将来之收入，无毫末之益。即如论者所举法国之例，彼百余万之公债，其大半皆以充战费者也。即普法一役，彼之公债已由四万万八千镑，升至八万万八千镑，而一时浮动之公债尚在外。此皆仰偿于租税者也。夫故其财政受其影响，而近年之支出，公债费至居经费十分之三有奇，为巨额矣。然假使法之借款，不以用于战争，而用以起业，则其业务所益，优足以给其公债之费用，则法之财政固甚安全无恙也。惟其公债之收入，已以供军用，更无从回复，则其利息及偿还之源泉，势不能外于租税。而人民以有此公债，故每人负担之国债费二十一马克二有奇，一一皆自其所得中割出之，此其病民，所以见诟也。然而以公债买收土地，绝殊于是。其偿还之源，始措勿论。第言其利息，则就其土地所收之益出之，固已足矣。然则于财政有何不巩固，而劳论者为之忧也？

梁氏固非不知此也，故于后段明为利息之计算。然计算利息，而不知其利息即从土地出者，于财政无所碍，是则吞剥现代学说而不知运用之过也。而彼更由此论法以论偿还，谓政府于此廿年以内，决不得偿还国债，因谓政府信用当坠地。（二十页）不知国债之偿还期限，以国库信用高低而迟速，不以其偿还迟速而信用有高低也。夫还偿之迟者，莫如无期固定公债。今如英国之整理公债，利息年不及三分，而无还偿之期，只有随意偿还之条件，其不欲偿还，则不偿还耳。然则论者之视此何如，当亦以为英国政府之信用坠地，而国可亡乎？夫英之公债，非有厚利，而又无期偿还，然而人争保有之，价不减跌者，英之国库之信用足以维持之也。偿还之期，只视募集当时之信用。公债之价值，全不关于其偿还之期。夫英之国库，固未尝储偿还公债之金，而人亦不望其偿还也。则其年给之息无亏，斯已足矣。况此国有财产，实具与国债相当之买价，而有收益递增之趋势，其利息亦决无怠期。而谓此类公债不偿之于二十年内，则政府信用坠地，而国可亡，吾真不知其义之何存也。抑无期固定公债，非其信用之厚已表示于公众，不能募集。而国家之募集公债，实以无期固定公债为最宜。此学者之通说也。然以此公债买收土地，即以土地之价格厚国家之信用，则何人亦不疑其为财政上之良策。以此信用而给付无期固定公债券，以为代价，实无毫末损于卖主，亦万不致如论者所云也。假曰：虽有此广大之土地，其信用犹不足以得发行无期固定公债，而价格不少低落之结果，则必其有他故存，而非此政策自身之病。若可为此假定，则何不可假定者，顾论理不容之耳。抑且如彼所言，二十年以内，地租不得加倍。然则吾辈地租增加之说，彼犹承认之。特曰：二十年后，乃能加至倍耳。然则反问之曰：此加倍者，为于二十年以后，突由八十万万而倍至百六十万万耶？抑由买收之初年，逐渐增加，至二十年后，而后可以增加至百六十万万耶？其逐渐增加也，则虽未至加倍，而所加犹优足以供偿还之用也。盖凡巨额之公债，例必分年偿还，而如此巨额之公债，其偿还之年，例必较多。征之法国，自千八百七十八年以来，着手于公债之整理，其计画当至千九百五十二年而完了，其长实逾七十年。今如彼所计算，以十倍法国之额之公债，其偿还之期间自必当较七十年长，明也。期间既长，其每年偿还之额自少。然则于此廿年中，取其渐增之一部分，以供偿还，甚非难事也。假定此偿还之期间为百年，则年所偿还者不过百分之一耳。比之利息百分之五者，其额大不相侔矣。故能支利息有余，而忧偿还无着者，必无之事也。又公债例于借债之后，定一相当之期间，于此期间中，绝无偿还之事。日本谓之据置期间。据置者，存而不动之义，所以使政府得发行公债之效用，而应募者亦得以达其应募之目的也。假朝募集公债而夕偿还，则无宁不募集之为愈也。然此期限常为十年或廿年，盖通常所以募集公债者，因于租税之不可增加。而租税不可增加之状况，非三数年间所可变更也。故政府募集，非据置十年或廿年之公债，则虽足以济一时之急用，而无从获其偿还之途，终于无效。若其犹可以得偿还之途，则必其税源之甚丰，足以供其非常大之增税，故其募集公债以后，直得以增税供其利息，又可以供息之余为偿还也。是则其税源之丰有异于寻常者。然考之公债史上，巨额之公债而能以此法偿还者，未见其例。其有偿还较速者，必其借债偿债，而非根本的偿还者也。依是而论，则此买收之公债，纵不如前所论，而为有期固定公债，而其据置期限必不可少于十五年，甚明。然则虽有偿还之期，政府决不至苦于其偿还而致破产也。何则？如前所述，此廿年中，地租既已逐渐而增加矣，则此增加之额，必足以供此偿还之百分一也。偿还之额，不过利息之五分一，而每岁利息，恒得以岁入支之而有余。则此岁入增加六分之一，已足供偿还之用。而此岁入至二十年后而可倍者，在十五年后，决不止增加六分之一。然则于二十年以内，以增加之资供偿还之用，又必非不可能之事也。况每有偿还，利息即因之而减。自开始偿还以往，不及廿年，而其利息减额所赢，即足以供偿还，而不俟别为之计耶？故即如论者所言，以公债买收全部，财政未尝受其危险。而其公债为无期固定公债者，其偿还只视政府之便宜，绝无所害。即为有期固定公债，犹应有据置

期间，而偿还期间又必甚长，虽地租二十年后乃得倍者，亦无患还偿之无
着。而二十年间不得偿还者，破产而国可亡之云云，真梦中占梦之呓语，
无所当于事实也。推其致误之由，不外不知生产的公债与不生产的公债之
区别，以消费的公债拟此买收公债，而不以起业公债拟此买收公债也。

　　然梁氏根本之病源不在此，而在误解吾人恃现在地租为收入之一点。故
彼所见为缭绕而不可通者，吾辈直可以一言解决之也。彼以为政府缘买收
土地之故而破产，不问其地代之多寡者，以为吾辈以现在地租为收入之正
宗，而以将来增价所生收入为饶余也。其下驳增加租额之说，又曰：无论
如何，当其初行此制度之第一年，政府必不名一钱。以第一年地主所收租
额，必即为国家法定原额故。正表现其此种思想者也。抑亦不知政策之着
手与完成有殊之过也。今如日本言铁道国有，将以议院议决、天皇裁可之
日，为铁道国有政策之完成乎？抑以各铁道买收整理完了为其完成乎？必
将曰买收完了。然而始之议决、裁可者，只为决定其政策之行为，不得指
以为政策之已毕实行也。知此，然后可与言土地国有之次第。彼所斤斤持
以为论者，无过孙先生私人永远不用纳税一语。而先生之言，只就国有事
业完成后以言，不言国有政策决定后即悉废他租税也。而彼之立论，乃若
谓一行此政策，即无有他收入者然。是无他，以吾人之政策，为恃现在地
租为收入，因是买收定价之事，吾人所以为决定着手者，彼以为政策之完
成也。惟以为吾人所望只在现在之租额，而一买收定价，即为完了。故武
断吾人着手此政策之时，即尽蠲此一切之租税以事之。而其结论则曰，岁
入八十万万，则须付六十五万万之岁息；岁入六万万，则须付五万万之岁
息。以此征财政之不巩固。虽然，如其说者，一买收而已毕者，世又何难
于土地国有之实行乎？夫现在国有事业，最大者莫如铁道国有。然以视土
地国有，其程功之巨细，相去远矣。然铁道国有而得完成于一二年间者，
未之前闻也。日本以新进之国，全线不过五千哩，而尚除地方铁路不买收，
其计画不可谓大，然其买收之期限尚需十年。法国之铁道国有计画，则于
前世纪之后半期已大略定，而其实行完了之期限，当在本世纪之中半。盖
实行之所需时日、手段，有万非空想家所能拟议者。然初不疑其政策之为
良政策也。吾辈前言土地之价，十年可倍，只就其可增收之度言，不必与
土地国有政策实行完了之期限相符合。将来实行之际，或能最敏活之手

段，得最长足之进步；以最短之年月，完成此最大之计画，非今兹所能逆料。而所可知者，则此实行完了，决非三数年之事耳。然于此政策实行未完了之中，一切政费自必仰之旧有之租税，暨余一切收入，决不如彼所云，一着手此政策，即不有其余之收入也。此可即至浅之譬以明之。则如梁氏，括其所得美洲南洋华人之血汗，以营广厦于神户。其始营，以逮其落成，自不能无需时日。而当其建筑之际，横滨山下町之馆，箱根之旅宿，未可遽废也。苟梁氏以有金可得广厦之故，浸假而以广厦视其巨金，不待新居之成，而以新民丛报馆为鹊巢，为兔蹄，为鱼筌，则付之水火，加之斤斧，将见其无所荫庇，奔走以求一宿，而所挟巨金未尝呈丝忽之效也。然梁氏之知，不以此术施之室，而必度人之以此术施之国，以吾人所计画为金，而以现在可得之收入为馆，此何说也？且吾人之计画，与租税绝不相谋者也。吾人日实行土地国有之计画，而民之负担不为之加多也。土地国有之所得者，由自然的恩惠而生之利益也。既完了国有之后，而减免赋税，则人民负担之轻减也。而未完了之前，一方为国有之进行，一方仍前取租税，非人民负担之加重也。然则绝无因土地国有政策之进行，而不得有别种收入之理由也。

　　于此吾辈所谓土地国有政策之完了者，亦不能不一说述之。吾人前言以土地归国家所有之术，有二方法：一为公债买收。而此公债买收者，不能以给付公债之时期为完了，易明也。盖以吾人之目的，在得其土地所增之租。故一旦买收之后，非至其收入足以给公债利子之外，别足以供给国家之用，不可谓之完了。盖各国之国有事业，只以归于国有为目的。而此政策则归于国有之外，别有与国家以充足之收入之目的故也。然吾人固不纯恃此方法。

　　其第二之方法，则定价而国家收其增额之法也。此方法之利用，视前法为多。盖调查其地价而划定之，则地主只能有其现所有之地价。而此地价，无论何时，由官给之，则地主不得拒弗卖也。即地主欲卖，卖于官，而得公债或现金。则不问时价如何，皆得同价，故地主无不利也。有欲买者，纳价于官，官取其所增而以定价与原主。其不足，官为补足之。则买者亦无不利也。如是，其利则独在官。何则？近世之趋势，地租日昂，在欧美诸国行之，犹必有获。然在中国，则将来地租有升无降，则政府尤得收其厚利。此厚利之源，非夺之民，乃以社会之进步而有者也。地租之升降，与地价之升降，固非同物。然以普通而论，地租增者，价即比例增，而定价之后，此所增者归于国库。如是即以之渐买收其土地。及土地尽归国有，而后为土地国有政策之完成。而用此策者，亦非三数年所可毕者也。前所言法定而归诸国有者，谓此。盖其始时，地虽尚属私有之状态，而以法律定之，令其人于其土地上，仍有同前之权利，特制限其让渡之权。自法律上言之，所有权在国家，人民特于其地上有他之物权耳。而是时国家未尝给相当之对价，亦未尝得行使所有权，故人民所行使之他之物权，与前之所有权之行使悉同。第虽有与所有权同之权利，而法律上所有权仍属国家，不属私人也。故曰：法定而归诸国有。及后以买收而完全得有所有权，亦基于此最初之法律规定。可准之地上权消灭，而所有权得完全行使。然所有权固前之而存在也。后之买收，亦基于前此之法定者也。而当其政策进行之间，其增租之利益，已归国库所有，亦此法定之结果。而吾辈前言，因于文明进步，所增租额归国家（十二期卅一页），即指此也。特是由此法所得者，由增租所增之地价，而非即其租。而前偶不检点，只称租额，未免语病，以致彼疑。然租额之增，实来价额之增，土地之特殊性质如是。寻其原因所在，不能不谓之出于租。而国家以法定为大地主收此增租之益，固毫不有矛盾之所也。

此第二之方法，用之而有效者，不待远征之，即前数年在汉口、广东商人致富之事，可以为之证。广东商人者，当芦汉铁路初通时，商于汉口。知沿芦汉铁路之地价必且腾也，则求其道旁地主，与之约为买卖。其约价恒视时价数倍，而不定买卖之期，但定其最迟不过若干年，过此期者废约，而在期中不得更卖与人。民见其利，争趣之。然商固不持一钱，不能一时悉买此地也。逮铁路既通，欲地者骤多，而地主守商约不可得，则求转买于商。商因多取其价，而如约以价与原主。商不出费，只以一契约而厚收其利，更以所得利次第如约买取其地。又次第卖之，得利巨万云。此盖由第二之法而变之者。商惟希一时之利，故买而复卖之。然铁路旁地之涨价，固不止是。借商不以是为足，而自保守其土地之大部，以一小部之价偿其原值，未为不可也。如是则商所收益，可百十倍。又假为此者非商，而国家自进为之，则亦可以得莫大之收入也。今中国之铁道纵横，次第敷设，是皆芦汉之类也。森林、矿山之业，次第发达，是皆铁道之类也。国中都市次第发达，其宅地之价，次第腾贵，又当十倍于铁道旁之地。是有千百芦汉铁路也，亦即可有数十万倍于汉口商人之利得也。虽以商人之策，为将来事业进行之缩图，可也。

是故吾人之国有土地，非特其现在地租为收入者也。故其政策之完成，非于买收之顷刻完了，而于土地价格既增加如所豫期，得以与国家以充足岁入时始完了者也。然则未完了以前，国家不废别种之收入，无国库不足之忧。而苟以公债买收者，土地自身足以偿还其公债有余，不事忧惶也。故现在地租，吾人既以前此之计算，明八十万万之数不大远于真。而此八十万万，初不必入于豫算之收入，只此可增加之一倍之八十万万，可入之豫算收入之簿耳。然则梁氏之驳议之无当自明。彼言八十万万之收入，而出六十五万万为国债息者，其财政为天下所无有。而不知彼所言支给六十五万万国债息之间，不可谓为土地国有之完成，他种收入未尝为之废也。此征之普之铁道国有，其例最易明者也。普为铁道国有而发行三十一万万二千五百万马克之公债，而千八百九十四年之统计，国有铁道收入九万万四千七百四十万马克，其支出五万万六千二百五十万马克，得纯益三万万八千四百九十万马克。至一千八百九十八年，则其收入增至十二万万零九百七十万马克，并余官业及国有森林、土地等收入合十五万万六千三百七十万马克，居收入总额之百分之七十二，而其纯益实足以给每年支给公债利息并偿还之费。然则数十年后，更无公债费之支出，实得此巨大之收入，其于财政上之福利为何如也？假普于此外，更有种种之经营，而国家私经济的收入，遂足以供国费之全部，非甚难之事也。当是时，民无租税之负担，而国家得充足之岁入。自梁氏视此，其以为良结果否乎？傥诉诸其平旦之良心以言之，决不能曰否也。然以梁氏之论法，则于普之政策未达成功之际，亦且以为第一着手，即负担巨额之公债，且以六分之五付债权者，而仅自有六分之一，而诋为天下无有之财政矣。然普固未尝于铁道国有政策未完满成功之今日，行尽免租税之愚策，则其财政亦正为天下所易有。将来之中国，何独不然？

抑梁氏推算吾国将来之岁出，谓当比例面积人口增加，至数倍于英。而吾辈所豫期之收入，决不能给之也。于是闻吾人之说，必曰：旧有之收入，不足以供新政府之用也，则吾辈所主张仍不能实行也。然求其推算之根据，则曰（五页至六页）：

据日本小林丑次郎（三郎之误耶）之总分国家经费为宪法费、国防费、司法费、内务费、外务费、文教费、经济行政费、官工行政费、财务费之九种，内中惟宪法费、外务费不以国土之大小为比例，无论何国，其额大率不甚相远。其官工行政费，则以国家自营事业之多寡为率，非可一概论。……然则此亦可与宪法费、外务费同置勿论。其国防费虽非可以同量之比例进算，然大国之当增于小国，亦至浅之理也。自余司法费、内务费、文教费、经济行政费、财务费，则无一不比例于国土之大小、人民之众寡而累进。然则我国面积虽远过于英本国，而我国为自维持、自发达起见，其所需正当之岁入，亦当远过于英国。

又曰（二十三页至二十四页）：

计英国现今岁入十一万万余，法国十四万万余，德国十二万万余，俄国二十四万万余，岁出略相当，而国债费尚在外。我国以幅员之广，人民之众，所需行政费之多，则其岁出入必须过于英、法、德而勿劣于俄。质言之，则每岁必能提出二十万万之豫算案，然后可以供国家自维持、自发达之用。

于此姑勿问其论理之确否如何，即其所举数字而论，已错谬百出。即如彼前引麦洛克氏说，言英国经费六千八百万镑，而此言英国岁入十一万万，斯已谬矣。而彼必自解曰，麦氏之立说与今异时，故不得合。然则既知其不合于近今之数矣，又何为笃信而死守之乎？第此犹非要点，其要者彼谓经费皆当比例于国土面积、人数而增加，且其增加之比例极确（彼六页注，谓如乙国面积人数十倍于甲国，则此等国费自然六十倍于甲国，尤可骇怪。然六或讹字，姑恕之），即彼三、四页所论也。今试如其说以检之。中国面积，十倍于英本部有奇，彼所承认者也。中国人口，亦十倍于英本部有奇（英本部人口只四千万内外）。然则依梁氏说，中国之经费除宪法费、外务费、官工行政费外，皆当十倍于英。就中国防费虽不十倍，亦四五倍也。而查英之宪法费不过一百五十余万镑；外务行政费一百二十余万镑；英国本少官工业，官工行政费不及百万镑。然则此三项合计不及四百万镑。而国防费凡四千余万镑。故以麦洛克氏之说计之，则六千八百万镑之经费，除去此四千四百万镑，其余二千四百万镑，皆梁氏所谓当十倍于彼者，故其额当二万二千四百万镑。而国防费当五倍者，亦二万万镑。然则其总数当四万四千四百万镑也。而每镑伸银十圆弱，故其额在中国为四十二万万圆有奇。与二十万万之说已大背谬矣。况依英国十一万万之说，则中国于司法费等五项，当支出七万镑，加余二万万镑有奇，当有十一万万镑，即一百一十余万万圆之岁出。然则中国更何从觅此财源？是吾人之主张土地国有，未尝令中国政府有破产之虞。而梁氏硬派此十倍之经费于中国政府者，乃真令中国政府舍破产以外，无他道也。又姑无以此虚悬之说与为辩，即彼所举英与俄之岁出入计之，俄之面积大于中国，而人口少于中国，以此两相抵，中国之推算，亦略可移以施诸俄。顾俄之统计，即如彼所说，亦不过廿四万万余耳，未尝有一百万万以上之岁出入也（以他书统计征之，则俄之经费，除国债不过十三四万万圆，无此巨额）。此事实之最显著者也。梁氏诚欲自完其说，则无宁更改俄国之岁出入为百万万，而悍然曰：中国后此亦非得百万万不可，犹得以遮饰一时也。

以上皆就数字上以证彼说之不足据也。更自理论上以言，则其立说误谬之源，亦易明了。盖彼言面积人口增加，则一切经费皆当应之增加，固也。然其增加之比例，非以线比例增加（算术所用比例即线比例），而以乘方比例增加，其式当为：

$$S = a n \sqrt{(bx+cy)} \qquad S= 经费，X = 面积，Y = 人口$$

故面积人口增加之时，其经费即依微分理而增加。然其增加之数决不能大。以其式中变数之项有分指数存故也。浅言之，则：（一）经费比例于面积人口而增加；（二）其增加之率，从于面积人口之大与多而减少是也。（一）者经费为同变数之结果，（二）者项中含有分指数之结果也。

梁氏固不解此，而以小学一年级算术初步之智识谈财政，宜有此结果矣。况检其所举五项国费，其中固有不与面积人口俱增加者，即如财务费中含国债费，国债固与面积人口无关者也。然考其所举英国之例，则英之国债费，实居总财政费中百分之九十五。故虽谓其财政费全不涉于面积人口可也。俄、法之财政费中，国债费之位置，亦略同英。惟德国债费极少，为例外耳。其他项目亦多有不与面积人口相关者。一概论之，其失远矣。又此之所言面积人口者，专就本部而言也。而各国之经费多不止为其本部出之，而国防之费尤甚。今如英国，其本部虽甚小，而其属地则甚大，凡其军费，率为全国投之，不但为本部为支出也。然英之军费，实居全经费百分之二十九。法之属地之多虽不如英，而其海军大半以保护属地，陆军在属地者亦不少，而其军费居全经费之什三。然则彼所计算之本部面积人口，已不可为基础矣，以其经费不仅为本部故也。由前之说，则当除出公债费。由后之说，则当除出军费。而如彼所举例之英法，此两项经费实居全经费之过半。然则彼说之无足采，又甚明也。

夫彼之说，恒自相撞突者也。故虽驳其一说，其他说恒不为摇。则如此论，梁氏既主张经费应土地之面积人口而增加之说，又主张中国经费当过于英、法、德而勿劣于俄之说。其前说则既破矣，其后说则未尝不含一面之真理，不能悉舍置之也。然虽当为相对之承认，而于土地国有之进步毫无所碍者也。盖以中国方今改革之殷，虽有劳力物品价值低廉之便宜，其经费自当以次增加，而其增加之最高额，则虽与俄国等，亦为理所可有也。然而所谓不劣于俄者，自当有界限。彼言廿四万万者，当为前数年之豫算。而俄国自与日战，每岁临时费加增数万万，故若计一千九百零五六年之岁出入，则中国决不能效之也。故当征之战前之财政。据黑迦氏统计（以上所示统计皆据之），俄国之经费总额，不过十六万二千一百余万圆。而其中有国债费三万万圆弱，临时费一万三千六百余万圆，皆非所当计也。然则所谓不劣于俄，其额止于十二万万圆而已。彼说稍有可取者在此。然而彼之为说曰：中国必每岁能提二十万万以上之豫算案，而后可以供国家自维持、自发达之用。则是以俄之战时财政拟之平时而误也。且此十二万万圆者，不过其最高额可抵。是曰不如是则不可者，又大不然也。以中国有种种可得节省经费之便宜故也。

于此更有当注意者，彼所言十一万万、二十四万万等，皆就圆以言也。而前此就中国财政土地收入等项所言四千万、四万万、八十万万、六万万、一万三千万等，皆就两以言者也。两为中国计算上所常用，省而不言宜也。然既于两省不言矣，则于以圆计时，理不得省圆不言。然梁氏反之，于此诸国财政以圆计者，只言若干万万，不言圆，是大谬也。不惟然，于此以圆计者之中，言中国收入一万万七千万者，又以两言，不以圆言，复不着两字。更持七十万以较二十万万，谓不及三十分之一，可谓大眢乱矣。夫梁氏岂不知圆与两之区别，然故为是比较者，以读者为下愚，而思以舞文之巧术济其说之穷，甘蹈巨谬而不顾也。其术可怜，而其心可诛也。

　　故就此计算，则俄国之岁出不过八万六千余万两，固非甚难企及之事也。即中国现在之财政言之，中央政府所入万三千万两，而各省外销不报部之款，大省恒千余万两，小者亦数百万两，此其大部分皆国家经费也（其性质不能为地方费用）。而此之合计，当有加于中央经费之额，则二万六七千万两者，中国现在经费之常数也，当于俄国岁出之什三矣。然中国之岁入，非真正取于民之数也。以前所论地税实收之额，实取于民者之什一而已。其它杂捐苛税，滥收之弊尤甚。弊差少者独关税耳。而厘金一项，侵吞欺滥，又论者所已认者也。然则推算中国人民实际所负担之额，必视政府实收入加数倍。而即以三倍计之，亦几埒于俄矣。故论者姑无震惊于俄之岁入，吾民之所出以畀满洲政府暨其爪牙者，未遽下于俄人之所出也。故当此土地国有政策方进行之日，就旧有之岁入而整理之，尽去侵蚀，优足以供国费。故土地国有之政策，毫不为之妨础〔碍〕也。

　　论者必曰：此所言者，未及地方费也；而将来更须谋地方费用，则经费犹不足也。曰：然。然地方经费之多寡，全视其地方团体之职务之繁简。故地方团体职务而多者，其经费必多，为今兹所无有也。第以英国之地方经费论之，则十年前之地方经费，已达九千余万镑之巨额，几等于国费。而各国初不闻有此也。是全因于其职务多寡而殊者也。为问中国之始改革，其他方团体能任巨大之职务乎？必不能也。然则其经费亦当甚少，未足为道也。且今日中国亦不无单纯的地方经费，不计入国费中者。他省所不敢知，以粤地言，则乡局皆自有其经费，若团练局、沙田局等其尤著者也。然则以此种收入充地方经费，亦甚不难之事也。故地方经费虽广土不遽增，其事既简，则其经费亦不入于财政问题也。

　　更就今日政府收入观之，其中一部属于地税，而计人民所纳，则地税实居全负担之三分之一以上。然则土地国有政策之进行，得无为此收入之障害与？此普通最易起之问题也。虽然，同时亦为最易解决之问题，不可不知也。土地上之有税既久，其地主之收入中，恒割其一部分为税（地税或从租税出，或从庸出，或从赢出，下当详之。而中国地税则概自租出）。则计算租者，只计其所收入中除去地税之部。即如租亩二两而税一钱者，在地主视之，只可以为租两九钱而已。然则当行土地国有政策时，假其地被买收，则其买收之价，只可以两九钱之收入计，而政府收此地之地租，实得二两，则于地租未涨以前地税之一钱，仍可从地租中划出之，于旧有岁入无所增损也。而余一两九钱，亦为始所豫计不见耗也。要之，国家代居地主之位，故得其收入，亦得其税之负担。而即国家一方为征税者，亦未尝因而有所盈亏也。若在定价而未买收时，地主仍收其租，亦仍负其负担，于国家收入更无所碍也。

　　故从种种方面以观，岁出之多少，皆与土地国有政策之进行无关系。而彼论所称第八至第十之理由，乃悉破也。梁氏不能抹杀现在政府之收入，即不能推倒吾人之说。虽然，假其抹杀此事实，则梁氏方且以之自穷。何则？不能提出二十万万之豫算案，不能供国用，梁氏所主张也。行土地国有则破产，行借债起生产事业则破产，梁氏所倡言也。然使满洲政府一旦翻然思念梁氏之高勋，涤瑕荡垢，许复朝班，更假以阁龙科勃之位置，则梁氏其将何策以处此困难之财政乎？其必取之租税无疑也。今姑就吾辈所计算中国岁入二万七千万即四万万圆弱者，一旦欲其增加而为五倍（二十万万圆），以应国家之需，其道将奚由？假其不认征收于民者，数倍国家实收之事实，则惟有加此税率为五倍，以益困吾民而已。夫以今日细民生计之困难，现在税率犹不能堪者，其何以堪此五倍之税乎？此真铁良、刚毅所不敢建之毒策也。况梁氏之经济政策，以奖励资本家为第一义，而牺牲劳动者一部分之利益，非其所计。于是排斥外资，而保护资本家。以之劳动者势既不敌（保护资本家故），又无需要者之竞争（排斥外资，而内国资本又不多故），庸钱日低，重逢此恶税，方且希为奴于北美而不可得矣。如是而后彼说可行，然犹主张之者，是其心真非常人所得测矣。

　　以上皆言土地国有政策进行中不害财政也。然至其完成之日，则可尽废诸税，独以土地收入得供国用，此吾人所夙主张者也。然梁氏则悍然曰：单税不足以支持国费。考其根据，无过麦洛克氏之说，及彼六万万之臆定耳。二说皆所前破，更无复述之必要。然吾人所期以为国家收入者，增加之地租，而非现有之地租也。故更从他方面推算地租可得升腾之额，即可因以知将来可得之收入。无论地租为八十万万有证据存，即令其如梁所说为六万万，国库之收入乃逾多，盖所可得者同额，而所出较少故也。今比较他国之土地收益，以推算中国将来所得，分项明之：

（甲）田地之收入

吾人固不言以田地之租为全收入，然田地之租，要为土地收入之一大宗。欲推算将来田租升腾之率，只须就农产物之价值而知之。考美国第十二次统计年鉴（一千九百年），全国农产物值美金四十七万万圆，即中国九十四万万圆。其输出农产物，值美金八万六千万圆，即中国十七万二千万圆也。而九十四万万圆之农产物，除此输出者外，皆应消费于国中（虽有制为酒类等而输出者，然其额当不多）。是则美国人民所自消费之农产物，凡值七十六万八千万圆也。美为新垦之邦，农产物价贱，不如欧之昂（美产面粉能销于中国，即可证之）。而其额之多尚若是，则欧洲可知矣。中国文明进步不如美，人民所消费简单而少额，又谷价贱，故其消费额，今暂不能如美。然其改良进步以后，人之欲望增进，当不下于美。而谷价亦必以渐昂腾。故以美之例计之，彼国人数凡八千万而费七十六万八千万圆之农产物，人所费者年九十六圆。中国四万万人若人费九十六圆之农产物，即需五倍于美之数，为三百八十四万万圆矣。中国现在之农业，经常纳其生产之半以为租者推之，将来租价随谷价以升腾，即产此三百八十四万万之农产物之地，当有一百九十二万万圆之地租。然以经济常理言之，土地苟不达报酬渐减之限界以前，租额增加之率，实大于产物增加之率。是以将来之土地收获虽入报酬渐减之限界，而其额犹当居全产物价值之半也。即此一宗，已可得近于八十万万之一倍之收入矣，况此外尚有宅地耶。又以日本之例言之，当明治廿八年，米价每石不过七圆（其时输入米价不过六圆半弱，故知其时米价至多不过七圆也）。逮三十六年，每石标准相场（即市场定价之平均额），乃至十五圆有奇。其年为丰岁，故米价稍低。至于此顷，复大腾贵。要之十年之间，米价两倍者，其情实也。然此增加之米价，其结果当如何分配之乎？则其产出之所要自然、资本、劳力一与前同。在此十年之间，庸钱虽增加，其率不大，利率乃无大变动。然则此所增加之额，其一小部分为庸钱增率之外，当分配于地主与企业家。第企业家之利润一旦高，则以竞争之故，旋使之低落，故此分配为利润者，亦仅独其大部分分配于地主以为地代耳。然则日本之地租，此十年间，当不止一倍，而其地价亦增加不止一倍也。日本社会之发达，多在明治二十八年以后。然则苟中国将来社会发达所要时间与日本同，则亦十年而已。此就于田地，可证前言十年可得一倍之非虚者也。

（乙）宅地之收入

言宅地之收入，自必以都会之地租为首位。考各国之人口住居于都会者：于美国居万人以上之都会者，凡百分之三十；英国居于万人以上之都会者，凡百分之六十一有半；法国居于二千人以上之都会者，凡百分之三十七有半；德国居于二千人以上之都会者，凡百分之四十六（英、法、德三国据一八九一年统计）。故今日文明国间，人口三分之一居于都会者，其中数；而都市人口以渐增加者，其趋势也。（参照《国家学会杂志》第百四十四号，欧米都会之发达项下。）然以美国论之，居于万人以上之都会者，岁必纳美金六十圆以上之屋租。而五万以上、十万以上、乃至数百万如纽约者，其所需又从之增加而至数倍。故都会中人所需住居费，平均每年必不止六十圆。即以六十圆而论，此总人口百分之三十三居于都会者，其数都二千六百万人。人出六十圆，则是都会之屋租，凡值美金十五万六千万圆，即中银三十一万二千万圆也。此中至少有一半属于地租，则为十五万六千万圆。而中国今日之宅地，租虽甚微，至于改良进步之后，自不难于与美同等。则依于同一之此〔比〕例，四万万人中当有一万三千余万人居于都会，其所出之地租当有七十八万万圆。此外居于田舍者居百分之六十七，则以其租当都会之五分一计算，仍可有三十一万二千万圆之租。合之为一百零九万二千万圆也。

以上专就居住之宅地言之，而住宅之外，制造所用工场仓库，商业所用店铺等地，亦可纳巨额之租。以美国之例言之，则据第十二统计年鉴，大小制造家凡五十一万二千二百五十四家，其所制出者合值美金百三十余万万圆，其资本金美金九十余万万圆也。其资本运用之状况则如左：

地租　　　　十万零二千七百万圆 合中银二十万零五千四百万圆

建筑　　　　十四万五千万圆

机器人工　　二十五万四千三百万圆

流运现金　　四十七万九千六百万圆

观此可知制造业者所纳地租，实不止其资本之十分之一也。而将来中国资本增殖如美国现在之景况，则必五倍于美国，而所纳地租为百零二万万七千万圆矣。以合前宅地租，可得二百一十一万九千万圆也。第此制造业者，或使其职役居住其建物之中，则此属不纳宅租，而仍不可不称住民。而前计住民所纳屋租单以都会住民计算，于此其地租之计算不免重复。然从事制造业者，以美之统计，不过全人口百分之九弱。而属于此种不另纳屋租者，最多不过半数。故其重计之数不过十万万圆，除去之，尚有二百余万万圆也。

此外商店所应纳之地租，第以住民所纳之三分一计之，亦当有二十六万万之收入。故统都会、田舍、住宅、商店、工场、货仓之属，凡可得地租约二百三十万万圆。

前此两项，并以发达之程度等于美国计算。然中国当以若何长之期间，始能发达至与美等乎，则不能豫为精密之决定者也。然而所可决者，美国之致此发达，凡要百年。而中国之得此发达，决不要同一之年月，即二三十年，已足追及美国。何则？效法者之善取其利而避其害，实比于始创者有数倍之便宜。美之致此发达实放〔仿〕于欧，而其进步较之速。今中国之于美，亦犹美之于欧耳。且此发达皆以渐致，不由顿成，假其进步需三十年者，此前十余年间，必已有若干分之进步，而地租亦得有若干分之增加矣。故如前之两项地租合计，实有四百二十余万万圆，即令其后十年之增加率较前二十年为倍，则此四百二十余万万圆者，在其改革后二十年，不过二百一十余万万万圆耳。然而固已几倍于八十万万两矣（八十万万两，即一百一十一万万圆）。故吾辈前言，十年自倍者，或过于情。然中国苟能为大改革，切实谋社会之进步者，其得一倍八十万万两之地租，固可不在二十年以外也。

更以日本之例言之，则以吾人旅居之生活，每月至少尚须纳二圆五十钱之宅租。若居近繁盛之区者，每月当五六圆。然则吾人在日本所纳宅租，每岁乃自三十圆至六十余圆也。即吾人所纳以为地租者，岁不下二十圆也。香港之住民，每人月纳屋租至少三圆，然则所纳地租亦必岁不下二十圆。吾中国改革以后，十数年间，纵不能直追美国，必不劣于香港、日本。然则都市居民所纳之租，至少必有今所豫算之三分一，即二十六万万圆也。乡村宅地皆以至廉之值计之，故不待十年，已可进至今所豫定之率，而其额实为三十一万万余圆。制造及商店所用地租只其什三，已可得三十九万万圆弱。此合计为九十六万万圆（日本之郡村宅地租，亦于十余年间腾贵一倍以上，可证乡村宅地非不腾贵者也）矣。而田地之租，依前日本之例，亦十年而自倍。故现在地租八十万万之中，以三分之二属于田租计算，其加倍时当得百零六万万余两。合此九十六万万圆即六十九万万两，实为八十万万两之一倍有奇也。

（丙）山林之收入

山林之收入者，矿山及森林之收入也。以矿山言之，中国为世界最富于矿产之国，且其采取不甚困难，故其收入必较他国为多。盖矿山之制度各国不同，有认以为属国家者，有认为属地主者。其认为属国家者，地主只能有其地地面之权利，而矿山之利益，国库取之。然在中国则习惯上以为国家所有，故其利益不待定价收买始可收之也。矿之收益，多寡不齐，全视其质品之美恶贵贱、采取之难易以定之。故其输于地主者，多至过半，少亦十一，而其平均应在十分之二以上。考美国每年所产矿产总值美金十二万三千八百万圆，合中银二十四万七千六百万圆。故令中国所产只等于美国（中国面积既大，矿产复多，故决不止等于美国），而其收益又不过十分之二，亦可得四万九千四百万圆之地租。

森林之收入，亦可为将来国库收入之一大宗。盖森林之业，其性质最适于为官业。虽至不主张官业者，亦认其为适当于官营之事业也。森林之中，当分保安林、收入林二种。而保安林，以改善其一地之气候，防止其灾害为目的者，非国营之不能完备。而即收入林，亦须有数十年继续之经营，不便于私人之经营也。又其经营方法甚简单，不要复杂之工力，又不容为小计画之经营，凡此皆独便于国营者也。考日本国有森林之收入，于明治三十五年度，其面积凡千三百一十七万余町步，纯收入一百六十四万余圆，每一町步纯收入十三钱弱。而日本国有森林，居总林百分之六十八，故合算其私有森林之收入，当为二百四十四万圆。中国面积得日本之二十六倍，故其所可有之森林，亦当二十六倍于日本。而如日本之收益率，每岁纯收入亦可得六千三百四十余万矣。然日本之林业，至不发达者也。各国之森林业收入，除俄、奥外，皆数十倍于日本。则日本之林业将来可得之纯收入，决不止十倍于现在。而中国将［来］国有森业之纯收入，亦决不止此豫算六千万之十倍也。试依高野博士所表列各国国有森林每希打纯收入观之：

普鲁士	5.74	巴威伦	8.39
撒逊	24.58	威丁堡	20.68
奥大利	0.81	匈牙利	1.54
法兰西	5.06	俄罗斯	0.10

此中除俄罗斯不计外，每希打约为日本一町步六分之五（日本一町步当三英亩弱，即中国约廿亩。一希打当英亩二亩半弱，即中国之十六亩有奇。故其比例当为六与五）。故奥之纯收入，为日本之七倍有奇。法普之纯收入，为日本之三十余倍。而撒逊之收入，为日本之二百三十倍。假中国之森林进步与普法等，则可得二十余万万圆之纯收入。此纯收入以三分之一供其经营资本之本利偿还，每年仍可得十五万万圆以上之收入也。

（丁）湖沼河海之收入

此项收入最多者渔业，而盐业亦亚之。此外种植水中植物，其利亦不鲜。盖古之官山海而以鱼盐饶国者，自有前例。而榷盐之政，至今行之。虽财政学家率以盐税为不便，而于产盐之地取其地税，决非过也。此外尚有开凿运河、筑港场者，亦属此类，而其收益亦当不鲜。

（戊）水电之收入

近日电气之用途大扩张，而最新之电气设计，俱赖自然力，而尤重者水电也。水电所利用者，瀑布河滩之力也。利用此属之力以发电，其所需资本可大减，而其所生电力之价值，比于其资本为甚大，故其利益之分配，当有大部属于自然力之主。电气之供于实用，不过二十年前事耳。计其现在之用途，不外交通（电信、电话、电车等）、代烛（电灯）、运机三项，而炊爨、温室用电之法，虽经发明，未尝应用于实际，则以其价高于薪炭，不能夺其席也。中国之水力可供发电之用者，如龙门、夔峡之激滩，西南山国多数之瀑布，蓄而用之，其力至大，而用资本较微。然则电力值价可廉，而炊温之用电者亦多矣。依美国现在之统计，每年每人所需用于电力者，凡美金七圆，合中银十四圆。然其用止于前举三项耳。则加以炊温之用，其每人所需于电者，当不止此数。即曰电气价廉于美，而其需用增加所生益之额，决非其减价所损之额所可比，明矣。且就令其额不过十四元，而以四万万人计之，每年所需应为五十六万万圆。水电之运用全恃机器，一成之后，支出盖微，不如用汽者费消之大也。然则其以收入之什一，足供其每年支出之费，余五十万万余圆为纯收入矣。以前所论以自然力发电需用资本较少，故其收入五十万万圆中，以三分一为本利偿还（此为国营，故必计及其偿还资本，所谓利之偿还，即当于私立会社之配当金；其本之偿还，则当于会社之资本减少，株式消却之积立金也）。余三分之二，凡三十三万万余圆为国家之收益。

（己）铁道之收入

美国铁道每年之总收入，凡美金十七万六千九百万圆，除去各项费用，尚得纯收入六万五千二百万圆，合中银十三万万余圆。更除偿还本利，合中银五万二千万圆，当得八万八千四百万圆，为企业者之收入。然美国两国临海，所恃于铁道者，比之他国为少。中国若发达至与美同程度，其所需用于铁道，至少需有美之两倍，其纯收入当为十七万六千万万矣。

以上四项，除河海等之收入不能豫计外，其他三项总可有七十一万万圆之收入。至本利清还之后，更可得三十三万万余圆之收入。故其总额可得百万万圆以外。第此豫计皆就其发达至于全盛者计之，故其达之之程期，必须三四十年，不能视为自始可得之收入。然如矿山、铁道，虽其始时，亦可得巨额之收入，非绝对无收入者也。（未完）（《民报》第十五、十六号，1907 年 7 月 5 日、9 月 25 日，署名"县解"）

嗣　轩

《新民丛报》非种族革命论之驳议

梁氏作《申论种族革命与政治革命之得失》篇，所以反对《民报》之排满论也。其文连篇累牍，刺刺不休，余不屑以有用之光阴，一一与之辨驳，然第摧陷其宗旨，亦足息其喙矣。

梁氏之作斯论也，以论理法演其主义如下式：

大 前 提	小 前 提	断 语
凡可以达救国之目的者，皆吾辈所当以为手段者也。	（一）而政治革命实可以达救国之目的者也。	（一）故政治革命者，吾辈所当以为手段者也。
	（二）而非政治革命，更无道可以达革命之目的者也。	（二）故舍政治革命外，吾辈无可以为手段者也。

自谓如铜墙铁壁，颠扑不破，无论何人，不能相难。庸讵知主义不正，文笔虽佳，必不能坚立其说乎！何以故？如满政府阳记立宪之名，摘录大清律例若干条，布之以为宪法，而实行其宁赠友邦不还汉人之政策，结密约送利权，以冀保觉罗氏须臾之残祚，若是者，试问能达救国之目的否乎？即不然，竟如君等之要求，扫除积弊，集权中央，以实行开明专制之政体。然汉人疲，满人肥，汉人强，满人亡，胡奴之明训，反例而观，使满果强矣，必严定阶级制度，降汉人为奴隶，而诛其才智秀异者，使汉人永沉论〔沦〕于黑暗之中，而无光复之日。谓子不信，则玄晔文字之狱其前辙也。若是者，试问能达救国之目的否耶？吾知其必曰不能。则第一之小前提破。使行种族革命之举，万目一的，众志成城，中央地方，相并而起，竟不数稔而扫除蹄迹，恢复中原，布独立之明文，宣共和之宪法，如米之拒英独立，若是者试问其能达救国之目的否耶？吾知其必曰能也。则第二之小前提破。二前提既破，则其二断语之不确，可不言而喻矣。由斯以谭，则梁氏所持之主义，所说之政见，使明目张胆，直书其大前提为救觉罗氏也则可；而为救中国也，则断乎不能。呜呼，二十世纪之时代，民权主义与民族主义膨胀之时代也。以今日中国之现象言之，不欲救亡则已，苟欲救之，余决其必自种族革命始。盖中国之政治当革，而种族尤当革，种族革命成，而政治革命之问题，即消纳于其中，譬如解网，纲举而目靡不张矣。梁氏又谓种族革命行，列强干预，亡可立待，举法兰西大革命之事为证。其言甚辨，殊不知亡于欧亡也，亡于胡亦亡也，亡等耳。使列强干涉于种族革命既成之时，则收合余烬，背城借一，虽或兵不精，械不利，难望如拿破仑之败联军，然即兵败师挫，亦不过赔饷耳、割地耳，如拿破仑滑铁庐之战败，弱而已矣，亡何有也？使列强干预于种族革命方起之时，则鼓我士气，铤而走险，先扑灭非我族类之贱种胡奴，颠覆冥顽不灵之恶劣政府，以达种族革命之目的，然后与列强争战。就令天不佑汉，不能尽恢复中原，然得祖国一片干净土以为炎黄子孙驻足地，而树独立旗于东亚，其较诸以四万万众聪慧国民，二千万里锦绣山河，而隶于五百万蠢如鹿豕胡人之宇下，受其指挥，仰其鼻息，为奴隶，为牛马，长为亡国之民以终，相去为何如也？余故谓欲救中国，必自种族革命始。

论既竟，更书数语以告梁氏曰：而果全无心肝而专为达赐环之目的计也，则与其分二万册非革命论于内地，以示忠爱，不若上一纸开明专制条陈于满酋，较为直捷。如而清夜扪心，天良未泯，请勿再逞油滑之文笔，著暧昧之论说，以毒国民之脑筋。（《复报》第三号，1907 年 7 月）

汪　东

正明夷《法国革命史论》

余久欲著《法国革命史论》，以他事牵率未就。或告明夷有此作，亟取读之，意其将有谠论，不谓其逞一己之见，至于斯也。章太炎先生曰："自此论出，其为进步之梗者，良非浅鲜，不可不有以匡之。"因嘱余为文，先生览焉。至于史论，后日将竟其业。

夫欲论古今万国盛衰之业，当穷其本根，溯其源流，必非可以刻舟求剑，胶柱而鼓瑟也。而况乎徇私见，逞臆说，抵掌舞色，徒取以为论辨之资乎？法之大革命，起于千七百八十九年，迄千八百四年，中更七载，丧乱繁多。虽谋之者有不臧，然一洗旧弊，遂能祛虐政、均利权，卒达改革之首志，其功抑亦赫然可观哉！不睹其功，而重科之罪，甚矣，其枉也。推明夷之致误，则其尊君之心理实使然。故其于君，尊之若天，敬之如鬼神，一则曰，以拉飞咽之忠勇，下爱同胞，上忠君国；再则曰，王以一身为民拥迁于巴黎，自是白龙鱼服，喘息需沙，蝼蚁噬之矣；三则曰，以二子（谓米拉伯与拉飞咽）之才望忠诚，志在立宪以安君国；四则曰，拉飞咽以一木支大厦，欲以君主立宪定国。于路易之死也，则曰，遗爱已深，非众怒而众杀者。盖有拥护王室则目之为忠诚，反是者皆不忠不诚也。有欲以君主立宪定国，则叹为才智之士，反是者皆无识之乱民也。呜呼！在明夷言之，宜矣，庸有当于穷本溯源之论乎？夫法国自十八世纪以降，王族贵族之骄恣暴戾，已非一日，至路易十四即位，益张王权，豪奢既极，又复横挑强邻，暴骨于外。自千六百六十七年，达于千七百十四年，战争之祸，靡有宁已。加以重征苛敛，民不聊其生，怨嗟之声，相属于道。布奔氏之失民心，由来有渐，其不即发者，譬之硕果，酝酿未熟，一旦及秋，则子散落若雨，路易第十六，乃适当其冲耳。以路易十西之暴，天之报之，不于其身，必于其子孙。呜呼！天视自吾民视，天听自吾民听；天不能听视，则假手于吾民，固也。孰谓路易十六之死，非民杀之哉？千七百九十二年十二月十三日，巴黎市长面谒路易，命赴议院听审，未决；十二月二十六日，再召路易，开最后之审判，德色士者，为之辩护甚力，然其言均非人所乐闻。自是议院之内，议论多歧，互相抗论。至翌年一月十四日，巴黎市民，不耐议院举动之缓漫，大举围议院，呼曰："诛无道君！诛无道君！不能诛无道君，即诛汝等！"物情汹汹，议院大窘。又市中各区护国兵市会等，频遣委员，强请议院；说士政客，日夜演说，言国王罪当死。至十六日，讨论毕，投票以定王罪，及伦的党首威尔及奥先投票大书"死罪"二字，于是部下四十六人，皆踔起致之。此党固素主平和，尝力争王死者，卒以众怒难犯，悍然出此。王死罪既无可逃，复以多数决议，于翌晨七时行刑，驱诸革命宫（即孔哥尔德宫园），横炮围之，万民麕集。王既死，群民始稍稍怜之。夫人之于仇，仇其生也，死则仇释，鞭墓裂尸之举，固所不取，而以此遂谓非众怒而众杀者，抑又诬也。观上所述，民怕浮涨，不可干犯，及伦的党以全党之力争之，不能得，其非罗伯卑尔、马啊、喇敦数子之能为梗也，明矣。王性仁柔，不及路易十四之骄纵，而反食其果，王之死无怼，怼其先人可耳。然王未尝无可死之道也。王初政颇顺民请，民走相告，以为国王好平等、爱自由，将苏吾侪小民之困乎？王不以此锐意图新，柔懦不能断，终为王妃马利安及一二近臣之所摇惑，激为刚暴，闭三族议事堂，复演说责平民议员之专滥，恣用武威，调兵集巴黎。迨民气激昂，攻破巴士的狱，识者以为大乱既兆，王之与民，势乃如骑虎背，不可骤下矣。王顾逡巡畏缩，解散军队。呜呼！风潮撼荡之时，出之以云雨翻覆之手，布奔氏之亡，不待朝日，不俟蓍草而后决也。

米拉伯，明夷数许为忠诚者。以吾观之，奕无定着，直无恒者之小人而已。法之大革命，所以成若彼之恶果者，彼与拉飞咽，实皆不得辞其咎。何则？米拉雄辨达识，冠绝一时，议论风发，议院中莫能与颉颃。素善王族疴尔良公，欲谋废布奔王统而以代之，私结政社，散金谷以养政客贫民，招集兵士。事泄，下之狱，民众数千，破狱救归。其于王之演说也，反对尤烈，尝呼于众曰："王者，宜奉国民之命者也。今行强制，则是为国民之公敌，吾辈当奋发勇进，守前誓勿替。"民气为之一振。拉飞咽亦来投会。
拉飞咽者，其主义行诣俱不让米拉，两雄握手，风云变色矣，使其终始一
贯，以共图国事，吾知其成功非远也。惜夫中道变节。米拉既频通款于王
室，暗相结托，拉飞咽阴忌之，日以谗言谋相中伤。米拉威信已坠，亡命
英国，其与党皆惧祸及。由平和一派复变而为激烈者，拉飞咽之罪也。未
几，米拉再进，联拉飞咽共倾首相业结尔。盖米拉之意，欲自入阁行政，
以售其策，业结尔排之，故有此举。迨业既挂冠，新内阁又皆拉飞咽党，
米拉伯大失望，千七百九十一年三月，病，不能视事，四月二日薨，年仅
四十二。其亦忧伤郁结，有以中之耶？米拉初于革命派中，累参惟〔帷〕
幕，谋颠覆王统，后复庇护之，为王腹心，压急激党之议，以期挫抑民权，
王与后妃等亦知其阴险，倚赖之者，将恃其材望，克复王政耳。米拉薨，
罗伯卑尔又谋废立，戴疴尔良公，至是拉飞咽复为王党，倾其力以保王位。
罗伯卑尔等叛，拉飞咽率护国兵镇平之，复组织一新俱乐部，与民党抗。
彼二子者，前后如循一辙，谓之为有才智，宜矣，吾未见其忠诚也。向使
二子志在立宪以安君国，则其发难之始狂喧急进，已若自树荆棘而梗其途，
至于颠踬，由所自取。然彼之发难，非误也，彼诚与其主义，不以中道相
弃捐，行其威望，镇民毋使妄动，民必能听命。革命军之起，拉飞咽固常
为之率矣，众相推重，听其指挥。拉飞咽鞅掌甚，入民家借憩，革命军遂
劫王，骚乱殊剧；拉飞咽投枕起，直入王宫，众复定，知其威之及民也。
叛民，故失民望，而民无节制之者，益肆。于是法纪荡然，岌岌若不可终
日。吾为米拉、拉飞咽惜，又甚为法国之民痛也。

　　明夷又谓：法之召大乱，以初开议院之制未善。此诚无足讳。惟咎拉飞
咽妄执他国之验方，以望瘳己国之痼疾，至以大毒法国，则未审耳。千七
百九十一年九月二十九日，法王路易始容国民之请，议定法律，凡二千二
百五十件，中最失计者，则采用单院议政之变观，即有下议院而无上议院
也。夫仅有上议院，此固贵族政治之变形，而仅有下议院，则又民权专制
之实质。所谓政治革命者，亦以革专制云尔。今君权专制去，而民权专制
来，本已悖乎初愿，此非效法美国之罪，而效法之未尽善者之罪也。若其
持程度之见，以为未至其时，必难躐等，故举当时罗伯卑尔、马喇、段敦、
埃卑尔、易伯尔诸人，以其悉出于民党，性皆悍鸷，互相争权，流血遍地，

以是酿成恐怖之世。不知罗伯卑尔等，非必借议院之成立，然后敢为肆行。彼当千七百八十九年，已拥其党，立不勒敦俱乐部，势日甚。米拉、拉飞咽，尝思遏之，卒归无效，而徒使民众愤恨，悉叛去入罗党而已。且夫屠伯之性，非人人然。谓其无识耶，则数人者，皆英迈果断，有卓见者；无学耶，则史称马喇能文学哲学，罗伯卑尔又尝入路易特格兰大学，造诣甚深者也。特天赋其性，慓悍不仁，是则法国之不幸，实天为之，何所责于程度？向若议院之制，尽美无遗憾，联合两院，互相调剂，以底于平，米拉、拉飞咽尽瘁国事，毋少变移，法以此大定可也，彼数人何能为哉？抑明夷以为孔子早明太平世之法，而必先以据乱世、升平世，乃能致之。明夷亦知天与人之别乎？此三世者，实为天然不可越之次序，如升阶焉，跃而上，颠且陨矣。而创定一国之制度，则可以以人力为之，损益进退，缺者缝之，赘者剖之，如择土而处焉，必不以沼泽窊洼之地自安也。呜呼！明夷既晓此理钦，处今之世，排斥种族革命，龈龈然宝其满洲圣明之君者，犹越据乱、升平而思登大同太平之道钦？促吾民之升阶虞其颠且陨也，吾是以宁阘首而弗敢从。

明夷又以不虑事变，妄倡革命，罪及伦的党。夫及伦的党，固亦有罪焉矣，若必曰妄倡革命，则及伦的党之所不敢受也。然则其罪维何？曰：不歼罗伯卑尔党，坐失事机，以致两败也。明夷有言：其党人多名士学人，研哲理，知公义，行事赋刑，皆审轻重，即其敢于革命，亦由于怜小民之压制而舍身抔〔拯〕之。盖本乎不忍人之心，而非以残忍流血，行恐怖法，以揽权位为志愿者。此其言吾乐承认之。后乃基此以为断案，曰：夫当两争之地，有此不忍之心，则必不能妄杀人，既不能杀人，而不禁人不杀己，则必为忍人所杀。曰：夫有救民不忘〔忍〕之心者，必不能妄屠无辜，既不能妄屠无辜，必被反噬而失势。异哉！其所谓不忍人之心哉。天下之事惟有所忍，乃能有所不忍，而大不忍之心，即存于此须臾之忍之间也。彼其革命，由于怜小民之压制，亦既明夷之所知而能言之者矣。革命即不能不杀人流血，杀人流血，忍事也；忍而为之，即将以达其舍身拯民，不忍人之心也。今功已过半，乃不忍于此数三之忍人，缩手袖间，忍观其大忍于吾民，并以及其身者，则及伦的党，真复天下之至不仁也。孰谓贤者为此乎？是故及伦的党也，不知此义，是曰不智，知之而听之，则是小不忍而乱大谋，两者必居一，是终无所逃罪已。然而此非革命之咎也。凡革命一起，诸恶象随之不可逃避，若影之逐形，然此得曰倡革命者之所致？仅上所述，非革命必得之果彰彰也。鉴而逃之，固革命者所有事，惊走相告语以为伯有至矣，吾笑明夷之有似乎郑人焉耳。尤足嗟咤者，谓当大变非常，仁柔之君子，必以犹豫不忍败；悍毒之奸雄，必以凶忍捷疾胜，此古今之故事。信如明夷言，则凡古之君子，未尝能成事，其有一二成者，则皆奸雄而已。请勿过征诸远，戊戌政变，明夷为之主动，苦那拉氏之作梗也，亟谋诛之，未尝有所谓当机不断与夫犹豫不忍者，乃卒败，败不当也。虽然，明夷必且自居仁柔之君子，然则固将惩其前役，不敢复出任事乎？而平居之日又何必慨然引天下为己责？弟子咸颂为能当大变者，又皆不知其师者也。呜呼！岂其甘于作茧自缚，作法自毙乎哉？

至明夷又谓：凡预于革命之役，无仁暴智愚贤不肖，无一人能免者，百二十九万人流血以去一君，卒无所成，只助成武人拿破仑为大君，复行专制而已，向使拿破仑第一，少戢枭雄，慎保禄位，则世君法国，至今不改可也，然则百二十九万人何所为而流血哉？以是复归过及伦的党。夫拿破仑之取君位，非以武力。当时民众，处罗伯卑尔残暴之下，稍厌民主政体，拿破仑潜察民心之可动也，私投资刊行一杂志，主张世袭王统论，阴以相煽。然当千八百二年，与俄国订结条约时，文言两国臣民，有的波尔者，即大唱"吾人乃市民，非臣民"之言，塞尼尔更绝叫曰："法人思市民而有十年之战，非因臣民。"其富于共和民主之风犹如此。惟四邻强国，动兵压境，谋覆共和政府，拿破仑乘时复大买全国之新闻杂志，使说王政之利，又遣诸幕僚游说四方，鼓吹帝王之尊荣，于是以是年七月，多数决议，令拿破仑为终身统领官。

拿破仑犹未足，翌年三月二十一日，捕安的安公，处以铳刑；四月七日，杀故将比塞格尔；越五日，杀其友加都达尔等共十三人。二十五日，由王党二人，提出议案，奉拿破仑为皇帝，国民投票认可者，多至三百五十七万二千三百二十九人。五月十八日，元老院上拿破仑尊号。十一月二十四日，皇帝拿破仑登坛宣誓，自加帝冠。呜呼！拿之称帝，法民之所许也。使当其提出议案时，群起相抗，前功必不至尽弃，则法之安于共和也亦久矣。乃植果而自刈之，种瓜南山，摘其萌芽焉。岂及伦的党之所及料哉？嗟乎！以明夷之心理，罪及伦的党，宜也。欲加之罪，何患无辞？特恐中国革命既成之后，明夷若其弟子，相率奉爱新，提出议案以煽吾民耳。

明夷谓：法国大革命之不亡其国，幸赖罗伯卑尔、马喇诸屠伯悍贼之酷毒，绝无人理，遂谓吾国革命之结果，不尽杀四万万人不止。且又谓：爱心未除，不能尽行无道之事，全国散漫，控御无方，内乱并起，而外侮乘之，中国之亡益速，反不如罗伯卑尔等无道已极，尚能专制保国。又谓：果能为及伦的党之贤而爱国，其恶中国之寿而促之。不惮累积篇章，永言反覆，畏革命若蹈火，意将导人而从之，可哀已。千七百八十九年，联军攻法国，声势颇盛，法人亦激昂异常，及伦的党首主开战。夫欧洲诸国之攻法也，惧其国之不靖，思合力以复王政也。法之主战也，欲以传播革命民主之主义于全欧也。及伦的党既倡此议，山岳党人和之，立宪王政党亦竭力赞成。先是，国内党派繁多，互相攻讦，嗣因联军侵入之报，人心大愤，各党派皆舍私急公，一变而为爱国之防卫。人不能无私，平时先党派而后其国，或亦不免，一来外侮，翕然御之，便能不渝始谋，却敌易举，何借虐杀为？就所虐杀，如千七百九十一年八月八日，要击斐兰议员四百六十人；十日，歼瑞士守兵三百余骑，九月更大杀勤王之士；二日，袭亚卑狱，尽杀囚徒，复取瑞士残兵五十四人，殛杀之。计六日中，又虐杀囚徒二百八十九人于孔西尔日利狱，三百人于格拉勒舍丁，千百二十三人之军事囚于他狱，进围者塞德尔狱，二日乃破，悉虐杀之，狱中皆常事犯，与国事绝无关系者。明夷以为此皆大有裨于法国，不若是则且亡乎？又革命之始，僧徒亦与民党合，迨议会收没寺领，始复背去。举动过烈，反招阻抗，遗毒不可胜计，史家斥之，盖诚恶之也。不谓明夷颠倒因果，反谓非此不足以保国，其亦一言以为不智者耶？抑所谓徇私见逞臆说抵掌舞色，徒取以为论难之资耳。至其言曰：吾国久废封建，自由平等，已二千年，与法之十万贵族，压制平民，事既不类，倡革命言压制者，已类于无病而学呻。此真病狂之言也，中国之废封建始于秦，秦始皇帝惩周室之衰，原于诸侯强盛，乃剪伐枝叶，为万世计。初未尝有拯民水火之心，故其虐民，实更甚于夏殷周末。降及汉世，再惩于秦之草泽多雄，揭竿者纷起，而无周亲以为屏藩也，故复行封建；及见其弊，思用晁错之言，削弱诸侯，而七王已反。隋唐复废其制，然唐之节度，权倾天下，拥兵跋扈，不绝书于简策。杜甫诗曰"由来强干地，未有不臣朝"，感之而作。而数千年来废置变更，徒为一姓，亦复可见矣。是故其废封建，专制之进化也。吾民之陷溺水火，迄于近代，犹未克自拔，自由平等，胡独云然？以贵族分治，则为压制，一人专擅，便谓平等，于是觇明夷之昵于君主也，深矣。且中国果能废贵族政治耶？他姑弗论，满清入关，厘然定满汉之界，非惟秉钧握节务占高位，降至台隶，不耕不织，坐享厚禄，横行一方，鱼肉我黔首。律例：凡奴之戕其主人，与主人之虐杀其奴者，定罪有差。满之与汉亦如之，是满人明明以奴视我也。孟轲曰："君之视臣如犬马，则臣视君如寇仇。"明夷能发孟子之微，适忘此语耶？由此观之，二百六十年来，实不得不谓为贵族专制政体。民之疾首痛心，思得一当，宜也。且也彼之奴我，以为此俘虏耳，又不得与同族者比。《民族的国民》篇，其论元代有曰：三代以上之贵族政治，于同民族中分阶级。若元胡时代之贵族政治，则因民族不同，而战胜民族鄙夷战败民族，斥为贱种，不与为伍。此其惨戾，宁有人道？而清之待我也，与元同辙。法之贵族虽横乎，犹同民族，即使吾国今日自由平等，诚足齐驾米欧，吾犹愿为法民，稽颡布奔氏之前以乞余荫，不愿肩随满洲大酋爱新觉罗氏之侧，而傲焉以嬉也。而况乎不自由不平等，为奴虏以终其身哉？明夷既盛气而斥民族主义，犹思改革中国，创立新政，今乃并此而坠诸渊井，敢张目号于众曰：倡革命，言压制者，类于无病学呻。呜呼！使吾至于闻此言为之捶心狂叫，踊身大哭，欲拔剑而复投诸地也。意者明夷独无三年之爱于其父母乎？何以绝宗国，戴非种，恬然若此！

夫我之作此篇，非曰吾笔墨之敌，必欲摩其壁垒，而自建己帜，徒恶其取法国革命之事，危言相吓，怠乎吾民方张锐进之气也。故于其言之涉乎中国者，辨之惟恐不详。今复取当时法国事实，与夫中国之现势，比较论之。所以使躬为革命者，知有所鉴，而复致疑于革命主义者，亦庶几释然与。

今求革命之必要，又革命时之不可不审察者，第之为五。

一曰人才。兴创一业，至微耳，而其成迹美恶攸判，则以人才为首要。故吾党谓革命之事，首在司机得人。法之革命也，米拉、拉飞咽，为其前驱；不勒敦俱乐部，则罗伯卑尔等主之，后为雅各伯党，复称山岳党；平野党成立稍后，诸党魁皆及伦的出身，故名及伦的党，一时英俊之士，济之若云。然米拉、拉飞咽皆中变；山岳党人，操之过激，往往慓悍峻迈，失乎中正之道；及伦的党，最为后世所宜法，惟请让议院一役，差乏远识耳。还求之我国中，数年来民智大进，牺牲一身为国请命者，肩望踵接。先民逝矣，后必有继者。彼动则辄曰惜无贤才，曰人才缺乏。此诚轻量天下士。抑吾以为中国人性，率多宁静温和，非法民躁进好动者比，今兹革命，出于事务所迫，可止则止，必无有纵杀为快者。齐之以德，虽吾仇处之有道，吾党固已屡言之，则山岳党殆犹非所愿望焉耳。

二曰宗旨。人才茂矣，宗旨不可不慎。故夫以名利为的，则趋之若鹜，以王位为鹿，而天下逐之，群雄相斫，杀人必多，大事糜烂，不可收拾。中国历史之陈迹，若明夷所举：李催〔傕〕、郭汜〔氾〕、樊稠、张济、洪、杨之侪，其前车也。虽然，欲以例今之革命，则迥乎不侔矣。今者所谓具有不忍人之心，博爱同胞，救举国之人，置于自由平等之地也。明夷将曰：法之大革命，不尝揭此为宗旨者耶？而更迭相屠戮，又若彼其甚者，何也？曰：其争政权也尤甚于王位，是以及此。米拉既以王敌为王腹心，结纳妃后，谋入赞内阁，拉飞咽倾之，自为护国军统率，后罗伯卑尔且欲独收革命之效果，为共和君主，互相轧轹，皆乘蝴蚌相争之际，而占渔父之利。史有称其当革命之始，乘风潮而握政权，护巨资以酿成反动之变者（即指没收寺产一事），则且有贪墨之行。呜呼，断头台上，喋血无已，彼岂乐而为是哉？中国若有革命，固必以道德相尚，虽甚相污蠛〔蔑〕，其不敢曰此必然之果也。而吾又深观夫法之当日，党派纷歧，尤为致此之大原。千七百九十一年十月一日，开立法议会，议员之总数，凡七百七十五人，其中分右方党、中部党、左方党。细别之，则右方党中，为勤王党、立宪王政党；左方党为平野、山岳两党，而山岳党中，又为哥尔得尔、雅各伯党。四崩五裂，祸机已兆。中国今日，则可强分为革命党与立宪党，两者对峙。革命党中，宗旨既无所歧异；立宪党又自称但以救国为归，苟革命势力滔滔进行，决不忍妄加抵御。吾亦甚望之能自践其言也。若然，则中国可以一致而达于和平之域，法之覆辙，将不复见已。

三曰秩序。秩序为革〔命〕若进行时代，质言之，则手段也。革命之能有秩序与否，率视其宗旨若何。宗旨既正，而为紊乱之行者盖寡。虽然，此属于未来之问题，非可悬断。至若有革命进行之际，必不能有有秩序者，则吾将起而纠之。吾消〔谓〕中国革命，有胜于法国者二事。曰无他团体也。法国团体之糅杂，已详于前，是故革命方起，虽握手出肺肝相示，而有期止于君主立宪者，有愿创设共和政体者，有两歧者，急激和平，各欲自树其党而排斥他党，一谈建设，则有入主出奴之概，玉帛不行，干戈是恃，而秩序遂破。观于吾国，前之为破坏者，党亦数多，各立名目，今则同心戮力，渐趋一轨，建设之的，又各指共和，无有错综。（向有愿为君主立宪者，则必以为中国万不可革命，故至此为极。若其深知革命之义，决无去一君而思更戴一君者。）所敌者仅满洲政府，既倒之后，戢武力而不用，无为破秩序之媒，一也。曰革命之主动，皆中等社会而无乱民也。法国当十八世纪之中叶，三五文士，盛倡自由平等，值民苦虐政，其言易入，浸渍濡染，举国狂动，若醉醇醪。烈弹之种，固已弥布法京，待时而发，一持其端而燃之以火，砰轰碎击，至于不可向迩。自发难以来，掠财宝、夺金穀〔穀〕、胁良民、燔烧富家，其横行莫之禁也。千七百九十二年之虐杀，市长伯书且慰劳之曰："诸君皆有大勋劳于国，国人实不知所以报者。"盖其革命党人，皆惟恐民之离涣，失所依据，莫敢逆鳞而批，欲其保秩序也，难矣哉。中国异是，半出于诗书大族，痛心沦亡，思驱东胡杂种，是以枕戈待旦，皆抱刘琨之志，请缨击敌，或当终军之年，精诚交孚，合谋大举，或有悖德之行，则与众弃之。法之乱也，自下而上，今乃反之，则秩序可保，二也。呜呼，彼薄志弱行者，姑一缄其口以睹他人之成乎！

　　四曰客势。革命军为主，与革命军相对待者为客。法民之客，布奔氏王族也，米拉、拉飞咽，初亦为主，后且为客，护国军盾之，客势已盛。革命初起，王举老将不罗格黎为亲军总督，召集军队，雇瑞士、德意志佣兵，数四万余，大炮四百门，张哨兵线，诫行人，数里间塞垒相望。革命军则除巴黎乱民以外，无应者。主客之势悬绝，然而胜败之数，犹不在客而在主。以是知顺天者存，逆天者亡也。中国若革命必行蜂起之策，一省倡义，各方响应，云集景附，势必大强于法。官军奔命，各顾其属不暇，平素窳惰，将至有不能骑马者，又非卧薪尝胆民众之敌也。吾谓去旧政府，若摧枯拉朽，非法比。法民既成功而去，继其烈者，必吾中国之民矣。

　　五曰外象。客为对待，尚有环列于四围者，外国是也。法之革命，欧洲诸国群起，急王室之难，共和政府已成复倾，亦卒因此。于是非难革命者，色然相告曰；"中国革命，是将召瓜分之祸！将召瓜分之祸！"噫！安可以不察也。法国革命之始，党宣言曰："俾欧洲列国之民，胜帝王而能自立。"欧洲民气嚣动，王族震惊，均思自保。法国诸贵族之亡命者，又遣使求援列国。王侯以为耀兵于法，复其王政，则己国民气当自靖。此干涉之所由来也。不然者，美国已先创共和，各国皆承认之，法且助战，何耶？徒以美洲辽远，国民主义不能传播，无害于己，则秦越视之耳。中国国于亚洲，与美国比例，专制政体，久已颠覆，又无所谓扰及王室者。谓各国之劳师动众必起干涉，何其昧于觇邻国之志哉！（至谓为利与无理之暴动所致，此辨之既详。）要之，法国之革命，有利有弊，而其弊又非必不可逃避者也。上举五事，实挟可为之资，十倍法人。光武帝曰"有志者事当竟成"，吾愿吾国民勉之。若明夷者，窜身万里之外，拳拳之忠，犹思自竭，则流离英伦，寄心故主，倘亦其所自谓忠忱爱国，米拉、拉飞咽之流亚者耶？

◎**附：驳饮冰子跋**

饮冰既取南海先生欧洲十一国游记之一节，题为《法国革命史论》录诸报中，复为之跋。曰：法国大革命时代，其革命党所倡设之目的，良耶？否耶？此彼辈日日所讴歌尸祝者也。其破坏之现象，恶耶？否耶？彼辈虽有长舌，殆不能举历史上之事实而抹煞之也。夫当时法国诸党，其非若我国历朝鼎革之交，诸豪杰之争为帝王，抑章章矣，而何以更迭相屠，无一存者，祸且视争帝者倍蓰焉？曰：此论宗旨中所已辨者。惟尚有一言，为饮冰告。历史之性质，取已往之事实而详记之，若一身之日记然，后之人以为龟鉴，有所择别，斯可已视之为惟一之轨线，若经千万载，不能改途易辙者，此则历史必非为记已往之事实，而测未来之方针焉，然后可，否则是因噎废食之伦也。昔有谈行道者，陷于穴，终其生不敢复出门。此人在饮冰观之，犹不得为不智，何也？陷穴之事，行道之所常有，而行道者之所不知也。饮冰当亦哑然失笑矣。饮冰又谓以一国之大，品汇万殊，有缘所处之地位而利害绝相反者，有缘学问见识之悬绝，同此一事，其利害本非相反，而此认为利，彼认为害者，故意见无论如何，总不免于冲突。吾谓此固然，然承平之时，亦不能无，不得谓其缘附革命而生者。饮冰亦知之，故又曰：在平时之冲突，则固有之法律及惯习，恒足以裁制之。若在秩序新破坏之时，惯习荡然，旧法律全丧其效力，而新法律未立，即立矣，而民未习，效力无自而强。于斯时也，冲突之起，非借腕力，无从解决之，质言之，则能杀人者胜，见杀于人者败而已。曰：此可以观约法之效焉矣，约法之为物，非有若法律之完备，而以之裁制冲突，则固有余。革命军起，既定一县，一县之旧法律丧其效力，即布约法，代之以行。复定一县，则复如之。浸假而得天下之半，天下之半，皆布约法。戎马倥偬之交，民皆引领，争夺之祸，必较鲜。且吾所谓中国人性，率皆宁静温和，主动者又非乱民，义师所至，民亦箪食壶浆耳。各安其生，各乐其业，各不相扰，如平时可也，何所欣慕而必起冲突？若夫旧政府既倒之后，新政府代立，宪法始布，虽或民未习于新法，效力不强，而行之无弊，则亦相安无事，久且习之如旧法律矣，再久而其效力且过于旧法律矣。制其冲突，非必甚难，何至如饮冰所言，非借腕力无从解决之耶？（法国之事，吾固言别有其故矣。）至谓其中有缘托美名以营其私者，不在此论，而当破坏时代，啸聚种种社会，不能无此事厕于其间，则饮冰之过虑也。夫既言戎马倥偬之交，争夺之祸必较鲜，故法之往事，亦必待既缚王族，而后屠戮之迹乃见。若政权不在此辈之手，完善之宪法早定，则彼亦岂能不生活于此新政府新法律之下？若或背此，是背法律也，众共殛之可也。抑法国亦未尝不可豫为之防，而吾所以深恸乎及伦的党之巡逡畏缩坐失事机也。呜呼，饮冰其可以折乎？否则明夷既穷治春秋，而犹不明夷夏之大防，其徒若饮冰者，又尝自以为横览大势，乃如夏虫之未足与语冰也，不亦重可哀哉！

（《民报》第十一号，1907 年 1 月 25 日，署名"寄生"）

章太炎

驳康有为论革命书

长素足下：读《与南北美洲诸华商书》，谓中国只可立宪，不能革命，援引今古，洒洒万言。呜呼，长素何乐而为是耶？热中于复辟以后之赐环，而先为是龃龉不了之语，以耸东胡群兽之听，冀万一可以解免，非致书商人，致书于满人也。夫以一时之富贵，冒万亿不蹉而不辞，舞词弄札，眩惑天下，使贱儒元恶为之则已矣。尊称圣人，自谓教主，而犹为是妄言，在己则脂韦突梯，以佞满人已耳；而天下之受其蛊惑者，乃较诸出于贱儒元恶之口为尤甚。吾可无一言以是正之乎？

谨案长素大旨，不论种族异同，惟计情伪得失以立说。虽然，民族主义，自太古原人之世，其根性固已潜在，远至今日，乃始发达，此生民之良知本能也。长素亦知种族之必不可破，于是依违迁就以成其说，援引《匈奴列传》，以为上系淳维，出自禹后。夫满洲种族，是曰东胡，西方谓之通古斯种，固与匈奴殊类。虽以匈奴言之，彼既大去华夏，永滞不毛，言语政教，饮食居处，一切自异于域内，犹得谓之同种也耶？智果自别为辅氏，管氏变族为阴家，名号不同，谱牒自异。况于戕虐祖国，职为寇仇，而犹傅以兄弟急难之义，示以周亲桢附之恩，巨缪极戾，莫此为甚！近世种族之辨，以历史民族为界，不以天然民族为界。借言天然，则禘祫海藻，享祧猿蜼，六洲之氓，五色之种，谁非出于一本，而何必为是呫呫者耶？

长素又曰：氐、羌、鲜卑等族，以至元魏所改九十六姓，大江以南，骆越、闽、广，今皆与中夏相杂，恐无从检阅姓谱而攘除之。不知骆越、闽、广，皆归化汉人而非陵制汉人者也。五胡代北，始尝宰制中华，逮乎隋、唐统一，汉族自主，则亦著土傅籍，同为编氓，未尝自别一族，以与汉人相抗，是则同于醇化而已。日本定法，夙有蕃别，欧、美近制，亦许归化。此皆以己族为主人，而使彼受吾统治，故一切可无异视。今彼满洲者，其为归化汉人乎？其为陵制汉人乎？堂子妖神，非郊丘之教；辫发璎珞，非弁冕之服；清书国语，非斯、邈之文。徒以尊事孔子，奉行儒术，崇饰观听，斯乃不得已而为之，而即以便其南面之术，愚民之计。若言同种，则非使满人为汉种，乃适使汉人为满种也。

长素固言大同公理非今日即可全行。然则今日固为民族主义之时代，而可溷淆满、汉以同薰莸于一器哉？时方据乱，而言太平，何自悖其三世之说也？

长素二说，自知非持之有故，言之成理，不得已复援引《春秋》，谓其始外吴、楚，终则等视。不悟荆、扬二域，《禹贡》既列于九州，国土种类，素非异实。徒以王化陵夷，自守千里，远方隔阂，沦为要荒。而文化语言，无大殊绝，《世本》谱系，犹在史官，一日自通于上国，则自复其故名，岂满洲之可与共论者乎？

至谓"衣服辫发，满人已化而同之，虽复改为宋、明之服，反觉不安"，抑不知此辫发胡服者，将强迫以成之耶？将安之若性也？禹入裸国，被发文身，墨子入楚，锦衣吹笙，非乐而为此也。强迫既久，习与性成，斯固不足以定是非者。吾闻洪、杨之世，人皆蓄发，不及十年，而曾、左之师摧陷洪氏，复从髡剃。是时朋侪相对，但觉纤首锐颠，形状瞡异。然则蓄发之久，则以蓄发为安；辫发之久，则以辫发为安。向使满洲制服，涅齿以黛，穿鼻以金，刺体以龙，涂面以垩，恢诡殊形，有若魑魅，行之二百有六十年，而人亦安之无所怪矣。不问其是非然否，而惟问其所安，则所谓祖宗成法不可轻变者，长素亦何以驳之乎？野蛮人有自去其板齿，而反讥有齿者为犬类，长素之说，得无近于是耶？

种种缪戾，由其高官厚禄之性素已养成，由是引犬羊为同种，奉貆尾为鸿宝，向之崇拜《公羊》，诵法《繁露》，以为一字一句皆神圣不可侵犯者，今则并其所谓复九世之仇而亦议之。其言曰："扬州十日之事，与白起坑赵、项羽坑秦无异。"岂不曰秦、赵之裔，未有报白、项之裔者，则满洲亦当同例也？岂知秦、赵、白、项，本非殊种，一旦战胜而击坑之者，出于白、项二人之指麾，非出于士卒全部之合意。若满洲者，固人人欲尽汉种而屠戮之，其非为豫酉一人之志可知也。是故秦、赵之仇白、项，不过仇其一人；汉族之仇满洲，则当仇其全部。且今之握图籍、操政柄者，岂犹是白、项之胤胄乎？三后之姓，降为舆台，宗支荒忽，莫可究诘，虽欲报复，乌从而报复之？至于满洲，则不必问其宗支，而全部自在也；不必稽其姓名，而政府自在也。此则枕戈剚刀之事，秦、赵已不能施于白、项，而汉族犹可施于满洲，章章明矣。明知其可报复，犹复饰为喑聋，甘与同壤，受其豢养，供其驱使，宁使汉族无自立之日，而必为满洲谋其帝王万世祈天永命之计，何长素之无人心一至于是也！

长素又曰："所谓奴隶者，若波兰之属于俄，印度之属于英，南洋之属于荷，吕宋之属于西班牙，人民但供租税，绝无政权，是则不能不愤求自立耳。若国朝之制，满、汉平等，汉人有才者，匹夫可以为宰相。自同治年来，沈、李、翁、孙，迭相柄政，曾、左及李，倚为外相，恭、醇二邸，但拱手待成耳。即今除荣禄、庆邸外，何一非汉人为政？若夫政治不善，则全由汉、唐、宋、明之旧，而非满洲特制也。然且举明世廷杖、镇盗、大户加税、开矿之酷政而尽除之。圣祖立一条鞭法，纳丁于地，永复差徭，此唐、虞至明之所无，大地万国所未有。他日移变，吾四万万人必有政权自由，可不待革命而得之也。"夫所谓奴隶者，岂徒以形式言耶？曾、左诸将，倚畀虽重，位在藩镇，蕞尔弹丸，未参内政。且福康安一破台湾，而遂有贝子郡王之赏；曾、左反噬洪氏，挈大圭九鼎以付满洲，爵不过通侯，位不过虚名之内阁。曾氏在日，犹必谄事官文，始得保全首领。较其轻重，计其利害，岂可同日而道！近世军机首领，必在宗藩。夫大君无为而百度自治，为首领者，亦以众员供其策使。彼恭、醇二邸之仰成，而沈、李、翁、孙之有事，乃适见此为奴隶而彼为主人也。阶位虽高，犹之阉宦仆竖而赐爵仪同者，彼固仰承风旨云尔，曷能独行其意哉！一条鞭法，名为永不加赋，而耗羡、平余，犹在正供之外。徭役既免，民无恶声，而舟车工匠，遇事未尝获免。彼既以南米供给驻防，亦知民志不怡，而不得不借美名以媚悦之。玄烨、弘历，数次南巡，强勒报效，数若恒沙。已居尧、舜、汤、文之美名，而使佞幸小人间接以行其聚敛，其酷有甚于加税开矿者。观唐甄之《潜书》与袁枚之《致黄廷桂书》，则可知矣！庄生有云："狙公赋芋，朝三暮四，众狙皆怒，朝四暮三，众狙皆悦。名实未亏，而喜怒为用。"此正满洲行政之实相也。况于廷杖虽除，诗案史祸，较诸廷杖，毒螫百倍。康熙以来，名世之狱，嗣庭之狱，景祺之狱，周华之狱，中藻之狱，锡侯之狱，务以摧折汉人，使之噤不发语。虽李绂、孙嘉淦之无过，犹一切被赭贯木以挫辱之。至于近世，戊戌之变，长素所身受，而犹谓满洲政治为大地万国所未有，呜呼！斯诚大地万国所未有矣！李陵有言："子为汉臣，安得不云尔乎？"

夫长素所以不认奴隶，力主立宪以摧革命之萌芽者，彼固终日屈心忍志以处奴隶之地者尔。欲言立宪，不得不以皇帝为圣明，举其诏旨，有云"一夫失职，自以为罪"者，而谓"亟亟欲开议院，使国民咸操选举之权以公天下，其仁如天，至公如地，视天位如敝屣"，然后可以言皇帝复辟而宪政必无不行之虑。则吾向者为《正仇满论》既驳之矣。盖自乙未以后，彼"圣主"所长虑却顾，坐席不暖者，独太后之废置我耳。殷忧内结，智计外发，知非变法，无以交通外人，得其欢心；非交通外人，得其欢心，无以挟持重势，而排沮太后之权力。载湉小丑，未辨菽麦，铤而走险，固不为满洲全部计。长素乘之，投间抵隙，其言获用。故戊戌百日之政，足以书于盘盂，勒于钟鼎，其迹则公，而其心则只以保吾权位也。曩令制度未定，太后夭殂，南面听治，知天下之莫予毒，则所谓新政者，亦任其迁延堕坏而已。非直堕坏，长素所谓"拿破仑第三，新为民主，力行利民，已而夜宴伏兵，擒议员百数及知名士千数尽置于狱"者，又将见诸今日。何也？满、汉两族，固莫能两大也。

今以满洲五百万人，临制汉族四万万人而有余者，独以腐败之成法愚弄之、锢塞之耳！使汉人一日开通，则满人固不能晏处于域内，如奥之抚匈牙利、土之御东罗马也。人情谁不爱其种类而怀其利禄，夫所谓圣明之主者，亦非远于人情者也，果能敝屣其黄屋而弃捐所有以利汉人耶？借曰其出于至公，非有满、汉畛域之见，然而新法犹不能行也。何者？满人虽顽钝无计，而其怵惕于汉人，知不可以重器假之，亦人人有是心矣。顽钝愈甚，团体愈结，五百万人同德戮力，如生番之有社寮。是故汉人无民权，而满洲有民权，且有贵族之权者也。虽无太后，而掣肘者什伯于太后；虽无荣禄，而掣肘者什伯于荣禄。今夫建立一政，登用一人，而肺腑昵近之地，群相欢说，朋疑众难，杂沓而至，自非雄杰独断如俄之大彼得者，固弗能胜是也。共、骦四子，于尧皆葭莩姻娅也，靖言庸回，而尧亦不得不任用之。今其所谓圣明之主者，其聪明文思，果有以愈于尧耶？其雄杰独断，果有以侪于俄之大彼得者耶？往者戊戌变政，去五寺三巡抚如拉枯，独驻防则不敢撤。彼圣主之力与满洲全部之力，果孰优孰绌也？由是言之，彼其为私，则不欲变法矣；彼其为公，则亦不能变法矣。长素徒以诏旨美谈视为实事，以此诳耀天下。独不读刘知几《载文》之篇乎？谓魏、晋以后，诏敕皆责成群下，藻饰既工，事无不可，故观其政令，则辛、癸不如，读其诏诰，则勋、华再出。此足以知戊戌行事之虚实矣。

且所谓立宪者，固将有上下两院，而下院议定之案，上院犹得以可否之。今上院之法定议员，谁为之耶？其曰皇族，则亲王、贝子是已；其曰贵族，则八家与内外蒙古是已；其曰高僧，则卫藏之达赖、班禅是已。是数者，皆汉族之所无而异种之所特有，是议权仍不在汉人也。所谓满、汉平等者，必如奥、匈二国并建政府而统治于一皇，为双立君主制而后可。使东三省尚在，而满洲大长得以兼统汉人，吾民犹勉自抑制以事之。今者满洲故土既攘夺于俄人，失地当诛，并不认为满洲君主，而何双立君主之有？夫戴此失地之天因以为汉族之元首，是何异取罪人于图圄而奉之为大君也！乃曰："朋友之交犹贵久要不忘，安有君臣之际，受人之知遇，因人之危难，中道变弃，乃反戈倒攻者？"诚如是，则载湉者，固长素之私友而汉族之公仇也。况满洲全部之蠢如鹿豕者，而可以不革者哉？

　　虽然，如右所言，大抵关于种类，而于情伪得失未暇论也，则将复陈斯旨，为吾汉族筹之，可乎？长素以为"革命之惨，流血成河，死人如麻，而其事卒不可就"。然则立宪可不以兵刃得之耶？既知英、奥、德、意诸国，数经民变，始得自由议政之权。民变者，其徒以口舌变乎？抑将以长戟劲弩飞丸发牖变也？近观日本，立宪之始，虽徒以口舌成之，而攘夷覆幕之师在其前矣。使前日无此血战，则后之立宪亦不能成。故知流血成河，死人如麻，为立宪所无可幸免者。长素亦知其无可幸免，于是迁就其说以自文，谓"以君权变法，则欧、美之政术器艺可数年而尽举之"。夫如是，则固君权专制也，非立宪也。阔普通武之请立宪，天下尽笑其愚，岂有立宪而可上书奏请者？立宪可请，则革命亦可请乎？以一人之诏旨立宪，宪其所宪，非大地万国所谓宪也。长素虽与载湉久处，然而人心之不相知，犹挃一体而他体不知其痛也。载湉亟言立宪，而长素信其必能立宪，然则今有一人执长素而告之曰"我当酿四大海水以为酒"，长素亦信其必能酿四大海水以为酒乎？夫事之成否，不独视其志愿，亦视其才略何如。长素之皇帝圣仁英武如彼，而何以刚毅能挟后力以尼新法，荣禄能造谣诼以耸人心，各督抚累经严旨皆观望而不辨，甚至章京受戮，己亦幽废于瀛台也？君人者，善恶自专，其威大矣，虽以文母之抑制，佞人之谗嗾，而秦始皇之在位，能取太后、嫪毒、不韦而踣覆之。今载湉何以不能也？幽废之时，犹曰爪牙不具。乃至庚子西幸，日在道涂，已脱幽居之轭，尚不能转移俄顷，以一身逃窜于南方，与太后分地而处，其孱弱少用如此。是则仁柔寡断之主，汉献、唐昭之俦耳！太史公曰："为人君父而不知《春秋》之义者，必蒙首恶之名。"是故志士之任天下者，本无实权，不得以成败论之，而皇帝则不得以成败论之。何者？有实权而不能用，则不得窃皇帝之虚名也。

夫一身之不能保而欲其与天下共忧，督抚之不能制而欲其使万姓守法，庸有几乎！

　　事既无可奈何矣，其明效大验已众著于天下矣。长素则为之解曰："幽居而不失位，西幸而不被弑，是有天命存焉。王者不死，可以为他日必能立宪之征。"呜呼！王莽渐台之语曰："天生德于予，汉兵其如予何！"今之载湉，何幸有长素以代为王莽也。必若图录有征，符命可信，则吾亦尝略读纬书矣。纬书尚繁，《中庸》一篇固为赞圣之颂，往时魏源、宋翔凤辈，皆尝附之三统三世，谓可以前知未来，虽长素亦或竺〔笃〕信者也。然而《中庸》以"天命"始，以"上天之载，无声无臭"终。"天命"者，满洲建元之始也；"上天之载"者，载湉为满洲末造之亡君也。此则建夷之运，终于光绪，奴儿哈赤之祚，尽于二百八十八年。语虽无稽，其彰明较著，不犹愈于长素之谈天命者乎？

　　要之，拨乱反正，不在天命之有无，而在人力之难易。今以革命比之立宪，革命犹易，立宪犹难。何者？立宪之举，自上言之，则不独专恃一人之才略而兼恃万姓之合意；自下言之，则不独专恃万姓之合意而兼恃一人之才略。人我相待，所倚赖者为多。而革命则既有其合意矣，所不敢证明者，其才略耳。然则立宪有二难，而革命独有一难，均之难也，难易相较，则无宁取其少难而差易者矣。虽然，载湉一人之才略，则天下信其最绌矣。而谓革命党中必无有才略如华盛顿、拿破仑者，吾所不敢必也。虽华盛顿、拿破仑之微时，天下亦岂知有华盛顿、拿破仑者？而长素徒以阿坤鸦度一蹶不振相校。今天下四万万人之材性，长素岂尝为其九品中正而一切检察差第之乎？借曰此魁梧绝特之彦，非中国今日所能有，尧、舜固中国人矣，中国亦望有尧、舜之主出而革命，使本种不亡已耳，何必望其极点如华盛顿、拿破仑者乎？

　　长素以为"中国今日之人心，公理未明，旧俗俱在，革命以后，必将日寻干戈，偷生不暇，何能变法救民，整顿内治"。夫公理未明、旧俗俱在之民，不可革命而独可立宪，此又何也？岂有立宪之世，一人独圣于上而天下皆生番野蛮者哉？虽然，以此讥长素，则为反唇相稽，校轸无已，吾曰不可立宪，长素犹曰不可革命也。则应之曰：人心之智慧，自竞争而后发生，今日之民智，不必恃他事以开之，而但恃革命以开之。且勿举华、拿二圣，而举明末之李自成。李自成者，迫于饥寒，揭竿而起，固无革命观念，尚非今日广西会党之俦也。然自声势稍增而革命之念起，革命之念起而剿兵救民、赈饥济困之事兴。岂李自成生而有是志哉？竞争既久，知此事之不可已也。虽然，在李自成之世，则赈饥济困为不可已；在今之世，则合众共和为不可已。是故以赈饥济困结人心者，事成之后，或为枭雄；以合众共和结人心者，事成之后，必为民主。民主之兴，实由时势迫之，而亦由竞争以生此智慧者也。征之今日，义和团初起时，惟言"扶清灭洋"，而景廷宾之师，则知"扫清灭洋"矣。今日广西会党，则知不必开衅于西人，而先以扑灭满洲、剿除官吏为能事矣。唐才常初起时，深信英人，密约漏情，乃卒为其所卖。今日广西会党，则知己为主体而西人为客体矣。人心进化，孟晋不已。以名号言，以方略言，经一竞争，必有胜于前者。今之广西会党，其成败虽不可知，要之继此而起者，必视广西会党为尤胜，可豫言也。然则公理之未明，即以革命明之；旧俗之俱在，即以革命去之。革命非天雄大黄之猛剂，而实补泻兼备之良药矣！

长素以为今之言革命者，"或托外人运械，或请外国练军，或与外国立约，或向外国乞师"，"卒之堂堂大国，谁肯与乱党结盟，可取则取之耳"，吾以为今日革命，不能不与外国委蛇，虽极委蛇，犹不能不使外人干涉，此固革命党所已知，而非革命党所未知也。日本之覆幕也，法人尝通情于大将军，欲为代平内乱。大将军之从之与否，此固非覆幕党所能豫知，然以人情自利言之，则从之为多数而不从为少数，幸而不从，是亦覆幕党所不料也。而当其歃血举义之时，固未尝以其必从而少沮。今者人知恢复略有萌芽，而长素何忍以逆料未中之言，沮其方新之气乎？乌呼！生二十世纪难，知种界难，新学发见难，直人心奋厉时难。前世圣哲，或不遇时，今我国民，幸睹精色。哀哀汉种，系此刹那，谁无父母，谁无心肝，何其夭阏之不遗余力，幸同种之为奴隶，以必信其言之中也！且运械之事，势不可无；而乞师之举，不必果有。今者西方数省，外稍负海，而内有险阻之形势，可以利用外人而不为外人所干涉者，亦未尝无其地也。略得数道，为之建立政府，百度维新，庶政具举。彼外人者，亦视势利所趋耳，未成则欲取之，小成则未有不认为与国者，而何必沾沾多虑为乎！

世有谈革命者，知大事之难举，而言割据自立。此固局于一隅，所谓井底之蛙不知东海者，而长素以印度成事戒之。虽然，吾固不主割据，犹有辩护割据之说在，则以割据犹贤于立宪也。夫印度背蒙古之莫卧尔朝，以成各省分立之势，卒为英人蚕食，此长素所引为成鉴者。然使莫卧尔朝不亡，遂能止英人之蚕食耶？当莫卧尔一统时，印度已归于异种矣，为蒙古所有与为英人所有，二者何异？使非各省分立，则前者为蒙古时代，后者为英吉利时代，而印度本种并无此数十年之国权。夫终古不能得国权与暂得国权而复失之，其利害相越，岂不远哉！语曰："不自由，无宁死！"然则暂有自由之一日而明日自刎其喉，犹所愿也，况绵延至于三四十年乎！且以印度情状比之中国，则固有绝异者。长素《论印度亡国书》，谓其文学工艺远过中国，历举书籍见闻以为证。不知热带之地，不忧冻饿，故人多慵惰，物易坏烂，故薄于所有观念，是故婆罗、释迦之教，必现于印度而不现于异地，惟其无所有观念，而视万物为无常，不可执著故。此社会学家所证明，势无可遁者也。夫薄于所有观念，则国土之得丧，种族之盛衰，固未尝慨然于胸中。当释迦出世时，印度诸国已为波斯属州，今观内典，徒举比邻诸王而未见波斯皇帝，若并不知己国之属于波斯者，厥有愤发其所能自树立者，独阿育王一家耳。近世各省分立之举，亦其出于偶尔而非出于本怀，志既不坚，是故迁延数世，国以沦丧。夫欲自强其国种者，不恃文学工艺，而惟视所有之精神。中国之地势人情，少流散而多执着，其贤于印度远矣。自甲申沦陷以至今日，愤愤于腥膻贱种者，何地蔑有？其志坚于印度，其成事亦必胜于印度，此宁待著蔡而知乎！

若夫今之汉人，判涣无群，人自为私，独甚于汉、唐、宋、明之季。是则然矣，抑谁致之而谁迫之耶？吾以为今人虽不尽以逐满为职志，或有其志而不敢讼言于畴人，然其轻视鞑靼以为异种贱族者，此其种性根于二百年之遗传，是固至今未去者也。往者陈名夏、钱谦益辈，以北面降虏，贵至阁部，而未尝建白一言，有所补助，如魏徵之于太宗、范质之于艺祖者。彼固曰异种贱族，非吾中夏神明之胄，所为立于其朝者，特曰冠貂蝉、袭青紫而已，其存听之，其亡听之。若曰为之驰驱效用而有所补助于其一姓之永存者，非吾之志也。理学诸儒，如熊赐履、魏象枢、陆陇其、朱轼辈，时有献替，而其所因革，未有关于至计者。虽曾、胡、左、李之所为，亦曰建殊勋、博高爵耳，功成而后，于其政治之盛衰，宗稷之安危，未尝有所筹画焉，是并拥护一姓而亦非其志也。其他朝士，入则弹劾权贵，出则搏击豪强，为难能可贵矣；次即束身自好，优游卒岁，以自处于朝隐；而下之贪墨无艺、怯懦忘耻者，所在皆是。三者虽殊科，要其大者不知会计之盈绌，小者不知断狱之多寡，苟得廪禄以全吾室家妻子，是其普通之术矣。无他，本陈名夏、钱谦益之心以为心［者］，固二百年而不变也。明之末世，五遭倾覆，一命之士，文学之儒，无不建义旗以抗仇敌者，下至贩夫乞子，儿童走卒，执志不屈而仰药剚刃以死者，不可胜计也。今者北京之破，民则愿为外国之顺民，官则愿为外国之总办，食其俸禄，资其保护，尽顺天城之中，无不牵羊把茅，甘为贰臣者。若其不事异姓，躬自引决，缙绅之士，殆无一人焉。无他，亦曰异种贱族，非吾中夏神明之胄，所为立于其朝者，特曰冠貂蝉、袭青紫而已。其为满洲之主则听之，其为欧、美之主则听之，本陈名夏、钱谦益之心以为心者，亦二百年而不变也。然则满洲弗逐，而欲士之争自濯磨，民之敌忾效死，以期至乎独立不羁之域，此必不可得之数也。浸微浸衰，亦终为欧、美之奴隶而已矣。非种不锄，良种不滋；败群不除，善群不殖。自非躬执大篲以扫除其故家污俗，而望禹域之自完也，岂可得乎？（以上录旧著《正仇满论》）

　　夫以种族异同，明白如此，情伪得失，彰较如彼，而长素犹偷言立宪而力排革命者，宁智不足、识不逮耶？吾观长素二十年中，变易多矣。始孙文倡义于广州，长素尝遣陈千秋、林奎往，密与通情。及建设保国会，亦言保中国、不保大清，斯固志在革命者。未几，瞑瞒于富贵利禄，而欲与素志调和，于是戊戌柄政，始有变法之议。事败亡命，作衣带诏，立保皇会，以结人心。然庚子汉口之役，犹以借遵皇权，密约唐才常等，卒为张之洞所发。当是时，素志尚在，未尽澌灭也。唐氏既亡，保皇会亦渐溃散。长素自知革命之不成，则又瞑瞒于富贵利禄，而今之得此，非若畴昔之易，于是宣布是书。其志岂果在保皇立宪耶？亦使满人闻之，而曰长素固忠贞不贰，竭力致死以保我满洲者，而向之所传，借遵皇权保中国不保大清诸语，是皆人之所以诬长素者，而非长素故有是言也。荣禄既死，那拉亦耄，载湉春秋方壮，他日复辟，必有其期，而满洲之新起柄政者，其势力权籍或不如荣禄诸奸，则工部主事可以起复，虽内阁军机之位，亦可以觊觎矣。

长素固云"穷达一节，不变塞焉"，盖有之矣，我未之见也。

抑吾有为长素忧者，向日革命之议，哗传于人间，至今未艾。陈千秋虽死，孙文、林奎尚在；唐才常虽死，张之洞尚在；保国会之微言不著竹帛，而入会诸公尚在；其足以证明长素之有志革命者，不可件举，虽满人之愚蒙，亦未必遽为长素欺也。呜呼哀哉！"南海圣人"，多方善疗，而梧鼠之技，不过于五，亦有时而穷矣。满人既不可欺，富贵既不可复，而反使炎、黄遗胄受其蒙蔽，而缓于自立之图。惜乎！己既自迷，又使他人沦陷，岂直二缶钟惑而已乎！此吾所以不得不为之辨也。

若长素能跃然祇悔，奋厉朝气，内量资望，外审时势，以长素魁垒耆硕之誉闻于禹域，而弟子亦多言革命者，少一转移，不失为素王玄圣。后王有作，宣昭国光，则长素之像屹立于星雾，长素之书尊藏于石室，长素之迹葆覆于金塔，长素之器配崇于铜柱，抑亦可以尉荐矣。借曰死权之念，过于殉名，少安无躁，以待新皇。虽长素已槁项黄馘，卓茂之尊荣，许靖之优养，犹可无操左契而获之，以视名实俱丧，为天下笑者，何如哉？书此，敬问起居，不具。章炳麟白。（《太炎文录初编》卷二）

中华民国解

中国之名，别于四裔而为言。印度亦称摩伽陀为中国，日本亦称山阳为中国，此本非汉土所独有者。就汉土言汉土，则中国之名以先汉郡县为界。然印度、日本之言中国者，举土中以对边郡；汉土之言中国者，举领域以对异邦，此其名实相殊之处。诸华之名，因其民族初至之地而为言。世言昆仑为华国者，特以他事比拟得之。中国前皇曾都昆仑以否，史无明征，不足引以为质。然神灵之胄自西方来，以雍、梁二州为根本。宓牺生成纪，神农产姜水，黄帝宅桥山，是皆雍州之地。高阳起于若水，高辛起于江水，舜居西城（据《世本》，西城为汉汉中郡属县，故公孙尼子言舜牧羊于汉阳。据《地理志》，汉中郡褒中县有汉阳乡），禹生石纽，是皆梁州之地。观其帝王所产，而知民族奥区，斯为根极。雍州之地东南至于华阴而止；梁州之地东北至于华阳而止，就华山以定限，名其国土曰华，则缘起如是也。

其后人迹所至，遍及九州。

至于秦汉，则朝鲜、越南皆为华民耕稼之乡，华之名于是始广。华本国名，非种族之号，然今世已为通语。世称山东人为侉子者，侉即华之遗言矣。正言种族，宜就"夏"称。《说文》云："夏，中国人也。""蛮夷猾夏"，《帝典》已有其文，知不起于夏后之世。或言远因大夏，此亦与昆仑华国同类。质以史书，夏之为名，实因夏水而得，是水或谓之夏，或谓之汉，或谓之漾，或谓之沔，凡皆小别互名，本出武都，至汉中而始盛，地在雍、梁之际。因水以为族名，犹生姬水者之氏姬，生姜水者之氏姜也。夏本族名，非邦国之号，是故得言"诸夏"。其后因族命地而关东亦以"东夏"著。下逮刘季，抚有九共，与匈奴、西域相却倚，声教远暨，复受汉族之称。此虽近起一王，不为典要。然汉家建国，自受封汉中始，于夏水则为同地，于华阳则为同州，用为通称，适与本名符会。是故华云、夏云、汉云，随举一名，互摄三义。建汉名以为族，而邦国之义斯在；建华名以为国，而种族之义亦在。此中华民国之所以谧。今有为金铁主义说者曰："中国云者，以中外别地域之远近也。中华云者，以华夷别文化之高下也。即此以言，则中华之名词，不仅非一地域之国名，亦且非一血统之种名，乃为一文化之族名。故《春秋》之义，无论同姓之鲁、卫，异姓之齐、宋，非种之楚、越，中国可以退为夷狄，夷狄可以进为中国，专以礼教为标准，而无有亲疏之别。其后经数千年，混杂数千百人种，而其称中华如故。以此推之，华之所以为华，以文化言，可决知也。故欲知中华民族为何等民族，则于其民族命名之顷而已含定义于其中。以西人学说拟之，实采合于文化说，而背于血统说。华为花之原字，以花为名，其以之形容文化之美，而非以之状态血统之奇，此可于假借会意而得之者也。"为是说者盖有三惑。一曰未明于托名标识之事，而强以字义皮傅为言。夫华本华山，居近华山而因有华之称。后代华称既广，忘其语原，望文生训，以为华美，以为文明，虽无不可，然非其第一义，亦犹夏之训大，皆后起之说耳。且如印度人种，旧称为阿黎耶，今人推究其始，则为农夫，而其后或言贵人，或言圣者，此实晚出之义，乃种人所以自矜尚也。就以有义言之，中国向日称民为黎民，至秦则曰黔首。黎云、黔云，皆谓其黑发也。然不得以一切黑发者尽指为同族。纵令华有文化之义，岂得曰凡有文化者尽为中国人乎？

必如所说，则凡有农夫，皆得为印度人；凡有贵人、圣者，亦皆得为印度人，安得此渎乱汗漫之言也？今夫蛮夷戎狄，固中国所以表别殊方者。其始划种为言，语不相滥。久之而旃裘引弓之国，皆得被以斯名。胡本东胡，久之而称匈奴者亦谓之胡，久之而称西域者亦谓之胡。番本吐蕃，久之而称回部者亦曰西番，久之而称台湾之野人者亦曰生番。名既滥矣，而不得谓同称者即为同国同族，况华之名犹未同也。特以同有文化，遂可混成为一，何其奢阔而远于事情耶？二曰援引《春秋》以诬史义，是说所因，起于刘逢禄辈，世仕满洲，有拥戴房酋之志，而张大《公羊》以陈符命，尚非《公羊》之旧说也。按：中国自汉以上，视蛮闽貉狄诸族不比于人，故夷狄无称人之例。《春秋》尝书邢人、狄人伐卫，齐人、狄人盟于邢，《公羊》不言其义。夫引异类以剪同族，盖《春秋》所深诛。狄不可人而邢人、齐人人之，则是邢人、齐人自侪于狄也。非进狄人，实以黜邢人、齐人。老子有言：正言若反。观于《春秋》，书狄为人，其言有隐，其声有哀，所谓志而晦哉！若夫潞子婴儿，赤狄犬种，晋与为婚，既非匹偶，及遭虐杀，兴师复仇，书潞子者非谓夷狄有君，亦正所以贱晋，与书狄人者同科。而《公羊》谓潞子为善，斯言之不从矣。其有贬黜诸华同于夷狄者，则《春秋》书晋伐鲜虞是。何氏解诂曰："谓之晋者，中国以无义故为夷狄所强。今楚行诈灭陈、蔡，诸夏惧然，去而与晋会于屈银，不因以大绥诸侯，先之以博爱，而先伐同姓，从亲亲起，欲以立威行霸，故狄之。"是所以狄晋者，正以其自戕同气，委陈、蔡于夷而不顾耳。夫弃亲昵而媚诸夷，又从而则效之，则宜为人心所深嫉。今人恶范文程、洪承畴、李光地、曾国藩辈，或更甚于满洲，虽《春秋》亦岂有异是。若专以礼教为标准者，人之无道至乎弑父烝母而极矣，何《春秋》之书此者亦未尝贱之如狄也？至于吴楚封域不出荆扬，固禹贡九州之地。熊绎、周章，受封命族，岂与赤狄、山戎同例？特其地杂有诸蛮，而吴楚渐其污俗，又以不修职贡，自外宗周，故为《春秋》所贬。召陵征而苞茅入，黄池盟而命圭从，则进之同于齐、晋，以其本非夷狄，故向日自外则退之，今日自内则进之，是犹越嶲益州，汉世久设郡县，及唐末南诏畔援，声教壅隔，宋世王灵不远，不得已而弃云南，至明复隶版籍，岂得曰云南本夷狄，至明始进于中国耶？夫子本楚之良家，而云楚为非种，以忧劳主父，效忠穹庐，故遂不惮污辱其乡人。虑大义灭亲之泰过也。盖《春秋》有贬诸夏以同夷狄者，未有进夷狄以同诸夏者。杞用夷礼，则示贬爵之文。若如斯义，满洲岂有可进之律？正使首冠翎顶、爵号巴图鲁者，当退黜与夷狄等耳。三曰弃表谱实录之书，而以意为衡量。如彼谓混淆殊族至千百种，历久而称中华如故是也。夫言一种族者，虽非铢两衡校于血统之间，而必以多数之同一血统者为主体。何者？文化相同，自同一血统而起，于此复有殊族之民受我抚治，乃得转移而翕受之；若两血统立于对峙之地者，虽欲同化莫由。中国魏晋以来，异族和会者数矣。稽之谱谍，则代北金元之姓，视汉姓不及百一。今试于通都广市之间，四方所走集者一一询其氏族，旧姓多耶，抑吊诡殊恒之姓多耶？其间固有私自改变与朝廷赐姓者。征之唐宋人姓氏书中，其数犹最微末。夫岂徒保中华民族之空模，而以他人子弟充其阙者？或曰：若如是，则满洲人亦居少数而已，稍稍同化于我矣，奚不可与同中国？为答曰：所以容异族之同化者，以其主权在我，而足以翕受彼也。满洲之同化，非以受我抚治而得之，乃以陵轹颠覆我而得之。二者之不可相比，犹婚媾与寇之例。以婚媾之道而归女于吾族，彼女则固与吾族同化矣。以寇之道而据我寝宫，入我床第〔第〕，亦未尝不可与我同化，然其为怨为亲，断可识也。吾向者固云所为排满洲者，亦曰覆我国家，攘我主权之故。若其克敌致果，而满洲之汗大去宛平以适黄龙之府，则固当与日本、暹罗同，视种人顺化，归斯受之而已矣。然主权未复，即不得举是为例。人有病而啜粥者，于吐下之后可也。未吐下时而先啜粥，非直滋病，亦欧恶不能下会咽。先后之序，其术其心皆如是矣。说者茫昧，私臆吾辈非以民族主义为主义，乃以民族主义为手段，是犹见未吐下而屏粥者曰：是徒惧其滋病耳，不知本自欧恶，未尝欲一箸一匕之入咽也。夫不知中华之名义，斯所以有三惑也。

中国以先汉郡县为界，而其民谓之华民。若专以先汉郡县为界者，则蒙古、回部、西藏之域不隶职方，其经营诚宜稍后。若夫乐浪、玄菟，即朝鲜之地。交趾、日南、九真，奄越南而有之。至于林邑，则柬埔寨是也。以民族言，二国起居衣食多与禹甸同风。言语虽殊，而文字诵读能中其音，异于日本之隔阂者。血统则朝鲜稍杂，而越南皆吾冠带之民，间有蛮人时相错杂，则与琼、雷一例。是二国者，非独力征经营，光复旧土为吾侪当尽之职，观其受制异国，举止掣曳，扶衰禁暴，非人道所宜然乎？朝鲜设郡，止于汉魏。越南则上起秦皇，下逮五季，皆隶地官之版，中间阔绝，明时又尝置行省矣。今二国之陵藉于异域则同，而政术仁暴稍异，故经营当有后先。其次则有缅甸。缅甸非先汉旧疆，特明代众建土司隶于云南承宣之部。土民习俗虽异诸华，而汉人徙居者众，与干厓盏达为邻类。然既未设流官，宜居朝鲜之次，外人之遇缅甸犹视越南为宽，则振救无嫌于缓。西藏、回部，明时徒有册封，其在先汉，三十六国虽隶都护，比于附庸，而非属土。今之回部，又与三十六国有殊。蒙古则自古未尝宾服。量三荒服之后先，则西藏以宗教相同犹为密迩，回部、蒙古直无一与汉族相通。故以中华民国之经界言之，越南、朝鲜二郡必当恢复者也；缅甸一司则稍次也；西藏、回部、蒙古三荒服则任其去来也。然而事有难易，得以曲成，不得以径行，举措之宜，或与誓愿相左。今者中华民国虑未能复先汉之旧疆，要以明时直省为根本（除缅甸），越南、朝鲜其恢复则不易，惟缅甸亦非可以旦夕致者。三荒服虽非故土，既不他属，循势导之，犹易于二郡一司。其同化则互有难易。若计言语文字者，则新疆既多汉族，而回民聪颖胜于蒙古，其教易入。蒙古虽颛愚，以汉人数往贸易，亦渐能效其音声。独西藏为僻左，又向习波黎文字，既有文明之学，不受他熏，则汉语或相扞格。故语言文字之化当尽力者，莫西藏若也。若计居食职业者，回部耕稼与汉俗不甚差违，宫室而居，外有城郭。西藏山谷阻深，虽欲游牧，其势不能广衍，故任地力者亦多，特其土地硗确，裁种独宜青稞，上者止于牟麦，而粳稻不适于土宜，木城虽陋，犹愈于支幕者。至于蒙古，戈壁曼延，虽平地亦多沙漠，天若纵之使事游牧，即不得不张幕而处。其王与台吉辈虽有寝室，而不可遍及烝民。故居食职业之化当尽力者，莫蒙古若也。若计法律符令者，西藏虽听于神权，清政府亦多遣满员辅吏其治，今仍可以汉官治之。蒙古自有酋长，其律亦与中土大殊，然如塞外归化诸城，凡诸狱讼以同知司裁判，诸台吉环坐其旁，应对唯谨，稍不称意，以手抵案而叱之，然则汉官任治，非不可行于内外诸盟。独回部以无罪而亡，满洲遇之酷虐，非若蒙古之为肺腑，藏教之被尊崇，今虽暂置行省，犹岁勒回民以供诸王之役使，满洲视回部若草芥，而回部亦深慝满人，迁怒虵憎及于汉族吏治，稍有不适则噪变随之。故法律符令之化当尽力者，莫回部若也。今欲使之同化，惟设官兴学，专意农工，而法律暂因其故。必期以二十年然后可与内地等视。吾向者有言曰：浸假言语风俗，渐能通变，而以其族醇化于我，吾之视之，必然美国之视黑民。若今有人就吾之说而诘之曰："使其不然，则现今之未醇化于我者，吾视之将不得不如黑民，以待黑民者待蒙、回、藏人，即为民族主义而不得已之政策也。"夫曰醇化以后则不与美国之视黑民等者，谓其得预选举见之行事，不以空言相欺耳。非曰其未醇化以前，则特定区划逾之者，斩杀唯命也。未醇化以前，固无得预选举之事。彼为金铁主义说者曰："蒙、回、藏人有选举权与被选举权者，必以通中国语为惟一条件。"夫能通中国语者，则已稍稍醇化矣，然于中国社会之形态能知其一二耶？情伪不知，利病不审，坐而论道则勿能，纵令随罘予夺，亦与投钩何异？且所为建设代议士者，非独为人民平等计。询于刍荛，固欲其言之有益于治耳。若言之而不能中要领，与不言同，则选举固可废矣。故专以言语同化者，必不足以参通国之政也。必不得已，惟令三荒服各置议士，其与选者惟涉于彼部之事则言之，而通国大政所不与闻，则差无弊害耳。非独此也。满人于中国语言文字既同化矣，而职业犹不。三荒服若回部、西藏犹有耕稼，蒙古犹有游牧。满人则于此亦未服习，斯所谓惰民者。贵人惟逐倡优歌二簧、弹琵琶以终日月。驻防之军日提雀笼嬉游街市，寒则拥裘而出，两臂结胸腹间，持熏炉以取暖，行过饼家见有美食则张口而嗒食之，不以指取。此人人所共睹者。彼其呰窳偷生，不知民业，又三荒服之不若。世人或以满人文化视三荒服为最高，徒就此方见有法政陆军之学生而言之耳。此虽成就，亦只入官从军之技，其不知民事自若也。且人非生居闾里，日睹米盐琐屑之情，则虽专精法政而入官犹无所效。近世为长吏者，都邑之士必不如村落之儒，经世之通材必不如田家之讼棍，岂非讲习虚言不如亲睹实事之为愈欤？昔满洲伪高宗欲尽去天下州县，悉补以笔帖式。刘统勋曰：州县治百姓者也，当以曾为百姓者为之。然则代议士者为百姓代表者也，可弗以曾为百姓者充之乎？议士之用，本在负担赋税，不知稼穑之艰难，闾阎之贫富，商资之赢绌，货居之滞流，而贸焉以议税率，未知其可。今彼满人，于百姓当家之业所谓农工商贾者，岂尝知其豪氂，而云可为议士，何其骛虚言而忘实事也！且近世为僧侣者，即不得充代议士，彼僧侣者岂绝无学术耶？正以寺产所资，足以饱食与农工商贾之事相隔故也。然以欧美之僧侣，比满洲之法政陆军学生，则明习民情与否，又相悬矣。满洲者，勿论学生、马甲，其为惰民一也。己不事生产而评他人之生产，己不纳租税而议他人之租税，于权利则不当有，于事实则无所知，彼满人而欲有代议士之资格耶？宜俟革命以后，尽裁甲米，退就农耕，乃始为与汉人同化，然后得与中国之政治耳。金铁主义论者一与仅知语言之满洲人，再与仅知语言之三荒服人，夸言平等而忘利害中失之端，其症结非难破也。在昔汉唐宋明之世，初任文史，后进儒生，人材迁通，虽非同揆，要其讲求吏治，哀念民生，先后一也。是故当其末造，朝政不纲，而吏治犹清于下，未有若满洲之汗漫者。满洲初载任用族姓，柄政者皆介冑武夫，非独刀笔文法有所不晓，民生百事尚未能举其名号也。（世传伪高宗南巡时，见田间有稻秧，问言何草。然此非独一人而已。民间事业，隔阂可知。）又其素性贪饕，以苞苴〔且〕为应有，惭德在躬，即无以廉问群吏，是故吏治得失本非其所措心，而汉官亦承其风旨，曹司则不知法律，府县则不接吏民，循吏之传半录虚文，于成龙、余甸之徒前世所恒有者，于斯乃为麟角。其夸言经世者，则曰瞻言百里方略何如而已，盖所举不出攻略聚敛二端，而游说横议之风以起。远猷辰告，而不能治一水门；长驾远驭，而不能捕一劫盗；经画国常，而不能理一凶政；高张筹策，而不能平一租庸。率天下而为魏了翁、马廷鸾、真德秀、丘濬之徒。手把"三通"，躬述"衍义"，犹不如田千秋之不学无术足以富民。何者？退野人而进华士也。至于近世，则墨吏盈朝，贪污载路，绳以法律，比屋可诛。一介清廉之长官且不可得，况复为民兴利哉！夫讲求吏治，至纤至悉，又必履行经验而后得之，非摇唇鼓舌大言自肆者所能为。至言立宪则不然，剿袭讲义，粗涉政书，言之至易，而比于讲求吏治者为名高。金铁主义论者盖闻其风而兴起矣。彼见满洲政府近时所注意者，无过聚财讲武二端，而于吏治得失，民生隐曲，曾不一语及之，以为由今之道，无变今之俗，但使国会成立，笼罩群生，则中国已足以治，诚如是，则彼所谓宪政者，金云铁云而已。其去汉唐盛时专制之政，何其远耶！盖曩者包世臣、汪辉祖辈所见虽近，而吏治民生言之至悉。金铁主义论者则并此亦不知也。近者，梁启超辈日扇虚言，犹知吏治点污不可姑息，欲求立宪，必先之以开明专制。金铁主义论者则并此亦不知也。不言吏治得失，则行媚可及于臧吏。不计民生隐曲，故选举可及于惰民。彼且谓今之满人可充议士，何论三荒服人犹有职业者耶！吾所见者，则与此异。方其未醇化时，宜分部为三，各设一总督府。（中华民国建后，各省督抚当废，惟存布政使为长官，总督即专为荒服设也。）而其下编置政官，其民亦各举其贤良长者以待于总督府，而议其部之法律财用征令，以授庶官而施行之。兴其农业，劝其艺事，教其语言，谕其书名，期二十年而其民可举于中央议院。若是则不失平等，亦无不知国事而妄厕议政之位者。庙谋人道，两无所亏，则亦可以已矣。若谓汉土面积小于三荒，兴亡绝续之交，必将奋而自主，非用兵力则不足以致之者。不悟三荒相合诚较汉土为宽，分部计方，则回部、西藏二者各当汉土三分之一，惟蒙古乃略相等。虽然，蒙古之众，建诸侯久矣。非内部有枭雄，先以武力蚕食诸邻如噶尔丹所为者，则必不足以自恣。西藏自元灭吐蕃以后，建立法王。明之代元，清之代明，西藏皆率土来宾，不烦一旅。彼满洲者或以崇信黄教，得其欢心，如明太祖曷尝以此为市耶？必以宗教为欢，则中国亦有文成公主，西藏尊之以为神母，号曰多逻伊伽，此亦可援以为质者。蒙古自万历以后，渐胡土克图之化，则杀掠之心已衰。西藏不绝，蒙古亦易驯耳。若谓英、俄二憨，狼子野心，乘隙窥边，诱以他属，此虽满洲政府不亡，其势犹不可禁，何独革命之世然也。且方今社会革命之声遍布欧土，而印度亦有谋光复者，人亦有言虎啸而谷风应，一朝云合，势如燎原，彼何暇肆侮于二方哉！独回部民气剽悍，易于集合。满洲遇回人既惨酷无人理，其再征者为左宗棠之湘军，彼则亦以虺蛇视汉族。三荒之中，独此觖望，念烝民之同柢，岂彼回部当为戮民？幸而解怨则可以宁辑矣。不然，彼实有国，吾岂可以劫夺得之？向者有云，回部诸酋以其恨于满洲者，刺骨而修怨及于汉人，奋欲自离以复突厥花门之迹，犹当降心以听，以为视我之于满洲，而回部之于我可知也。金铁主义论者有忧之，则曰："此内部瓜分之计也。内部既瓜分，使中国以外若无各列强之环伺，则汉人以一民族组织一国家，平等自由，相与为乐，虽曰主义狭隘，然以自私为乐，亦未尝非一义也。无如保全领土之说，方为各强国中一派之所主张，而一派反对之。反对之者，俄为其首。俄固日日欲攫蒙回之地以入其囊中也。今见中国各族分离，而蒙回之程度又不足以自立一国，岂有不入蒙回之地以占领之乎？俄既入蒙回，英必入藏，法必入滇粤，而汉人之土地亦将不保，直以内部派分之原因，而得外部瓜分之结果矣。"夫保全领土于欧人则何利？必其可取直取而代之耳。安用是煦煦子子者为耶？诚知地大物博，非须臾所能摭拾，四分五裂之余，兵连不解，则军实匮而内乱生，其言保全，非为人道亦所以自完耳。不然庚子联军之役，四方和会，师出有名，而虏酋亦已播迁关右，不以此时瓜分中国，乃待日本胜俄之后乎？且使革命不成，则满洲政府固在，而回部无以自离，固无瓜分之道。革命果成，取此深根宁极之政府而覆灭之，其兵力必非犹人而已，纵不足以抵抗欧人，然其朝气方新，威声远播。彼欧人之觇国也，常先名而后实，自非吹而可僵者。亦未至轻召寇仇为劳师费财之举，而回部之脱离也，吾岂与之蠢然分诀耶？彼其人材稀疏，政治未备，事事将求助于汉人，视为同盟，互相掎角，则足以断俄人之右臂明矣。虽然，此直为回人自立计也。若其深明祸福，辨别薰莸，知往日之兴兵构怨出于满人，而汉族非为权首，又以地处偏隅，虽苟足设险自完，无由进于开明之域。如是则求与汉人同化之不暇而何自离之云？要之事有奇恒，涂有险易，则不得不虑及于是耳。若三荒服而去其一，余二者固未必自离；若三荒服而一切同化于吾，则民族主义所行益广。自兹以后，二郡一司反乎可覆，则先汉之疆域始完，而中华民国于是真为成立。吾观滇中人士，多发愤于越南、缅甸之亡，曾欷累息恒思收复以为愉快，自余则未有系念者。中华民国之义孰深知之，其惟金马之神、碧鸡之灵哉！（《民报》第十五号，1907年7月5日，署名"太炎"）

排满平议

人有恒言曰：玉卮无当，虽宝非用。凡哲学之深密者类之矣。无政府主义者，与中国情状不相应，是亦无当者也。其持论浅率不周，复不可比于哲学。盖非玉卮又适为牛角杯也。转而向上言公理者，与墨子"天志"相类。以理缚人，其去庄生之齐物不逮尚远；言幸福者，复与黄金时代之说同其迷罔，其去婆薮槃头舍福之说又愈远矣。诚欲普度众生，令一切得平等自由者，言无政府主义不如言无生主义也。转而向下为中国应急之方，言无政府主义不如言民族主义也。今之非排满者，稍异宪党。盖谓支那民族自西方来，略苗人之地而有之，汉人视满人为当排，反顾苗人，则己亦在当排之数。是故复仇者，私言也，非公理也，且汉人以侵略之怨而杀侵略者之子孙，被杀者之子孙又杀汉人，则是复仇终无已也。今以强权凌轹吾民者非独满人，虽汉人为满洲官吏者，其暴横复与满人无异，徒戮满人可乎？吾则应之曰：汉族自西方来非有历史成证，徒以考索比拟而得之，独《山海经》言身毒为轩辕所居，又异今说，非若满洲之侵汉土其记载具在也。大地初就，陂陀四隤，淫水浸其边幅，是故人类所宅，独在中央高原。汉族自波迷罗（此《大唐西域记》所译字，今则作帕米尔）来，虽无史籍根据，其理不诬。若是，则苗人必不与鱼鳖同生，其始亦当自西方高原来。二者理证即相等，抑未知先据此土者为苗人耶？为汉人耶？尚考苗种得名，其说各异。大江以南陪属猥佌之族，自周迄唐通谓之蛮，别名则或言獠、言俚、言陆梁，未有谓之苗者。称苗者自宋始，明非耆老相传，存此旧语乃学者逆据《尚书》三苗之文以相傅丽耳。汉时诸蛮无苗名，说《尚书》者固不以三苗为荆蛮之族，《虞书》窜三苗于三危。马季长曰："三苗，国名也，缙云氏之后为诸侯，盖饕餮〔餮〕也。"《淮南·修务训》高诱注曰："三苗盖谓帝鸿氏之裔子浑敦、少昊氏之裔子穷奇、缙云氏之裔子饕餮，三族之苗裔，故谓之三苗。"此则先汉诸师说三苗者皆谓是神灵。苗裔与今时苗种不涉，或言今之苗种本由马留合音。凡幽尤与宵肴豪古今音皆相流变，故马留切音为苗。（马留亦作马流。《水经注》引晋时豫章人俞益期与韩康伯书曰："马文渊立两铜柱于林邑岸北，有遗兵十余家不反，悉姓马，自婚姻，今有二百户。交州以其流寓号曰马流，言语饮食尚与华同。"案马流今音转为马来，本是南方土著，称以马援旧部，谅为失实，盖杂处既久，汉人亦自号马流耳。）双声相转或谓之蛮，或谓之闽，皆自一语变化而成。其与三苗据师说则非一种。借令马高旧训或有差讹，则三苗容是今之苗族。然其相宅神州，与汉族孰先孰后，史官亦无以质言矣。假令苗族先来此土，而汉族从后侵略之，苗人视汉诚在当排之数；其或同时森至，互争邑落，是犹滇蜀间之争火井，海滨种吉贝者之争沙洲，两无曲直，得之则是。间田瓯脱，更无第三人为其主者，既现为汉人所有，则曰汉人所有而已。若汉族先来此土更千百年，苗人随而东下，以盗我田庐，窃我息壤，汉族复从后攘除之。是则汉族之驱苗族为光复也，非侵略也。今据历史所书，曰"蚩尤惟始作乱，苗民弗用灵，制以刑。皇帝哀矜庶戮之不辜，报虐以威，遏绝苗民，无世在下。皇帝清问下民，鳏寡有辞，于苗乃命三后，恤功于民"，及言"分北三苗"诸事。而苗族、汉族之来居此土，先后未明，谈者出其私臆，以为汉族必侵略苗民者。夫史籍所载，既已暗昧难知，则何事不可任臆？昔者大荔义渠蛮氏、陆浑诸戎及赤狄、白狄等，当春秋时荐食中国，与诸夏盟会。秦既并天下，使蒙恬将兵略地，西逐诸戎，北却众狄，筑长城以界之。及五胡俶扰，鲜卑宅于河洛，号曰元魏，分为周齐。隋唐之兴，鲜卑遂失其帝制。蒙古南牧，抚有神州，且及百祀。明祖驱之，令返塞外。使秦以前之史书皆灭，将谓中夏本戎狄旧邦，而秦皇以汉种侵略之矣。使隋唐以前之史书皆灭，将谓中夏本鲜卑旧邦，而隋唐诸帝以汉种篡取之矣。使明以前之史书皆灭，将谓中夏本蒙古旧邦，而明祖以汉种剿劫之矣。准此诸例，以为汉族侵苗族者，其不根亦犹是尔！今以历史成证言之，苗族之来先于汉族，非有符验可寻也。汉族之来先于苗族，则犹有可质成者。案马季长《尚书》注曰："蚩尤少昊之末，九黎君名。"郑君曰："蚩尤霸天下，黄帝所伐者，学蚩尤为此者，九黎之君，在少昊之代也。"如郑君说，蚩尤非九黎，九黎亦非即今黎种。若从近人假定之言，苗即三苗，黎即九黎，蚩尤为苗族酋豪，则历史言苗族者始此。准《逸周书·尝麦解》："昔天之初，命赤帝分正二卿，命蚩尤于宇，少昊以临四方，蚩尤乃逐帝，争于涿鹿之阿。九隅无遗，赤帝大慑，乃说于黄帝，执蚩尤杀之于中冀，用名之曰绝辔之野。"准太史公《五帝本纪》："神农氏世衰，诸侯相侵伐，蚩尤最为暴。黄帝乃征师诸侯，与蚩尤战于涿鹿之野，遂禽杀蚩尤，而诸侯咸尊轩辕为天子，代神农氏。"是则苗族始入乃在神农季世，当伏羲与神农全盛之代，未见有苗族踪迹也。苗族未来而汉族已先见史传，即明汉族之宅居此土为先于苗族矣。神农之末，既有诸侯，则蚩尤特诸侯之一，亦犹春秋戎狄列在会盟，岂一切诸侯皆苗族耶？由斯以谈赤帝之用蚩尤，亦犹唐代之用藩将，涿鹿之师与安史就诛相类。今有人曰：中国本胡人安史二家所有，唐帝侵之攘为己地，孰不谓其缪于事情者！若循地望言之，蚩尤则不为苗种。今之苗族聚处南方。《吴起传》言："三苗氏左洞庭右彭蠡。"《外国图》曰："昔唐以天下授虞，有苗之君非之，苗之民浮黑水入南海，是为三苗氏，去九疑三万三千里。"（《太平御览》七百九十引）地望相应，故谓三苗，即今苗族可也。而蚩尤与黄帝战，远在涿鹿，涿鹿当今宣化府怀来县地北，与荤鬻比邻，长城未筑，耕牧相望。夫胡之与越，南北相悬，岂有匈奴三苗近在肘腋？且太昊都陈固已南封淮汝，而谓幽并之北尚有苗人，准度事情，锄吾实甚。苗人之俗，便山习水，不闲平地，纵令蚕食中区，亦不得远至燕代。岂若匈奴游牧之民，奇畜橐佗，不远千里，此则蚩尤非黎苗种族，粲然著明。若苗人本有大国，与汉族争，虽一败不至瓦解，黄帝则不得遽登湘山，黄帝以前，神农亦不得葬长沙也。据斯为断，三苗著见以少昊之末为期，则汉族东来久矣。大抵人类皆自高原而降。从西方抵东土者，一出北道，则为匈奴；一出中道，则为诸夏；一出南道，则为马留。匈奴之民，依沙漠而居；诸夏之民，据大陆而居；马留之民，附洲岛而居。所处不同，故职业亦异。凡诸夏所有者，经略万里，陇亩既成，州闾既定。而复有阑入此土者，则据左契而攘之。《尚书》言窜三苗，正若秦皇之驱戎狄，非苗人故有之地而我侵略之也。近代所称支那本部者，独凉肃诸州取自匈奴，则《汉书》所谓武威、张掖、酒泉、敦煌四郡，其佗盖鲜有攘取者。朝鲜本箕子卫满之虚，实古营州旧域，中间阔绝，而汉世复设玄菟、乐浪诸郡，今则已绝。福建、两广、安南者，所谓闽粤、东粤、南粤之地。《汉书·地理志》曰："今之苍梧、郁林、合浦、交趾、九真、南海、日南皆粤分也，其君禹后，帝少康之庶子，封于会稽，文身断发，以避蛟龙之害。后二十世，至句践称王，后五世为楚所灭，子孙分散，君服于楚。后十世，至闽君摇佐，诸侯平，秦汉兴，复立摇为越王。是时，秦南海尉赵佗亦自王传国。至武帝时，尽灭以为郡。"明此数道，夏时已隶中国。上寻尧典，则南交固在域中，言语相传亦明，其故为同种。《水经注》曰："九真郡、九德县有九德浦，内径越裳究、九德究、南陵究。《竺枝扶南记》：山溪濑中谓之究。《地理志》曰：郡有小水五十二，并行大川，皆究之谓也。"水之隈隩曰究，与《诗》言芮鞫、《毛传》训究、《韩诗》作坺者音义正同。言语同则种类一，明交州本是汉民。今安南已离为异国，福建、两广犹在版图，要皆九州旧服，非取自苗人也。云南、川南、川西、川东、贵州诸道者，昔尝称西南夷。自庄蹻至滇池略定其地，而《地理志》益州郡滇池县有黑水祠，《禹贡》梁州之域，北抵华阳，南讫黑水，则滇池本在梁州之域。《史记》言：昌意处若水而生颛顼。若水之流据《水经》"出蜀郡旄牛徼外，至故关为若水，南过越巂邛都县，西直南至会无县"。注言：

"南经云南郡之遂久县，青蛉水入焉。"是云南在颛顼时已隶汉土。又《说文》云："温水出犍为涪南入黔水。"《水经》云："温水出牂柯夜郎县。"盖西南有二温水，亦犹秦蜀间有二汉水。此温字本义则然，而经典已借温为寒温之字，观其字之有温，知其地之内属。且江河间未尝有象，象之所出，不在交趾，则在云南。三苗未审以前，舜弟已名为象，益知产象之区旧尝著籍，故得有此文此语尔。王政陵迟，诸夷入处，遂得西南夷名。至庄蹻始开其地，唐蒙、司马相如之徒因而郡县之故，亦光复旧疆，非取自苗人也。今人于西南杂姓多号为苗，亦有讹谬不实者。据《水经》及《华阳国志》"青衣水出青衣县，县故青衣，羌国也。安帝延光元年，青衣王子心慕汉制，上求内附"。今人言青苗者，本青衣羌之别，而横被以苗名。《汉书·西南夷传》："自桐师以北至叶榆，名为嶲昆明；自嶲以东北，君长以十数，莋都最大；自莋以东北，君长以十数，冉駹最大；自駹以东北，君长以十数，白马最大；皆氐类也。此皆巴蜀西南外蛮夷也。"今或称为番者，不失氐名；或称为苗，则诬甚。氐羌与汉古本一源，又不应以汉人侵苗说此。苗人之族通言马留，其驸近中国者，白衣种为大，缅甸、暹罗皆是类也。古者丛脞诸姓，时或阑入域中，自为君长，所在剽劫。中国有良将士，率父子之兵而逐之。犹故不愒，往往窜入岫穴林莽之间，故有义阳五溪诸蛮，至今犹有称洞苗者，非其分地素在是也。汉族之放流罪人，与蛮种相习狎，势不独立，染其礼俗，相与屯聚，因是亦以荆蛮得名。其后有分封者，扶老携稚往临斯土，欲因势为治，则或断发文身以就之。中原之吴楚于越，亦准是谓之荆蛮矣。前者犹今内地回人，非大食、花门之族，乃以汉人从其教者；后者犹今土司土府，亦故汉种而从俚㺜之俗。是故南方诸郡，旷绝千载，复隶职方，民无所恨，此与满洲之侵略中国豪忽无相似者。今云汉人排满，对于苗则汉亦应排，何所据依，而作此辩难耶？抑吾又闻之曰：近世无政府党，以反对强权为号者也，强权者，广泛之称。若汉人言排满，得以苗人排汉钳其口；无政府党言反对帝王与资本家，而禽畜昆虫亦可反对无政府党。帝王资本家之于齐民，徒有束缚镇制，非杀人而啖其肉，人于禽畜昆虫则强权有过是矣。瞻之在后，宁不可反唇相稽耶！若曰：吾所主持，独以人道为限，不及万类，是亦可曰人类之私言也，非公理也。至其言展转相杀复仇无已者，斯尤迂遹之辞已。复仇者，以正义反抗之名，非展转相杀谓之复仇。《周官》调人之职，"凡杀人而义者，不同国，令勿仇，仇之则死"。《春秋公羊传》曰："父不受诛，子复仇可也。父受诛子复仇，推刃之道也。"何氏《解诂》曰："一往一来曰推刃。"今满洲以强暴侵略汉族，残其民庶，盗其政权，以汉人反抗满人，则满人为受诛，汉人为杖义，满人复反抗之，则谓之窭窬豺狼之行而已矣。有盗人之田宅者，其故主讼于官，治而复之，不然则率其徒众治而复之。盗犹不已，将领丑类复往攻其主人，治而复之者是，则复往攻之者非。有无故穿人垣墙秉炬纵火者，主人得格杀之，律所不论；而被格杀者之族党，复往攻其主人，格杀之者是，则复往攻之者非，此盖恒民所能喻。今之学者，于常识且不通练，而故谲觚其辞，以相论难，夫妇之愚，或且笑悼之矣。为种族复仇反杀者，宜得何罪？古无明文，且以复父仇者为决事比。谢承《后汉书》曰："桥玄迁齐国相，郡有孝子，为父复仇系临淄狱，玄愍其至孝，欲上谳减。县令路芝酷烈苛暴，因杀之；惧玄收录，佩印绶欲走。玄自以为深负孝子，捕得芝，束缚借械以还，笞杀以谢孝子冤魂。"此则古之大义。为父复仇者，非特不得反杀，虽以县令枉法杀之，犹在当诛之域也。师觉授《孝子传》曰："子路仕卫，赴蒯聩之乱。卫人狐黡时守门，杀子路。其子仲子崔告孔子，欲报父仇。黡知之，于城西决战。其日，黡持蒲弓木戟，与子崔战而死。"此则狐黡自知不直，是故去其兵械，持蒲木以应子崔，自愿授首也。以此相例，则满洲人之不得反杀，至易明也。若徒以怨相轧，以力相倾，虽不明言复仇，而在彼亦能反刃；如言抵抗强权，强者既覆，则退为弱者矣，弱者制胜，则即是强者矣。既覆之政府与资本家对于新制胜者，亦得以抵抗强权为号，何独关于种族尔乎？或曰：父子兄弟罪不相及，今侵略汉族之满人，已下世为枯腊，而复仇于其子孙，则为无义。应之曰：凡相杀毁伤之怨，至奕世则已矣。侵略则不然，所侵略者必有其器其事，今国土与政权自满人之祖父侵略之，而满人之子孙继有之；继有其所侵略者，则与本为侵略者同；而往世残贼屠夷之事实，以政府挟之俱存。是故排满洲者，排其皇室也，排其官吏也，排其士卒也。若夫列为编氓，相从耕牧，是满人者，则岂欲傅刃其腹哉！或曰：若是，则言排政府足矣，言排满何为者？应之曰：吾侪所执守者，非排一切政府，非排一切满人；所欲排者，为满人在汉之政府。而今之政府为满洲所窃据，人所共知不烦别为标目，故简略言之，则曰排满云尔。若满洲政府自知不直，退守旧封，以复鞨羯金源之迹，凡我汉族当与满洲何怨？以神州之奥博，地邑民居，殷繁至矣。益之东方三省，愈泯棼不可理，若以汉人治汉，满人治满，地稍迫削，则政治易以精严，于是解仇修好，交相拥护，非独汉家之福，抑亦满人之利；宁有复崇旧怨，劙面相攻之事？虽然人性之贪狼无厌，背违正义，更万亿年而不可变也。是故满洲政府必无让地自归之事，为汉族者亦固知其不可望于满人，则有昌言排满而已。满人之与政府相系者，为汉族所当排；若汉族为彼政府用，身为汉奸，则排之亦与满人等。近世革命军兴，所诛将校什九是汉人；尔游侠刺客之所为，复不以满人、汉人为别。徐锡麟以间谍官于安庆，适安徽巡抚为恩铭，故弹丸注于满人之腹。令汉人为巡抚，可得曲为赦宥耶？吴樾所刺满人、汉人则相半，谁谓汉官之暴横者，吾侪当曲以相容乎？然而必以排满为名者，今之所排，既在满洲政府，虽诛夷汉吏，亦以其为满洲政府所用而诛夷之，非泛以其为吏而诛夷之。是故诛夷汉吏，亦不出排满之域也。或曰：若政府已返于汉族，而有癸辛桓灵之君、林甫俊臣之吏，其遂置诸？应之曰：是亦革命而已。然其事既非今时所有，安用喋喋多言为！凡所谓主义者，非自天降，非自地出，非摭拾学说所成，非冥心独念所成，正以现有其事，则以此主义对治之耳。其事非有，而空设一主义，则等于浮沤；其事已往，而曼引此主义，则同于刍狗。故汉族之有暴君酷吏，非今日所论也。就此现事之中而复有其巨细缓急者，是故政治得失，外交善败，亦姑弃捐弗道。举一纲而众目张，惟排满为其先务，此贞实切事之主义，所以异于夸大殉名之主义矣。（《民报》第二十一号，1908 年 6 月 10 日，署名"太炎"）

定复仇之是非

种族革命之志为复仇，然今人多以复仇为上古野蛮之事，故余以义定复仇之是非云。平不平以使平者，斯谓复仇。著者乃有亲属反兵之事，报之得直，固无可非也。然私人之相杀者，或以感愤激昂而过其直，于是有法律以范之。法律者，则以公群代私人复仇尔。既其相代，则私人之复仇者自可禁遮；然至于法律所穷，则复仇即无得而非议。两国交兵本复仇之事，即有过当而他国莫能问者，以国家之上更无法律以宰制之也。（国际法者，本支离牵补之制，至于两国交兵，即非法所能禁。）今以一种族代他种族而有国家，两种族间岂有法律处其际者？既无法律，则非复仇不已。若以种族革命为复仇之非行，国与国之相战争者，何以不为复仇之非行？于此则退之，于彼则进之，抑扬之论非有比例可知也。或曰：法律者所以惩后，非代为被害者报偿。夫使法律只为惩后，民穷为盗，未见行法而能少衰，何故治盗之律不为废止？且刑之当其罪，犹赏之报其劳。今日刑只以惩后人，则赏亦只以劝后人。为惩制刑，非以偿害，则亦可云为劝制赏，非以报劳也。充其类例，则是劳者本无可赏，害者本无可刑，而惩劝亦甚无谓矣。即实言之，用刑之本心趣以偿害而惩后者，乃其所孳生之利息，荡及之余波耳。犹之求饮食者，本为疗饥，乃适足以充肌肉；求匹偶者，本以遂欲，乃适足以长子孙。疗饥遂欲为其本心，充肌肉与长子孙为其余利。若曰求饮食者，本为充肌肉，求匹偶者，本为长子孙，则人情必不尔也。饮食有时不充肌肉，匹偶有时不长子孙，然其事终不因之废止何者？所急在现在，非预为未来。彼用刑者，亦犹是已。虽然法律本宽平，亦常有滥及不辜之惧，故证据不足，则勿能以论罪。而巧于为害者，常得脱逃，定法者知其然，则不敢以谳法为至周无漏。吾土自周汉以来，常宽复仇之律，惟过当者必诛，虽儒家亦以复仇为是。无他，明知听讼折狱之制，不能至周，故作法者，亦常歉然自愧，而有所假借宽贷于人。欧美之法则不然，虽复仇者，亦与寻常杀伤等罪，审自知其谳法之不周，而悍然以为完具，是则以复仇为野蛮者，乃国家所以自为文过耳。平议是非者，安取是为又涂饰之，则谓复仇虽是，而国家之秩序不可侵，是以有禁若然，则国家之秩序为重，而个人之损害为轻，斯国家者即以众暴寡之国家矣。论者不悟，囿蔽于长国家者之言，因循成俗，以为义法本然，而以复仇为野蛮之行，此最可嗤鄙者也。且夫衡论私人，强以法律之言弹正，已不足以服其心矣。至一种族所建之国家，为他种族攘夺而有之，则本无法律处乎其上，于此而犹以复仇为戾，是明伸能害者以抑受害者也。己则为卑谄黩乱之尤，而方以野蛮议人，苟有人心安必与牛群相辩矣。若果充其类例，以两种相对之复仇为非，则必不以两国相对之复仇为是。今于两国治戎积尸蹀血者，顾不敢议其后，虽议之，亦只以为一是一非；而于种族革命，乃

穷极诟詈之是非。以汉族之事业尚未成，而他国之事业则已成，故议论亦
因之去就乎？此适足自白其佞谀强者，亦何足与校焉。呜呼！万方同醉不
可以是非争也。今世论者，于同一行事，小且弱者则非之，强且大者则是
之，非独复仇然也。凡以人民为财产而卖鬻之者，法律所诛，虽舆论亦云
至野蛮也。然法人以加奈陀鬻于英，西班牙人以美洲属地鬻于德，以非律
宾鬻于美，尽其域内之田宅人民。一切以市侩之道贸易于人，购取者亦受
之无怍，视卖鬻一二人者，其野蛮非百倍乎？而举世漠然，不以为诟，其
他亦推是可知已，抑党附国家者勿论也。今有以恢复人权为主而革命者，
亦或谓种族革命为复仇，比于野蛮之习。夫强有力者，尝蹂躏人权，今欲
恢复则必取于强有力者之手而得之。而凡有所加害于我者，则弹丸当射其
胸，此独非复仇乎？为社会复仇与为种族复仇，其巨细虽殊，其为复仇奚
以异？必以复仇为非，则凡托于社会主义、无政府主义者，惟当敬听杜尔
斯兑之言，待强者自然消灭，一有暴动即无解于复仇之名，而亦自陷于野
蛮之域矣。且种族复仇者，本非外于政权而言，则所对者即异种之强有力
矣。何以彼之必是，而此之必非也？夫反对复仇者，法律而外莫如宗教。
循乎佛说，杀人者得波罗夷罪；为六亲复仇而杀人者，得偷兰遮罪。虽轻
重有殊，其以为罪则一。且六度有忍辱之门，而头目脑髓亦任人取捣矣。
循乎老子之说，则言报怨以德矣。循乎宋子之说，则言见侮不辱，使人不
斗矣。循乎耶苏之说，则言视仇如友矣。是数公者，微特以私人小聚之复
仇为非，亦不以公众大群之复仇为是。有奴隶我、蹴践我、杀伤我者，我
固〔固〕不当报之，虽见斯非行之加于他人者，亦不当代为报之；非直不
报，乃或舍吾所固有者以增益彼而愧其心，循是则为上德大慈，而强暴者
亦非不可感化。昔者张武受贿，汉文不加按治，而赐之金，武卒改行。彼
特恭俭小仁之世主耳，犹足以化贪墨，而况命世哲人之所为乎！然今之言
恢复人权者，则于此固弗能忍，其遇富强豪暴之徒，犹以相杀毁伤为事。
夫相杀毁伤之效，速于口舌相规，躬行相励，而不得不谓之复仇。则宗教
之所言者，亦岂其所能借口耶？或曰：恢复人权者，本为苍生谋其利益，
而复仇特其方便径涂。至言种族革命者，则纯以复仇为志。观念既殊，是
以文野有异。此又颠倒缪戾之论也。人苟纯以复仇为心，其洁白终远胜于
谋利。今有负气忿事愿吾党与彼党俱仆，此至洁白者也，愿吾党胜而彼党

败者，此洁与污参半者也。于一胜一败之余，复求吾党之得而彼党之丧者，此最为污垢者也。人之常情，不以决斗杀人为可慭，至杀人而复劫取其财，则莫不裂眦道之。牛以角触，马以足踶，象以鼻卷，有时亦能杀人也，而多由不胜忿戾之心，以至行杀，未尝因以为利。故人之称马牛象者，以为仁厚之虫，至于虎豹杀人而啖其肉，则谓之残兽云尔矣。因是以观昔者蒙古回部之灭国也，惟怀好杀制胜之心，而谋利非其所急。今者欧洲白种之灭国也，则先之以谋利之心，而后行其杀人之事，是故蒙古回部犹有高于欧洲者。今之种族革命，若人人期于颠覆清廷而止，其后利害存亡悉所不论，吾则顶礼膜拜于斯人矣。而缀学知书之士，才识一名以上，皆汲汲于远谋，未有不以共和政体国家社会耿介于其心者。余虽蹗躇，亦不能不随俗为言，且以为民族主义非专为汉族而已，越南、印度、缅甸、马来之属，亦当推己及之。灭清以往，非有建设之方，则此志亦不可达。于是则屈心以就物，而洁白之心亦已化为污垢，与言恢复人权者同，其沦落而已矣。然而是非高下之心，则固有与常人绝异者。夫一言利益，无论利他自利，而其志必在保惠后生。后生未生也，心知形体，一切冥如。而豪暴富强者，虽吾仇敌，固吾所素识。知于未生无形者，则求福之于现在相识者，则先杀之，此得为利他乎？夫曰牺牲少数以利多数，言虽非当，而犹可以自成其义也。今日牺牲有者，以利无者，此其语亦太谬矣。若曰后生必有，则彗星拂地之期，安知不在俄顷，宁能虚计百年，以待裸虫之滋长者？纵无斯惧，然人类之相爱利，本乎感情，感情所由生，在乎形色天性而已。损现在有相之人，以利未来无相之人，人情果若是乎？故知一言利益，非特染其纯白之心，而于义亦不成立矣。抑人类者，其巨雀无明之遗卵欤！无明故背慧解而生横计。横计虽妄，举世固不以为非。杀人祠天者云，恢复人权者云，建设共和政体主持国家社会者云，若夫文明野蛮之名，当何所顾虑耶！今之言文明者，非以道义为准，而以虚荣为准。持斯名以挟制人心，然人亦靡然从之者。盖文明即时尚之异名，崇拜文明，即趣时之别语。吾土孔子为圣之时，后生染其风烈，虽奋力抵拒者，只排其阶级礼教之谈，而趣时之疾固已沦于骨髓，非直弗击，又相率崇效之。然则趋步文明与高髻细要之见，相去有几？诚欲辩别是非者，当取文明野蛮之名词而废绝之。（按文明本此邦旧语，多以法度文物为言，已虚伪不贞矣。今所谓文明者，较此弥下，至于野蛮二字本出鄙言，尤不足论。）宁沾沾焉随俗为向背乎？

或曰：如公所言，民族者，非封于汉族而已，虽婆罗门、白衣诸种，今既失职，亦当还其民族之旧常，是则言反对强种可也，何取以排满为帜耶？

答曰：人之思想无方，而行事则惟取其切近，如余所念，虽无政府主义犹非最为高尚也。高尚者，在并人类众生而尽绝之，则思想之轮廓在是矣。然举其切近可行者，犹不得不退就民族主义。民族主义非遍为人群说法，顾专为汉人说法耳。夫排满洲即排强种矣，排清主即排王权矣。譬如言捕师子，则不必别以捕猛兽为名，何以故？闻师〔狮〕子之名而猛兽在是故。然必举具体之满洲清主，而不举抽象之强种王权者，强种与王权其名无限，满洲与清主其名有限。今之强种孰如白人？今之王权孰如独逸帝？（按规定君位当永属一家，又谓人君无责任者，惟立宪国而已。中国旧云专制，然抚我则后，虐我则仇，万方有罪，在于一人等语，正与永属一家全无责任之义相反。如秦始皇之远推万世，至今笑其顽愚，是故专制之王权，减于君主立宪远矣。）苟取无限之名以为旌帜，则中国之事犹在后，而所欲先攻者乃在他矣。今只为一区说法，斯无取笼罩一切之名，惟此现量在前者是。循是以推，强种之白人非不当为黑人赤人驱之也，王权之独逸帝非不当为世界生民废之也。然规定行事者，至急莫如切肤，至审莫如量力，今日汉人其智力岂足方行域外，则斯事固为后图矣。夫"智圆行方"之语，为世人所周知，理想虽无涯岸，而人类本为时间空间所限，势不得以自在游行。余向者所称说，固非以民族主义自书而已。人我法我，犹谓当一切除之，虽独唱寡和，然犹不惮烦辞，冀导人心于光大高明之路，乃至切指事情，则仍以排满为先务，然则理可顿悟，事不顿除，其涂径曷能强一耶！

或曰：中国者，汉族所垦辟也，东胡之族自宁古塔来，盗汉族所固有，则汉族欲排之；宁思汉族未至以前，此中国者，非苗族所垦辟耶？诸夏之族自帕米尔高原来，盗苗族所固有，而苗族曷尝不思排之？汉人排满为正义，彼苗人之排汉者，亦独非正义欤？答曰：满洲自宁古塔来，历史之明文然也；汉族自帕米尔高原来，特以冢书神话之微文展转考索比度而得之，而历史未尝有其明据。苗人之族当时果普遍中国以否，蚩尤之徒当时果即苗人以否，皆无左契证书，独据上世流传之书支离抵触者，摘其类似之点以为言，乌有若满汉之章章者乎！若苗人自有史书记其成事，确然无疑，因是以兴复仇之旅，余岂敢逆其颜行？有伏就斧质而已矣。虽然，汉人所仇则满族尔，纵令苗人排汉，汉人亦不得不先排满。若苗人之排汉者，证据武力事事与汉之排满相当，汉人则安得反报也？若其文非左契而惟以比类得之，则有非吾所印忍者。且三苗之国左洞庭而右彭蠡，其族则在荆汉以南，今北方之词气大同而南土犹多磔格，则知本与苗民糅杂而生。所谓汉族固非与苗民截然区划，又谁得割分者？而纯粹苗人则自有土司故地，其独立之性自在。改土归流，实满洲之创制，汉人固曷尝翦灭苗民而侵其国土哉！若推极以言之，则牛羊鸡鹜〔鹜〕之被啖于人者众矣，假令牛羊鸡鹜能起而诛吾族，是亦复仇之正义，谁得以为非者？其异于满汉之争，则以所复者只为生命，不为政权耳。夫吾言民族主义始自汉种，至于群伦，又远推之及于禽雀牲畜，无不以自护其族为当然，名则狭隘，其心乃广大矣。而反对民族主义者，则鲜不以人食动物为天职，惟以正义利人群，独不为动物平其冤，抑又何其狭隘也！由是以观，则彼之反对复仇者，非所以自护其隐慝欤！（《太炎文录初编·别录》卷一）

革命之道德

古之所谓革命者，其义将何所至耶？岂不曰天命无常，五德代起，质文相变，礼时为大耶？夫如是则改正朔、易服色、异官号、变旗识，足以尽革命之能事矣。名不必期于背古，而实不可不务其惬心。吾所谓革命者，非革命也，曰光复也。光复中国之种族也，光复中国之州郡也，光复中国之政权也。以此光复之实，而被以革命之名。呜呼！天步艰难，如阪九拆，墨翟、禽滑釐之俦，犹不能期其必效，又乃况于柔脆怯弱如吾属者！世无黄中通理之人，而汲汲焉，以唇舌相斫，论议虽笃，徒文具耳。旷观六合之邦家，虽起废不常，盛衰相复，若其沦于异族降为台隶者，则亦鲜有。有之，必素无法律政治与愚昧无知之民也。中国之学术章章如彼，其民不可谓愚。秦汉以降，政虽专制，非无宪章著于官府，良治善法足以佐百姓者，亦往往而有。举吾炎项嬴刘之苗裔，提封万里，民籍巨亿，一旦委而弃之于胡羯，其根本竟安在耶？晋之乱于五胡也，桓温、刘裕起而振之；宋之割于女真也，岳飞、虞允文出而匡之。蒙古不道，宰割诸夏，改玉改步，人无异心；濠州真人奋臂大泽之间，元政瓦解，北方郡县，传檄而定。综观往古，戎夏交捽之事，侵入者不过半壁，全制者不逾百年，硕果虽食，不远而复。今者满洲之在中国，疆域已一统矣，载祀已三百矣，川楚磨顶于前，金田跰足于后，陨身赤族，卒无一成，是孰使之然耶？昔王而农发愤于晚明之丧，推而极之，至于孤秦、陋宋，以为藩镇削弱，州郡无兵，故夷狄之祸日亟，此可为汉族自治之良箴，非所论于覆亡之后也。近世学者推寻祸始，以为宋世儒者妄论《春秋》，其教严于三纲，其防弛于异族，故逆胡得利用其术，以阻遏吾民爱国之心。然自季明以后，三纲之名虽存，其实废久矣，而里巷鄙人之言軏鞃者，犹相率以为鄙夷之名，是其心亦未尝泯绝也。或者又谓祸本之成，咎在汉学，虽日本人亦颂言之。夫讲学者之嫭于武事，非独汉学为然。今以中国民籍，量其多少，则识字知文法者，无过百分之二，讲汉学者于此二分又千分之一耳，且反古复始，人心所同，裂冠毁冕之既久，而得此数公者，追论姬汉之旧章，寻绎东夏之成事，乃适见犬羊殊族，非我亲昵。彼意大利之中兴，且以文学复古为之前导，汉学亦然，其于种族固有益无损已。于此数者，欲寻其咎，而咎卒不可得，微芒暗昧，使人疑眩，冥心而思之，瘭寐而求之，其衅始于忽微，其积坚于盘石。呜呼！吾于是知道德衰亡诚亡国灭种之根极也。今与邦人诸友同处革命之世，偕为革命之人，而自顾道德，犹无以愈于陈胜、吴广，纵令瘃其口、焦其唇、破碎其齿颊，日以革命号于天下，其卒将何所济？道德者不必甚深言之，但使确固坚厉、重然诺、轻死生则可矣。虽然，吾闻古之言道德者曰：大德不逾闲，小德出入可也。今之言道德者曰：公德不逾闲，私德出入可也。道德果有大小公私之异乎？于小且私者，苟有所出入矣；于大且公者，而欲其不逾闲，此乃迫于约束，非自然为之也。政府既立，法律既成，其人知大且公者之逾闲，则必不免于刑戮，其小且私者，虽出入而无所害，是故一举一废，应于外界而为之耳。政府未立，法律未成，小且私者之出入，刑戮所不及也；大且公者之逾闲，亦刑戮所不及也。如此则恣其情性，顺其意欲，一切破败而毁弃之，此必然之势。吾辈所处革命之世，此政府未立法律未成之世也。方得一芥不与一芥不取者，而后可与任天下之重。若曰有狙诈如陈平、倾险如贾诩者，吾亦可以因而任之，此自政府建立后事，非今日事也。

今世之言革命者，则非直以陈平、贾诩为重宝，而方欲自效陈平、贾诩之所为，若以此为倜傥非常者。悲夫！悲夫！方今中国之所短者，不在智谋而在贞信，不在权术而在公廉。其所需求乃与汉时绝异。楚汉之际，风尚淳朴，人无诈虞，革命之雄，起于吹箫编曲。汉祖所任用者，上自萧何、曹参，其下至于王陵、周勃、樊哙、夏侯婴之徒，大抵木强少文，不识利害。彼项王以勇悍仁强之德，与汉氏争天下，其所用皆廉节士。两道德相若也，则必求一不道德者，而后可以获胜。此魏无知所以斥尾生孝己为无用，而陈平乃见宝于汉庭矣。季汉风节，上轶商周，魏武虽任刑法，所用将士愍不畏死，而帷幄之中参豫机要者，钟、陈、二荀皆刚方皎白士也。有道德者既多，亦必求一不道德者而后可以获胜，故贾诩亦贵于霸朝矣。其所以见贵者，以其时倾险狙诈之才不可多得而贵之也。庄周云：药也，其实堇也，桔梗也，鸡痈也，桔梗也，是时为帝者也。风教陵夷，机械日构，至于今日求一质直如萧、曹，清白如钟、陈、二荀，奋厉如王陵、周勃、樊哙、夏候〔侯〕婴者，则不可得，而陈平、贾诩所在有之。尽天下而以诈相倾，甲之诈也，乙能知之，乙之诈也，甲又知之，其诈即亦归于无用。甲与乙之诈也，丙与丁疑之；丙与丁之诈也，甲与乙又疑之；同在一族而彼此互相猜防，则团体可以立散。是故人人皆不道德，则惟有道德者可以获胜，此无论政府之已立未立，法律之已成未成，而必以是为臬矣。谈者又曰：识世务者存乎俊杰，所谓英雄，在指麾而定尔。世有材桀敢死之士，吾能任之，使为己死，则大业可成，逆胡可攘，若必亲莅行陈，以身殉事，此无异于斗鸡狗者，亦天下之大愚也。呜呼！为是言者，若云天下可以不战而定，则亦已矣，若犹待战，宁有不危而获者！最观上世之事，汉高与项氏战，涉险被创，垂死数四，太公、吕后、孝惠、鲁元之属，登俎堕车，固不暇顾，广武之矢，荥〔荥〕阳之围，皆以身冒白刃，然后士卒用命，乐为尽力；光武昆阳之役，亲率将士以与虎豹相搏，幸而获济；魏武智计殊绝于人，然犹困于南阳，险于乌巢，危于祁连，逼于黎阳，几败北山，殆死潼关，然后伪定一时，此其成事可见者。夫其政府已立，军队已成，驱使将校易如转轴，犹必躬受矢石而后获之，又况天造草昧，壮士乌集，纪律未申，符籍未著，不以一身拊复〔循〕士卒，共同安危，而欲人为尽力，虽乳儿知其不能矣。且汉魏诸君志在为己，与诸将固有臣主之分，主逸臣劳，主生臣死，犹可以名分责之。今之革命非为一己而为中国，中国为人人所共有，则战死亦为人人所当有，而曰甲者当为其易，乙者当为其难，可乎？若以人材难得，不欲使之创寿于旗幢者，不悟艰难之事，固非一人所任，为权首者常败，而成者必在继起之人。且人材非天成也，固以人事感发而兴起之。前者以身殉中国矣，后者慕其典型，追其踵武，则人材方益众多，夫何匮乏之忧乎？昔华盛顿拯一溺儿，跃入湍水，盖所谓从井救人者。若华盛顿作是念曰：溺儿生死轻于鸿毛，吾之生死重于泰山，空弃万姓倚赖之躯，而为溺儿授命，此可谓至无算者。如是，则必不入湍矣。华盛顿以分外之事而为之死，今人以自分之事而不肯为之死，吾于是知优于私德者亦必优于公德，薄于私德者亦必薄于公德，而无道德者之不能革命，较然明矣。

且道德之为用，非特革命而已。事有易于革命者，而无道德亦不可就。一于戊戌变法党人见之；二于庚子保皇党人见之。戊戌变法惟谭嗣同、扬〔杨〕深秀为卓厉敢死；林旭素佻达，先逮捕一夕，知有变，哭于教士李佳白之党。杨锐者，颇圆滑知利害，既入军机，知其事不可久，时张之洞子为其父祝寿京师，门生故吏皆往拜，锐举酒不能饮，徐语人曰：今上与太后不协，变法事大，祸且不测，吾属处枢要，死无日矣。吾尝问其人曰：锐之任此，固为富贵而已，既睹危机，复不能去，何也？其人答曰：康党任事时，天下望之如登天，仕宦者争欲馈遗，或不可得，锐新与政事，馈献者踵相接，今日一袍料，明日一马褂料，今日一狐桶，明日一草上霜桶，是以恋之不能去也。呜呼！使林旭、杨锐辈皆赤心变法无他志，颐和之围或亦有人尽力；徒以萦情利禄，贪着赠馈，使人深知其隐，彼既非为国事，则谁肯为之效死者。戊戌之变，戊戌党人之无道德致之也。庚子保皇之役，康有为以其事属唐才常，才常素不习外交，有为之徒龙泽厚为示道地。其后才常权日盛，凡事不使泽厚知，又日狎妓饮燕不已。泽厚愤发，争之不可得，乃导文廷式至武昌发其事，才常死。其军需在上海，共事者窃之以走。是故庚子之变，庚子党人之不道德致之也。彼二事者，比于革命其易数倍，以道德腐败之故犹不可久，况其难于此者！积芦灰以塞鸿水，断鳌足以立四极，非弘毅负重之士，孰能与于此乎！

或曰：彼二党之无道德者，以其没于利禄，耽于妻子也。今革命者则异是，大抵年少不为禄仕，又流宕无室家。人亦有言：人不婚宦，情欲失半，则道德或可以少进乎。若然，吾将大计国人之职业而第论之。

孟轲云：矢人惟恐不伤人，函人惟恐伤人，巫匠亦然，故术不可不慎。

今之道德大率从于职业而变，都计其业则有十六种人：一曰农人，二曰工人，三曰裨贩，四曰坐贾，五曰学究，六曰艺士，七曰通人，八曰行伍，九曰胥徒，十曰幕客，十一曰职商，十二曰京朝官，十三曰方面官，十四曰军官，十五曰差除官，十六曰雇译人。其职业凡十六等，其道德之第次亦十六等，虽非讲如画一，然可以得其概略矣。农人于道德为最高，其人劳身苦形，终岁勤动，田围场圃之所入，足以自养，故不必为盗贼，亦不知天下有营求诈幻事也。平居之遇官长，虽甚谨畏，适有贪残之吏，头会箕敛，诛求无度，则亦起而为变，及其就死，亦甘之如饴矣。工人稍知诈伪，楛窳之器，绵薄之材，有时以欺市人，然其强毅不屈，亦与农人无异。裨贩者有二种，其有荷蒉戴盆求鬻于市者，则往往与农工相类，若夫千里求珍，牵车载牛，终日辎重不离身，其人涉历既多，所至悉其民情谣俗，山谷陵阪之间，有戒心于暴客，则亦习拳勇知击刺，其高者乃往往有游侠之风，恤贫好施，金钱飞洒，然譸张为幻之事亦稍以益多矣。坐贾者倚市廛，居奇货，其朴质不逮农工，其豁达不逮裨贩，以啬为宝，以得为期，然不敢恣为奸利，懋迁有无，必济以信，其有作伪罔利者，取济一时，久亦无以自立，此则贾人自然之法式也。学究者，其文义中律令，其言语成条贯，坚守其所诵习者，而不通于他书，贫无所赖，则陶诞突盗之事亦兴，乃有教人作讼，以取温饱，而亦辄与官吏相抗，其他猥鄙不可历数，然无过取给事畜；迂疏之士，多能乐天，家无斗筲，鸣琴在室，虽学术疏陋，不周世事，而有冲夷自得之风；二者虽有短长，然未至折腰屈膝，为他人作狗马也。艺士者，医方绩画书法雕刻之属，其事非一，此其以术自赡，固无异于工贾。书画雕刻之士多为食客，而医师或较量贫富，阿腴〔谀〕贵人；然高者，往往傲岸自好，虽有艺术，值其情性乖角之际，千金不移，固亦有以自重也。通人者，所通多种，若朴学，若理学，若文学，若外学，亦时有兼二者。朴学之士多贪，理学之士多诈，文学之士多淫，至外学则并包而有之。所恃既坚，足以动人，亦各因其时尚，以取富贵。古之鸿文大儒，邈焉不可得矣。卑谄污漫之事，躬自履之，然犹饰伪自尊，视学术之不己若者，与资望之在其下者，如遇仆隶，高己者则生忌克，同己者则相标榜，利害之不相容，则虽同己者而亦嫉之。若夫笃信好学，志在生民者，略有三数狂狷之材，天下之至高也。行伍者，多由家人子弟起而从军，亦多闾里无赖，奸劫剽暴是其素习。近世征兵，则学究亦稍稍预之，清淳朴质之气既亡，而骄横恣妄之风以起。虽然，其取之也，不以诈而以力，其为患也，不以独而以群。大抵近世军人与盗贼最相似，而盗贼犹非最无道德者也。胥徒者，其取以诈不以力矣，其患在独不在群矣。曩者，胥史〔吏〕尚习文法，知吏事，徒役虽横，犹必假借官符，而后得志；收发委员作而猾诈甚于门丁，地方警察兴，而拘逮由其自便。舆台皂隶，尊为清流，条狼执鞭，厚自扬诩，言必曰团体，议必曰国家，有靦面目，曾不自作，此其可愤亦其可笑者也。幕客者，其才望驾胥徒而上之，其持书求荐，援引当道，浮伪谀佞，则胥徒所无也；其受赇舞法，高下在心，虽有法律而不可治，则有甚于胥徒者也。大略亦分三种：其最下者厘局之司事、州县之征收，饰小说以干县令，徒欲得哺餟求饱暖，而无乡里讼师强毅不屈之风；其稍高者，则闲习法律，明识款目，或曰刑名，或曰升铨，或曰钱谷，略有执守，而舞弄文法是所擅场，其卑鄙则不如司事征收之甚；其最高者，所谓传食幕府，治例外之奏议条教者也，世之通人多优为之，以简傲为谄媚，以跅弛为捭阖，以察言观色固结主知，其术弥工，其操弥下，郡邑守令仰望风采，陟罚臧否在其一言，商鞅之所必诛，韩非之所必戮，在此曹也。职商者，非谓援例纳捐得一虚爵，谓其建设商会自成团体，或有开矿筑路通航制器直隶于商部者。自满州〔洲〕政府贪求无度，尊奖市侩，得其欢心，而商人亦自以为最贵，所至阻挠吏治，掣曳政权，已有欺罔赃私之事，长吏诃问，则直达商部以解之，里巷细民小与己忤，则嗾使法吏以治之，财力相君，权倾督抚；官吏之贪污妄杀者不问，而得罪商人者必黜，氓庶之作奸犯科者无罚，而有害路矿者必诛；上无代议监督之益，下夺编户齐民之利，或名纺纱织布而铸私钱，或托华族寓居而储铅弹；斯乃所谓大盗不操戈矛者。若夫淫佚怠报，所在有之，则不足论也已。京朝官者，或出学究，或出艺士，或出通人，而皆离其素朴，胥徒幕友之所为率尽能之，然其位置最高，得自恣肆列卿以下，或以气节文章自托，韩愈之博奕饮酒，欧阳修之帷薄不修，又其素所效法者，以为无伤大节也。阁部长官多自此出，其气益颓，欲以金钱娱老而已。若夫新增诸部，则其人兼与职商同行，又其下劣者也。方面官者，其行又不逮京朝官，府县诸吏虐民罔利，其失尚小，督抚监司则无不以苞苴符券得之，或有交通强国以自引重，投命异族，贰心旧君，而督抚则兼有军官资格。军官者，其杀人不必如方面官之援律例也，军法从事而已，其取利不必如方面官之受贿赂也，无事刻饷、有事劫掠而已。督抚为怀〔坏〕法乱纪之府，提镇为逋逃盗贼之魁，自此以下则仆役尔。差除官者，其浮竞污辱又甚于京朝方面，各省之局所皆以候补道员莅之，其人率督抚之外嬖也，同卧共起，吮痈舐痔者，是其天职然也。俄而主人更易，新外嬖来，而旧外嬖无所容纳，则往往有劾罢者。昔者天子弄臣，盖有所谓茸技狗官，今乃遍于藩镇，士之无行，于斯极矣。然其次犹有雇译者，则复为白人之外嬖，非独依倚督抚而已。故以此十六职业者，第次道德，则自艺士下率在道德之域，而通人以上则多不道德者。九等人表，不足别其名；九品中正，不能尽其实。要之，知识愈进，权位愈申，则离于道德也愈远。今日与艺士通人居，必不如与学究居之乐也；与学究居，必不如与农工裨贩坐贾居之乐也；与丁壮有职业者居，必不如与儿童无职业者居之乐也。呜呼！山林欤？皋壤欤？使我欣欣而乐欤？乐未毕也，哀又继之。哀乐之来，吾不能御，其去弗能止。悲夫！

今之革命党者，于此十六职业将何所隶属耶？农工、裨贩、坐贾、学究、艺士之伦，虽与其列，而提倡者，多在通人。使通人而具道德提倡之责，舍通人则谁与？然以成事验之，通人率多无行，而彼六者之有道德，又非简择而取之也。循化顺则不得不尔，浸假农为良农、工为良工、贾为良贾，则道德且不可保；学究、艺士进而为通人，资藉既成，期于致用，其道德又爽然失矣。此犹专就齐民无位者论之也。今之革命，非徒弄兵潢池而已，又将借权以便从事，自雇译外，行伍而上，其职八等，置彼周行，森然布列，湛于利禄，牵于豢养，则遂能不失其故乎？往者士人多以借权为良策，吾尝斥之，以为执守未坚而沦没于富贵之中，则鲜不毁方瓦合矣。湘军盛时，常有一方仕宦，一方革命者，彼其党援众多，虽事发而不为害，革命不成，仕宦如故。其志既携，则必无专心于大事者。又其军中统领，率以会党渠帅起家，既得凭借，取悦上心，则不惮残贼同类，以求翎顶，盐枭亦然。故以会党制会党，盐枭制盐枭者，逆胡之长策也。以革命党而借权于彼，彼则亦以是法处之。少者必壮，壮者必老，终为室家妻子所率，即不得不受其羁縶。权不可借，而己反被借于人，后之噬脐，虽悔何及？故必以不婚、不宦期革命党者，必无效之说也。呜呼！层累益高，陟危愈甚，纵情则为奔驹，执德则如朽索，趋利则如坠石，善道则如悬丝。杨朱之哭岐涂，墨子之悲染练，不图于吾生亲见之也。

如上所设，则道德堕废者，革命不成之原，救之何术，固不可知。虽然，必待由光夷齐而后正之，则如河清之不可俟矣。昔顾宁人以东胡僭乱，神州陆沉，慨然于道德之亡，而著之《日知录》。曰：有亡国，有亡天下，亡国与亡天下奚辨？曰：易姓改号谓之亡国；仁义充塞，而至于率兽食人，人将相食，谓之亡天下。昔者，稽〔嵇〕绍之父康被杀于晋文王，至武帝时，山涛荐之入仕，绍时屏居私门，欲辞不就，涛谓之曰：天地四时犹有消息，而况于人乎？一时传诵以为名言。不知其败义伤教，至于率天下而无父也。自正始以来，大义不明，遍于天下，山涛既为邦〔邪〕说之魁，遂使稽〔嵇〕绍之贤，且犯天下之不韪而不顾。夫邪正之说不容两立，使谓绍为忠，则必谓王裒为不忠而后可也。何怪其相率臣于刘聪、石勒，观其故主青衣行酒，而不以动其心乎！是故知保天下，然后知保其国。保国者，其君其臣肉食者谋之，保天下者，匹夫之贱与有责焉耳矣。（案顾所谓保国者，今当言保一姓，其云保天下者，今当言保国。）余深有味其言匹夫有责之说。今人以为常谈，不悟其所重者，乃在保持道德而非政治经济之云云。吾以为天地屯蒙之世，求欲居贤善俗，舍宁人之法无由。吾虽凉德，窃比于我职方员外，录其三事，以与同志相切厉，则道德其有瘳乎？

一曰知耻。《五代史·冯道传》论曰：礼义廉耻，国之四维，四维不张，国乃灭亡。善乎管生之能言也。礼义治人之大法，廉耻立人之大节，不廉不耻，则祸败乱亡，无所不至。然而四者之中，耻尤为要，故曰行己有耻，曰人不可以无耻，无耻之耻，无耻矣，曰耻之于人大矣。为机变之巧者，无所用耻焉。所以然者，人之不廉而至于悖礼犯义，其原皆生于无耻，故士大夫之无耻，是谓国耻。吾观三代以下，世衰道微，弃礼义捐廉耻，非一朝一夕之故。然而松柏后凋于岁寒，鸡鸣不已于风雨，彼昏之日，固未尝无独醒之人也。顷读《颜氏家训》，有云：齐朝一士夫尝谓吾曰：我有一儿，年已十七，颇晓书疏，教其鲜卑语及弹琵琶，稍欲通解，以此伏事公卿，无不宠爱。吾时俯而不答。异哉！此人之教子也，若由此业自致卿相，亦不愿汝曹为之。嗟乎！之推不得已而仕于乱世，犹为此言，尚有《小宛》

诗人之意。彼阉然媚于世者，能无愧哉！

二曰重厚。世道下衰，人材不振，王伾之吴语，郑綮之歇后，薛昭纬之浣溪沙，李邦彦之俚语舞曲，莫不登诸岩廊，用为辅弼，至使在下之人慕其风流，以为通脱，而栋折榱崩，天下将无所庇矣。及乎板荡之后，而念老成，播迁之余，而思耆俊，庸有及乎？侯景数梁武帝十失，谓皇子吐言止于轻薄，赋咏不出桑中；张说论阎朝隐之文，如丽服靓妆，燕歌赵舞，观者忘疲，若类之风雅，则罪人矣。今之词人率同此病，淫辞艳曲，传布国门，诱惑后生，伤败风化，宜与非圣之书同类而焚，庶可以正人心术。何晏之粉白不去手，行步顾影；邓飏之行步舒纵，坐立倾倚；谢灵运之每出入，自扶接者常数人，后皆诛死。子曰：君子不重则不威。杨子《法言》曰：言轻则招忧，行轻则招辜，貌轻则招辱，好轻则招淫。

三曰耿介。读屈子《离骚》之篇，乃知尧舜所以行出乎人者，以其耿介；同乎流俗，合乎污世，则不可与入尧舜之道矣。非礼勿视，非礼勿听，非礼勿言，非礼勿动，是之谓耿介，反是谓之昌披。夫道若大路，然尧桀之分，必在乎此。

呜呼！如吾宁人之说，举第一事则矜欧语者，可以戒矣；举第二事则好修饰者，可以戒矣；举第三事则喜标榜者，可以戒矣。必去浮华之习，而后可与偕之大道。敝巾葛拂，缊袍麻鞋，上教修士，下说齐民，值大事之阽危，则能悍然独往以为生民请命。若于此三者，犹未伏除，则必不能忘情于名利。名利之念不忘，而欲其敌忾致果舍命不渝，又可得乎？抑吾于宁人所举三事之外，又得一不可缺者，曰必信。信者，向之所谓重然诺也。昔人以信为民宝，虽孔氏之权谲，而犹曰无信不立，又曰人而无信不知其可。余以为知耻、重厚、耿介三者，皆束身自好之谓，而信复周于世用，虽萑苻聚劫之徒，所以得人死力者，亦惟有信而已。今之习俗，以巧诈为贤能，以贞廉为迂拙，虽歃血莅盟，犹无所益。是故每立一会，每建一事，未闻其有始卒。其或稍畏清议而欲食其前言则曰：吾之所为，乃有大于此者；知祸患之将至，则借口于远求学术，容身而去矣；见异己之必胜，则遁辞于大度包容，委事而逸矣。言必信，行必果，久要不忘平生之言，贯四时而不改柯易叶者，盖有之矣，我未之见也。必欲正之，则当立一条例。今有人踵门而告曰：尔其为我杀人掘冢。应曰：诺。杀人掘冢，至恶德也，后虽悔之，而无解于前之已诺，则宁犯杀人掘冢之恶德，而必不可失信。以信之为德，足以庚偿杀人掘冢之恶而有余也。夫尾生与女子期于梁下，女子不来，水至不去；商鞅与秦民约，能徙木者与之十金，民果徙木，鞅亦竟以十金与之。昔人以为长德善政，今人为之，则必讥其无谓。然欲建立信德，必自此始。若其校量大小，比絜长短，而曰某事当信，某事不当信，则虽处当信之事，而亦必无践言之实矣。举此四者，一曰知耻、二曰重厚、三曰耿介、四曰必信，若能则而行之，率履不越，则所谓确固坚厉、重然诺、轻死生者，于是乎谓。呜呼！端居读书之日，未更世事，每观管子所谓四维，孔氏所谓无信不立者，固以是为席上之腐谈尔。经涉人事，忧患渐多，目之所睹，耳之所闻，坏植散群，四海皆是，追怀往诰，惕然在心，为是倾写肝鬲以贻吾党。若曰是尚可行，则请与二三君子守此迂介，幸而时济，庶几比于铅刀一割；不幸不济，根本既立，虽死不僵，后人必有能继吾志者，雪中原之涂炭，光先人之令闻，寄奴元璋之绩，知其不远。若曰迂儒鄙生，以此相耀，不足以定胜负之数也，则分崩之祸，不出数岁，将使七十二代之遗民，终于左衽，吾亦惟被羊裘以游大泽矣。反是不思，亦已焉哉！（《太炎文录初编·别录》卷一）

孙中山

论惧革命召瓜分者乃不识时务者也

自精卫先生《民报》第六号《驳革命可以召瓜分（说）》一论出，言中外之情势原原本本，使中国人士恍然大悟，惧外之见为之一除。近又有《申论革命决不致召瓜分》一长编，并《革命决不致召瓜分之实据》，及汉民先生《驳某报惧召瓜分说》，透言列强之政策了如观火，使读者快慰不已。所引土耳其、麽〔摩〕洛哥二国近事为证，尤足征铁案如山，非惧外媚满者所能置辩也。

土耳其者，号为近东之病夫。其所征服各异种之地，数十年来已为列强所攫夺，或据为领土，或扶以独立，是故土国在欧洲之领土已被瓜分殆尽。

仅存马土端尼亚一省（为马其顿民族生息之邦）亦被列强干涉，各派政官、警察于其地，该地主权行将非土耳其之有矣。乃土耳其革命党，则就列强已入而干涉之地以起事，一举而擒土皇之大将，土兵遂叛而归革命党，当时各国并不以革命而干涉，且以革命而止干涉，作壁上观。及土皇退让，革命成功，各国且撤其政官，退其警察，任革命党之自由行动；今更致庆于土民，颂之以能发奋为雄矣。

麼〔摩〕洛哥者，无名之国也。初入法国之势力范围，继为列强之公共地，已成俎上肉久任欧洲之烹宰矣。法兰西、西班牙二国既派警察不已，再遣陆军，尽握海口，又入重地。麼民不甘与孱王俱死、与主权同亡，乃发奋为雄，以拒外兵，以覆昏主。内外受敌，危险莫测，而么民不畏也；惟有万众一心，死而后已。其初也，败而愈愤，退而复进。其继也，有败有胜，或进或退，纠缠不已，久无解决。各国当局心焉忧之，恐此旋涡蔓延而成欧洲列强之势力冲突。乃忽一日，飞电传来，曰：“麼〔摩〕洛哥革命军覆麼王鸭都亚斯全军于马剌居时，麼王或遁或擒，尚未得知。”欧洲各报一得此音，皆喜出望外，有从而论之（照译）。《自由西报》曰：“亚剌芝斯剌（西班牙南岸之邑，欧洲列强会议解决麼〔摩〕洛哥问题之地也）之盟约未干，麼国则陷于困难之境，而全欧随之纠缠无已；今此电音则略示其结果之涯岸矣，诚安慰之好音也。夫麼〔摩〕洛哥之两党，其一（保王党）为列强外交上所承认，其一（革命党）为麼民有识者所归心，二者各拥重兵，相顾不发者已久，惟各派员运动各地人民以争胜，而吾人昔尝意料之冲突今卒来矣。若此电音果确，则幸数已归于果敢有为之武黎哈佛（革命党首领）矣。以其主义乃得多数回徒之赞成，而鸭都亚斯之放纵卑劣久为回徒所共弃者也。在马剌居时旧都之战之结果，则武黎哈佛已由覆灭鸭都亚斯之军队，而树其声威于麼民；而鸭都亚斯之自身或擒或遁，已一败涂地矣。此一战也，当能解决麼〔摩〕洛哥之政权之所归宿矣。今旧王之权力已被敌人蹂躏至此，断难收拾余烬而恢复其位矣。麼〔摩〕洛哥今已得其道，以自行解决其国内之问题，而列强当从此为之释然如脱重负矣。回思前者，旧王与革命军当为互相却退之战略，旷日持久，两不相下，几有使此问题永无解决之忧者。今幸矣，纷扰之事长此与鸭都亚斯之权力同去矣！法国所处艰难情形已略为解轻，将来更能解轻者，则得胜之武黎哈佛行即位之典于飞士京城，而接见欧洲列强之外交官并领事之时也。当此事既行之后，则彼之权力必得亚刺芝斯刺会盟列国之公认，而法国现负之责任亦由是释减矣。要之，麽〔摩〕洛哥之国势昔为欧洲列强危险暴飓之旋涡者，可从此尽息，而化作宁静之场矣！"

睹于此论，可知欧洲之舆论，列强之政策矣。因势力之冲突，乃有以干涉他国政事，为负重任矣；有以他国人民能解决己国问题，为释然矣；有以他国问题纠缠日久，不能解决，为忧心如焚矣。中国问题之纷乱而不能解决者，自欧势东渐已百余年于兹，故有远东病夫之号也。今者，近东病夫之土耳其瓜分问题已由革命而解决，无名之麽〔摩〕洛哥干涉问题亦由革命而解决（近日电音云：德国行文促各国之承认革命党首领武黎哈佛为麽〔摩〕洛哥新王，而法兰西、西班牙二国已承认之，而并议退兵回国），中国岂异于是哉？

拜读精卫先生革命可杜瓜分之论，不禁五体投地，神圣奉之，遂择译数节以质吾师。吾师曰："此真中国人之先知先觉者。惟在吾西国，则此等言论已成为明日黄花。盖自日本败中国之后，西人见如此地广民众之国乃败于撮尔弹丸之日本，各国之野心家遂大倡瓜分中国之议，谓：'支那人乏于爱种爱国之心，而富于服从媚异性质。以满洲数百万之蛮族，犹能征服之而宰制之二百余年，况吾欧洲之文明强盛乎？倘列强有欲为中国之主者，中国人民必欢迎恐后。近闻中国士人有在上海求捐俄国功名者，此可为证也。'（见德国某报）于是，俄、德遂试行其瓜分之政策于胶州、旅顺矣；然不见中国人民之欢迎，只见其仓皇失措，于是颇生疑忌，不敢立肆其蚕食鲸吞之志。无何，而扶清灭洋之义和拳起矣，其举虽野蛮暴乱，为千古所未闻，然而足见中国人民有敢死之气。同时又有革命军起于南方，举动文明，毫无排外，更足见中国人民有进化之机矣。各国于是已戢其野心，变其政策，不倡瓜分，而提议保全支那之领土，开放支那之门户。惟俄尚恋恋于满洲之野，故卒遇日本之一击。近数年来，西土人士，无贤不肖，皆知瓜分中国必不能行之事；倘犹有言此者，世必以不识时务目之。不意中国人士至今尚泥于拳变以前之言，真可谓不识时务者矣！兹有精卫先生为言以教之，亦发瞆振聋之一道也。"吾不禁有感于师言，故述录之，以赠惧革命召瓜分者，想亦精卫先生之所许也。（《中兴日报》1908 年 8 月 19—22 日）

平实开口便错

《总汇新报》新记者平实，一登台则陈其履历曰："我行年三十余矣，奔走国事者亦十余年。"精卫先生曾讽之以报馆非官衙，何容自陈履历？而吾辈读者，以为出世三十余年之壮夫，奔走国事十余年之志士，虽彼自道"于时局变迁、社会情形不敢云研之精而知之深"，然于平常事理、普通知识当能不至如勤如勇之无知也。乃日来所为各文真有如精卫先生所云每况愈下者，然尤莫过于十四日之《论革命不可强为主张》一编之开口便错也。

其言曰："时势者，自然也。圣人英雄者，善应时势者也。革命者，时势自然之所趋，圣人英雄顺时势之自然起而应之者也。所谓自然者何？即人民大多数之所趋，如十一征而无敌于天下，非尽汤之力也，人民归心也；八百诸侯不期而会，非武之力为之也，天下归心也；十三议会共举华盛顿，华盛顿辞之再三而不获，非华盛顿之力为之也，十三州人民归心也。此三者皆自然也。"

其特错大错者，以时势与自然为一也。夫时势者，人事之变迁也；自然者，天理之一定也。吾在小学堂，闻之吾师曰：世界之学有二大类，其一曰自然科学，其一曰人事科学。自然科学者，如天算、地文、地质、物理（声光电热力等学）、生物（动物、植物二学）、化学是也。人事科学者，如社会学、心理学、伦理学、政治学、法律学，经济学、历史学是也。又闻之中国常语有曰："人事补天工，人事夺天工。"天工者，自然也。如是时势与自然之有区别，虽小学之生徒、常人之见识皆能知也。彼今引三事谓皆为"自然"，以证其说，此真不可思议之奇谬也！

夫汤之十一征而无敌于天下，为人民之归心也，而人民何以归心于汤？以夏桀之残暴也，而夏桀之残暴，非自然也；夏桀可以残暴，亦可以仁圣，倘使桀能承其祖德，如大禹之为仁圣，则人民必仍归心于桀，而不归心于汤矣。武之八百诸侯不期而会，为天下之归心也，而天下何以归心于武？以商纣之无道也。而商纣之无道，非自然也；商纣可以无道，亦可以有道，倘使商纣能承其祖德，如成汤之有道，则天下必仍归心于纣，而不归心于武。美大陆十三州殖民地之离英独立，以英之苛税也。而英之苛税，非自然也；英可苛税，亦可薄税，倘使英王佐治第三能俯顺舆情，尽除苛税，则美国至今仍为英之殖民地，而必不离英独立。（论者有"十三州人民归华盛顿"之说，真不通之极也。夫华盛顿为十三州国民之一分子，其受任出而统兵，是各尽其能以行义务，虽职有等差而分皆平等，同心一致以赴公义，固无所谓谁归心于谁也，此精卫先生所谓国民革命者是也。又谓"华盛顿辞之再三而不获"，此显是论者脑中带有专制国虚伪之遗传，而自行杜撰者耳。按吾在小学堂得之师长指授，有华盛顿之笔记并美国各名家之历史，皆载有当美民抗英之始，华盛顿在费城为大陆会议员，任军事议长，由此被举为十三州义军之统帅；华盛顿被举之时，毫无推辞，惟率直而言于同人之曰"吾深恐有陨厥职"，又却辞不受俸禄，惟取其一身之实费而已。吾今请问论者，"辞之再三而不获"一说出于何处？）此三者皆为历史之陈迹，纯然人事之变迁，并非如日月之经天、山河之丽地，何得谓为"自然"？

意者奔走十余年国事之人，志在扶清灭汉，而持之无其故，言之不成理，谬想天开，不知从何处觅得"自然"二字，附入于时势之下，以为今日之时势，满人之握中国四万万人之主权、宰制四万万人之死命者，实天数也。天数者自然也，故今日时势，以满制汉亦自然也，自然者非人事得而改更，故曰"革命不可强为主张"。以革命之事"非大圣人、大英雄不能为，虽有大圣人、大英雄，时势不可为，亦不能为"，是可以排汉族之革命，而奠大清国于万年无道之长基矣！

呜呼！论者之心，亦良苦矣！惜其为说不能抵小学生之一击也，岂能惑世哉？今吾语尔：时势者非自然也，自然是自然，时势是时势，时势者纯乎人事之变迁也。革命者，大圣人、大英雄能为，常人亦能为。尔既知人心之所归，则时势之可为，尔有何据知吾汉族之四万万人为尽归心于满清者？以吾所见，除尔一二汉奸外，断无归心于满清者。今即以南洋证之：南洋各埠数年前华侨不知有革命之事业，只知捐功名、买翎顶，以为惟一之报国义务。自康有为到此伪传奉诏求救，人始言保皇矣。后有革命主义之传布，人皆如大梦初觉，其始之言保皇者，今皆言革命矣；其以有故而不敢言革命者，然亦皆不言保皇矣。以南洋今日之革命风潮，比之前数年为如何？尔虽初到未悉，亦可一访即知也。南洋一隅已如此，则中国十八省可知。且就清政府近日之恐怖革命，则可见内地革命思潮之高涨，当亦不逊于南洋矣。于此可证人心之趋向也。

中国人受专制之祸二千余年，受鞑虏之祸二百余年，人心几死，是犹醉梦者虽饥渴亦不知饮食也，不有唤起之，则醉梦者必长此终古矣！今幸有主张革命者出而唤起同胞，使之速醒，而造成革命之时势；将见醒者愈多，则革命者亦愈众。尔所谓"革不革一顺夫国民之心而已"，则四万万同胞必然大醒，则人人必以革命如饮食之不可无者（精卫先生云"与饮食同一平常"，彼转语则以"平常为自然"，且谓人矛盾，真属胡闹卑劣），尔时尔平实又当如何？吾恐尔必欲以大圣人、大英雄自居，如查厘李及结士辈之欲倾陷华盛顿矣，或又如杨度等之互相水火矣！

平实又曰："吾尝谓革命不是奇事，是难事、大事。以革命为奇事者，不知公理也；以革命非难事、大事者，不知时势也。不度德不量力也，均为无识，敢以质之。"此以知公理、识时势自矜矣！而末句颇近谦让，有如猩猩学言，略似人声矣，惟未知何所指而为是言也。主张革命者固未有以革命为非难事、大事者，无乃以己所为之事皆不欲为其难，故见人所为之事必以为人以之非难、非大者耶？何其以鸥鹖而测凤凰也！吾今有一问，要平实答我：革命为善事乎？抑恶事乎？如平实能言革命为恶事，并引据以证之，则吾不尔责；否则事之无论如何难、如何大，倘其事不为恶，则断无有不可主张之理也。尔之排斥革命，无理由可说，不过以为难事、大事而已，更见尔为卑劣中之最卑劣者。尔宜悔改，去邪归正，毋多言而多错也！（《中兴日报》1908 年 10 月 19 日）

陶成章

规保皇党之欲为圣人英雄者

《总汇报》记者平实，屡诋革命志士为非大圣人大英雄，又谓革命事业非大圣人大英雄不能成功，其识见之浅陋，已属可哂；而其心术之不正，又实可诛矣。

夫革命事业，乃因不平等不自由而起，发于国民心理之自然，运动革命事业者，聊以尽国民之天职耳。本报撰述员精卫亦尝言之详而言之长，谆谆焉告戒之矣。乃无知如平实，见精卫议论，不思自反厥心，乃犹哓哓焉以革命党非大圣人大英雄相讥诮，是真以小人之居心，度君子之行为矣。

吾闻之，保皇党首领康有为，自号长素，比拟孔子，俨以圣人自居；副首领梁启超，著《意大利建国三杰传》，以玛志黎自彷，亦以英雄自命。其徒遂相率效尤，形成倾轧之风。吾不远证，且据近日满清政府所最注意、赫赫有名之政闻社，而略论其内情。当去岁春间，该社开办创始，梁启超、杨度、蒋智由三人，聚议于日本东京某旅馆，杨主议设一总理以总其成，蒋反对之。盖杨之意，仅欲握实权，而以虚名归之梁；蒋之意，欲自为著名首领，亦并不欲以虚名归之梁。争论多时，不欢而散。杨遂作书与梁，诋蒋之居心；蒋亦寄函与梁，訾杨之所为。梁则本领较大，得二书后，不加可否，仅以蒋之原函寄杨，亦即以杨之原函寄蒋，杨遂退会，别立一帜。蒋不知其故，以为梁之厚己也，仍与梁合，杨、梁从此水火。其后梁又欲取蒋之权，并取其名，乃开会日本东京锦辉馆，自出演说，为主持民族主义者所殴击，狼狈逃逸，遂不成会而散。蒋又发议，以梁不便出名，乃迎天主教徒马良为总理。良年逾七十，蒋之举马，实利其老而昏也。梁、蒋亦日交恶，政闻社日形溃败。及杨赖张之洞之奥援，得授四品卿衔，遂以修怨为事，搏击政闻社不留余地。有识之士咸谓此次政闻社党员之查拿，实杨反噬之力也。由此观之，保皇党皆因欲以圣人英雄自居，乃有互相倾轧，而来此内溃不堪之举。今平实乃以之诬欲尽国民天职之革命党，且复以之重诬古人，轻视西士，岂不谬哉！

若云立宪者非保皇党，斯语也，其谁欺，欺天乎？吾又窃有疑也。意者平实亦欲为圣人为英雄，知本党党魁康、梁二人见恶于政府，见弃于国民，思欲乘时推倒康、梁，自为之乎？不然者，何以指黜保皇党，诋毁康南海，以本党人毁本党名，以本党员议本党魁，果何为者？（平实自言若主张立宪者皆指之为保皇党，则吾所不解也。又曰："康南海漂流海外，何以神通广大？"云云等语。）不然者，保皇会之改为帝国宪政会，康为总长，梁为副长，固已传发谕单，遍告海外华侨矣。虽然，平实之操术，亦浅已哉！以新到之闲散党员，遽欲推倒十年以来海外之魔王，不亦颠哉！呜呼！祈速缄尔口，慎无见怒康、梁，屏足下于党外，而使十余年来奔走国事之志士，有漂泊失所之讥也。(平实自称奔走国事十余年。)

至平实所言，又谓"吾则以谓主权虽亡，而土地人民未尽亡，果我人民能伸民权以保土地，何主权之不可复"等语，尤属荒谬绝伦。夫所谓国者，为其有主权也，若果如平实所言，"主权虽亡，而土地人民未尽亡"为非亡国之证据，试问波兰、犹太，非土地人民犹在者乎？又该报前者亦承认罗马为亡国，而罗马之土地人民，亦非犹在乎？且罗马教皇仍在罗马故都，然则平实汝能以波兰、犹太、罗马之土地人民犹在，谓非亡国之证据者，请有以语我来。

又谓中国之真正能排满者，仅有徐锡麟。斯语也，何为卑视我国民资格之甚也。夫徐锡麟之前，非有史坚如乎？王汉乎？吴樾乎？杨卓林乎？徐锡麟之同时，又非有陈伯平乎？马子贻乎？若因徐刺死了恩铭，乃成为真正排满；史不能炸德寿，王不能杀铁良，吴不能死五大臣，杨不能诛端方，为非能真正排满者，是非以成败论事者乎？且是数君子者，要皆不能自认为保皇，为立宪。夫固自认为排满革命，为国民尽天职而流血者也。且徐锡麟不尝云乎："满人非真能立宪者，不过以之骗汉人。"又曰："立宪愈立得速，则革命愈革得快。"斯语也，何其痛快乃尔也。而保皇党者，乃借徐案日聒满清政府以立宪。当志士肝脑涂地之秋，而因之以为昏暮乞怜之举，天理何在！良心何在！

夫革命党以爱国之故，不惜其一己之生命，以与满清旦夕相争，乃以比之石敬瑭。夫石敬瑭亦胡种，固不惜以汉人之土地赠契丹，正与近日之满清可与比例。若以邻国为不当以友谊相待，试问平实，其赞成义和拳之扶清灭洋，而贻以无穷之害乎？且该报又尝言革命事业非有外国扶助不能成立。常举美国独立，以由法国扶助为譬喻，而今又借此以訾议革命党，其前后持论之矛盾，又有如此者。

若云"南关之役，不能为三日之守；河口之守，不能半月之战"，因以诋毁革命党势力薄弱之证据，但革命党以尽国民之天职自居，非敢以圣人英雄自命，无自赞之理。请平实且据虏官之奏章，为革命党按日计之，其果仅三日半月否耶？慎勿以诬人者因而自诬也。(《中兴日报》1908 年 9 月 9 日，署名"巽言")

规平实

读本月十六日《总汇报》记者平实论说，内多奇妙不可思议之言，读者驳之不胜驳，亦复訾之不胜訾。今姑举其最荒谬绝伦者数处，而一为厘正之：

平实之言曰："汤武、华盛顿，岂尝日日以革命自期哉！"异哉！斯言也。噫！何其卑视汤武、华盛顿之甚也。夫平实既盛推汤武、华盛顿，为不可多得之人物，岂有以如此人物，而谓其平日忍于逸乐，坐视斯民于水深火热之中，不思一为援手者，有是理乎？吾闻之，孟子有言曰："伊尹耕于有莘之野，汤三使往聘之。伊尹曰：'天之生斯民也，使先知觉后知，使先觉觉后觉。予天民之先觉者也，予将以斯道觉斯民也，非予觉之而谁也。'"考汤聘伊尹之时，夏桀之虐政，犹未著也。试问平实，于此时也，汤何以欲聘伊尹，伊尹何故答汤以是言，岂非以汤之平日深以救世济民为己天职者证据之一乎？

又平实曰："君既以革命等于饥食渴饮，又何用尔为于众人不为之时以唤起多数之同情，岂四万万人不知饥渴，不知饮食，独尔一党知之乎？"然则平实，我试问汝，伊尹先知先觉之言，果何为乎来哉！平实平实，汝盖未尝学问，连中国蒙童所读之四书，尚未读过，安得妄为此论。且吾问平实，彼伏羲氏何不于人民未识文字之前，不必再画此八卦，而顾妄以书契代结绳之治耶？彼神农氏何不于人民未知粒食之前，不必树艺此五谷，而顾妄以耕稼代游牧之俗耶？更推而上之，彼有巢氏何故教民以巢居？彼燧人氏何故教民以火食耶？平实平实，请为下一解语以启予惑。

又平实之言曰："吾举汤武、华盛顿，应时势而革命，不以国为私而尊崇之，而以为心术不正，则尊崇枭杰，欲乘时势以逞野心，以国家为私利者，独心术正乎？"呜呼平实，汝何荒谬之甚也！吾所谓心术不正者，盖见足下屡称圣人英雄，而因之而疑及足下亦有为圣人英雄之心，故误以国家为圣人英雄之个体，而不以国家为国民所公有。又误以革命之事业，属之所谓圣人英雄之个人，而不以属之国民之全体，于是遂强加汤武、华盛顿以圣人英雄之名号。不知足下之所以尊之，适所以抑之也。吾闻之汤有言曰："万方有罪，在予一人；予一人有罪，无以尔万方。"又《商书》有曰："成汤放桀于南巢，惟有惭德。曰：'予恐来世，以台为口实。'"今试观乎"万方有罪，在予一人"之言，则可想见汤之所以起革命军者，实欲以尽国民之天职耳。然则汤固不敢以圣人英雄自私自豪，而尤不肯以圣人英雄自居自命者也。再观乎"予恐后世，以台为口实"之言，则又可想见汤之居心，盖惟恐后世有以圣人英雄推己，而因援之以为例而借口者，而乃不幸言中。彼世之以兵力强夺人国家者，莫不自名为征讨有罪，而以汤武自比，亦只因后世之人欲以自比汤武，于是不得不尊崇汤武，而因加圣人之名号，乃并以之自彷，正如庄子所谓并其仁义而盗之者是也。以吾观乎平实，想亦欲窃此尊号以自娱者也，而惜乎今非其时也。若夫尽国民之天职为己任者流，吾固知其决无是等之谬想矣。

以上所论者，仅有汤之事，武与汤相类，不必再称引之。若华盛顿之时势地位，迥不同于汤武，吾固不能如平实君牵强附合而比类举之也。虽然，汤武时代之革命，与近代之所谓革命又不同，何则？时势异也。汤武之革命，贵族革命也；近代之革命，平民革命也。汤武时代之革命，由寡人政体而进于独裁政体之动机也；近时代之革命，由独裁政体而进于共和政体之动机也。本不可以强合。只过平实如是言，予固以如是答耳。吾又有疑于平实，何疑尔？疑其为八股之老先生，故其议论间尝不脱八股之习气，而其思想亦复如之。平实自思，其信然乎？

平实又言："自甲午后，日日访豪杰，结壮士，奔走两湖、三江以谋暴动。"又谓"三年来，走云贵两广以赴东瀛，内观国民之程度，兼观尔等之行为，始知暴动革命反足以亡国"等语。呜呼平实！尔之所谓访豪杰、结壮士者，果何为哉！可知尔前日之所以运动革命者，不过思欲为大圣人、大英雄，而以国家为自私自利之一物，聊欲以驰骋其野心，故认革命以仅为英雄之事业，而不知有所谓平民革命者，故遂有若此之谬想，然则如予前日之疑君心术不正，及疑君之为大圣人、大英雄之言，固不谬矣。惜乎时势不与，遂至奔走十余年而一事无成，今乃翻然变计。其变计之原因，夫亦以今日不能兴英雄革命之业，使君不得成为大圣人、大英雄，于是降格以求，来至南洋，附丽于《总汇报》，庶几或者上可以乞怜于政府而得做大官，下亦可以联结豪商，以求谋为大富翁乎？虽然，吾知近日清政府云，欲招抚革命党，不惜重爵厚禄以饵之，君既为拾余年之老革命党，何政府之置若罔闻耶？且君自谓奔走两湖、三江、两广、云贵，历有年所。其他吾不知，若夫三江，则吾乃三江人也，何三江革命志士，未闻有提及君名者？即秘密党中，亦未闻有称述君之行为者。然则君之所谓奔走运动，不过无名小卒耳，宜政府诸公之淡然相忘于足下也。

君又言审我等之行为。夫亦以我等所志在于平民革命，与君前日所志英雄革命有异，乃为是言乎？不然者，夫固何所指而言，夫亦何所见而言耶？君又言反观乎自己之能力。然则君之能力何以又脆弱若是耶？若以予所见，所谓临难不惧、百折不磨之志士多矣。又君谓真能排满者惟徐锡麟。徐锡麟为君所钦佩，然则君岂知徐锡麟乎？请试有以彼等之内情语我来。若徐为君所钦佩之人，而犹不知其内情，则其他不快意于君者之内情，更亦无从而知无从而悉矣。既无从而知，无从而悉，又何敢为是等之妄言？请三思之！（《中兴日报》1908 年 9 月 12 日，署名"巽言"）

再规平实

阅《总汇报》平实十七日驳余论说一篇，竟为无理取闹之言，而诬革命志士以圣人英雄自居。夫余既规谏尔等之欲为圣人英雄者，且讽以时势非所宜；又以革命事业当属之国民全体，不当属之英雄个人。然余知汝非真头脑不清者，强为是言，正遁辞知其所穷耳。呜呼！余尝观汝所自陈之履历，及所发议论中，有承认革命公理及革命通义之言，知尚非丧尽天良者。虽然，汝既前日自承为革命运动，以遍走两湖、三江诩诩然自豪，何以足下所谓能忍以成事者徐锡麟一派人物中，竟不知有君名。可知君虽有志，而行事粗疏，遂不免为其门外汉。今者，汝又以革命事业为不可强为，因而改弦更辙，迷入立宪之一途。然以余意度之，知保皇党中，其重大切要条件，谅君亦有所未悉。然则终亦不免其为门外汉。呜呼平实！汝以奔走国事十余年自许，何为革命，何为立宪，内容尚未悉，而贸贸焉以从事，汝真盲从之尤者矣。居吾语汝：

汝昨日所著驳余论说中，谓"徐在日本，尔党所鄙夷为奴隶者也"。汝何所见而云然？又曰："其前则非尔党，尔党不过引以自豪。"又何所见而云然？若然，则子将谓徐锡麟非革命党而保皇党乎？夫徐锡麟不仅与他革命志士有往来，其派中党员及徐之自身，亦且与所谓保皇党者有交涉条件，而保皇党因之以受莫大之挫折者，汝岂知之！汝岂知之！余今且有以语汝，使汝不至再为门外汉。夫徐锡麟第一次到东京在癸卯五月，是时正义勇队改名为军国民教育会之时，其入内地者，又名复古会，亦曰光复会。徐者，光复会之会员也；吴樾亦同为光复会之会员，但吴樾殉义时，尚称军国民教育会。然徐、吴虽同为会员，而其面则未识何？则凡革命者，均以尽国民之天职为己任，固非欲立党以自豪，而又以之互相为标榜者也。徐锡麟之第二次到东京，乃在乙巳十二月，何为再到东京？为欲学习陆军；何为而欲捐官？以自费生学习陆军者已行停止，捐官以愚官场之耳目，且欲借之以为阶梯。要须知捐官为学陆军而起，非因学陆军不成乃始捐官，然何以世人又群谓学陆军不成而后捐官到皖？曰：误会也。何以为误会？捐纳在先，得照在后。又何必定捐官而欲学习陆军？学习陆军者，因其明目张胆，可以召募死士；捐官者，因使官场不疑，召集死士。然则其为暴动乎？则又非也。为欲行团体暗杀于京师，计一举而覆满奴之巢穴也。然则何为又不捐京官而捐道员？召募死士，非在外不可。夫以做官人而召募死士，不滋人疑窦乎？又曰有他人在。且捐官亦非仅一人也。以如此大计画，仅杀恩铭一人者何也？实为不幸中之大不幸，诚有如足下所谓革命大事也难事也之言之恨。其不幸何在？在体格不合而被验出，非真体格不合。（徐眼近视不合格，余人均合格而被验出。）有构之者。自此之后，风声渐露，事已不可为矣。虽然，上之一方面虽渐败，而下之一方面尚得安然无恙也。徐锡麟又何为而杀恩铭？不得已而走下下策也。杀恩铭何以必于五月二十六日？赴浙人之约，浙人改约，徐不及知也。伤哉此事，不忍言矣！当须知此事之原动者，另为一人（亦此案中人），徐则在助动之列。若绍兴之秋瑾，则此案中之主动。以"黄祸源流浙江潮，为我中原汉族豪，不使满胡留片甲，轩辕依旧是天骄"四句诗为口号。恩铭一杀，助动者变为主动，主动者反成被动，何以故？秋瑾一女子也，暴动之事，本不可以责之女子，秋瑾有何能力而能暴动？以某某某某某为根据地，此根据地本非徐一人所造，然秋则由徐荐入之。此案一发，何至缇骑遍于江、浙、皖、赣之四省，而党祸乃蔓于全浙？可知其非一朝一夕之故，而革命党中之大有人在也。且亦可知人心之所趋向，咸思革命之一大公理。君自称为奔走三江，何彼党人之一无所遇见？呜呼平实！知者为知之，不知为不知，嗣后慎勿讥排满革命者之无能为也。若余者，虽不敢自命为能尽国民之天职者，亦不过略有是心，乃蒙彼党之不弃，遂得略识其二三。今因其已破败之计画，聊约略陈之。虽然，请平实君切勿以成败论之也。

平实平实，汝亦当知徐锡麟之杀恩铭，乃非暗杀而暴动也。不然者，何由而欲占军械局，而革命告示更何自来？然穷源竟委，皖江案情之起发，不在于丁未五月廿六日徐锡麟之枪杀恩铭，而在丙午九月初六日之浙江杭城查拿党人（内有粤人）。党人盖自皖还浙，被官吏所觉察，遂有闭城收捕之举。是时主议收捕者，藩司宝芬也，杭府三多也；反对者，巡抚张正飏也，将军寿山也。寿则因前署巡抚时，仍受革命党赂三千金，批准某革命学堂之成立；张则因徇俞廉三之请，将私费改冒称官费，保荐革命党员多人留学日本陆军，皆恐因事发而累及之也，故反对之，卒不捕。官吏者，夫非欲以敷衍了事，然实亦不知革命党之真有重大隐谋。又当须知全浙之祸，不在于五月廿一日金华武义之杀戮革命志士刘耀勋等诸人，及六月初三日兵围大通学堂之时（大通被累内亦有一粤人，现尚被因；又一河南人已死，足知其交通之广），而又在于甲辰、乙巳年，因经费浅缺，使某某某某不得成立，而消息因之阻隔，党祸遂至逐渐发现也。夫当丙午之冬、丁未之春，正革命党与官吏相持暗搏之秋，以犬牙相制之故，官吏终不敢首难，可知革命党之计画深矣。

平实平实，汝知事发之后，元恶大憝，如铁良、庆王，何由以之胆落？须知丙午之夏，革命党皆在京师曾与之有周旋（本欲杀铁良，有碍不果）。何以能与周旋？则有庆王婿寿山之介绍函，且力为保举。老奸巨猾，如张之洞、袁世凯，何以亦为之心惊？因丙午之春，亦与之有重要之交涉条件（与所谓保皇立宪党者亦有关系）。其他若端方，虽无交际，然因其已有风声，致电恩铭，令其收拿党人，恩铭不察，反以嘱之仇雠，而因以之自毙。盖端方者，仅知有革命党多人混入官场，而不知其有即在目前之所最信任者，以故亦由之心惊。平实汝当知铁、袁、端、张诸人，非少不更事者比，岂真能以一枪使之怪骇，失其常度耶？逮事发之后，俞廉三何由入京师（作自己斡旋地步），张正飏何由而去浙，贵福何由而去越？要皆有促之使不得不去者。嵩寿（金华府）、萧某（处州府）何由而悚惧流涕，送其家族出越？山阴李令何由而缢死？陈道何由以收捕党人而吃鸦片自尽？要皆有通之者也。盖事未发之前，仅有其模糊之影响；事既发之后，官吏乃知皆入革命党之术中，而又苦不能言，且不敢言。以若此之革命党，谓尚有盲从虚伪之人者，则吾不信也。

至愤恨二字，则革命志士之运动革命，要皆因愤激而起，所谓物不得其平则鸣者是也。岂有麻木不仁，不能起发爱国之心者，而可与之言爱国者哉！若曰野心二字，则凡以尽国民之天职自任者，均莫不踊跃争先，正有如孔子所谓当仁不让于师之言，是故语其迹则近似，按其实则全非矣。若不然者，如徐锡麟之对满吏，自称革命党大首领者，岂亦得讥之谓野心勃发乎？

平实所言"海外风潮，惊天动地，只此一枪，聊可吐气"，吾知徐锡麟在九原，正当以此事恨极汝辈也。夫彼一党之人，既立定宗旨在于排满，岂容以鼠窃辈借此利用，而邀求立宪者乎？当风潮紧急时，有捕戮家族之说，该同事中人曾有以一人做事一人当，不当累及家族，语立宪党徒以稍持公论者。不期立宪者（指一卓卓之有名人）之言曰："家族之连累不连累，无益于中国之前途，若某某者（即出资革命志士多人捐官之人），汝曷不速以电促之来，暂避东京乎？"某君因之大恨，嗣后凡立宪党有举动，遂无一不反对之，而所谓政闻社者，受非常之阻碍，盖由此也。（盖江浙间革命党本甚和平，不欲反对他人，有自取其祸者。）又余知凡立宪派，皆欲利用革命党之暗杀及暴动，内以恐諕政府，外以激动华侨，其居心实属可恨。余闻某志士言其乡人主议立宪者（有名之人），尝谓某君曰："天下造时势的人，仅有两种：一为愚者，一为智者。愚者冒险任其事，智者在后整理之而收其效，盖即隐然以智者自居，而即策某君以愚事自任（指暗杀暴动）。"在癸卯年，梁启超亦有此意，为之介绍于罗孝通，转达于黄和顺，后以事败不果。今观该报以袒护乱党，辱骂志士，不知立宪保皇者之有以导其流而启其源，汝岂知之！又如庚子之富有票，亦因唐才中以流入浙地，若革命党者，因已自树一帜，以与满清宣布表战意，岂有如此之阴阳两面者？呜呼平实，观于余言，即可以知主张革命立宪二派人品之轩轾矣。嗣后请勿再为妄言，以厚诬志士。

以上所说，只因平实自称奔走两湖、三江，而以徐锡麟为其所最钦佩之人，而又妄行私议，谓非与他革命党有往来（平实汝当知光复会即为同盟会之原乎？），故聊以此答之，今为略陈立宪保皇党内之重大事件：

康有为自北京事失败，逃至海外，到戊戌年，乃有富有票一事。其时浙东会党有某某者，在杭城紫阳书院读书，而唐才常之弟唐才中亦来杭运动，寓紫阳书院，与之相结而去，于是浙东亦有富有票发现，后知事败，收回改给，而杭城于辛丑遂以截辫论而起革命风潮，党祸亦由是起。保皇党自富有票事失败后，乃又有京师之运动（余虽不甚知其详，亦复略知其一二，今姑为隐之）。至乙巳冬，渐有告成之势，五大臣因调查宪法来日本，寓于箱根之万翠楼，而梁启超亦先寓于该馆。政闻社者，其原始起发人蒋智由当五大臣来日本时，蒋亦曾经上书，得满官之青目，蒋乃始有设会立社之意。然尚未与梁合。平实平实，汝思袁世凯者，本反对立宪者也，其后何以忽自行提倡立宪，又何以忽入京师捕戮党人（非革命党而保皇党），祸及于小太监，又何因提倡立宪之故，而来载泽等之反对，由是而失其权势？保皇党在京运动奸谋，既又为袁世凯所破，梁知蒋亦有所运动，乃因谋求合。盖失之东隅，而欲收之桑榆之意也。（袁世凯捕戮党人在丙午之春，政闻社设立在丁未之春。）因梁手段颇高于蒋，蒋遂为梁所掩。今足下以为政闻社发起人之原动力，归之梁启超，误矣误矣。盖徒知其表，不知其里也。平实平实，袁世凯又奚因徐锡麟之一枪，而复振其权势？要当知其先有所运动，因此机会而跃起，非真得一枪之力也。

呜呼平实！汝今日已讲立宪，汝须知满人讲立宪，不过以之骗汉人，欲开国会，亦将为敛财计。汝又须知袁世凯之讲立宪，又不过以之抵制康、梁。不然者，胡以提捕政闻社社员，竟如此其严密，而又奚必如此其急急耶？汝诋革命党为利用。由是观之，凡讲立宪者，皆以利用为目的者也，岂有真欲立宪者？是故满洲讲立宪，不过以之愚汉人，是以愚弄反□，欲为其利用；袁世凯讲立宪，不过以之先人一着，不使康、梁再留余地，以假借为利用；康有为、梁启超之讲立宪，与保皇之宗旨同，乞怜虏廷，以求为赐环计，外则以之炫惑华侨，内亦思以假借为利用，而又兼以欺骗为利用者也。而今已矣！而今已矣！若蒋若杨等，皆欲利用他人，以求做官发财，要皆为人所操纵而反为其所利用。若其他之谈立宪者，问以何故而欲立宪，则曰他人有讲立宪者，官场有讲立宪者，是以吾亦不得不趋时以讲此立宪，其他则吾不知。若此者，真所谓盲从，可笑亦复可怜！呜呼平实！尔以英雄自命，恐亦不免列入于盲从派者之列矣！

又平实自称："吾自甲午后，日日访豪杰，结壮士，欲以排外而救国。至义和拳事后，始知野蛮排外，为不足以救国，反足以亡国，身之不死者幸矣！"观乎此言，盖以义和拳自居，然余不汝訾也。又曰："自此之后，恨政府之无道，悲志士之冤死，而海外革命风潮，输入内地，乃尽毁家资，日日访豪杰，结壮士，奔走两湖、三江以谋暴动，乃天下事不如意者十尝八九，身几死者亦数矣。"观于此言，由排外而输为排满，思想不可谓不进步，然余要不能无讥于尔。盖足下之所谓奔走，恐亦仅在于通商口岸；所运动，亦在于普通学界表面。不然，奚至一无所遇耶？至曰"观察尔等之行为"，恐以汝之粗心，谅亦无从得而观察。乃竟迷入邪途，妄谈立宪，诋毁志士，强分五派，入主出奴，其足下之谓矣！又足下谓"充吾党倒行逆施之心，即用洋灭清，亦所甘愿"。平实请又慎勿妄言。若我辈者，素无此等议论。然政闻社中，卓卓有名之蒋智由，在《浙江潮》杂志中所著《四客政论》一篇，曾有是等之言，今则又反其道而行之，乃欲保满以灭汉者，何哉？今余不惜作此苦口之言。庶几汝之有所觉悟，不至再作人之利用而安于盲从。呜呼！平实，曷归乎来！（《中兴日报》1908 年 9 月 14 日，署名"巽言"）